钢铁卫士（2024）

——全国钢铁企业纪检监察系统优秀论文选编

全国钢铁企业纪检监察工作研究会　编

北　京
冶 金 工 业 出 版 社
2024

图书在版编目（CIP）数据

钢铁卫士. 2024：全国钢铁企业纪检监察系统优秀论文选编／全国钢铁企业纪检监察工作研究会编. 北京：冶金工业出版社，2024. 10. -- ISBN 978-7-5024-9980-8

Ⅰ. F426. 31-53；D630. 9-53

中国国家版本馆 CIP 数据核字第 20245SN831 号

钢铁卫士（2024）

出版发行	冶金工业出版社	**电　　话**	(010)64027926
地　　址	北京市东城区嵩祝院北巷 39 号	**邮　　编**	100009
网　　址	www. mip1953. com	**电子信箱**	service@ mip1953. com

责任编辑　杜婷婷　美术编辑　彭子赫　版式设计　郑小利

责任校对　郑　娟　责任印制　禹　蕊

三河市双峰印刷装订有限公司印刷

2024 年 10 月第 1 版，2024 年 10 月第 1 次印刷

787mm×1092mm　1/16；25 印张；541 千字；381 页

定价 168. 00 元

投稿电话　(010)64027932　投稿信箱　tougao@cnmip. com. cn

营销中心电话　(010)64044283

冶金工业出版社天猫旗舰店　yjgycbs. tmall. com

（本书如有印装质量问题，本社营销中心负责退换）

编 委 会

为钢铁行业行稳致远和高质量发展贡献纪检监察力量[①]

（代序）

2024 年是中华人民共和国成立 75 周年，是钢铁行业实现“十四五”高质量发展规划目标任务的关键一年，全国钢铁企业纪检监察工作研究会（以下简称研究会）在广大会员单位纪检监察组织的大力支持下，走过了很不平凡的 20 年。在中国钢铁工业协会（以下简称钢协）纪委指导下，研究会坚持以习近平新时代中国特色社会主义思想为指导，全面贯彻落实党的二十大和二十届二中、三中全会精神，深入学习贯彻习近平总书记关于党的自我革命的重要思想，紧紧围绕钢铁行业转型升级、提质增效、和谐稳定、高质量发展中心任务搭平台、强服务、提素质，持续巩固拓展主题教育和教育整顿成果，“深学习、实调研、抓落实”，在党纪学习教育中服务全局、历练队伍，研究会各项工作取得了新的更大成绩，在市场形势“供强需弱”的情况下，为钢铁行业行稳致远和高质量发展贡献了纪检监察力量。

1. 召开研究会会长办公会。一年来，研究会始终紧盯钢铁行业纪检监察工作热点、难点及会员需求，于 2024 年年初组织召开会长办公会，积极围绕会员企业纪检监察工作共性问题、重大课题、主要议题，集思广益、共商共建，较好地发挥了服务行业、服务业务、服务会员的桥梁纽带作用。在广泛征求意见的基础上，经过精心准备，研究会于 2024 年 3 月 8 日以视频方式召开了会长办公会。会议通过表决方式调整了研究会轮值会长、部分副会长和副秘书长议案，确定了 2024 年度工作重点，形成了 2024 年行业纪检监察业务培训总体框架，明确了 2024 年研究会论文征集主题，确定了第 20 届研究会年度工作会议的基本思路、通报了论文申报的基本体例和格式要求等，各参会会长、副会长、秘书长、副秘书长积极建言献策，为研究会年度工作

① 受编委会委托，以 2024 年研究会工作总结为代序。

明确了任务、定下了基调。

2. 赴钢铁企业开展调研。为深入学习贯彻党的二十大及二十届三中全会精神，落实钢协党委关于深入企业开展调查研究的工作部署，研究会经精心谋划拟定了调研方案，拟调研的8家企业涵盖东部、中部、西部三个区域，央企、国企、民企三种类型。由钢协纪委、研究会、中国矿产资源集团有限公司（以下简称中国矿产）纪检监察组组成的调研工作组自2024年年初开始，先后赴河钢集团河北张宣高科科技有限公司、首钢集团有限公司、中信泰富特钢集团股份有限公司、湖南钢铁集团有限公司、河南济源钢铁（集团）有限公司、中国矿产、包头钢铁（集团）有限责任公司和陕西钢铁集团有限公司等单位调研，实地参观和考察了体现企业先进技术和装备的生产线，听取了2024年以来生产经营和转型升级情况，全面了解落实“两个永远在路上”战略思想所取得的成果，倾听企业纪检监察组织在监督执纪过程中的相关诉求，在与企业纪检监察部门进行座谈交流过程中，调研组同各企业深入交流了研究会第二十次纪检监察工作年度会议的基本设想和初步方案，为成功召开年度会议做了更加务实、充分的准备。

3. 编辑出版优秀论文集。每年在全行业征集纪检监察论文，是研究会一直坚持的好传统、好经验。为展示新时代钢铁企业纪检监察工作理论创新、实践创新、制度创新、文化创新最新成果，2024年5月，研究会向全行业印发征集论文通知，截至8月底，共收到19个单位（集团口径）参评论文192篇，覆盖范围之广、涉及内容之全、论文数量之多、创作质量之高，均创历史新高。研究会坚持公平、公正、公开原则，经会员单位纪委初评、研究会秘书处汇总、报研究会会长同意，最终评出一等奖10篇、二等奖30篇、三等奖60篇、优秀奖65篇，获奖论文数量创下研究会成立以来之最。研究会统筹论文评分及质量，精心选取70篇优秀论文，经专家审核把关后，编辑出版了论文集《钢铁卫士（2024）》。在论文评审和论文集编辑出版工作中，中国矿产纪检监察组作为轮值会长单位给予大力支持，钢协纪委给予全面指导和多方协调，各位副会长积极做好论文推荐和申报工作，并全力支持研究会秘书处依程序高质量推进优秀论文评选和论文集编辑工作。《钢铁卫士（2024）》是研究会三年来第三次出版论文集，论文集无论文章质量、格式体例、书籍装帧、印刷册数等均超出了往年水平，《钢铁卫士（2024）》结集出版，是一年多来钢铁行业各级纪检监察组织和广大纪检监察工作者工作智慧和劳动成果的结晶，是钢铁行业纪检监察队伍向新中国成立75周年献上的一份厚礼。

4. 精选论文编印杂志专刊。《冶金企业文化》杂志是以钢铁行业内部为主、同时向行业外公开发行的党建思想政治工作权威期刊，由中国冶金职工思想政治工作研究会（以下简称冶金政研会）主办。为进一步向行业内外展示钢铁行业纪检监察工作高质量发展取得的最新最优成果，为会员企业各级纪检监察组织开拓视野提供理论借鉴和实践参考，研究会同冶金政研会联合编辑出版《冶金企业文化》杂志（十月）专刊，专刊结合2024年钢铁行业纪检监察工作的亮点、特色和业绩，本着优中选优、点面结合、主题突出、注重实践的原则，从年度优秀论文中遴选出代表性论文10篇，从会员企业纪检监察组织中精选出典型经验材料6篇，在全国范围内公开发表。专刊得到轮值会长单位的大力支持，中国矿产纪检监察组专门为专刊设计了精美的封面和封底，各会员单位纪检监察组织踊跃提供廉洁文化优秀图文资料。《冶金企业文化》杂志专刊的编辑发行，是对钢铁行业廉洁文化建设的一次集中展示，对于促进钢铁行业全面从严治党特别是廉洁文化建设不断向纵深发展，发挥了有益的引领和指导作用。

5. 精心组织纪检监察业务培训。在巩固拓展纪检监察干部队伍教育整顿成果的基础上，结合党纪学习教育，研究会精心策划并组织了两次高质量纪检监察业务培训。2024年4月，在辽宁省大连市举办了钢铁行业纪检监察干部暨钢协系统纪检干部培训班，邀请了中央党校、中国纪检监察学院、辽宁省纪检监委、鞍钢集团纪委等单位的专家、学者就二十届中央纪委第三次全体会议精神、新修订《中国共产党纪律处分条例》、利用AI技术创新纪检监察工作以及执纪审查工作中的具体运用等方面作专题辅导，钢协会员企业、钢协系统以及中国共产党中央委员会社会工作部直管兄弟行业协会的纪检干部共210人参加培训；11月，在浙江省舟山市召开的第二十次钢铁企业纪检监察年度工作会议上，研究会邀请了中央党校经济学部专家就党的二十届三中全会精神作深入系统专题辅导。2024年，研究会联合钢协纪委精心谋划培训方案、高标准邀请培训专家，从理论、实务、技术等多个维度入手，对纪监融合、纪法融合等新时代纪检监察工作前瞻性问题开展深度头脑风暴，为反哺在党风廉政建设与反腐败斗争新形势下的纪检监察工作实践创新，持续锻造钢铁企业政治过硬、本领高强、忠诚干净担当的纪检监察铁军注入了强大动力。

6. 成功举办年度工作会议。第二十次钢铁企业纪检监察年度工作会议是站在新的历史起点上不断创新和提升服务会员企业质量的一次全面检验和系统总结，是践行“依靠会员办会、努力为会员服务、为行业服务”宗旨，全心全意为会员企业纪检监察组织提供专业、优质、精准、务实服务的又一次重要体现。2024 年 11 月初召开的第二十次纪检监察年度工作会议，来自钢协会员企业、钢协系统 170 余名纪检监察干部齐聚浙江舟山，总结回顾研究会工作，谋划下一步工作，审议通过相关议案，充实领导机构，有论文集发布式、优秀论文表彰、典型经验交流、红色文化教育及党的二十届三中全会精神辅导，会议以习近平新时代中国特色社会主义思想为指导，全面学习贯彻党的二十届三中全会精神，既坚持了往年工作会议的惯例，又丰富了会议的内容和载体，通过召开年度工作会议，再一次把研究会打造成全行业纪检监察组织和干部互学互鉴、深度交流、共同提高的具有广泛代表性、体现高度专业化的行业性工作平台。会议由钢协纪委、研究会共同策划，得到研究会轮值会长单位——中国矿产纪检监察组全方位支持，会议取得圆满成功，为 2025 年第二十一次纪检监察工作年度工作会议的召开，积累了新的更高水平、更加成熟、更加丰富的经验。

党的二十届三中全会为开创新时代钢铁行业纪检监察工作指明了正确方向，提供了根本遵循。研究会将高举习近平新时代中国特色社会主义思想伟大旗帜，在党的二十届三中全会精神的指引下，在轮值会长单位正确领导和钢协纪委坚定支持下，在各会员企业纪检监察组织的无私帮助和共同努力下，紧紧依靠会员企业广大纪检监察干部的智慧和力量，集思广益、锐意进取、群策群力、扎实工作，为推动钢铁行业纪检监察工作再上新台阶，实现钢铁行业行稳致远和高质量发展持续贡献纪检监察力量。

全国钢铁企业纪检监察工作研究会轮值会长
中国矿产资源集团有限公司纪检监察组副组长　刘杰

目　录

构建六维矿山监督体系助力企业高质量发展的探索与实践
…………………………………………… 中国宝武中钢集团有限公司纪委　吴维皓
中钢矿业开发有限公司纪委　罗勇军　靳晓聪（1）

国有企业“微腐败”问题治理路径探析
………………… 鞍钢集团有限公司纪委　欧阳高威　朱翰洋　栾屹东　栾花冰（7）

发扬自我革命精神　着力“四做六严两推进”　推动纪检监督融入护航企业生产经营
………………… 中国宝武马钢（集团）控股有限公司纪委　徐　军　许　涛（13）

全面统筹务实创新构建与经营生产深度融合的大监督体系
………………………………………………………… 北京首钢股份有限公司纪委（18）

深耕厚植钢铁特质廉洁文化精神沃土——以廉洁文化建设新成效护航企业高质量发展的探析与实践
……………………… 山东钢铁股份有限公司纪委　秦立彬　姜广忠　常　骁（23）

深耕厚植“四正四廉”廉洁文化　为武钢集团高质量可持续发展提供坚强的政治保障——武钢集团加强新时代廉洁文化建设的思考与实践
…………………………………………………… 中国宝武武钢集团有限公司纪委（30）

持续发力深入开展专项监督研究　赋能国有企业新质生产力健康发展
………………… 河钢集团有限公司纪委　董士党　李文彬　许国新　张月鹏
庞　辉　安亚琴　谷辉格（36）

数据赋能拓展监督触角驱动“靠企吃企”治理
………………………………… 中国宝武宝钢集团新疆八一钢铁有限公司纪委（43）

加强境外廉洁风险防控　推动企业高质量发展
…………………………………………… 中国宝武中钢海外资源有限公司纪委（48）

新形势下加强央企直属纪委建设的实践与思考
…………… 中国矿产资源集团有限公司直属纪委　陈　博　孟庆富　蔡新宇（53）

一体推进“三不腐”机制建设的实践与探索
…………………… 昆明钢铁集团有限责任公司生产设备管理中心纪委 阚绍宽（58）

“五坚持”着力铲除腐败产生的土壤和条件——新时代国有企业推进反腐败斗争的探索与实践
……………………………… 中国宝武宝山钢铁股份有限公司纪委 周坚松（63）

以精准监督保障企业科技创新高质量推进的实践探索
……………………………… 河钢集团有限公司纪委 董士党 李文彬 孙 伟
李 嘉 杨小楠 谷辉格（68）

工程建设领域联合监督工作的实践及探索
…………………… 中国矿产资源集团舟山发展有限公司纪委 李晓宇 刘小东
胡文春 王艺霏（74）

企业关键敏感岗位管理人员廉洁风险现状分析及“脱敏”路径探索
……………………… 中信泰富特钢集团股份有限公司纪委 丁民东 朱新峰
周 宏 胡 文（78）

“四项发力”锻造不锈品格 建设廉洁太钢
……… 中国宝武太原钢铁（集团）有限公司纪委 汪 震 员红星 原 博（87）

关于国有企业如何开展政治监督的思考与实践
…………………………………… 酒泉钢铁（集团）有限责任公司纪委 李小杰（92）

关于强化企业廉洁风险防控 构建廉洁合规管理体系的实践与思考
…………… 包头钢铁（集团）有限责任公司纪委 齐宏涛 贺丽芳 李 季
赵 臻 宋京浩（96）

关于国有矿山企业推进政治监督具体化精准化常态化的探索与实践
……………………………… 首钢集团有限公司矿业公司纪委 房胜军 王 川（101）

关于国有企业构建高效监督贯通协同系统的思考
………………… 河钢集团邯郸钢铁集团有限责任公司纪委 马慧海 贾鸿霞
葛 维 赵少北（106）

执专项监督利剑 助力企业高质量发展
…………………… 福建省三钢（集团）有限责任公司纪委 陈榕年 陈中华
饶丽文 林 曦（113）

关于构建清廉杭钢建设“5 + N + 1”评价指标体系的实践与思考
……………………………………………… 杭州钢铁集团有限公司纪委　陈柳兵（118）

高质量办案问题研究——审查调查谈话策略与方法
……… 河钢集团河北张宣高科科技有限公司纪委　许国新　庞　辉　闫海峰
杨志国　白　涛（124）

以“穿透式”监督保廉增效　促进企业高质量发展
………………………… 济钢集团有限公司纪委　刘永军　王广海　孙　超
王法国　张国强　王　颖（129）

国有企业工程项目领域廉洁风险防控探索与实践
……………………………… 酒泉钢铁（集团）有限责任公司纪委　谢政晨（133）

大数据助力查办违规违纪案件的实践与思考
……………………………… 中国宝武新余钢铁集团有限公司纪委　刘东明（137）

南钢智慧风控智慧监督平台探索
……………………………………………… 南京钢铁集团有限公司纪委　王　芳（142）

浅谈整治和纠正国有企业群众身边的不正之风和腐败问题
……………………………… 酒泉钢铁（集团）有限责任公司纪委　杨　波（151）

探索构建“1261”廉洁文化建设实施路径——新时代国有企业关于廉洁文化建设的探索与实践
……………………… 中国宝武宝钢湛江钢铁有限公司纪委　信永升　黄　新
欧阳云梅　许衍智（156）

“五个聚力”提能增智　锻造全面过硬纪检铁军
……………………… 山钢集团日照有限公司纪委　刘洪波　董思慧　楚世豪
刘　敬　汪　娟　陈克松（161）

国有企业“五型监督”工作法对提升专责监督精准性的有益实践
……………………… 鞍钢集团鞍山钢铁集团有限公司纪委　曹　琦　许　博（166）

精准有效运用监督执纪“第一种形态”的探索与实践
………………… 鞍钢集团矿业齐大山分公司纪委　于忠灏　李云鹏　杜庆刚（171）

深化钢铁企业以案促改、以案促治的探索与实践
………………… 鞍钢股份鲅鱼圈钢铁分公司纪委　鲁　鹏　蒋立强　陈庭玉（176）

聚焦生产经营，提升监督质效，助力企业转型升级高质量发展
……………………………… 河钢集团有限公司纪委　史绍辉　杨小楠　李松杰
刘　硕　刘　欣（181）

推进新形势下国有企业纪检监察体制改革　以“室组委”协同联动提升纪检监察工作实效
……………………… 包头钢铁（集团）有限责任公司纪委　刘文辉　刘智光
张慧琴　陈　旭　刘　骏　白乐嘎　赵振宇（187）

本钢集团反腐败斗争中的策略与措施基于“三不腐”三重防线建设的研究
…………………… 鞍钢集团本钢集团有限公司纪委　温兆龙　翟利彬　刘鹿霖（192）

基于 PDCA 理论的国有企业廉洁风险防控体系建设——以云南物投为例
…………………… 昆钢云南省物流投资集团有限公司纪委　杨新光　杨　璐（197）

试述国有企业实施二级单位纪检监督派驻制的优势
…………………… 昆钢云南楚丰新材料集团有限公司纪委　马亚琦　郭志芳（203）

浅析陕钢集团开展政治监督的问题与对策
…………………………………………… 陕西钢铁集团有限公司纪委　王　浩（208）

以案促改提升一体推进“三不腐”综治效能
………………… 济钢集团有限公司纪委　刘永军　王广海　孙　超　王法国
王　颖　邹　彤　于素云　葛　颢　韩龙生（212）

监督稽查在进厂原燃物料管理中的应用与研究
…………………………………………… 山钢集团日照有限公司纪委　宋长军（216）

构建采购特色监督体系　扎实推进国有企业高质量发展
……………………… 河钢集团采购总公司纪委　艾　岩　王亚冰　李志江（221）

“示范点＋阵地建设”助推廉洁文化建设走深走实
……………… 山钢股份莱芜分公司纪委　陈显著　姜兴辰　张百庆　王少振（226）

内强素质修“四心”　外树形象创“四型”　锻造高素质专业化纪检监察队伍的探索与运用
……………………………… 酒泉钢铁（集团）有限责任公司纪委　郭　昊（232）

发扬自我革命精神　蓄势赋能监督专责　在服务保障企业高质量发展大局中践行使命担当
……………………………… 河钢集团有限公司纪委　董士党　李文彬　李　嘉
车明浩　冯新玲　王志国（238）

聚焦国有企业贸易领域突出问题　探索“新质监督力”的初步思考和运用
……………………… 包头钢铁（集团）有限责任公司矿业公司纪委　于建中
白　洁　安利莉（246）

构建“1+3+3”监督机制　完善企业治理体系　提升企业治理效能的探索与实践
………………… 河钢集团唐山钢铁集团有限责任公司纪委　王　健　吴艳敏
高　强　户桂彬　强轶臣（253）

打造廉洁文化单元　构建“159”一体化清廉格局——杭钢集团二级单位纪检机构第三协作组开展一体化协作监督的探索与实践
……………………………… 杭州钢铁集团有限公司党委巡察办　逯建奇（259）

国企基层纪委提升审查办案能力的实践探索
…………… 鞍钢集团鞍山钢铁集团有限公司纪委　贾廷晓　于松延　唐博震（267）

深化政治巡察　发挥“利剑”作用　以高质效巡察保障企业高质量发展
……………… 中信泰富特钢集团股份有限公司党委巡察办　魏　伟　耿丽丽
李　超　吴明飞（271）

加强国有企业廉洁文化建设的探索与实践
………………… 鞍钢集团攀钢集团有限公司纪委　王　欣　罗　斌　王　鹏
李明祥　辛佳恒　包海龙（278）

以理念为引导　以制度作支撑　以方式求突破　创新驱动纪检监察工作高质量发展
…………… 河钢集团舞阳钢铁有限责任公司纪委　张华军　王世云　张　宁（286）

健全公司监督体系、深化协同监督机制
……………………… 江苏沙钢集团有限公司董事局纪检审计法务部　陈　晶（292）

陕钢集团龙钢公司构建“大监督”体系的探索与实践
…………………………………… 陕钢集团陕西龙门钢铁有限责任公司纪委（296）

以“室组”联动为载体　优化纪检监察量化考核评价体系
…………………… 河钢集团承德钒钛新材料有限公司纪委　宋江涛　刘春玉
李占军　刘　欣（301）

以有力政治监督推动实现采购管理变革　为突围打样、重振雄风、做强包钢提供坚强保障
……………………… 内蒙古包钢钢联股份有限公司纪委　陈　松　杨光顺
李海燕　史　悦　崔志军（306）

国有企业纪检监察组织监督保障子公司高质量发展的实践与运用
…………………… 福建省三钢（集团）有限责任公司纪委　陈榕年　陈中华
郑长龙　谢志华（312）

推行“两域三组三模式”办案工作机制的实践与思考
…………………………… 鞍钢集团攀钢矿业有限公司纪委　顾智忠　高　勇
孙　帆　雷文凯（318）

国有企业物资采购廉洁风险防控机制的探索与实践
……………………………………… 酒钢集团供应链管理分公司纪委　常　明（323）

对于加强总承包项目纪检监督工作的探索与思考
………… 中国宝武马钢集团设计研究院有限责任公司纪委　罗　娟　赵　文（328）

昆钢公司纪委查处质检系统腐败窝案的“三促”成效
………………… 昆明钢铁集团有限责任公司纪委　张春华　王必周　王天俊（333）

加强“一把手”和领导班子监督的实践与思考
………………… 首钢集团通化钢铁集团股份有限公司纪委　张艳君　王志伟（339）

首钢京唐公司纪委实施派驻监督的探索与实践
……………………………………… 首钢集团京唐钢铁联合有限责任公司纪委（344）

关于企业专项监督的探索和做法
…………………………………………… 南京钢铁集团有限公司纪委　王永瑞（349）

浅析柳钢集团年轻干部廉政建设方面存在的问题及对策
………………… 广西柳州钢铁集团有限公司纪委　文和贵　潘思竹　覃　慧（353）

关于国有企业深入开展新时代廉洁文化建设的思考和实践
………………………………… 酒钢集团甘肃东兴铝业有限公司纪委　冀思尧（358）

发扬彻底的自我革命精神　坚决打赢反腐败斗争攻坚战持久战
…………………………………………… 河南钢铁集团有限公司纪委　刘锡明（363）

浅谈国有企业纪检监察案件查办的困难及对策
………………………………… 陕钢集团汉中钢铁有限责任公司纪委　肖　冕（367）

以纪检监察高质量护航企业发展高质量
…………………………………………… 湖南钢铁集团有限公司纪委　黄　倩（372）

加强国有企业新时代廉洁文化建设的探索
……………柳钢集团十一冶建设集团第三建筑安装工程分公司纪委　余思雨
廖英言　何月花（377）

编后记 …………………………………………………………………………（380）

构建六维矿山监督体系助力企业高质量发展的探索与实践

中国宝武中钢集团有限公司纪委
吴维皓
中钢矿业开发有限公司纪委
罗勇军　靳晓聪

中钢矿业开发有限公司（简称中钢矿业）作为中国中钢集团有限公司在矿业开发领域的专业公司，主要承担着矿业开发领域的机会发现、资源获取、矿山项目建设和生产运营管理等任务，所属9家矿山企业深耕铁、钼、萤石等多个矿产资源品种，为钢铁行业提供支持和服务。近年来，中钢矿业党委认真学习领悟习近平新时代中国特色社会主义思想和党的二十大精神，在“本质安全、环境和谐、资源节约、智慧运营、效益可观、社会认同”六个维度加快推进现代化矿山企业建设，中钢矿业纪委紧密围绕高质量发展中心工作，协助党委同步建设六维矿山监督体系，取得了较好效果。

一、国有矿山企业构建完善企业内部监督体系的重要意义

（一）构建完善企业内部监督体系是健全党统一领导、全面覆盖、权威高效的监督体系的应有之义

党的十八大以来，习近平总书记多次就健全党和国家监督体系作出重要论述，二十届中央纪委第三次全体会议对健全党统一领导、全面覆盖、权威高效的监督体系作出了专门部署。国有企业作为中国特色社会主义的重要物质基础和政治基础，是党执政兴国的重要支柱和依靠力量，必须贯彻落实党中央重大决策部署，不断完善企业内部监督体系，以党内监督为主导，促进各类监督贯通协调，形成常态长效的监督合力。

（二）构建完善企业内部监督体系是推动政治监督具体化、精准化、常态化的必然要求

党的二十大根据新形势新任务对党章修改，在纪委主要任务中增写“推动完善党

和国家监督体系”重要内容，赋予纪律检查机关在管党治党方面更大的责任。国有企业纪委应当发挥党的纪律检查工作在党和国家监督体系中的重要作用，做实专责监督，推进政治监督具体化、精准化、常态化，探索完善权力监督制约机制，搭建企业监督平台，织密企业监督网络，协助党委推动企业内部监督体系高效运转，让权力在阳光下运行。

（三）构建完善企业内部监督体系是推进企业治理体系和治理能力现代化的重要保障

习近平总书记强调，健全党统一领导、全面覆盖、权威高效的监督体系，是实现国家治理体系和治理能力现代化的重要标志。要完善党和国家监督体系，使监督融入“十四五”建设之中，把监督贯穿于党领导经济社会发展全过程。国有企业纪委要继续推动健全制度、完善体系，使监督体系契合党的领导体制，融入国家治理体系，推动制度优势更好转化为治理效能。国有企业各级党组织要持续夯实基层基础，以党建引领基层治理，扎实推进国有企业改革深化提升行动，充分发挥基层党组织战斗堡垒作用和党员先锋模范作用，推进基层治理体系和治理能力现代化。

二、中钢矿业构建六维矿山监督体系的实践

中钢矿业纪委协助党委建设六维矿山监督体系，推动党委、纪委、党的工作部门、基层矿山党组织、党员等五大监督主体协同发力，紧密围绕矿山企业六维监督重点，不断探索完善监督的路径和方式方法，如图1所示。

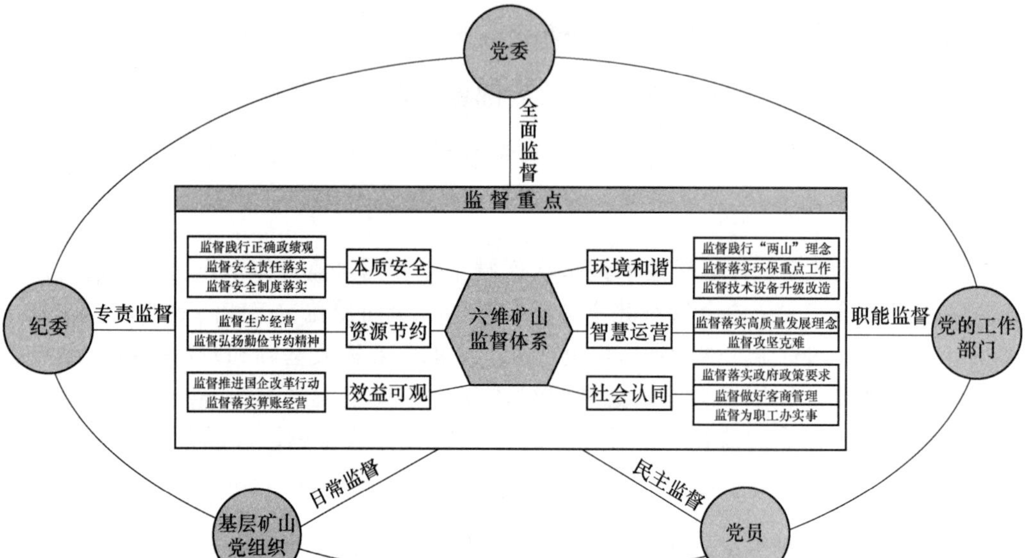

图1　六维矿山监督体系示意图

(一)六维矿山监督体系中的五大监督主体

在六维矿山监督体系中，中钢矿业党委肩负全面监督的主体责任，督促领导班子成员按照党委分工狠抓责任落实，推动各企业贯彻党中央重大决策部署和上级工作安排，凝心聚力推动企业高质量发展。中钢矿业纪委作为专责机关，找准“监督的再监督”定位，协调督促各监督主体发挥好监督作用。党的工作部门发挥职能监督作用，充分发挥专业优势，在各领域开展穿透式全流程监督。各矿山企业基层党组织着力做好日常监督工作，贯彻落实上级党委各项工作部署，结合实际不断完善制度机制，持续提升现代企业治理能力；鼓励引导全体党员干部有效发挥民主监督作用，推动各企业党组织落实好党务公开、厂务公开，落实好党员的知情权、参与权、选举权、监督权。

(二)六维矿山监督体系的监督重点

中钢矿业党委紧密围绕习近平总书记关于国有企业、矿产资源开发的重要论述精神和党中央重大决策部署，聚焦本质安全、环境和谐、资源节约、智慧运营、效益可观和社会认同六个维度推进现代化矿山企业建设。中钢矿业纪委在推动构建企业监督体系中，坚持与党委同向发力，聚焦六维监督重点开展监督，在实践中细化总结出6类15项监督重点。

(1)聚焦本质安全深化监督。一是监督企业领导班子践行正确政绩观，推动牢固树立“人民至上”“生命至上”理念，以“时时放心不下”的责任感抓好安全工作。二是监督安全责任落实，推动层层压实安全责任，把责任落实到生产经营全过程、各层级。三是监督安全制度落实，推动落实中钢矿业创建“双标准安全检查”与“双重预防机制下安全生产标准化管控体系”相结合的安全管控要求，扎实做好安全检查，切实消除安全隐患。

(2)聚焦环境和谐深化监督。一是监督践行“绿水青山就是金山银山”理念，推动避免违规生产、超标排放和严重污染事故。二是监督落实生态环保重点工作，推动各矿山企业做好充填、复垦、水资源闭环利用、尾矿资源化等生态修复工作。三是监督技术设备自动化智能化升级改造，推动采用低碳高效的采掘设备、运输设备，降低矿山整体运行的能耗和碳排放，为实现碳达峰、碳中和目标贡献矿山力量。

(3)聚焦资源节约深化监督。一是监督生产经营，推动各矿山企业按照计划节点完成生产任务，有序推动节能降耗、降本增效，努力提高资源综合利用率。二是监督弘扬勤俭节约精神，推行绿色低碳的生产生活方式，加强资源循环利用的创新技术研发。

(4)聚焦智慧运营深化监督。一是监督落实高质量发展理念，推动企业重视创新驱动发展战略，通过加大技术创新不断塑造发展新动能新优势。二是监督攻坚克难，紧盯生产工艺、安全管控等方面的技术难题、“卡脖子”的工艺技术难题和提质增效的卡点、堵点问题，推动技术部门加强合力攻关，不断提升科技含金量。

（5）聚焦效益可观深化监督。一是监督推进国有企业改革行动，推动各企业按照上级要求抓实各项工作，通过开采方式科学化、资源利用高效化、企业管理规范化、生产工艺环保化、矿山环境生态化等手段，追求更高生产经营效益。二是监督落实算账经营，着眼长远，立足当下，注重经济效益、社会效益、生态效益、安全效益、资源效益、社区效益相互统一、协调发展。

（6）聚焦社会认同深化监督。一是监督严格落实各级政府政策要求，赢得政府部门的支持与认同。二是监督做好供应商管理和客户管理，推动企业与上下游企业协作共赢，共同发展，赢得上下游企业的认同。三是监督为职工办实事，推动各企业加大福利基础设施建设，丰富员工的业余文化生活，增强矿山员工自我认同，不断提升归属感、自豪感、幸福感。

（三）六维矿山监督体系的实施路径

（1）党委发挥全面监督作用。中钢矿业党委坚决扛起主体责任，以政治巡察、审计等手段加强对所属企业的全面监督，在上一轮对所属矿山企业的政治巡察中，发现问题 164 个，收到和发现问题线索 3 条，处理违规违纪人员 1 人，调整工作岗位 3 人，暂缓提拔 1 人，有效发挥震慑作用。领导班子成员制定“一岗双责”履职清单，从基层调研、谈心谈话、专项检查、规范组织生活等方面，推动全面从严治党向纵深发展，每半年向中钢矿业党委汇报一次“一岗双责”履职情况。充分发挥党建考核“指挥棒”作用，督促所属矿山企业党组织及党员干部履职尽责，推动各部门各企业落实企业重点工作任务。

（2）纪委履行专责监督职责。中钢矿业纪委积极构建“大监督”工作格局，组织纪检机构与销售部、安全环保部、设备材料部、财务部等部门开展联合检查，激发各部门履行职能监督积极性。指导各企业纪检机构紧盯产品销售、废旧物资处置、设备采购、工程建设管理等重点业务开展专项检查，通过关口前移堵塞管理漏洞、消除廉洁风险。充分发挥“监督保障执行、促进完善发展”作用，推动修订完善各类制度 40 余项，深化“以案促改”，在核查矿山企业废石处置问题线索中，针对处置方式发出纪检建议，为公司年均增效超 4000 万元。

（3）党的工作部门发挥职能监督作用。中钢矿业各部门各司其职，围绕 6 类 15 项监督重点开展职能监督，每季度召开反腐败协调小组会议，通报典型问题、交流工作经验，推动纪检监督与审计、财务等各项职能监督贯通融合。聚焦采购招标、销售、工程管理等矿山企业重点工作，协同制定《中钢矿业重点领域关键岗位监督检查及廉洁风险防控手册》，对 4 类工作进行全流程廉洁风险排查，明确 88 项廉洁风险点，制定 118 项监督措施，针对相应岗位划定廉洁风险等级、细化防控措施，为各部门开展职能监督提供工作指引。

（4）党的基层组织落实日常监督。中钢矿业督促各所属矿山企业党组织扎实抓好“特色支部”创建，着力增强基层党组织政治功能和组织功能，在生产经营中有效发挥党支部战斗堡垒作用。各矿山企业党组织、纪检机构坚决贯彻落实上级工作部署，

2023年通过开展政治监督发现问题30个，主动约谈217人次，下发纪检建议书28份，回复廉洁意见25份。所属矿山企业每年制定制度“废改立”计划，逐项推进“销号”，用制度规范权力运行各环节，不断提高现代企业治理能力。

（5）党员发挥民主监督作用。中钢矿业指导所属企业每季度召开党组织书记接待日活动，广泛、充分听取党员干部对生产经营、科技创新、矿山建设、职工生活等方面的意见建议，党员带头积极参加“我为企业献一计”等活动，2023年征集各类意见建议300余条。推动各企业按照要求认真做好厂务、党务公开，对奖金分配、评先评优、重大投资、人事变动等进行公示，主动接受群众监督。在巡察、监督检查、专项整治等工作中，通过“两深入一公布”（深入生产一线、深入职工群众、公布举报方式）有效激发民主监督积极性。

三、中钢矿业构建六维矿山监督体系的工作成效

中钢矿业通过构建六维矿山监督体系，有效激发了各主体监督意识和工作热情，在现代化矿山建设方面也实现了经济效益、生态效益、社会效益的协调同步增长，展示了国资央企新形象、新作为。

（1）本质安全水平进一步提高。中钢矿业在开展双标准安全检查的基础上，进一步完善、规范企业安全管理体系，已启动“非煤矿山7C安全管理体系”建设重大科研项目，正在推进安全检查标准化、标准化安全检查、安全教育培训标准化、专业安全管理标准化、操作技能标准化、班组安全建设标准化、岗位安全标准化7个方面的建设，创建中钢矿业的安全品牌。所属中钢集团山东富全矿业有限公司（简称中钢富全矿业）已实现连续安全生产近6000天，创造并保持着国内连续安全生产纪录。

（2）绿色矿山建设取得显著成效。大力推进开采方式科学化、资源利用高效化、企业管理规范化、生产工艺环保化、矿山环境生态化、矿区社区和谐化，持续加强对采矿、选矿工艺新技术的研究应用，积极构建低碳、环保的绿色矿山工业系统，营造绿色、环保、和谐、幸福工作环境，打造业内环保标杆企业。所属中钢富全矿业被纳入国家绿色矿山名录，另有3家矿山企业被纳入省级绿色矿山名录。

（3）全矿资源综合利用体系建立。积极推行设备“六精”管理，做到基础工作“精”细，维护保养工作“精”心，点巡检工作“精”密，状态管理“精”确，维修管理“精”准，设备成本管理“精”算。大力开展能源管理和节能减碳工作，在企业培养节约资源意识，努力形成矿山职工崇尚节约的浓厚氛围。建立全矿资源综合利用运行体系，发展副产品加工技术工艺，将废水、废气、废石、尾矿等变废为宝，做到全部资源价值化，全国首创无耙柱式膏体浓密机，实现了尾砂零排放。

（4）智慧运营取得创新突破。坚持把科技创新和岗位创新摆在企业发展的核心位置，不断加大研发投入，持续推进数字矿山、智慧矿山等颠覆传统的革新，加快推进采掘装运智能化设备引进与应用、智能化采掘工艺优化，建设智能、少人无人化采掘应用场景。所属中钢集团山东矿业有限公司、中钢富全矿业已达到高新技术企业标准，“井下电机车装运卸无人智能协同关键技术及应用研究”项目获得中国钢铁工业协会冶

金科学技术奖三等奖，“新型高效辉钼矿浮选捕收剂选择与应用”项目获得绿色矿山科学技术奖三等奖。

（5）经营业绩连年翻倍增长。以“四化”为方向引领，以“四有”为经营纲领，深化算账经营理念，以高效生产、增产稳产、降本增效、科技增效为原则管理矿山生产，不断对标挖潜，降低成本。根据市场需求和风险，弹性组织生产和原材料采购，争取企业最大利润。2017年以来，中钢矿业经营业绩连年翻倍增长，近5年实现利润总额超20亿元，呈现节节走高、稳步攀升态势。

（6）取得广泛良好社会效应。持续加大福利基础设施建设，丰富员工的业余文化生活，提高员工自信和幸福感，可观的企业效益、高收入群体、人性化管理、安全环保的工作环境，悄然改变着社会对矿山的认知，得到了社会大众的认同和支持。中钢矿业在矿产资源开发、矿山生产经营管理、绿色矿山建设、乡村振兴等方面均取得良好的社会效应，20余名职工获得全国和省市级劳动模范荣誉称号和五一劳动奖章。

国有企业“微腐败”问题治理路径探析

鞍钢集团有限公司纪委
欧阳高威　朱翰洋　栾屹东　栾花冰

“微腐败”是小腐败行为和小作风问题的概括，与腐败问题同根同源。从党的十八大以来坚持“老虎”“苍蝇”一起打，到党的十九大以来推动全面从严治党向基层延伸，再到党的二十大以来坚决惩治群众身边的“蝇贪蚁腐”，体现的是我们党在整治群众身边腐败和作风问题上坚定不移、一以贯之的决心。但我们要清醒地认识到，反腐败形势依然严峻复杂，国有企业“微腐败”问题还易发多发，破坏企商环境、制约企业发展，损害群众的安全感、获得感、满意度，必须深入解决，系统施治。本文以鞍钢集团有限公司（简称鞍钢集团）防治“微腐败”为切入点，从微观层面对“微腐败”治理路径进行探析和构建。

一、防治“微腐败”的重要意义

（一）防治“微腐败”是打通全面从严治党“最后一公里”的迫切需求

群众身边的“微腐败”直接损害群众的切身利益，挥霍基层群众对党的信任，危害不容小觑。党中央始终高度重视国有企业党风廉政建设和反腐败工作，2020 年以来，中央纪委全会连续五年把国有企业反腐败工作作为重点任务进行部署、加以推进。国有企业在深化反腐败斗争、保持惩治腐败高压态势的同时，更加重视治理侵害职工群众利益的“微腐败”问题，着力打通全面从严治党的“最后一公里”。因此，开展防治“微腐败”问题调查研究，深入“解剖麻雀”，进一步弄清其滋生蔓延的内在机理，设计具有可操作性的治理路径，对国有企业系统治理“微腐败”问题具有一定借鉴和实践价值。

（二）防治“微腐败”是国有企业实现高质量发展的坚强保障和现实需要

国有企业是国民经济的稳定器、压舱石，在加快构建新发展格局、着力推动高质量发展中肩负重要职责。“微腐败”问题不仅给企业本身造成经济损失，严重损害职工群众的切身利益，也会失去职工群众对反腐败工作的支持和信任，诱导更大的腐败。近年来，鞍钢集团各级纪委紧盯职工群众最关切的现实需要、最反感的作风问题、最痛恨的腐败现象，严查群众身边的“微腐败”，以小切口解决大隐患。但“微腐败”问题产生的土壤和条件仍然存在，“微腐败”问题在鞍钢集团还禁而未绝。因此，对“微腐败”问题治理路径探析，使国有企业防治“微腐败”有目标、有方向、有抓手、有标准具有重要的理论和实践意义。

二、“微腐败”的表现形式

国有企业“微腐败”问题主要存在于基层岗位，但从大量违纪违法犯罪案件来看，领导人员也同样存在“微腐败”，且其走向堕落的历程往往始于“微腐败”。由此，鞍钢集团开展“微腐败”问题专项治理，将“微腐败”治理范围划定为领导人员、关键重要敏感岗位人员，以及其他机关工作人员、一线管理人员、班组长和普通党员。通过对“微腐败”问题开展专项调研，根据鞍钢集团实际情况确定了重点从以下5类38种表现形式对“微腐败”问题加以防治。

（一）形式主义、官僚主义问题

贯彻党中央重大决策部署有令不行、有禁不止，或者表态多调门高、行动少落实差，脱离实际、脱离群众，造成严重后果；在履职尽责、服务经济社会发展和生态环境保护方面不担当、不作为、乱作为、假作为，严重影响高质量发展；在联系服务群众中消极应付、冷硬横推、效率低下，损害群众利益，群众反映强烈；文山会海反弹回潮，文风会风不实不正，督查检查考核过多过频、过度留痕，给基层造成沉重负担等问题。

（二）享乐主义、奢靡之风问题

违规收送名贵特产类礼品；违规收送礼品礼金和其他礼品；违规公款吃喝；违规接受管理和服务对象等宴请，严查“吃公函”“吃食堂”“吃老板”“吃下级”等问题；违规操办婚丧喜庆；违规发放津贴补贴或福利；公款旅游；违规接受管理和服务对象等旅游活动安排；违规配备和使用公车；楼堂馆所问题；提供或接受超标准接待组织或参加用公款支付的高消费娱乐健身等活动；接受或提供可能影响公正执行公务的健身娱乐等活动；违规出入私人会所；领导干部住房违规等问题。

（三）利用工作和岗位便利，收受相关方小恩小惠

在工程建设领域，通过违规转包分包、变更设计、虚增预算、工程量和劳务用工、收而不验、多付工程款等手段谋取私利、损害企业利益；在招标采购领域，通过泄露信息、人为设置条件、围标串标、虚设标准、虚列计划、规避招标、违规直接采购等手段谋取私利、损害企业利益；在生产销售领域，通过控制分销比例、发货速度、价格优惠等手段谋取私利、损害企业利益；在验质计量领域，通过虚增重量或数量、更换样品、出具虚假检测结果等手段谋取私利、损害企业利益；在验收使用领域，通过只收不验、以次充好、以少充多等手段谋取私利、损害企业利益；在物流运输领域，

通过在外委运输等环节内外勾结，以虚增台班、工作量等手段谋取私利、损害企业利益；在门岗保卫领域，收受小恩小惠、违规放行；收受可能影响公正履职的财物、吃拿卡要等问题。

（四）套取工资奖金和有关费用等行为

在薪酬分配过程中，通过先分配给少数人再以现金形式返还给组织或者有关领导、管理人员；截留、套取单项奖励；通过隐匿收入，虚列成本、劳务费和会议费等方式套取现金等；违规办理消费卡等；通过先垫付再嘉奖等方式“一事一处理”；截留各种考核扣款等问题。

（五）贪占企业、单位财物行为

运输岗位人员伙同他人打通运输链条实施盗窃；保卫人员知法犯法，伙同他人实施盗窃；生产现场管理人员、一线职工伙同他人盗窃企业财物；仓库保管人员、施工管理人员、一线职工等监守自盗；管理人员、一线职工与社会闲散人员里外勾连，形成相对固定的团伙，实施有计划有组织的盗窃活动；机关工作人员利用工作便利贪占、盗取本单位、部门财物等问题。

三、“微腐败”的典型特点

纵观近年来发生在鞍钢集团内的“微腐败”案件发现，主要呈现出以下 3 方面特点。

（一）涉案人员级别低，基层岗位占比高

近年来，鞍钢集团各级纪委严查职工群众身边的“微腐败”问题，成效显著。一方面，鞍钢集团党委、纪委高度重视，抓大不放小，旗帜鲜明向职工群众身边的“蝇贪蚁腐”亮剑；另一方面，也反映出“微腐败”问题易发多发、顽固反复，“微腐败”问题的存量尚未彻底清除、增量仍在发生。党的十九大以来，鞍钢集团各级纪委处置涉及基层“微腐败”问题线索中一级经理（正科级）及以下岗位层级占比 61%、立案占比 80%、结案占比 80%。这些案件涉案人员的级别低且主要集中在科级及以下的基层岗位，这与国内相关学术研究中指出的“微腐败”问题主要发生在群众身边、发生在基层一线的特点基本一致。

（二）涉案的金额较少，具有较强隐蔽性

从查处的“微腐败”案件来看，这些涉案人员大多从收受一盒烟、一盒茶、一瓶酒、一个红包、一张购物卡等小恩小“贿”开始，逐渐“孵化破壳”、腐化变质。有的基层管理者利用“带钱”、套取、贪占相关费用等手段私设“小金库”，违规核销私人费用，侵害职工利益；有的党员干部不矜细行，接受管理服务对象旅游安排、宴请，由风及腐，埋下被“围猎”的隐患。例如，某贸易公司综合部门负责人郭某，由相关方支付旅游景区门票费用 190 元，被给予党内警告处分。有的案件还具有较强的隐蔽性和迷惑性。例如，某矿业公司地下矿副矿长温某利用《监督管理办法》“取制样、化验抽查结果允许误差 ±0.40%”的规定打擦边球，在矿石取制样及化验中，让质量计量管理中心质量计量站化验员人为调整降低规格矿品位，收受矿石加工方所送好处费，被严肃处理。

（三）违纪类型相对集中，重点领域易发多发

2023 年，鞍钢集团各级纪委处置涉及“微腐败”人员中，违反廉洁纪律和国家法律法规（其中包括“四风”问题、“带钱”、偷盗等典型“微腐败”）共占 53%，违反工作纪律占 41%。从案件分布看，主要集中在资金密集、资源富集领域，贪污侵占、截留挪用、虚报冒领、吃拿卡要等行为较为普遍。在招标采购领域，有的以采购方案内容不完善等原因为由，直接予以定标流标；有的设置歧视性条款障碍，排除其他潜在供应商。在工程建设领域，有的违规套取项目工程款和劳务费，设立小金库、中饱私囊；有的违规转包分包，造成项目失管失控。在矿产资源领域，有的利用规则漏洞，牟取不正当利益；有的不正确履行职责，管理工作流于形式，造成企业经济损失。在废旧资源领域，有的职工里应外合、监守自盗，致使零散废弃物被盗偶有发生。例如，某矿业公司选铁作业区检修工杜某等 9 名职工多次在上班时间收集废旧金属，盗运出厂变卖，均受到相应处理处分。

四、“微腐败”产生的原因

探究“微腐败”产生原因发现，既有个别党员干部规矩意识、纪律意识淡薄的主观原因，也有监督管理不力、制度机制不健全等客观因素。

（一）对权力运行的制约和监督不够系统

开展以案促改工作主动性不强，监督机制改革和制度建设力度不够，导致政策制定、决策程序、审批监管等关键权力在制度、程序上仍存漏洞，使权力寻租有了可乘之机。有的时候认为问题太小，构不成违纪就不去管，即使构成违纪依纪处理，在量纪上也是能轻则轻；有的时候在执纪上受人情往来和社会往来等人情因素影响，存在执纪不到位、打折扣的问题。专业化监督作用发挥不明显，在一些技术性较强的专业领域，更需要业务主管部门的垂直监督，及时发现隐蔽性问题，职能部门专业化监督与纪委专责监督的协同不够，未形成有效合力。

（二）以严的基调正风肃纪反腐不够有力

对“微腐败”影响企业党风政风、污染企业政治生态、制约企业高质量发展等危害性认识不清、重视不够。严的要求在制度制定和执行、党性教育和党纪教育、监督检查和审查调查等方面体现不充分。有的基层单位查处案件通报曝光、警示教育不到位，一些基层管理者、关键岗位人员对开展的警示教育活动不了解、不掌握。有的单

位对“微腐败”问题抓早抓小不够，未病先防、有病早治不到位。推进作风建设常态化长效化效果不明显，系统化靶向整治力度不够、措施不多，党性党风党纪一起抓的工作局面尚未形成。

（三）法制化规范化正规化建设不够全面

对照新时代国有企业纪检监察机构职责定位，能力不足和本领恐慌问题一定程度存在，基层纪委监督检查、纪律审查、案件审理等工作不平衡问题较为突出。在案件查办上存在“上热、中温、下冷”情况，个别单位纪委和纪检干部责任意识、斗争意识不强，评价机制、奖惩制度的不够完善使其工作缺乏主动性和积极性。惩治腐败的行动上还不具体、不聚焦，造成“零办案”，甚至是个别基层单位长期“零办案”。此外，一些单位纪检干部不敢、不愿、不会办案，斗争精神不强、斗争本领不高。有的认为因工作得罪人没有必要，怕以后遭到打击报复；有的思想认识存在偏差，认为查办案件会影响本单位形象，遇到查办案件总是找借口推脱，甚至只说不做。

五、防治“微腐败”的对策

结合“微腐败”问题具体表现形式、典型特点及产生原因，制定实施防治对策、构建长效机制，更好发挥监督保障执行、促进完善发展作用。

（一）加强教育引导，以“强警示”推动固本培元

（1）加强理想信念教育。深化新时代党的理想信念教育，让全体党员把理想信念时时处处体现在对党忠诚、尽职尽责、担当奉献、拼搏奋斗的实际行动上。把集中性纪律教育和经常性纪律教育相结合，建立警示教育制度化举措并开展系列活动，推动各级党员干部从思想上固本培元。

（2）加强案例警示教育。结合所在领域业务特点，设立“微腐败”治理成果专区，强化以案为鉴。依托召开警示教育大会通报曝光典型案例，刊发专题文章，不断提升廉洁教育穿透力、震慑力。把治理“微腐败”与纠“四风”树新风相结合，让企业充盈清风正气。

（3）加强廉洁文化建设。深入贯彻落实中共中央办公厅《关于加强新时代廉洁文化建设的意见》精神，打造具有企业自身特色的廉洁文化品牌。加强纪检监察机构与宣传部门、新闻传媒机构的协同联动，通过开展正反两方面教育，积极传播廉荣贪耻的价值取向，将“廉洁从业”理念灌输到每名职工。

（二）强化制度约束，以“强机制”推动合规管理

（1）精准运用“四种形态”。综合考虑事实证据、思想态度和量纪标准，做到精准得当。坚持抓早抓小，对于问题轻微、真心悔错改错的充分运用第一种形态予以批评教育帮助，防止“微腐败”成为“大祸害”。严格落实“三个区分开来”有关制度要求，做到宽严相济、不枉不纵。

（2）加强制度体系建设。针对治理中发现的制度漏洞、监管盲区、监督难点，厘清权责清单，完善制度机制，明确履职“红线”；强化对制度执行监督检查，让制度“长牙”“带电”。针对制约企业发展的“微腐败”开展“一案双查”，严查背后的风腐问题。

（3）做好案件“后半篇文章”。用好用活“微腐败”案件资源，深入剖析个案、系统梳理类案，找准权力失控、行为失范的深层原因，针对发现的共性问题，及时制发监察建议书，堵塞管理漏洞、防控廉洁风险。

（三）深化监督协同，以“强监督”推动未病先防

（1）坚持以上率下，齐抓共管同治。压实各级领导班子成员的领导责任，督促其深入基层查问题、纠风险、压责任。压实职能部门分管责任，把防控“微腐败”风险融入日常，定期开展专项治理。压实基层单位直接责任，发挥好基层党组织监督探头和战斗堡垒作用。

（2）加强协同联动，形成工作合力。加强与组织、巡视巡察、审计、法律合规等部门协同，完善监督联合、案件联查、方案联审、问题联议工作机制；畅通信访举报渠道，广泛收集“微腐败”问题线索，优先处置、重点查办。深化“室企地”联合办案机制，发挥联合办案效能。

（3）紧盯重点领域，保持办案力度。运用数字化、智能化手段对“微腐败”问题线索开展“大清扫”。紧盯工程建设、招标采购、矿产资源、生产销售、验质计量等领域及关键环节，重点治理群众身边的不正之风，防止采购和物资管理等领域的不良风气、行业“潜规则”恶化成腐败行为。

（四）铸牢政治忠诚，以“强队伍”推动系统施治

（1）牢记“三个绝对”，当好标杆表率。深化运用主题教育和教育整顿优秀成果，让纪检监察干部“绝对可靠、绝对纯洁、绝对忠诚”。把开展学习教育、深入调查研究、解决实际问题有机融合，督促纪检监察干部自觉抵制“微腐败”，在廉洁自律上做表率。

（2）坚定斗争意识、提高斗争本领。坚决依规依纪依法处置问题线索，不讲情面、不徇私情。搭建综合素质提升平台，破解基层纪检干部“能力不强”“本领恐慌”的问题，通过“以案代训”“以干代训”专题培训等方式提升纪检监察干部队伍的业务素质能力。

（3）坚持系统观念，提升办案质效。准确把握立案标准，做好案件质量审核把关，让每一起案件都经得起考验。建立基层纪委书记履职考核评价机制，充分发挥绩效考核“指挥棒”作用，消除“零办案”。强化对“微腐败”案件全流程、全要素、全方位管控，确保每件问题线索查清、查透、查到位。

发扬自我革命精神
着力“四做六严两推进”
推动纪检监督融入护航企业生产经营

中国宝武马钢（集团）控股有限公司纪委
徐　军　许　涛

国有企业纪委作为党在经济领域的党内监督专责机关，肩负着协助同级党委推进全面从严治党、加强党风廉政建设和组织协调反腐败工作的重任，必须立足企业生产经营和改革发展实际，切实找准职责定位、适时把握监督重点、精准发力、靶向施治，以高质量纪检监督成效为企业高质量发展保驾护航。

一、国有企业加强纪检监督的重要意义

（一）加强党内监督是习近平总书记关于党的自我革命重要思想的重要组成部分

党的二十大报告指出，腐败是危害党的生命力和战斗力的最大毒瘤，反腐败是最彻底的自我革命。面对世界百年未有之大变局，只有发挥好党内监督在保障自我革命精神中的调节、督促、纠偏和规范功能，不断增强向体内病灶开刀的自觉性，使积极开展监督、主动接受监督成为全党的自觉行动，才能永葆党的先进性和纯洁性，更好应对所面临的各类风险和挑战。

（二）强化纪检监督是贯彻落实党中央关于国有企业党风廉政建设和反腐败工作新部署新要求的具体行动

二十届中央纪委第三次全体会议作出战略部署，强调要深化整治金融、国企、能源、医药和基建工程等权力集中、资金密集、资源富集领域的腐败。国有企业纪检机关必须更加主动担起责任，有力有效协助党委组织协调反腐败工作，持续保持高压态势，坚决祛除滋生在国资央企健康肌体上的腐败毒瘤，进一步维护国有资本安全、保障国资央企持续健康发展。

（三）纪检融入保障是推动马钢集团高质量发展助力中国宝武建设世界一流企业的现实需要

面对改革发展的艰巨任务、党风廉政建设和反腐败斗争的严峻形势，尤其是“靠企吃企”、违反中央八项规定精神问题、采购销售和工程项目等重点领域问题禁而未绝，中国宝武马钢（集团）控股有限公司（简称马钢集团）纪委坚决贯彻落实党中央决策部署和中国宝武钢铁集团有限公司（简称中国宝武）纪委工作要求，坚持围绕中心、服务大局，深化一体推进“三不腐”，以严的基调、严的措施、严的氛围纵深推进党风廉政建设和反腐败斗争，稳群众预期、稳高压态势，推动党风企风持续向好，为马钢集团高质量发展、中国宝武创建世界一流企业提供坚强有力的政治保障。

二、推动纪检监督融入生产经营的痛点难点

（一）对纪检监督职责定位认识不到位

一些党组织政治站位不高、管党治党意识不强，对纪检工作支持力度不足，投入的精力不如生产经营。有的单位纪委把纪检等同为查信办案，认为只有严惩才是监督保障的唯一手段，没有充分发挥谈话提醒对苗头性倾向性问题的及时遏制作用，组织谈话不严肃，谈话提醒流于形式、走过场，防微杜渐的作用没有发挥到位。

（二）纪检监督体制机制需要进一步完善

有的单位纪委权责不统一，监督力量与监督任务不匹配，导致监督走形式、浮在表面，监督的穿透性难以保证。缺乏统一协调的组织机构和比较完善的沟通协同机制，有的职能部门对纪检监督的支持配合力度不足，对发现的问题实行“内部消化”。不少纪检干部对企业管理中的一些专业性较强的问题无法作出准确判断，尤其一些纪检“新兵”，由于知识储备少、经验不足，在监督过程中过分地依赖其他业务部门。

（三）监督执纪的质效需要进一步提升

有的单位纪委开展监督检查针对性不强、监督发现问题少或者发现不了问题，深挖细查问题线索的能力不够强，缺乏利用大数据等手段挖掘获取线索的意识，企地联动模式不够成熟有效，导致问题线索查不深、查不实。有的单位纪委对“监督的再监督”理解不到位，监督仅仅停留在检查吃拿卡要、懒政怠政等方面，未突出本单位生产经营的特点，未触及权力滥用等问题的根源本质，动真碰硬的决心不够、信心不足。尤其是在遇到复杂问题时仍有依赖上级纪委指示的思想，没有认识到追赃挽损的重要意义，认为“管得太严就束缚了手脚”。

三、以“四做六严两推进”推动纪检监督工作融入生产经营的方法路径

“四做六严两推进”即：围绕做强监督、做严执纪、做优队伍、做好保障；坚持责

任履行从严、纪律规矩从严、制度执行从严、监督检查从严、作风形象从严、追责惩处从严；推进健全全面从严治党体系，推进“三不腐”同时同向综合发力。作为马钢集团纪委探索纪检监督融入护航企业生产经营的理念、方法和路径，“四做”把握纪检监督的职责定位和工作思路，“六严”指出纪检监督融入护航生产经营的具体任务，“两推进”找准纪检监督的根本出发点和最终落脚点。其路径在于通过明确“四个坚持”、提升“四种能力”、把握“四对关系”，使监督贯穿企业生产经营和改革发展全过程。

（一）明确“四个坚持”，找准纪检监督融入中心的切入点

一是坚持党内监督主导地位。马钢集团党委定期研究部署党风廉政建设和反腐败工作，坚决支持纪委查办腐败案件。马钢集团纪委不断推进政治监督具体化、精准化、常态化，督促党委高质量规范落实“第一议题”，聚焦“四化四有”、算账经营等重点任务，聚焦安全、环保领域履职不力、不担当不作为及其背后深层次问题开展专项监督，保障马钢环保创A成功。针对贯彻执行民主集中制和“三重一大”情况开展专项监督，围绕乡村振兴领域不正之风和腐败问题开展专项督查，确保“国之大者”有效落地。建立马钢党风廉政监督会商工作机制，促进问题发现、移送办理、整改落实、结果反馈、成果运用等监督环节贯通融合。加强对“一把手”和领导班子的监督，完善巡视巡察整改监督工作机制，把严守政治纪律和政治规矩落实到各项工作全过程。

二是坚持严的基调正风肃纪。秉持“严查快处、强化震慑、一案双查、提升质效”理念，通过“纪巡联动”“纪审联动”“纪法联动”“地企协作”拓宽问题线索来源，立案数量逐年增加，主动发现问题线索成案数有效提升，信访举报和问题线索受理总量明显下降，对公司直管干部追责问责力度不断加大，并查办多起职务犯罪案件。建立健全风腐同查同治工作机制，严肃查处与供应商亲清不分、利用职务影响力谋私贪腐等问题。每逢重要节假日运用线上线下相结合方式开展明察暗访，组织二级单位纪委采取分组推磨式违规吃喝专项整治。常态化开展违规经商办企业专项治理，动态更新发布禁入企业名单，深挖彻查“靠企吃企”问题。协同发挥禁入管理、系统预警、违约索赔等作用，助力企业降本增效。

三是坚持标本兼治系统治理。不断健全完善纪检监督“1367”体制机制，细化分解片区管理工作任务，制定19项工作清单，实行月报告机制，切实解决同级监督难、监督力量分散和不敢监督、不会监督、不愿监督等问题。发挥专项监督“查漏、促管、增效、保廉”作用，对部分重点领域、关键岗位人员开展廉洁风险专项监督，上下联动组织二级单位纪委围绕政治监督、安全生产、降本增效等九大类重点开展46项专项监督，达到“监督发现一批问题、健全完善一批制度、预防堵塞一批漏洞”“强化纪律规矩意识，防范化解管理风险”的效果。

四是坚持规范科学高效办案。推动执纪审查工作整合资源、联动办案，运用参与办案、联动办案和独立办案等方式，推动整体办案水平提升。把办案质量贯穿查办案件全过程，深化运用“三个熟悉”“五个联系”深入研究举报材料，认真落实“六个

所有、两个不放”细化核查工作，灵活运用“七复核、七审视”及时组织复盘。强化办案安全“十不准”、谈话纪律“八严禁”。硬化纪委书记定期研究案件、纪律审查情况通报、分片联系、集中办案等工作机制，运用项目化、清单化、流程化管理，不断丰富纪检监督“工具包”，提升以法治思维和法治方式开展正风肃纪反腐工作的能力水平。

（二）提升“四种能力”，激活纪检监督服务大局的动力源

一是提高准确把握运用政策的能力。将党纪学习教育拓展到党员干部应知应会党内法规和国家法律学习、任前谈话教育，开展形式多样的纪法教育活动，通过“一案一剖析、一案一警示”精准滴灌、以案明纪，着力解决对党规党纪、法律法规不上心、不了解、不掌握等问题。以规范精准运用为导向，加强对各级党组织和党的工作部门运用“四种形态”情况的统计分析与监督检查，推动健全党委主体责任、纪委监督责任、职能部门监管职责同向发力的责任体系和工作格局。

二是提高主动查办案件的能力。制定《马钢集团二级单位纪委书记绩效评价细则》，加大对主动发现问题线索、立案、约谈问责等赋分比重，推动各级纪检机构切实增强主动发现问题线索并成案、自办案件能力。以纪检干部“履职尽责能力、纪法运用能力、监督检查能力、执纪审查能力”塑造为目标，突出实战锻炼，强化岗位练兵，统筹协调基层纪检干部参与线索核查、立案审查，以案代训，提高监督执纪本领；加强与地方纪委监委良性互动，用好用足地方纪委监委优势和手段，提升执纪办案能力水平。

三是提高运用智慧监督的能力。深度挖掘业务系统、OA 系统、ERP 系统、财务系统等各类经营管理数据，采取线上 + 线下相结合方式，实现对三公经费、人力资源、营销采购等各专业领域全方位监督。建立完善大数据监督平台，加强廉洁风险隐患的在线动态监测，将监督嵌入生产流程的关键环节。推动廉政档案信息化转型，为分析研判、审查调查工作提供有力支撑。

四是提高自警自省自律的能力。坚持把警示教育作为加强纪检干部日常教育管理的内容，组织召开纪检干部大会、警示教育大会和旁听职务犯罪案件庭审、观看警示教育片、参观廉洁教育基地等形式多层次、多维度强化警示教育。探索建立纪检干部重大问题和事项请示报告制度，引导纪检干部时刻绷紧廉洁自律之弦，做廉洁自律的模范。

（三）把握“四对关系”，打好纪检监督清障护航的组合拳

一是正确把握全面从严治党和全面从严治企的关系。以贯彻落实全面从严治党为全面从严治企提供坚强组织保障，以全面从严治企为贯彻落实全面从严治党的主要目标、重要途径。一方面督导各级党委、纪委，各司其职、各负其责，抓实“关键少数”示范带动大多数。另一方面要树立查办案件、减损挽损、堵塞漏洞就是为党履责、替党负责的理念，持续养成从严治党、从严治企的良好思想自觉和行为习惯。

二是正确把握监督和再监督的关系。厘清业务部门、职能部门、监督部门“三道防线”的边界，区分好专责监督与业务监督的关系。杜绝“监督变牵头、牵头变主抓、主抓变负责、‘三转’回头转”。通过二级单位内部自我监督、集团对二级单位的再监督，纪检、巡察、审计等监督对其他部门的职能监督实施再监督，党委对监督平台的监督统一实施再监督，逐步建立“横向联合，上下互动，内外协同，环环相扣，重点突出”的梯级监督格局。

三是正确把握重点突破和整体推进的关系。紧扣企业中心工作选准监督重点，突出安全环保、重大风险防控、深化改革等制约企业发展的重难点问题，精准发力，靶向治理。注重深化监督成果拓展运用，建立“点线面”工作机制，“点”上发现问题，“线”上联动整改，“面”上系统防范，推动各监督主体“一般问题立行立改、共性问题举一反三、典型问题专项治理”。

四是正确把握压实监督责任与为基层减负赋能的关系。杜绝大水漫灌，实施精准滴灌，压实各监督主体自觉自律规范履责。充分听取基层意见建议，引导职能部门、二级单位、职工群众的认知统一到形成监督利益共同体上来，实现监督管理自觉自发。改变管理思维作风习惯，对监督重点实施相关性或相近性集成，控制监督总量，减少检查频次，为基层减负赋能。

四、结语

纪检监督深度融入护航企业生产经营，是新时代纪检工作高质量发展的内在要求。国有企业必须准确把握党章赋予的职责使命，以有力监督执纪问责为提升治理能力赋能增效，更好发挥“监督保障执行、促进完善发展”作用，推动国有企业高质量发展之路行稳致远。

全面统筹务实创新构建与经营生产深度融合的大监督体系

北京首钢股份有限公司纪委

北京首钢股份有限公司（简称首钢股份）纪委认真贯彻新时代全面从严治党总要求，统筹优化整合监督力量，创新监督工作机制和工作路径，以“五个一”工作法构建与经营生产深度融合的大监督体系，增强监督工作的严肃性、协同性、有效性，切实发挥监督保障执行、促进完善发展作用，为推动首钢股份高质量发展提供坚强的监督保障。

一、构建与经营生产深度融合的大监督体系的实施背景

（一）落实新时代全面从严治党要求的迫切需要

贯彻落实全面从严治党要求，国有企业没有特殊、没有例外，要瞄准监督重点、融合监督资源、凝聚监督力量，推动全面从严治党在国有企业落实落地。构建与经营生产深度融合的大监督体系，就是要从体制机制上创新、从构建体系上切入、从增强合力上下功夫，坚定不移地推进全面从严治党、从严治企，实现党内监督与企业法人治理结构监督的有机统一。

（二）破解国有企业监督难题的迫切需要

当前，国有企业在强化党内监督、整合监督力量方面，仍然存在监督主体与客体责权利匹配度不够、监督的方法和手段受到制约、监督工作涵盖范围存在盲点等问题。深入推进监督工作体制机制创新，健全党统一领导、全面覆盖、权威高效的监督体系，构建与经营生产深度融合的大监督体系成为破解当前监督难题的必然选择。

（三）保障企业高质量发展的迫切需要

国有企业的战略定位、发展方向、经营业绩，事关党和国家前途命运，加强监督管控，确保企业合规合法运营、健康高效发展十分必要。首钢股份专职监督机构主要有纪委和审计部，其他业务部门承担各自业务领域监督责任。构建与经营生产深度融合的大监督体系，就是要通过整合监督力量，解决主责单位开展业务监督主动性不强、

协同性较差、监督结果共享不充分等问题，通过凝聚监督合力，提升监督能效，为企业高质量发展保驾护航。

二、构建与经营生产深度融合的大监督体系的实施内涵和主要做法

首钢股份纪委以“五个一”工作法构建与经营生产深度融合的大监督体系，“五个一”即：围绕一个中心（经营生产），发挥一个主导作用（党内监督），用好一个监督平台（监督联席会），开展一批重点监督项目（“一把手”和领导班子监督、有业务处置权岗位人员监督、违反中央八项规定精神监督、降本增效监督、重点工程项目监督），共建一个发展目标（首钢股份高质量发展）。通过近几年来“五个一”工作法的不断实践和完善，首钢股份初步构建了以党内监督为主，多种监督贯通协调，与经营生产深度融合的大监督体系，为首钢股份的高质量发展提供了坚实保障。

（一）坚持围绕经营生产中心，服务首钢股份改革发展大局

构建与经营生产深度融合的大监督体系重点是围绕中心大局，在首钢股份党委的统一领导、纪委组织协调下，重点围绕经营生产难点、焦点、热点问题，推动各级主责单位强化责任落实。每年年初，首钢股份纪委围绕首钢股份两会确定的重点任务开展督导调研，深入各专业部室和基层单位，了解各单位两会重点任务分解及推进情况，重点调研各单位任务分解是否到位，是否有落实、有行动，并提出有针对性的意见建议，要求各单位坚持问题导向、目标导向，各级领导人员要当好“施工队长”。持续关注整体效益、两头市场、客户服务、降本增效、工程建设、安全环保等关键环节和重要领域，开展有针对性的调研督导，推动各责任单位始终瞄准首钢股份党委确定的总体部署，坚定不移推动目标任务兑现。

（二）坚持以党内监督为主导，深化推进全面从严治党落实落地

推动党委主体责任、书记第一责任人责任和纪委监督责任贯通联动、一体落实。通过制定主体责任清单以及开展主体责任考核的“一清单 + 一考核”闭环管理机制，持续健全责任体系，推进管党治党责任和压力层层传递。每年年初制定下发《全面从严治党主体责任任务清单》并延伸到基层党支部，每季度深入基层了解全面从严治党任务清单推进情况，每半年组织各基层单位开展监督互查。对存在不主动、进度慢的单位及时提醒谈话，及时指出存在的问题，督促落实整改。每年年末印发《全面从严治党责任考核方案》，组织对各级党组织开展全面监督检查，将考核结果纳入对各单位领导班子的年度绩效考核，对存在问题较为突出的单位领导班子进行约谈。重点围绕对上级工作部署落实不到位、党组织“一把手”监督缺失、企业规章制度不贯彻落实、群众反映集中突出的工作作风等问题，开展监督检查，同时对不担当、不作为、失职失责和违反企业规章制度行为造成企业损失的进行严肃问责，确保上级党委决策部署落地见效，确保企业经营生产目标顺利推进。2023 年，对两起损害企业利益的典型问题进行了严肃查处，对暴露出的部分党员干部和职工不正确履职或履职不到位问题进

行追责问责，针对管理问题，下发问题整改提醒函，提出整改建议，全程跟踪整改落实情况，确保整改到位。

（三）坚持用好监督联席会平台，构建闭环监督机制

建立监督联席会工作机制，对首钢股份各单位贯彻落实公司党委决策部署等情况实施联合监督检查。联席会注重发挥审计披露问题、纪检查处震慑、人力资源部（党委组织部）选人用人等监督合力作用，建立统一领导、目标一致、信息互通、协调配合、上下联动、成果共享的工作体系，提高监督工作效率、效益、价值。结合首钢股份特点，选准工作切入点，每年 11 月上旬，拟写联席会工作总结和下年度联合监督检查工作计划，经首钢股份党委研究后，在公司职代会上向全体职工公开并接受职工代表监督。每季度组织召开监督联席会，对年度监督计划落实情况进行总结、跟进。近三年来，首钢股份监督联席会每年开展招投标监督、选人用人监督、意识形态监督、公章管理监督、公车管理监督、财务管理监督等项目 20 余个，有效保障了各项业务的廉洁高效开展，增强各专业协同监督能力的同时，提升了各有关业务的规范化水平。

（四）坚持聚焦重点人重点事，持续开展一批重点监督项目

针对影响企业经营生产发展重点岗位、关键环节的突出问题，持续开展了一批重点监督项目，集中精力开展专项监督，精准施策督促整改，推动取得突破、见到实效。

一是加强对各层级“一把手”和领导班子成员等“关键少数”的监督。制定加强对“一把手”和领导班子监督的若干措施工作安排，细化分解 25 条工作措施、78 项具体监督任务，紧盯“一把手”和领导班子履责情况进行监督，充分运用纪检建议、监督提醒函、谈心谈话、约谈问责等有效方式，督促其尽心尽责谋发展、办实事。

二是加强对有业务处置权岗位人员的监督。制定并不断完善《有业务处置权人员岗位轮换管理制度》，将有业务处置权岗位的廉政风险按照职权大小、廉政问题发生的几率以及危害程度，划分为高、中、低三个等级，分别按照 5 年、4 年、3 年的周期进行轮换。加强对“八小时以外”的监督和管理，探索建立廉洁自律情况报告机制，有业务处置权岗位人员凡是出差，出差前必须提醒谈话，出差返回后必须以书面形式报告出差期间廉洁自律情况。长期驻外的有业务处置权岗位人员，以书面形式按月报告廉洁自律情况，各单位纪委书记、派驻纪检组组长、所在党支部书记至少每季度与其进行一次“面对面”的廉政谈话。

三是强化违反中央八项规定精神问题的监督。紧盯重要时间节点，深入开展违规配备使用公务用车、违规发放津补贴或福利、违规收送名贵特产和礼品礼金、违规吃喝专项整治工作。围绕收受礼品、公款吃喝、公车私用等问题，采取“四不两直”方式，每逢重要节日必到厂区和生活区周边进行督导检查。坚持执纪必严、违纪必究，严肃查处了领导人员既拿车补又坐公车、公车私用、违规操办婚丧嫁娶事宜等违反中央八项规定精神问题。

四是开展降本增效全过程监督。紧紧围绕首钢股份确定的降本增效重点任务，每

月跟踪各项重点指标完成情况，传导降本压力，形成降本增效监督合力。增强监督保障执行震慑力，对连续3个月未完成的指标，下发《监督提醒函》，要求责任单位认真组织分析，制定整改措施，并到各协作单位进行调研，要求加强专业协同、工序协同、同向发力。重点聚焦外购原辅料质量管理，推动成立外购原燃料质量工作组，制定《加强外购原燃料质量工作方案》，修订完善《铁前原燃料质量管理制度》等3项原辅料质量管理制度，完善采购合同涉及质量问题经济扣罚的内容，协助解决质检监控技防设施更新等问题，进一步捋顺管理职责、优化管理流程、化解廉政风险，进厂原燃料质量管理、仓储管理更加规范、高效，原燃料质量得到有效提升。

五是开展重点工程监督。近年来，首钢股份新建重点工程多，工程建设投资多、体量大、周期长。首钢股份纪委对工程建设招投标、工程组织、现场验收、结算付款等全部流程开展全面监督，既关注党员干部廉洁履职和担当尽责情况，又关注项目建设整体推进情况，确保重点工程廉洁高效推进、早日投产见效，打造“绿色工程、廉洁工程”。实现工程项目廉洁问题“零发生”，有力保障新能源汽车用电工钢项目提前141天投产、高性能取向硅钢项目提前5个月投产，为首钢股份抢抓市场机遇提供了重要支撑。

（五）坚持深化协同机制创新，提升监督能效保障首钢股份高质量发展

以保障企业高质量发展为共同目标，深化推进监督工作体制机制创新，进一步增强监督合力。纵向方面，深化推进纪检监察体制改革，强化自上而下、上下贯通的组织监督形式，实施“纪委书记+派驻纪检组组长”双重机制，拓展了监督向基层延伸的有效途径，有效解决了基层同级监督难题。在下属独立法人单位以及采购中心等涉外业务较多的单位设置专职纪委书记，探索推进派驻监督机制，自2021年开始在炼铁作业部等7家内部生产单位实施派驻模式。横向方面，紧密结合业务流程变化，协同各专业部门及基层单位梳理各项业务流程中存在的廉政风险，查找业务流程288项、廉政风险点722个，制定防控措施1399项，确保廉政风险在控、受控，筑牢“横向全面覆盖、纵向延伸到底”的廉政风险防控网络。督促各专业部门加强本专业的日常监督管理，以日常专业管理工作闭环为基础，每年形成本专业的日常监督工作报告，作为对基层党委开展工作评价的重要方面，增强专业部门和基层党委持续干好每一件事的韧性和主动性。加强审计监督成果的运用，制定《审计成果运用管理办法》，提高审计成果的转化率和使用率，进一步增强审计监督效果，做好审计的“后半篇文章”。

三、构建与经营生产深度融合的大监督体系的实施效果

（一）搭建了完善有力的大监督体系

初步搭建起了与经营生产深度融合的大监督体系，首钢股份监督工作实现了“三个转变”：一是由各部门单打独斗向联合作战的转变；二是由局部管理向系统化控制、末端治理向源头控制的转变；三是主责部门和基层单位责任意识从弱到强的转变，促

进了主责部门和监督部门“管理的再管理、监督的再监督、检查的再检查”作用的发挥。

（二）为企业经营生产提供了坚实保障

主责单位担当作为的责任意识不断增强，党员干部守责、担责、尽责的主动性得到提升，有力保障首钢股份党委各项决策部署快速落实。“十四五”规划实施以来，首钢股份连续实现较好经营业绩，为实现高质量发展打下了坚实基础。2023 年，在异常艰难的外部环境影响下，全体干部职工共同努力，经营业绩符合预期。首钢股份纪委重点监督项目，2023 年工序降本累计完成 137. 3 元/吨钢，超计划 17. 3 元/吨钢，为首钢股份实现较好经营业绩提供了有力支撑。

（三）全面从严治党得到深化发展

通过不断强化监督责任落实，形成了一级抓一级的压力传导机制和层层抓落实的工作格局，实现了全面从严治党向基层延伸至“最后一公里”。各基层单位党委、纪委紧密结合自身实际，压紧压实全面从严治党主体责任和监督责任，推动全面从严治党向纵深发展，形成了一批有特色、见实效的经验做法，抓党建和抓业务工作有了新的突破，基本做到了“两手抓、两手硬”。

（四）营造了风清气正的良好政治生态

几年来，通过监督关口前移，构建与经营生产深度融合的大监督体系，加强对重点领域、关键环节、“关键少数”、重要节点和腐败易发高发领域的监督力度，发挥各监督部门职能互补作用，提升了从多角度发现并解决问题的能力。各级领导人员廉洁自律意识、担当尽责意识、服务职工意识不断增强，主动深入基层开展调研，加大干实事、办实事力度，风清气正的良好政治生态和担当尽责的干事创业氛围不断深化。2018 年以来，首钢股份信访举报数量连年下降，2023 年信访举报数量较 2018 年下降约 65%。全体干部职工能够上下一心，统一思想，凝聚力量，全力以赴推动首钢股份高质量发展。

深耕厚植钢铁特质廉洁文化精神沃土

——以廉洁文化建设新成效护航企业高质量发展的探析与实践

山东钢铁股份有限公司纪委
秦立彬　姜广忠　常　骁

习近平总书记在二十届中央纪委第三次全体会议上指出："要加强新时代廉洁文化建设。深入开展党性党风党纪教育，传承党的光荣传统和优良作风，激发共产党员崇高理想追求，把以权谋私、贪污腐败看成是极大的耻辱。要注重家庭家教家风，督促领导干部从严管好亲属子女。积极宣传廉洁理念、廉洁典型，营造崇廉拒腐的良好风尚。"2022 年 2 月，中共中央办公厅印发《关于加强新时代廉洁文化建设的意见》，强调反对腐败、建设廉洁政治，是我们党一贯坚持的鲜明政治立场，是党自我革命必须长期抓好的重大政治任务。当前，廉洁文化已成为提高国家治理能力、促进企业运营、提升公民道德的重要基石，不仅关乎个体道德品质的提升，更是政治清明、社会清朗、干部清正的重要保障。山东钢铁股份有限公司（简称山钢股份）纪委坚守政治定位，压实政治责任，把加强廉洁文化建设作为一体推进不敢腐、不能腐、不想腐的基础性工程抓紧抓实抓好，高站位谋划、高起点推进、高标准落实，实施"清廉清心"廉洁文化建设工程，强化"五个注重"具体实施路径，大力开展廉洁文化建设"五项措施"，着力书写加强党风廉政建设的治本篇章，不断筑牢党员干部拒腐防变思想防线，为推进全面从严治党向纵深发展提供重要支撑，不断厚植钢铁发展沃土。

一、深刻认识新形势下强化廉洁文化建设的重要意义

（一）强化廉洁文化建设是推动国有企业全面从严治党向纵深发展的必然要求

习近平总书记在二十届中央纪委第三次全体会议上，深刻阐述党的自我革命的重要思想，明确提出"九个以"的实践要求，为新时代新征程深入推进全面从严治党、党风廉政建设和反腐败斗争提供了根本遵循。推进新时代廉洁文化建设，发挥廉洁教育基础作用，从思想上固本培元，从源头上有效预防腐败，是持续深化不敢腐、不能腐、不想腐一体推进的基础性工程，是惩治震慑、制度约束、提高觉悟一体发力的根

本所在，是纵深推进全面从严治党和解决党风廉政问题的治本之道。国有企业是中国特色社会主义的重要物质基础和政治基础，是党执政兴国的重要支柱和依靠力量，加强国有企业党员干部廉洁从业教育，是国有企业廉洁自律建设的重中之重，是国有企业党组织发挥领导作用的关键所在。只有深入学习贯彻习近平新时代中国特色社会主义思想，扛牢压实党委全面从严治党主体责任，深化国有企业廉洁文化建设，抓准抓实党员干部廉洁从业教育，始终保持国有企业党组织的纯洁性、先进性，筑牢政治忠诚、廉洁从业、拒腐防变的思想根基，才能持续构建风清气正的政治生态和干事创业的良好环境，才能有效推动国有企业全面从严治党向纵深发展，使国有企业成为党和国家最可信赖的重要力量。

（二）强化廉洁文化建设是推动新时代国有企业健康持续发展的关键之举

习近平总书记指出：坚持党的领导、加强党的建设，是我国国有企业的光荣传统，是国有企业的“根”和“魂”，是我国国有企业的独特优势。在过去一段时间，这个“根”和“魂”在个别党员干部的思想阵地上还没有扎稳扎牢，出现思想波动甚至违规违纪的问题。近几年，山钢股份在钢材销售、煤焦采购、招标投标、验收把关等权力集中、资金密集、资源富集的重点领域和关键环节还存在一些问题，个别党员干部思想认识与新形势新任务新要求还不够适应，理想信念还不够坚定，世界观、人生观、价值观这个总开关还有偏差，“四风”问题还不同程度存在，甚至个别党员干部在反腐败高压态势下不收敛、不收手，以权谋私、内外勾结，“靠企吃企”“靠钢吃钢”，发生违规违纪甚至违法犯罪案件，也暴露出企业内部制度设计和流程机制不够健全完善，制度没有得到刚性执行，内部监督管理尚未形成有效的监督制约，造成一些问题反复出现，甚至小问题演变为大问题等情况。说明个别党员干部在思想上重视程度不够，不想腐的思想根基还不够稳固。新形势下，我们必须深刻认识加强国有企业廉洁文化建设的政治性、重要性、紧迫性，把加强廉洁文化建设当作一项重要的政治任务，徙木立信、久久为功，抓牢抓实、抓出成效，推动廉洁文化建设持续入脑入心，融入党员干部的思想深处，内化成习惯，外化为党员干部日用而不觉的行为准则，教育党员干部自觉抵制歪风邪气、腐蚀围猎，以良好廉洁生态涵养企业良好政治生态。

（三）强化廉洁文化建设是提升党员干部政治意识、抵腐定力的现实需要

管党治党既靠制度规范，也靠教育引领，二者一刚一柔，只有同向发力、同时发力，才能最大限度地发挥制度和教育的各自优势，相辅相成、相得益彰，打造忠诚干净担当的干部队伍。当前，反腐败斗争形势依然严峻复杂，不仅需要我们严肃查处腐败案件，放大不敢腐的震慑作用，完善制度机制，加强不能腐的制度约束，更要通过理想信念教育、廉洁教育、家风建设、示范引领，增强不想腐的思想自觉。部分纪检干部还存在模糊认识，有的认为开展教育不如纪律审查效果明显，抓日常教育不如抓问题线索，对教育的重视程度不够；有的不适应新形势，廉洁教育针对性、实效性不强等。深刻认识这些问题，是加强和改进企业廉洁文化建设、提升党风廉政建设效能

的现实需要。要通过加强廉洁文化建设，推动党员干部自觉遵守党的纪律和规矩，促进党的纪律建设、作风建设和反腐败工作不断深入，提高党员干部防腐拒变能力，确保党员干部始终坚守党的纪律和规矩、遵守企业规章制度和行为准则，不断增强党员干部政治素质和政治能力，夯实惩防体系建设基础，净化企业发展环境，提升企业品牌形象，增强企业核心竞争力，确保廉洁文化在企业持续、稳定、高质量发展中持续发挥服务保障作用。

二、着力强化廉洁文化建设的实施策略

加强廉洁文化建设是一项系统工程，要统筹考虑、分类施策、分步实施，推动整体工作层层递进、层层深入、层层落实，确保取得实效。细分来讲就是强化“五个注重”。

（一）注重顶层设计

廉洁文化建设要从公司层面强化顶层设计，进一步明确建设目标、工作任务和具体措施，建立党委统筹领导、纪委协助推进、部门协同发力、单位具体落实的工作机制，强化制度贯通、责任协调、措施协同，着力打造统一领导、分工协同、齐抓共管、务求实效的工作新局面。

（二）注重品牌引领

要充分发挥品牌的辐射带动效应，以品牌塑形象、以品牌聚共识、以品牌抓纲目、以品牌促落实，通过强化廉洁文化品牌引领，持续丰富廉洁文化建设目标、内涵、使命、措施等方向指引和具体举措，形成品牌牵引、多方联动、系统施策的廉洁文化建设新格局，着力提升廉洁文化建设总体效能。

（三）注重结果导向

廉洁文化建设成效如何，最终要落脚到党员干部的思想认识上。要注重突出结果导向，重点关注实际效果，采取系统性、互动式、联合化方式开展廉洁文化建设，通过实践探索符合实际的廉洁文化建设模式和方法，让廉洁文化沁润人心、形成共鸣，不断提高廉洁文化建设的针对性和实效性，提升工作成效。

（四）注重创新驱动

廉洁文化建设需要不断创新思路和方法，因此要借鉴先进经验和技术成果，充分利用现代信息技术手段，将传统教育方式与现代传媒技术相结合，激发传统文化新活力的同时，赋予其新的时代内涵，推动廉洁文化建设向数字化、智能化方向发展。

（五）注重闭环管理

廉洁文化建设不能“敞口管理”，要强化“PDCA”工作闭环，建立科学、系统、完善的考核评价机制，定期实施调度督导、成效考评，通过下沉一线察看廉洁文化建

设落地落实情况等措施，督促提升工作效能，及时发现并推动解决推进中的矛盾和阻力，推动廉洁文化建设常态长效。

三、加强新时代廉洁文化建设的具体实践

（一）提高政治站位，压实廉洁文化建设政治责任

山钢股份深入贯彻落实习近平新时代中国特色社会主义思想，紧紧围绕党中央和上级党委关于全面从严治党、廉洁文化建设等重要部署，把廉洁文化建设作为履行全面从严治党责任的一项重要举措，准确把握重点任务和阶段性特征，有效结合企业生产经营实际，把压实领导班子成员“四个责任”作为重点，抓紧抓实抓好廉洁文化建设，有效控制廉洁风险。每年召开党风廉政建设工作会议，党委书记专题安排部署廉洁文化建设有关事项，领导推动工作开展。深化构建“五心四化”党建品牌，实施“核心”“初心”“同心”“民心”“清心”五大工程，把“清心”工程作为强化保障部分纳入其中，以科学化、系统化、智慧化、创新常态化的“四化”路径推动“清心”工程等五大工程取得实效。研究制定《深化新时代廉洁文化建设三年规划（2024—2026年）》等规划文件，开展思廉、警廉、育廉、守廉、传廉“五项行动”，打造以“嵌入式”纪律教育、“分层式”警示教育、“互动式”家风教育、“阶梯式”阵地教育为主要内容的廉洁教育“1+4”工作矩阵，利用三年时间实现廉洁文化建设“巩固、拓展、提升”螺旋梯次递进，持续打造勤廉并重的清廉建设高地。山钢股份纪委扎实履行协助职责，按照山钢股份党委和上级纪委部署要求，开展“守初心、知敬畏、勇担当”廉洁文化主题教育等系列活动，协助党委全力推进廉洁文化建设重点工作，着力提升廉洁文化影响力，营造新风正气。

（二）强化纪律教育，筑牢拒腐防变思想根基

深入贯彻落实党中央和上级党委关于开展党纪学习教育的部署要求，把廉洁文化建设贯穿其中，通过纪法教育、警示教育等多种形式，筑牢思想防线。一是紧盯党员干部强化纪律教育。各级党组织通过党委理论学习中心组集体学习、“三会一课”、督促党员个人自学等多种方式，全文学习新修订的《中国共产党纪律处分条例》，着力解决个别党员干部对党规党纪不上心、不了解、不掌握问题，做到学纪、知纪、明纪、守纪，同时围绕全面从严治党、压实“四个责任”、精准运用“四种形态”和遵守党章党规党纪等主题开展集中学习，准确把握纪律底线红线。二是紧盯重点岗位人员和“关键少数”强化纪律教育。贯通钢材销售、煤焦采购等领域专项整治成果，对物资采购、钢材销售、工程建设、招标投标等关键领域和环节强化纪律教育，开展《中华人民共和国公司法》《中华人民共和国民法典》和企业规章制度的学习培训，结合主题教育反面典型案例等剖析案发根源，制定整改措施，持续加强关键岗位人员纪律教育。三是聚焦年轻干部强化纪律教育，对青年三百人才等年轻队伍举办廉洁从业专题讲座，山钢股份纪委书记讲廉洁教育课，引导年轻干部对党忠诚老实，正确对待权力，时刻

自重自省，严守纪法规矩，扣好青年从业“第一粒扣子”。四是紧盯关键节点强化纪律教育。牢牢把握春节、中秋、国庆等“节点”“考点”，各级纪委及时印发廉洁自律工作提示，重申纪律规定，严明节日期间纪律规矩。各党支部通过“三会一课”等方式传达学习相关工作要求，组织学习《重要岗位人员与管理服务对象廉洁交往规定》等制度规定，持续加固中央八项规定精神堤坝。

（三）深化警示教育，以案为鉴常敲廉洁警钟

营造风清气正的干事创业环境，既要强化正面引导，让党员干部遵规守纪、不碰红线，又要加大警示教育力度，教育党员干部知敬畏、存戒惧、守底线。一是开展集中警示教育。结合党纪学习教育等部署安排，召开山钢股份党纪学习教育专题辅导暨警示教育会议，集中观看《“靠企吃企”的代价》警示教育片，提升纪律规矩意识。主题教育期间专题召开警示教育会议，剖析案情、揭示启示；集中组织开展党风廉政应知应会知识测试；集体观看《国有企业“靠企吃企”典型案件警示录》等警示教育片，常敲廉洁警钟。二是利用典型案例强化警示教育。充分发挥相关案件的警示教育作用，做好案件查办“后半篇文章”，以身边事教育身边人。结合近年来发生的典型案件，组织干部职工认真学习案发人员《忏悔录》，站在案发人员角度感受违法犯罪人员的堕落历程、悔过心态，切身体会他们如何从受人尊敬的党员领导干部一步步蜕变为腐化分子，“设身处地”感悟、知止。组织拍摄、集中观看典型案件警示教育片，观看钢材销售领域《念错生意经、走错人生路》、原料采购领域《被利益熏黑的人生》等内部警示教育片，山东钢铁集团日照有限公司（简称日照公司）纪委针对招标投标和验收把关案件自主拍摄警示片《坚决打造“两个生态”的绿水青山》、山钢股份营销总公司纪委拍摄《高墙内外的人生》，用昔日同事的真实案例剖析案发根源，释放强烈警示震慑效应。加大典型案件通报曝光力度，2020 年以来，山钢股份纪委已通报 19 起严重违纪违法被刑事处罚情况、15 起违反中央八项规定典型问题、9 起酒驾醉驾违纪违法案例、5 起违反与管理服务对象亲清交往有关规定典型问题、4 起违反企业廉洁规定问题，以及 3 起党员干部作风建设典型问题，教育党员干部引以为戒、防微杜渐。三是强化现场警示教育。组织党员干部分批到山东省历山监狱、鲁宁监狱、泰安监狱等地接受警示教育，参观监舍、劳动场所等，现场聆听服刑人员现身说法；到济宁市廉政教育馆等地开展现场警示教育，让党员干部受警醒、明纪法、增觉悟。

（四）丰富教育形式，推动廉洁文化入脑入心

廉洁文化建设必须紧跟时代节奏，因地制宜，拓展载体，改进方式，用职工群众喜闻乐见的方式传播廉洁文化，山钢股份通过搭建“三个阵地”，起到廉洁文化润物无声的教育效果。一是搭建廉洁文化作品阵地。动员广大干部职工充分发掘日常工作中的勤廉元素，通过书法、绘画、漫画、摄影、剪纸等广大干部职工易于接受的艺术表现形式充分展现廉洁文化，举办廉洁文化作品展，使创作者有体会、观摩者有感悟，从思想上固本培元。二是搭建廉洁文化家园阵地。连续三年开展家庭助廉系列活动，

2023 年以“不忘初心、廉洁同行”为家庭助廉活动主题，通过书法绘画、征集家书、节目展演、拍摄视频、座谈交流等多种形式抒发廉洁情怀，精心制作 1 套 10 版“十破十立”系列廉洁书签，汇编 28 篇家庭助廉典型案例成册，征集展播 17 部廉洁微视频，表演 4 部家庭助廉风采曲艺节目，召开家庭助廉表彰会暨家风家训优秀作品展演活动，多措并举营造家庭助廉浓厚氛围。2024 年确定“清风正气、从家出发”活动主题，开展“五个一”家庭助廉活动，5 月 29 日举办“学纪知纪明纪守纪”党纪学习教育文艺汇演，职工群众自编自导自演廉洁文艺节目，大气磅礴又贴合实际，直抵人心、荡涤灵魂，廉洁文化的思想性、艺术性和观赏性持续增强。三是搭建廉洁文化现场阵地。注重线下廉洁文化阵地建设，日照公司利用厂区区位优势精心打造钢廉文化园，以钢铁产业文化催化廉洁文化建设，推动讲好钢铁廉洁故事，为廉洁文化赋予新的钢铁内涵，成为广大党员干部参观学习、接受教育的廉洁打卡“新地标”。结合星级支部创建等工作，以党支部为主体探索打造廉洁文化示范点，形成以点带面的燎原之势。在山钢股份总部楼宇入口、电梯间等处设立廉洁影像站，不间断播放自制的警示教育视频，着力打造清廉机关。各单位利用电子屏、宣传栏等载体展示、播放廉洁图片、视频，营造浓厚氛围。

（五）强化监督管理，推动廉洁文化建设走深走实

推进廉洁文化建设需要健全机制与落实责任并举，不断改进党员干部作风，强化运行机制保障，廉洁文化建设才能常抓不懈、久久为功。一是建立廉洁文化建设考核评价机制。针对重点工作明确 3 个方面 9 项考核细则，同时设置 2 个加分项及 2 个减分项，建立简洁明了的考核评价机制，对实施效果定期开展过程评价，并将落实情况纳入对各单位纪委的年度纪检工作考核，推动各单位廉洁文化建设抓出成果、取得实效。二是做好融合结合文章。把廉洁教育融入“靠企吃企”问题专项整治全过程，在深入排查存在问题和廉洁风险点的同时，将廉洁教育贯穿全过程，同步制定纪律教育方面整改落实措施，在问题排查整改中发挥“不想腐”的治本功效。三是强化日常监督教育提醒。强化抓早抓小、防微杜渐，对职工群众反映的苗头性倾向性问题，及时开展廉洁谈话，指出存在的问题不足，提出整改要求，防止小错误酿成大问题。对新提拔任职党员干部开展廉洁谈话，遵循凡提四必、预防在先的工作原则，立足关心、提醒、教育、保护，对党员干部进行任前廉洁谈话，上好任职前“廉洁第一课”。建立完善并定期更新党员干部廉洁从业档案，督促党员干部按要求报告个人生活工作状况、家庭婚丧嫁娶等事项，其间明确相关纪律要求，进行告诫提醒，严防触碰纪律红线行为。四是延伸廉洁文化建设链条。将廉洁责任延伸至供应链、销售链各环节，在所有经营类合同文本中增加廉洁诚信协议，以合同的方式约定双方廉洁诚信责任，明确廉洁诚信行为，对不廉洁行为综合考量合同履行期限、合同金额、问题严重程度等，对合同额度按照一定比例扣减违约金，大幅提升供应商围猎成本，营造了“亲”“清”营商环境。2023 年度，山钢股份纪委按照合同条款向不法供应商追缴款项 3944. 6 万元。2024 年以来已签订 2334 份廉洁诚信协议。

四、经验启示

加强企业廉洁文化建设是企业持续、健康、稳定发展的基础。只有明确目标、建立制度、完善机制、压实责任、逐条落实、加强宣传、有效互动等多措并举，企业廉洁文化建设才能不断向前发展，才能为企业的发展提供坚实的保障和支撑。

推动全面从严治党向纵深发展，必须保持永远在路上的冷静清醒和坚忍执着。面对新形势新任务新要求，山钢股份将继续以习近平新时代中国特色社会主义思想为指导，全面贯彻落实党的二十大和二十届历次全会精神，深入践行习近平总书记视察山东时的重要讲话精神，把廉洁从业教育作为重点工作持之以恒抓紧抓实抓好，不断厚植钢铁企业廉洁文化根基沃土，积极营造风清气正的政治生态和干事创业的良好环境，为企业深化改革、健康发展提供坚强保障。

深耕厚植“四正四廉”廉洁文化 为武钢集团高质量可持续发展提供坚强的政治保障

——武钢集团加强新时代廉洁文化建设的思考与实践

中国宝武武钢集团有限公司纪委

党的十八大以来，以习近平同志为核心的党中央把廉洁文化建设摆在更加突出的位置，习近平总书记围绕加强廉洁文化建设发表了一系列重要讲话，对廉洁文化建设提出了明确的要求。党的二十大报告中指出，“加强新时代廉洁文化建设，教育引导广大党员、干部增强不想腐的自觉，清清白白做人、干干净净做事”。在二十届中央纪委第三次全体会议上，习近平总书记再次强调“要加强新时代廉洁文化建设”，要求“深入开展党性党风党纪教育，传承党的光荣传统和优良作风，激发共产党员崇高理想追求，把以权谋私、贪污腐败看成极大的耻辱”。习近平总书记对加强新时代廉洁文化建设提出的明确要求，为深入推进全面从严治党、党风廉政建设和反腐败斗争注入了强大的思想和行动力量。

近年来，在中国宝武钢铁集团有限公司（简称中国宝武）领导下，武钢集团有限公司（简称武钢集团）纪委协助公司党委，站在勇于自我革命、保持党的先进性和纯洁性的高度，坚持把廉洁文化建设纳入党的建设和企业文化建设的整体规划，把加强廉洁文化建设作为一体推进不敢腐、不能腐、不想腐的基础性工程，系统谋划、整合资源、创新形式、丰富载体，进行了一系列探索实践，着力构建了“正心崇廉”“正身践廉”“正气倡廉”“正风护廉”的“四正四廉”廉洁文化建设工作格局，以更深刻的时代内涵和更高层次的实践要求，为武钢集团高质量可持续发展厚植了清正廉洁的土壤，营造了风清气正的环境。

一、深刻认识新时代廉洁文化建设的重大意义

（一）加强新时代廉洁文化建设是坚持全面从严治党战略方针的必然要求

习近平总书记强调：“要站在事关党长期执政、国家长治久安、人民幸福安康的高度，把全面从严治党作为党的长期战略、永恒课题，始终坚持问题导向，保持战略定

力，发扬彻底的自我革命精神，永远吹冲锋号，把严的基调、严的措施、严的氛围长期坚持下去，把党的伟大自我革命进行到底。”作为推进全面从严治党的一项重大举措，反腐败斗争是最彻底的自我革命，是全面从严治党的重大政治任务。一体推进不敢腐、不能腐、不想腐，是反腐败斗争的基本方针，也是新时代全面从严治党的重要方略。要真正实现治本，必须加强廉洁文化建设，通过理想信念教育、廉洁文化教育，提高党员干部党性觉悟，夯实思想根基，通过弘扬正确价值观，充分发挥文化润物细无声的作用，让崇廉尚廉成为社会风尚。

（二）加强新时代廉洁文化建设是培育和弘扬清正廉洁价值理念的现实需要

习近平总书记指出：“党内政治生活、政治生态、政治文化是相辅相成的，政治文化是政治生活的灵魂，对政治生态具有潜移默化的影响。”加强廉洁文化建设，有利于推动各级党组织提高政治站位、强化思想认识，把全面从严治党伟大实践中的有效做法和成功经验上升为制度规范，把党章党规有关廉洁自律的要求进一步具体化，推动全面从严治党向更广范围、更深层次推进，既教育引导党员干部永葆清正廉洁的政治本色，又重视塑造崇廉拒腐、崇德向善的社会环境，不断从量的积累迈向质的突破，实现干部清正、政府清廉、政治清明、社会清朗。

（三）加强新时代廉洁文化建设是助推公司高质量可持续发展的坚实支撑

武钢集团经过多年持续推进公司战略落地的探索实践，产业发展专业化程度更高，员工职业化素养显著提升，五项关键能力培育有较大突破，员工队伍精神面貌焕然一新，创新创业热情高涨，为我们加快产业发展奠定了良好的思想和行动基础。廉洁文化作为企业文化理念融入企业经营管理实践的重要途径，是引领公司广大党员干部从源头上拧紧世界观、人生观、价值观这个“总开关”的有效载体，也是在推动公司高质量可持续发展实践中，鞭策党员干部将对党忠诚的政治品格，转化为拒腐防变、清正廉洁的自觉追求，转化为公私分明、甘于奉献的道德操守。

二、加强廉洁文化建设的探索与实践

近年来，按照党中央、中国宝武党委关于加强新时代廉洁文化建设的要求，武钢集团把加强廉洁文化建设作为一体推进不敢腐、不能腐、不想腐的基础性工程，系统谋划、整合资源、创新形式、丰富载体，进行了一系列探索实践，着力构建“四正四廉”廉洁文化，助推公司高质量可持续发展。

（一）正心崇廉，夯实思想根基

加强新时代廉洁文化建设，首要任务是夯实清正廉洁思想根基，从思想上固本培元，提高党性觉悟，推动理论武装和廉洁文化培育并施。一是政治理论铸魂。武钢集团党委中心组及时跟进学习习近平总书记关于党风廉政建设和廉洁文化建设重要论述，领导干部深入联系点带头讲，将廉洁教育作为党支部主题党日重要内容，推动党员、干部系统掌握、贯通思考、学深悟透，从思想根源上增强廉洁从业的政治定力。二是传承红色基因。深入挖掘并整合利用身边的红色资源，组织赴五大会址、八七会址开展现场教育，追寻红色足迹，感悟政治忠诚；举办“永远跟党走”宝武首批爱国主义教育基地挂牌暨红色故事演讲，打造“一心向党”情景党课，以鲜活方式引领党员干部校准初心使命，传承红色血脉中的廉洁基因。三是上好廉洁第一课。下发节前“八个严禁”廉洁提示，上好警示教育第一课；把廉洁教育作为在岗党员年度政治轮训首发内容、必学内容，上好党性修养第一课；坚持对新任职干部廉洁谈话，上好清廉第一课；组织新入职人员学习公司廉洁从业相关制度，上好岗前第一课。

（二）正气倡廉，突出文化沁润

用好传统优势，创新载体方式，在与职工群众的互动中延展内涵，提升新时代廉洁文化的亲和力、吸引力、感染力。一是创新传播渠道。依托园区，举办“喜迎二十大，书香润钢城”廉洁作品展，覆盖总部职工、入驻客户和离退休职工，营造崇廉尚洁氛围。依托社区，在老年大学举办廉洁文化展，在青青幼教举办“小手拉大手、弘扬廉洁家风”活动，强化家风建设。依托微信公众号平台，在“幸福武钢”开辟廉洁文化建设专栏，征集廉洁理念 300 余条，提升清廉自守的文化自觉。二是创新宣传方式。打造“YUAN 动力”党建品牌，开展 1890 品牌行动，牵引廉洁文化创品牌；职工自导自演拍摄廉洁微视频、设立廉洁文化角、举行思想圆桌派、签订廉洁承诺、组织“倡清廉、促发展、党纪法规”知识测试、开展廉洁“我”来说，多元打造廉洁文化套餐，推动廉洁文化进班组、进项目、进工地、进现场。三是用活典型案例。对近三年监督发现的园区招商、房产租赁等重点领域、关键环节典型案例进行梳理通报，举一反三，以案为鉴。紧扣“纠四风、转作风、抓落实”要求，针对两起工作决策延迟落实问题开展大讨论，提高机关“立即办、马上办”执行力；坚持每季开展机关作风建设测评，切实打造服务型机关。

（三）正身践廉，推动战略发展

从产业发展中汲取智慧力量，拓宽廉洁文化建设路径，在践行廉洁文化上突出武钢特色，助推“1345”发展战略落实落地。

一是融入业务形成特色。把廉洁要求嵌入产业不动产业务全流程，对倾向性廉洁问题提前介入，重点研判。针对租金收缴异常、租赁价格偏离等关键节点设置预警点，防范廉洁风险。明确工程建设“质量、安全、成本、工期、合规、廉洁”十二字方针，在项目现场推行智慧监督，通过全景摄像头对吃拿卡要进行实时监督。二是加强共建提质增效。成立园区党建共同体，由属地党组织、园区运营方党组织及入驻企业党组织三方携手，共上廉洁党课，共建共享廉洁文化，增加客户黏性，提升园区品质。发挥总部职能，统筹中国宝武在鄂分支机构落实湖北省违规吃喝专项整治等相关廉洁要求。与产业生态圈单位开展党组织共建，共建促廉洁、共建促交流、共建促发展。三是产业发展鼓舞士气。组织职工代表看“武钢云谷”，讲产业故事，展示公司转型发展成效。借606产业园开园暨招商推介大会之机，举办“逐梦正青春，劳动创未来”云谷之歌主题活动，激发干部职工的成就感、荣誉感和自豪感，弘扬清风正气。

（四）正风护廉，筑牢纪律防线

加强廉洁文化建设是落实全面从严治党主体责任的重要组成部分，是一项系统工程、长期任务，必须全方位发力、多维度推进。一是健全责任体系。将廉洁文化建设纳入全面从严治党体系，升级“三严三保三聚”党建责任制考评指标，有力落实党委主体责任、纪委监督责任、党委书记第一责任、班子成员“一岗双责”。将廉洁文化建设纳入企业文化建设工程，制定廉洁文化建设方案，督促各责任主体有序衔接、紧密配合、握指成拳。二是强化日常监督。健全完善与公司运营管控模式相匹配的大监督体系，强化监督的有形覆盖与有效覆盖。组织招商租赁、押金租金管理等专项检查，完善风险防控措施，堵塞管理漏洞。开展违规经商办企业专项整治，3100余人按要求填报，依规依纪给予4人纪律处分。三是保持高压态势。自加压力，找米下锅，2023年主动发现问题线索占问题线索总数的70%，主动发现问题线索转为立案同比增长71%，各二级单位均实现主动上报问题线索“破零”的目标，持续释放全面从严、一严到底的强烈信号，形成震慑。深化巡视巡察和审计成果运用，督促所属单位对近三年巡视巡察和内部评价发现问题进行“回头看”，以案促治、以案促改，做深做实“后半篇文章”。

三、新时代廉洁文化建设存在的不足

（一）系统思维不够强，“一盘棋”的全局视角有所缺乏

将廉洁文化建设作为推进“不想腐”工作关键内容研究谋划不够，将其作为落实全面从严治党主体责任的基础性工作常抓不懈不足，如在企业文化建设中，将廉洁文化、创新文化等子文化的统筹推进还做得不够好，目标思路不够清晰、工作责任没有完全压实。廉洁文化建设党委全面领导、党委宣传部门牵头组织、纪委督促推动、相关部门齐抓共管的工作机制有待在实践中健全完善。

（二）体制机制不够完善，“弹钢琴”的能力本领有所缺乏

廉洁文化建设在实践过程中，表现形式更多侧重于文化层面，而对制度、体制上的设计和安排缺乏系统性，刚性约束不强，超前性研究不够，制度建设显得相对滞后。如在廉洁文化建设推进过程中，虽然制定并下发了工作方案，在制度体系方面还需要进一步建立健全，特别是在廉洁文化建设的激励机制、督导机制和长效机制等方面研究得不够深入，廉洁文化建设往往陷入“推一下，才动一下”的被动局面，从而失去了应有的生机与活力。

（三）方式方法不够丰富，“多样性”的不懈追求有所缺乏

廉洁文化作品创作乏力，切合武钢集团实际、具有感染力的作品较少，一定程度

上制约了廉洁文化资源聚合效应的有效发挥。如廉洁文化建设创新驱动力度不够，载体不够丰富有效，往往是记在纸上、贴在墙上、停留在口头上、落实在会议上，表现形式多是标语加口号，或播放廉洁教育片，或给传统文化活动贴上“廉洁标签”，廉洁文化建设的方式方法、多样性等方面还需进一步加强。

四、加强新时代廉洁文化建设的下步举措

落实新时代党的建设总要求，健全全面从严治党体系，是党的二十大提出的加强新时代党的建设的重大举措，是一项具有全局性、开创性的工作。推进新时代廉洁文化建设，发挥廉洁教育基础作用，从思想上固本培元，从源头上有效预防腐败，着力拓展公司“四正四廉”廉洁文化内涵，切实把不敢腐的震慑力、不能腐的约束力、不想腐的感召力有机结合起来，激发“廉洁宝武”更持久的生命力，为公司高质量可持续发展提供坚强的政治保障和文化动力。

（一）做到“五个强化”持续巩固廉洁文化建设成果

强化科学理论武装。始终把学习贯彻习近平新时代中国特色社会主义思想作为长期重大政治任务，通过开展廉洁文化集中性教育和经常性教育相结合，推动党员干部学深悟透。强化理想信念教育。通过挖掘历史文献、红色故事中的廉洁思想，让理想信念、优良传统、红色基因深入党员干部的思想和心灵。强化革命传统教育。灵活运用“历史情景型党课”“现场体验式教学”等方式，增强革命文化资源的吸引力、感染力和影响力。强化价值引领。积极践行“廉洁宝武”理念，为党员干部明确价值标杆和行为取向，增强自我约束、自我纠偏的能力。强化文化传承。在廉洁文化宣传过程中植入传统廉洁文化元素，涵养克己奉公、清廉自守的精神境界。

（二）发挥“三个作用”持续巩固廉洁教育基础作用

发挥廉洁教育警醒作用。通过党纪学习教育引导党员干部学纪、知纪、明纪、守纪，在员工入职前、入党前、任职前等节点，开展廉洁从业谈话，增强拒腐防变的政治定力。发挥廉洁家风家教守护作用。深入开展“家庭助廉”活动，筑牢拒腐防变的家庭防线。发挥廉洁榜样示范作用。挖掘、宣传优秀党员干部的先进事迹、基层员工身上的“微闪光”“廉洁点”，积极营造“学典型、守清廉”的良好氛围。

（三）深化“四个拓展”持续拓宽廉洁文化建设途径

拓展廉洁文化作品供给新方式新方法。以挖掘案例故事、编印教育读本、制作动画漫画、拍摄微电影微视频等员工喜闻乐见的方式，不断丰富廉洁文化作品供给。拓展廉洁文化传播新载体新渠道。进一步向基层延伸，向有业务管理权、处置权的员工延伸。充分利用电视屏、文化墙、展示区，打造廉洁文化宣传的前沿阵地，不断延伸文化浸润空间。拓展廉洁文化资源新阵地新内涵。积极打造廉洁文化示范点，培育好、建设好、使用好廉洁文化教育基地，充分发挥其宣传教育、示范引导、培训平台等作

用，让廉洁文化资源可视、可读、可感、可触。拓展廉洁文化品牌新形象新高度。培育符合各单位实际和特色的廉洁文化工作项目，推动廉洁文化建设与生产经营管理深度融合。

（四）做实“三个提升”持续提高廉洁文化建设水平

提升参与廉洁文化建设的积极性、主动性、创造性。不断建立健全党政工团齐抓共管、各相关部门分工协作的工作机制，通过建立完善的合规管理体系，切实把权力关进制度的笼子，使廉洁意识转化为党员干部群众的思想准则、道德准绳和行动自觉。提升廉洁文化建设的广度和深度。将廉洁文化建设进一步向基层一线延伸、向供应链延伸、向员工家属延伸；开展廉洁风险点的识别和管理，提升廉洁文化建设的覆盖面、针对性和有效性；加强党规党纪和规章制度执行情况监督检查，确保一体遵循、一体执行。提升廉洁文化建设正心修身的效果。多角度、立体式、具象化丰富并传递廉洁文化内涵，营造以文化人、以文润德、以文养廉的浓厚氛围。扎实开展党纪学习教育，教育引导党员干部学纪、知纪、明纪、守纪，争做忠诚干净担当的合格党员。

持续发力深入开展专项监督研究
赋能国有企业新质生产力健康发展

河钢集团有限公司纪委
董士党　李文彬　许国新　张月鹏
庞　辉　安亚琴　谷辉格

习近平总书记围绕新质生产力作出一系列重要论述，在二十届中央政治局第十一次集体学习时指出："高质量发展需要新的生产力理论来指导，而新质生产力已经在实践中形成并展示出对高质量发展的强劲推动力、支撑力，需要我们从理论上进行总结、概括，用以指导新的发展实践。"习近平总书记在十四届全国人大二次会议江苏代表团审议时强调："要牢牢把握高质量发展这个首要任务，因地制宜发展新质生产力。面对新一轮科技革命和产业变革，我们必须抢抓机遇，加大创新力度，培育壮大新兴产业，超前布局建设未来产业，完善现代化产业体系。"

河钢集团河北张宣高科科技有限公司（简称张宣科技）在河钢集团有限公司（简称河钢集团）的带领下，始终以打造中国首个钢铁工业绿色低碳转型示范区为目标，以发展新质生产力为动力内核，坚定不移推进绿色低碳转型高质量发展。利用建成全球首例120万吨"氢基竖炉-近零碳排电弧炉"新型短流程氢冶金示范工程，实现"低碳"工艺的产业化，填补了我国钢铁工业面向碳中和目标的工艺路径空白；与中国科学院、东北大学等知名院校、科研机构合作，共建"高端特种材料研发中心"等平台，全面进军国内高端材料领域；特种材料研究制造项目先后开发高压输电工程用因瓦合金、航海石油化工用耐蚀合金等60余种高端新材料；与国家电网有限公司、中国兵器工业集团有限公司等知名企业建立合作伙伴关系，为赵忠贤等科学家提供技术支撑，已成功研制核聚变用超低温高强韧不锈钢、航空航天领域轴承合金G60S等高端材料；抢抓"东数西算"国家战略机遇，加速推进"智能制造+大数据"产业发展，实现传统产业数字化转型升级。新质生产力的发展伴随着氢冶金和高端材料制造等重点专项项目落地、新兴产业创效、关键领域技术攻关、特钢协同发展、降成本提售价等重点工作推进，张宣科技纪委与企业保持同频共振，延伸保障新质生产力健康发展的监督链条，找准重点工作的切入点深入开展专项监督，提高监督的针对性、有效性、精准性，从而保障国有企业新质生产力的健康发展。

一、国有企业开展专项监督的重要意义

（一）专项监督是促进党和国家决策部署落实的有力举措

在推进国有企业高质量发展进程中，企业党组织发挥着领导核心和政治核心作用，为企业的发展把方向、管大局、保落实。党的领导，在发展新质生产力的过程中，会使企业明确目标，协调各方资源，激发强大内生动力。加强对贯彻新发展理念、构建新发展格局、推动高质量发展等党委决策部署落实情况专项监督检查，有利于国有企业将学习贯彻习近平新时代中国特色社会主义思想与保障企业健康转型高质量发展深入融合，切实担负起“两个维护”根本政治任务，为国有企业始终与国家战略部署同向同行提供保障。

（二）专项监督是纪检监察工作不可缺少的方式方法

专项监督作为纪检监察监督执纪“十八般武器”中的重要工具，是纪检监察工作的重要方式和方法。相对于常规性的日常监督方式，专项监督具有针对性更强、综合措施更多、监督力度更大、监督效果更明显等特点。点题式的专项监督，形成“点题、破题、解题”链条，从针对问题制定监督方案到迅速下沉监督检查，再到对照制度和标准督查整改、整改落实考核确保整改到位，凸显精准发现问题、快速有效纠正的定点突破功效，通过发挥专项监督系统性优势，形成发现问题、解决问题、堵塞管理漏洞的监督机制，全力提高监督的针对性、有效性和精准性。

（三）专项监督是解决关键领域突出问题的有效抓手

专项监督要奔着问题去，针对制约企业发展的工作阻滞、阵地失守等问题，在一些资金密集、资源富集、重点和关键业务领域，突出重点领域、重点工作、重点对象，深挖其中的责任、腐败和作风问题。比如，企业围绕转型升级、新质生产力发展等关键领域难点堵点问题，围绕工程建设、招标采购、投资并购、股权运作、资产盘活等腐败易发频发的关键环节反映出的突出问题，集中力量、集中时间、集中资源开展专项监督，严格规范权力运行，把严的基调、严的措施、严的氛围贯穿在专项监督的全过程。

二、对于专项监督工作的研究与实践

张宣科技推进以“氢冶金＋电弧炉”炼钢工艺流程为核心的绿色新质生产力发展，是纪检监察工作发挥监督保障执行、促进完善发展作用的着力点和落脚点，着力破解影响企业新质生产力发展的难点和堵点问题。

（一）开展绿色低碳转型项目专项监督，助推培育和布局新质生产力的产业链条

新质生产力源自产业深度转型升级，张宣科技围绕产业创新部署科技创新，建设

“氢冶金低碳技术实验室”等产业创新技术平台，布局“动力工程多项流国家重点实验室”等中试基地，使更多科技成果尽快转化为现实生产力，并持续培育壮大新能源、新材料等高端化、智能化、绿色化战略性新兴产业。张宣科技纪委在专项监督上积极创新实践，探索研究“5 +4”工作模型，通过启动部署、监督检查、问题整改、考核问责、成果运用 5 个“步骤”，完成一个方案、一张清单、一批措施、一套制度 4 个“一”的工作成果，围绕企业绿色低碳转型主线，将专项监督和闭环管控有机融合，对产业深度转型升级项目开展专项监督，推动责任落实、作风转变、廉洁从业，充分调动企业人员的积极性、主动性、创造性，增强科技创新对产业发展的支撑和引领作用。

1. 按照 5 个步骤，实施专项监督工作

（1）启动部署。召开绿色低碳转型项目建设监督工作动员会，会上对监督成员提出了工作要求及具体工作安排，制定《“进一步严明作风纪律、凝心聚力转型发展”工作方案》，以“赋能绿色低碳转型、推进廉洁项目建设”为目标的专项监督。

（2）监督检查。首先，将干部队伍履职担当监督有效融入项目建设当中。重点监督领导干部及项目各环节负责人员的现场管理、工作状态、履职尽责情况，是否存在麻痹松懈、推诿扯皮、敷衍塞责、懒政怠政等行为；相关工程建设制度执行情况是否到位，是否存在以罚代管、一罚了之等情况；是否因为不担当、不用力、不作为等作风问题导致项目进展和质量出现问题；是否存在数据造假、杜撰材料等弄虚作假行为。其次，以纠正“四风”、防范作风纪律问题为重点，综合运用随机抽查、明察暗访等形式，对项目相关人员“八小时以外”情况监督；紧盯违规吃喝问题，综合司法机关移交的酒驾醉驾等违法犯罪线索，深挖细查背后“四风”问题。最后，开展与施工单位的廉洁共建情况监督，定时听取施工、监理、服务单位和设备材料供应商的反映意见，监督检查是否存在以权以岗谋私、利益输送等严重违纪问题，严查以“吃拿卡要、里勾外连、损公肥私”为重点的隐蔽性“四风”问题。

（3）问题整改。紧盯发现的“问题”，以点带面，对懒散慢作为、推脱不作为等情况及时约谈提醒，消除与当前形势不符、与企业发展不符的麻痹、懈怠心理，积极营造干事创业氛围。以党章党规党纪和企业管理制度为遵循，及时发现纠正“四风”现象和违纪违法问题苗头，抓早抓小，确保实现项目建设违法违纪“零”目标。扎实推动转型升级进程中的问题整改，营造勇于担当、拼搏实干、风清气正的良好环境。

（4）考核问责。将廉政监督作为日常工作重点列入系统考核，对项目建设中出现问题的单位、个人提出考核意见。拓宽问题线索来源，在主要项目建设现场增设举报箱，公布企业纪委和项目单位纪委举报电话、网络举报邮箱，注意从舆情、信访、职工意见建议中发现问题线索。纪委将优先处置、综合研判、加速办理，最大限度避免对项目建设带来不利影响。对发现问题线索及时研判、科学处置；对涉嫌违规违纪的党员领导干部启动核查审查或问责程序；对制度、程序上存在的问题以“三书一函”形式及时反馈相关责任单位部门进行整改。

（5）成果运用。将健全修订完善的制度印发给相关部门；将监督结果纳入党风廉政考核的重要内容，作为对被监督单位领导干部履职尽责的重要参考，在研判政治生

态、出具党风廉政意见等工作中充分运用，助力项目建设有序、高效实施，保障企业转型升级目标顺利实现。

2. 按照4个“一”机制形成成果文件

（1）一个方案。制定并印发《转型升级项目专项监督工作方案》，明确了组织机构、工作思路、监督范围、监督方式、保障机制。

（2）一张清单。将绿色低碳转型技术升级新阶段项目纳入监督范围，深入工程建设现场，发现问题并形成清单。主要包括氢冶金公司成立先进技术实验室等10个项目，针对项目建设中多发易发问题和廉政风险点，对监督检查发现的作风建设、履职成效、廉洁自律等方面形成问题清单。

（3）一批措施。在监督检查中主要发现有工程现场“精神状态不振”、项目执行时“责任担当不够”、部分环节仍有“推诿扯皮”现象，存在“服务意识不强”“争先能力不足”“纪律规矩不严”等问题。张宣科技纪委在一定范围内进行通报并提出整改建议，各项目部按照要求制定整改措施，落实责任人、整改完成时限，形成任务分解表并及时向纪委反馈整改情况。

（4）一套制度。纪委推动责任主体高效履职，通过健全和完善制度，堵塞管理漏洞和廉洁风险防控。一是制定技术升级新阶段相关执行规程和方案。印发《关于氢冶金公司成立先进技术实验室的通知》，严格执行技术操作规程及各类方案进行熔融还原炉生产组织；印发《关于成立氢冶金一期工程加氢技术改造项目工程建设项目部的通知》《成立基于“超临界水蒸煤技术”资源综合利用自发电示范项目工程建设项目部的通知》等，加强领导、规范组织、明确职责，确保工期、质量等目标实现。二是建立健全工程建设项目部的党风廉政工作制度。双方纪检监察组织沟通联系和廉洁共建机制，制定并及时与其负责人签订《河钢宣钢工程项目廉洁告知书》，创造清明的营商环境；制定并推动落实《新入职、转岗职工廉洁教育制度（试行)》，抓好纪律宣传和警示教育，引导职工筑牢遵纪守法的思想防线；制定并积极推广《廉洁风险明白卡》《廉洁自律承诺》，完善施工现场的廉洁文化建设内容。

（二）开展废钢进厂验质验收专项监督，延伸保障新质生产力健康发展的监督链条

张宣科技积极推进以近零碳排电弧炉炼钢工艺流程为核心的绿色新质生产力发展。纪委进一步延伸监督链条，为强化废钢验质管理，以专项监督推进河钢集团提出的“降成本、降费用、提售价”重点工作，精准科学提出“废钢验质大监督体系”，通过加强组织领导、狠抓方法举措、着力制度建设，堵塞管理漏洞、规范废钢验质工作，杜绝里勾外连、弄虚作假、以权谋私、损害企业利益等违规违纪行为。充分利用优质废钢资源保障特钢协同发展，为新质生产力发展提供坚实稳定的土壤和环境。

1. 找准监督与业务结合点，构建“大监督”体系

（1）建立以党委牵头抓总、纪委协调督办的专项监督组织机构。成立以党委书记为组长，纪委书记为副组长，纪委监察处、废钢管理部、生产制造部、武装保卫部等

17 个与废钢业务相关联的职能与生产部门为成员单位的大监督工作小组。由各单位纪委书记或主管部长牵头，由党性修养好、责任心强的技术质量相关专业的科级干部参加，共 60 余人组成废钢验质专项监督检查专班。

（2）制定职责界面明晰、流程严谨规范的管理细则。通过组织各业务部门、职能部门和纪检部门充分研讨，制定完善并形成了大监督工作运行实施细则，规范了监督发现问题的处置和整改销号程序，明确了发现问题、制定措施、落实整改、跟踪督办各个环节的工作流程和工作标准，开展联合监督 62 次，切实解决监督合力不够、机制流程不畅、实践操作性不强等问题。

（3）搭建业务协调合作、信息交流共享的监督平台。搭建监督主体工作平台，依托“大监督”架构，强化对监督成员的有效激励，全面提升监督效果。搭建监督事件协商决策平台，召开大监督联席会 2 次，纪委监察处、废钢管理部、特钢公司、龙翔金属公司等 4 个部门做监督落实情况汇报交流，形成各监督主体之间协同工作的有效机制。

2. 按照 4 个“一”机制形成成果文件

（1）一个方案。制定并印发《废钢验质专项监督检查工作方案》，明确了组织机构、工作职责、检查内容、考核及奖励等，并制定了废钢监督检查流程。要求按照监督检查报表模板（见表 1）填写每日发现问题和建议，并报党委及领导班子成员。

表 1　废钢监督检查报表模板

<table>
<tr><th>检查时间</th><th>单车牌号</th><th>车辆状态</th><th>地点</th><th>预报料型</th><th>判定料型</th><th>扣杂及扣款</th><th>验质是否规范</th><th>存在问题</th></tr>
<tr><td></td><td></td><td></td><td></td><td></td><td></td><td></td><td></td><td></td></tr>
<tr><td colspan="2" rowspan="8">重点检查内容</td><td colspan="2">车辆排队停车情况</td><td colspan="5"></td></tr>
<tr><td colspan="2">岗位人员履职情况</td><td colspan="5"></td></tr>
<tr><td colspan="2">单车人工验质规范性</td><td colspan="5"></td></tr>
<tr><td colspan="2">验质“双盲管理”</td><td colspan="5"></td></tr>
<tr><td colspan="2">验质相关记录台账</td><td colspan="5"></td></tr>
<tr><td colspan="2">司机终端房操作</td><td colspan="5"></td></tr>
<tr><td colspan="2">废钢存放区域情况</td><td colspan="5"></td></tr>
<tr><td colspan="2">车辆在厂区内停留时间长等异常情况</td><td colspan="5"></td></tr>
<tr><td colspan="2">其他问题</td><td colspan="7"></td></tr>
</table>

（2）一张清单。在一个月连续监督检查过后，发现在点车和引车环节、卸车验质环节、智能验质及判级环节、退库环节均存在管理不到位等问题，张宣科技纪委将监督组每日报表发现的问题进行梳理、确认后，提炼总结人工验质人员履职不到位、验质大厅未完全实现双盲管理、退库存在较大舞弊隐患等五大环节共 18 项问题，完成阶段性监督汇报材料，并将问题以清单方式汇报给党委书记及领导班子成员。

（3）一批措施。张宣科技纪委在梳理问题的基础上制定了工作推进报告，向党委和领导班子针对性提出技术手段再配合精细化管理，实现点车、引车全自动，杜绝人工干预等6方面整改建议。党委书记安排部署按照问题快速制定整改措施并加紧整改，由废钢管理部制定了整改清单，提出了44项整改措施，并明确了整改项目、责任单位、整改完成时限。要求各责任单位按照整改措施进一步细化分解任务，明确各项工作责任人，由责任牵头单位汇总后将任务分解表汇报至废钢管理部。形成了提出整改建议、制定整改措施、细化任务分解的三层落实机制，扎实推进问题整改。截取部分整改清单见表2。

表2　废钢监督检查整改措施

<table>
<tr><th>分类</th><th>存在问题</th><th>整改项目</th><th>整 改 要 求</th><th>责任单位</th><th>整改完成时间</th></tr>
<tr><td rowspan="5">实现点车、引车全自动，杜绝人工干预</td><td rowspan="3">未能全部实现自动点车</td><td rowspan="3">全部实现自动点车</td><td>实现全自动前，每天停卸前3小时转换为手动进行准备工作，其他时段不允许手动点车</td><td>特钢公司</td><td>2024年4月30日</td></tr>
<tr><td>实现厂内待卸区显示大屏投入使用。对点车逻辑进行优化，设置时段分档停卸按钮，取消手动点车，实现自动点车</td><td rowspan="2">计控中心</td><td>2024年5月10日</td></tr>
<tr><td>加强研发力量，实现卸车点位自动匹配、系统电话（或短信）通知司机等功能，并同步到厂内物流系统的互联互通</td><td>2024年6月30日</td></tr>
<tr><td rowspan="2">厂区待卸排队区的液晶显示屏还未投入使用，没有引路指示，卸车点位没有明显标识，新司机不能快速找到卸车点位，目前由特钢公司验质人员引车</td><td rowspan="2">从供应商预报信息录入、车辆进入停车场待卸区到卸车出厂全部实现自动控制，厂内待卸区显示大屏投入使用，实现全程无人化操作</td><td>（1）安排引车员（不能为验质工）进行引车，随着系统完善，点车员和引车员取消。
（2）在待卸区域至卸车点位沿途设置明显路标、在卸车点位设置醒目点位标识，并标定明显规范停车区域。路牌设置：重车全部由合金库北侧经炼钢东路向南，逐步分流进入各跨卸车点位。在待卸区域设置醒目标识牌，注明各卸车点位位置；在炼钢东路路西侧，对应各跨入口处，设置醒目标牌，由东到西写明该跨卸车点位号，司机按指示进入对应跨寻找卸车点位；在入点位大门口两侧，设置醒目标号，指明对应点位</td><td>特钢公司</td><td>2024年4月30日</td></tr>
<tr><td>实现“废钢供应链交易平台”和“铁铁再生”App预报信息、行车轨迹信息等并同步到厂内物流系统的互联互通。“废钢管理”大数据平台基本建成，在途、待进厂、待卸、卸车、出厂、料型比例等信息一目了然</td><td>计控中心</td><td>2024年6月30日</td></tr>
</table>

（4）一套制度。废钢管理部修订《废钢智能验质管理办法》，确保系统权限安全可控；将《人工验质管理办法》变更为《电炉用废钢质量和安全确认管理办法》，优化现场人员与大厅沟通确认流程；修订《废钢质量督查检查管理办法》，加强各环节督查

考核；修订《炼钢用废钢管理办法》《废钢铁验收考核规定》，推进制定统一、可量化、易识别的退库料型执行标准，并加大对同一供应商退库后同种物料二次进厂的督查处罚力度。特钢公司新建《智能验质终端机房清理维护工作制度》，定期清理维护（不判级的时间进行清理维护），出现问题第一时间解决处理，确保设施清洁完好，保证验质效果。计控中心新建《废钢智能验质系统硬件设施维护及应急工作制度》，定期清洗维护，出现问题第一时间解决处理，确保系统稳定顺行，保证验质效果。由于废钢监督检查涉及多项专业知识，为保证每个检查组做到独立全过程抽查，认真履职尽责，新建《废钢验质监督检查工作指导手册》。

三、实施效果

张宣科技通过布局和建设战略性新兴产业，加快发展新质生产力。经过专项监督的研究实践和成功实施，在转型升级项目建设中提升党员干部的政治素质、思想觉悟、纪律作风和精神状态，推动项目建设作风全面向上向好，形成克服畏难、敢于担当、勇于向前的工作氛围，强化凝聚力和战斗力，保障新兴产业的按期按质按量扎实落地。炼钢新工艺由原有长流程转变为短流程，废钢作为最重要进厂原料，质量优劣直接影响后续生产和企业成本控制。在验质管理中对问题质量废钢车辆加大处罚力度，规范流程、堵塞漏洞，吨钢采购成本下降明显；提高废钢质量，为炼钢优质生产打下坚实的原料供应基础，在“降成本、降费用、提售价”工作中突出监督作用。专项监督为企业加速转化释放绿色低碳转型先发优势、打造行业绿色低碳转型成功典范、快速和健康发展新质生产力提供了纪律保障。

四、研究的理论和实践意义

纪检监察学科是国家纪检监察体制改革进一步深化的产物，体系建设没有任何外来的经验可供借鉴参考。专项监督是指对某一重点事项的专门监督，对于进一步创新纪检监察监督体系形式，丰富专项监督内容，拓展监督深度和广度具有重要意义。作为我国监察体制改革后开展的一种重要监督模式，没有相关系统性的理论作为指导，只能立足于我国的纪检监察实践，提出具有主体性和原创性的理论观点，形成彰显中国特色的监督理论。在国有企业专项监督研究中采用的“5＋5”工作模型，构建“协同联动”大监督格局，建立起完善全面的监督流程，形成一套完整规范的监督资料和成果文件，为纪检监察监督领域的工作方法提供了具有可指导性和可实施性的新的理论模型。

数据赋能拓展监督触角驱动“靠企吃企”治理

中国宝武宝钢集团新疆八一钢铁有限公司纪委

一、“靠企吃企”的特点及其危害

“靠企吃企”是指国有企业基层工作人员利用手中权力为自己、亲友或他人违法违规谋取私利，损害国家、企业或其他群众切身利益的腐败形式。这种腐败形式涉及领导人员、管理者直至操作人员，在实际业务操作过程中利用监管漏洞或微权力比较多，包括职务级别相对比较低的员工。

“靠企吃企”产生的是廉洁风险，风险点多，隐蔽性、复杂性、危害性强。基本表现为滥用职权、暗箱操作、吃拿卡要、吃里爬外、损公肥私、虚报冒领、趁机揩油等形式，具有一定共性。从中国宝武宝钢集团新疆八一钢铁有限公司（简称八钢公司）近年来的巡察、审计、专项检查情况看，公务报销、薪酬发放、原料采购、检验计量、工程管理、资产资源交易、物资管理等重点领域为问题易发多发区。

相对于远在天边的“老虎”，职工群众对近在眼前的“蝇贪”感受更为真切，从查办案件情况看，微腐败仍是本企业“靠企吃企”问题的一个突出表现，尽管多数涉案金额不大，但呈现出层级岗位多元、手段方式多样、持续时间较长、极具顽固性和反复性等特点。它直接损害员工群众的切身利益，动摇的是企业管理的基础，啃噬的是基层群众的福祉，影响的是干部职工对企业的信任和信心。“靠企吃企”问题具有一定的传染性，不及时纠治容易蔓延，腐蚀干部群众，败坏企业风气，破坏企业健康发展环境。

二、打造“智慧监督＋活用数据”双引擎

目前，八钢公司智慧监督的功能还局限在供应商管理、“违规经商办企业”治理、招投标、竞价监督、授权管理、纠治“四风”、原料供应链监控、设备资产管理等个别流程的关键环节，尚未覆盖全业务、全流程的风险点。纪委紧缺大数据监督人才，日常工作量大，智慧监督工作多少带有一点“附带工作”的色彩，再加上智慧监督项目从调研分析、风险点确定、防控逻辑撰写、领导审批、部门协调、功能实施等一系列过程耗时较长，造成智慧监督进一步开发速度缓慢。

智慧监督平台的防控模型由第三方公司人员实现逻辑，一旦固定程序，就具有“刚性”特征，虽然提升了反腐效率，但也正是由于其刚性而易被感知攻克。例如，运用车辆电子围栏模型发现预警后，纪委与办公室进行核查，之后各单位便知晓“电子围栏”的存在，不再有超出“围栏”预警（不排除使用其他隐蔽手段）。设备工程部业务人员发现供应商竞价 IP 地址相同预警，责令供应商写说明、写检查的做法无异于告知了供应商一个监控点或监控手段，在很长时间里竞价 IP 地址相同预警不再被触发。

“智慧监督”嵌入的治理场景是复杂的，“靠企吃企”的治理主体、治理环境、治理内容是多变的。智慧监督技术嵌入“靠企吃企”的治理场景，暂时还无法根据治理情景实现自我调适。

八钢公司纪委积极探索构建一个更加灵活和全面的“智慧监督 + 活用数据”双引擎模式。首先，拓展平台数据外延，打通部门壁垒，共享数据。制定专项检查方案时，通盘考虑所需业务数据，建立跨部门的协作机制，由八钢公司纪委综合形成数据池，通过分析资金、业务形式、监管情况，构建筛查、碰撞、截取等数据比对工具，查找、锁定疑点问题靶向核查。其次，修改《智慧监督系统运行管理办法》，要求各部门应确保其业务平台数据的真实性、完整性和时效性，并按照公司数据管理规定，对纪委开放必要的数据访问权限。最后，在专项检查中加大对用数据监督人才的培养，抽调纪检员成立数据分析组，提升参与者的数据分析能力，使其能够更好地适应智慧监督工作的需求。提倡数据赋能，提高监督的灵活性和适应性，树立“数据是资源”的理念，收集数据、查询数据、分析数据、比对数据，力求精准、高效地发现问题。从实操中总结经验再开发监督模型，根据不同的治理场景和风险点进行调整，分析防控逻辑，嵌入到智慧监督平台，进一步推进监督工作转型升级进入新阶段。

三、数据赋能开展监督的具体实践

通过数据赋能可拓展监督触角，实现廉洁风险由被动呈现向主动识别转变、防控手段由人工向智能转变、防控重心由事后整改向事前主动制止转变，坚持线上监控与线下监督相结合，有效防范廉洁风险。多维分析业务数据，开展精准监督，主要聚焦三个方面。

（一）聚焦关键业务环节“织网捕鱼”

针对管人、管钱、管物、管项目的单位和岗位，前移监督关口，主动融入业务，重点分析业务异常数据，还可借鉴钢铁行业新近发生的案例，按照“除盲点—找痛点—抓重点—止断点”的监督思路，逐步建立数据监控模型，通过实时数据分析，捕捉异常交易和行为模式，及时发现潜在的“靠企吃企”行为。

如：集团差旅小秘书 App 中“补贴申请”有执行漏洞，数据比对发现，个别员工出差申请补贴钻空子，人已提前返回，但补贴按原申请出差天数报销；出差同行的 2 人，分别报支的合计数，超出了 600 元/天的标准；差旅小秘书程序设置员工住宿费超 600 元/天才报警卡控，造成多人“钻空子”报销。某“民族面点小卖部”使用“盒饭机”刷卡，导致职工前往消费也错误产生配送费，多结算配送费损害八钢公司利益。某些管理者、考勤员优亲厚友、为职工多打加班费等问题，问题虽不大，但国有资产是属于全体人民的共同财产，是干部职工努力创造的宝贵财富，一分一厘都不能乱花，一丝一毫都不能乱用。

又如：通过借鉴某钢厂发现废铜收购商自带车辆提货，毛重过完磅（完成计量）后，又返回库房与库管、发货串通继续装车，在出门岗被发现异常的案例，确定检查方向和方法。专项检查组从数据梳理、分析入手，将物流废铜交库信息吨位与营销中心拍卖吨位建立关联，实地查验物流废有色库房存储量，达到平衡，快速排除异常后，深入现场访谈，分析其他有关业务数据，逐步挖出整个业务环节的其他“盲点”，发现多个廉洁风险点和异常现象。

通过数据核查，快速发现2020年至今，炼钢某分厂废铜电缆从未收集处置。实地暗访职工，有废电缆产生，但现场作业区管理人员称无废旧电缆也未收集。存在废旧电缆不知去向或被倒卖的风险。

通过数据比对，某分厂铜材质备件交废吨位、数量与系统采购积存量统计数据不符，有200余万元亏空。进一步实地访谈相关业务人员，还顺藤摸瓜发现了其他问题。交废过程中，质检人员、物流废有色库管均发现了未拆包装的新品，多次要求确认材质，分厂均答复是黄铜，营销中心正式下函后，才确认材质为紫铜。现场专工得知本产线即将停产情况下，还在某月连续申报2次购买计划（到货30支，大库余20支，总价约为35万元）。检查组立即锁定廉洁风险和问题：一是过量申报备件，存在内外勾结损害八钢公司利益进行舞弊行为的廉洁风险；二是报废铜材质备件数据与采购数据不符反映出内部流程不规范，可能存在内部作案、失窃、挪用、虚报等问题。

（二）聚焦高风险主体“精准把脉”

进行风险管理或监控时，特别关注那些可能带来高风险的主体，如某些特定的个人或交易等。通过信息系统开展数据比对和数据分析，由“人盯人”监管方法向“数据盯人”转变，可有效纾解基层监督人力不足、日常监管覆盖面有限等瓶颈问题。

如：某分公司为独立法人单位可自行在循环宝平台拍卖废铜，但起拍价定价集中于一个人，虽有层层审批，但易流于形式，定价偏低。核查发现某年6月12日拍卖铜条，起拍价为35000元/吨，当天铜价为65770元/吨，循环宝系统内其他厂家拍卖废铜成交价在60000元/吨左右。纪委指出可能存在的廉洁风险：利用单一定价者的权力将废铜以低价卖出，从中收取回扣等不正当利益。

又如：同一收购商在某厂锌渣拍卖中连续三年中标。收购商连续竞拍中标，虽不存在循环宝系统上暗箱操作的嫌疑，但厂家可能利用其他方式获利。检查组深入现场寻找其他蛛丝马迹，发现其他疑点。一是现场人员预将45吨新品锌锭与旧品一同拍卖，不排除吃里爬外的可能。二是锌渣在拉运过程中监管有空白区。锌渣发货工长年固定1人，经查并未每次跟车。近年来，收购商入厂装锌渣是两辆车，一辆随车吊、一辆平板车（平板车不能进入厂房，随车吊进行转运），车辆均在某地磅过磅，发货工只在地磅处等待，无人过磅系统录入拉货车辆重量（皮重、毛重）信息后即离去，该地磅到车辆出厂门岗之间有1千米左右距离，无人监管，随车吊可继续装车，有多拉货少计量的风险。检查组报告了存在的廉洁风险和管理漏洞，引起党委高度重视，立即部署整改并进行验证。

（三）聚焦敏感指标“抽丝剥茧”

重点监督敏感时段、关键业务指标，开展关联性指标监督。借助业务平台，实现体系架构不同层级、不同部门之间的信息关联，对数据进行深入分析，找出隐藏在异常数据背后的腐败线索。揭示腐败行为的规律和特点，为后续的调查和处理提供依据。

如：通过业务关联性数据比对，炼铁厂某高炉2022年一笔业务合同签订拍卖废冷却壁400吨（铜铁相连），实际拉走结算为299.02吨，结算吨位偏差大、资金相差600余万元。走访调查发现，收购商拉运过程未按售前公告和合同执行，炼铁厂安排看水班长刘某监管收购商提货，但刘某私自安排本厂长协单位用其公司的设备（大挖、炮头、氧割等工具）和人员剥离为纯铜件后再装车，剥离物为铁、耐火砖、灰渣等，边剥离铜件边拉运，提货时长达2个月。营销中心有关处置业务人员表示没有去现场监管收购商提货，从未暗示或说明让生产厂剥离废铜件，收购商看到什么就拍什么、拉走什么，竞标后货权属收购商所有，生产厂的剥离铜件行为异常。

八钢公司纪委专项检查组认为生产厂主动为收购厂家剥离含杂质的标的物，以纯铜件形式提供，违反了正常的操作程序，协力单位出设备、出人、出工的业务结算可能存在廉洁风险，还可能存在内部人员勾结收购商获取不正当利益的行为，导致八钢公司利益受损，检查组立即移交问题线索，已立案。

又如：某拉运业务同一辆车、同一天2趟拉运间隔2分钟，且毛重吨位一模一样，明显计量造假；某外部生态圈单位欠缴八钢公司电费2000余万元；某单位使用外单位吊车，台时重复录入，日常台时计费把关不严，日积月累造成单项业务年费用数额较大；某单位疫情期间停产，协力结算仍按正常生产结算；某单位近年来从未回收热电偶（含铂铑金丝），基层管理人员解释把热电偶当废钢或扔炉子烧毁，但访谈职工反馈有人用废旧热电偶丝，甚至新的热电偶丝打戒指等。

从检查的问题看，“靠企吃企”问题仍具有顽固性和易发多发性，老问题伴随着新花招，危害性极大。纪委围绕企业生产经营、重点工作，利用数据赋能，破除“障眼法”，不断拓展监督深度、维度，对“靠企吃企”现象进行逐个打击，提高了监督及时性和精准性。如，开展八钢公司废旧贵金属、废有色处置专项检查，发现20个问题点，提示20个廉洁风险点，提出28个检查建议，5个公司层面内控对策，移交2个问题作为线索进一步核查。开展新疆八钢南疆钢铁拜城有限公司焦炭质量专项检查，发现20个问题点，提出15个检查建议。开展炼铁厂高炉水泡渣处置专项检查，提出4个检查建议。开展原料汽车自动采样项目施工建设及使用现状的专项核查，发现3个问题点，提出1个检查建议。跟踪外部单位车辆过磅造假问题，推动相关单位规范车辆过磅范围、采用红外线报警、实现数据传送等功能。八钢公司纪委依托上下联动开展专项检查，努力摸清“靠”和“吃”的套路，统筹推进警示教育、追责挽损、风险防控、制度建设等工作，封堵“靠企吃企”的后门，取得了一定成效。

四、结束语

“靠企吃企”行为如同企业肌体上的寄生虫，置企业利益于不顾，把损公肥私作为改善生活、增长财富的“快车道”。由于企业业务模式、管理方式发展比较快，容易出现制度建设跟不上、岗位流程设置不合理等问题，从而造成监督管理缺失。部分制度存在设计缺陷或内容过于宽泛，漏洞多管理流程间隙大，缺乏对业务细节的严密约束。部分制度执行不力，有章不循、随意变通，制度形同虚设。基层单位点多、面广、问题复杂，风险点多，监督工作量巨大，全面监督成本高、效率低。

下一步，八钢公司纪委将对个别案例深入剖析，总结经验教训，形成可复制、可推广的监督模式。将成功的监督经验应用到其他业务领域，努力实现监督工作的全面覆盖。紧扣实用性、实战性、实效性，用好数据信息汇聚一池“源头活水”，为进一步开发“智慧监督”模型奠定基础。同时，针对系统性、普遍性、顽疾性问题开展联合监督检查，推动力量整合、程序契合、工作融合，形成“一级抓一级，层层抓落实”的防控氛围，共筑风险防控屏障。针对发现的“靠企吃企”问题，监督有关部门采取有针对性的措施进行整治，以清淤排障、消除顽疾、去腐生肌的实际成效，为企业改革深化提升和高质量发展扫清障碍、铺平道路、保驾护航。

加强境外廉洁风险防控
推动企业高质量发展

中国宝武中钢海外资源有限公司纪委

党的十八大以来，以习近平同志为核心的党中央深刻把握新时代中国和世界发展大势，积极推进高质量共建"一带一路"，并强调要让"一带一路"成为廉洁之路。中共中央纪律检查委员会（简称中央纪委）、中华人民共和国国家监察委员会（简称国家监委）、国务院国有资产监督管理委员会（简称国资委）等单位积极落实党中央重大决策部署，对加强国有企业境外廉洁风险防控工作提出了具体要求。中国宝武中钢海外资源有限公司（简称中钢海外）作为中国宝武钢铁集团有限公司（简称中国宝武）和中国中钢集团有限公司（简称中钢集团）所属的国际化矿产资源类企业，一直高度重视廉洁风险防控工作，结合自身实际着力加强境外廉洁风险防控，在新时代国际化的过程中，不断推进企业高质量发展。

一、管窥中国企业国际化进程中的廉洁风险防控

（一）建设廉洁"一带一路"

在新时代第二个百年伟大征程的奋斗进程中，很多中国企业加大了"走出去"的力度，积极参与"一带一路"倡议。在 2017 年首届"一带一路"国际合作高峰论坛上，习近平主席明确提出，要加强国际反腐合作，让"一带一路"成为廉洁之路。在 2019 年举办的第二届"一带一路"国际合作高峰论坛上，习近平主席将"廉洁"明确为"一带一路"建设三大理念之一，并强调坚持一切合作都在阳光下运作，共同以零容忍态度打击腐败。

中央纪委、国家监委在 2019 年第二届"一带一路"国际合作高峰论坛上，举办了廉洁丝绸之路分论坛，发起《廉洁丝绸之路北京倡议》；在 2023 年第三届国际合作高峰论坛期间，举办了廉洁丝绸之路专题论坛，发布了《"一带一路"廉洁建设成效与展望》《"一带一路"廉洁建设高级原则》等重要成果。国资央企在助力建设廉洁"一带一路"方面，应该带头贯彻落实习近平总书记重要讲话精神和党中央重大决策部署，努力探索适合自身特点的廉洁风险防控举措。

（二）国资委廉洁风险防控要求

国资委印发的《加强中央企业廉洁风险防控工作的指导意见》指出，要加强对境外资产监管在内的腐败易发多发的重点领域、关键环节和重要岗位开展廉洁风险防控。中央纪委驻国资委纪检监察组印发了《关于加强中央企业境外廉洁风险防控的指导意见》，从加强企业集团层面对境外廉洁风险的统一管控、加强境外单位对廉洁风险的内部防控、加强对境外人员的日常监督管理、形成境外廉洁风险防控的监督合力、加强境外单位纪检组织建设等方面对国有企业境外廉洁风险防控工作提出了具体要求。这是国资央企开展廉洁风险防控、推进国际化高质量发展的重要依据。

（三）中国国有企业境外廉洁风险防控的探索

随着中国国有企业深度国际化，加强境外廉洁风险防控成为一项重要任务，很多企业在将党中央要求、国资委意见与企业实践结合方面做了积极探索，有的企业将廉洁风险防控与反腐败、合规建设结合起来推进。比如中国航空工业集团有限公司，运用“全周期管理”理念，坚持一体推进“三不腐”，将廉洁贯穿到企业国际化开拓的全过程，助力“一带一路”航空产业高质量发展，取得了良好的效果。

目前，我国尚未针对防范境外商业腐败行为制定专门法律。对于国有企业境外分支机构或境外企业来说，更多的是依靠《中央企业合规管理指引》，较为通行的办法是发挥境外党组织的主体责任，担负起反腐败的任务。同时，由纪检监察和法务部门分工负责，从党纪和国法（中国和驻在国）两条线进行管控。

二、中钢海外境外廉洁风险防控体系

中钢海外是中钢集团从事海外资源开发、经营、管理的专业子公司，重点聚焦于钢铁生产所需原料铁、铬、锰、镍等矿种的开发。以铬资源开发经营为重点，兼顾铁、镍资源开发。多年来，一直跟踪世界优质的资源项目，集中力量抓好现有铬系项目的优化运营和滚动发展，不断提高盈利水平；坚持积极引资合作盘活铁矿资源；着力拓展小金属领域。相继开发了 11 个铁、铬、镍资源项目，分布在澳大利亚、南部非洲、东南亚、喀麦隆 4 个区域，控制的铬资源量达到 11 亿吨、铬铁产能 260 万吨，资源量及产能均位居世界第一；控制铁矿资源量 63 亿吨，红土镍矿资源量 4200 万吨。

（一）搭建好基础管理架构

经过多年探索，中钢海外初步形成了以境外党组织为统领，以现代跨国企业治理体系为依托的管理架构，为境外廉洁风险防控提供了实体支撑。

一是将境外企业纳入境外党组织。分别设立了 4 家境外党支部，将外派境外企业的党员全部纳入党支部管理，外派党员较少的企业则成立联合党支部。二是建立现代企业制度。中钢海外通过全资、控股、参股等形式，在境外拥有股权隶属企业 4 家、产权托管企业 10 家，通过股东会、董事会和经理层进行管理。各企业均按照驻在国或地区法律设置了较为完善的公司治理架构。三是将党的领导内嵌到企业治理中去。努力将党的领导融入企业治理，中钢海外党委切实担起主体责任，纪委认真履行监督责任。境外党支部领导班子成员同时担任所在企业高管，实现了“双向进入、交叉任职”。所属境外企业全部纳入境外基层党组织管理，着力强化“三基建设”，形成了廉洁风险防控与企业生产经营管理深度融合的局面。

（二）健全制度机制保障

党中央明确指出，要加强党对党风廉政建设和反腐败工作统一领导，党委负主体责任、纪委负监督责任。中钢海外坚持全面加强党的领导，筑牢企业政治基础，以深入推进党风廉政建设发挥监督作用，通过辨识评估奖惩追责提高防控质效。

一是明确决策主体职责权限。建立了以管控界面清单、部门和岗位职责分工表为基础的权责分工，不断优化完善职能机构设置，坚持人财物配置相互制约、不相容业务分离、利益交叉岗位回避等原则，初步形成了界限清晰、权责明确、授权清楚、职责匹配的权力运行保障机制。二是加强制度建设。全面对接中钢集团“制度树”，进一步筑牢制度护栏，堵塞管理漏洞，境内外企业已形成包括200多项制度的规章制度体系。三是完善以“三重一大”决策制度为核心的议事决策体系。充分发挥党委“把方向、管大局、保落实”作用和党支部战斗堡垒作用。细化“三重一大”决策清单，重大事项提级管理，中钢海外党委研究审议企业重大决策事项，境外党组织以组织会议前置方式研究企业重要经营事项。四是纪委切实履行监督职责。坚持“党中央重大决策部署到哪里，政治监督就跟进到哪里”，推动进行党务公开，鼓励全员监督。做好重大经营决策事项监督推动、整改提升和执纪问责闭环管理。切实履行“再监督”职责，紧盯关键岗位和重点环节防范境外廉洁风险，参与到企业审计、检查、全面风险管理和内控体系建设等各项监督管理工作中去，通过各种渠道筛查廉洁风险点。调整细化廉洁风险防控内容，运用主动约谈、批评教育等第一种形态抓早抓小，运用《纪律检查建议书》等方式推动企业堵塞漏洞、防控风险。五是加强监督考评，强化追责问责。将廉洁风险防控情况作为总部和所属企业业绩考核，以及所属党组织负责人党建工作考核中的一项重要评价内容；制定《违规经营投资责任追究实施办法（试行）》，设立追责领导小组，统筹开展责任追究工作。落实好党委书记第一责任人责任和领导班子成员“一岗双责”，通过约谈提醒和调研检查发现苗头性、倾向性问题，定期进行会商研判，有效应对有关廉洁风险。

三、境内外联动防控廉洁风险的典型做法

（一）总部以上率下，进行整体防控

一是分级压实工作职责。每年中钢海外党委领导班子成员和境内外所属党支部负责人签订《党风廉政建设责任书》，层层压实廉洁风险防控责任。二是发挥职能部门监督合力，建立整体风险防控体系。总部各职能部门以岗位职责为基础，以全面风险管

理、内控体系辨识出的风险为参考，发挥合力，务求识别并准确评估日常风险。综合《全面风险管理推进计划暨重大风险评估报告》《防范化解境外项目风险工作方案》《年度依法合规经营风险排查报告》等外部风险防控辨识评估机制，形成了以《合规工作年度报告》《内部控制评价报告》为核心的整体风险防控体系。三是发挥直派财务负责人监督作用。近年来，中钢海外总部逐步向境外企业直派财务负责人，并进入所在企业管理层，实现了全覆盖。建立直派财务负责人监督机制，每半年梳理汇总所在企业开展经营管理、重大事项管控和廉洁风险防控等情况，向总部报告，发现违规违纪等行为或问题线索，可以直接向中钢海外纪委汇报。四是建立境外企业聘用员工廉洁从业管理机制。从整体上将境外企业聘用的当地员工（包括外国籍和中国籍）纳入廉洁管控，要求各境外企业健全和完善职工廉洁从业机制，签订廉洁从业承诺书或者在劳动合同中明确相关条款；制定廉洁从业规章制度或相关手册，明确岗位职责和廉洁责任；定期梳理并向总部报送员工违法、违规、违章等事项。五是开展综合监督和专项检查。进一步强化“大监督”暨综合反腐败运行协调机制，成立了境外合规（境外反腐治理）工作领导小组，以纪检监督为引领，统筹财务监督、法律监督、生产监督等监督职能，形成监督合力。总部每年都以深入基层调研或开展各类专项检查的形式，进一步深入推进境外廉洁风险防控工作。

（二）总部和境外企业廉洁风险防控联动融合

一是着力创建企业廉洁文化。中钢海外党委委员认真履行“一岗双责”，定期开展廉洁谈话，覆盖总部和外派员工，以及境外企业当地高管人员。每年举办以提高员工素质能力、深化廉洁从业为内容的培训。定期开展全体员工述职述廉工作，2023 年底创新性开展境外企业外籍首席执行官和财务总监到京述职述廉。重要节假日前下发廉洁提醒和警示案例，落实好每年的廉洁文化创建月，重要节日慰问外派员工在国内的家属，发起“廉洁齐家”倡议。二是建立健全治理体系和治理程序，搭建专业多元的管治架构。推动所属境外企业建立董事会决策机制，在董事会审议决策事项过程中，充分听取外籍董事意见，发挥其精通当地法律法规、通晓当地文化的优势，以确保更高效地推进公司治理；依据公司章程，充分授权职业经理人负责企业的日常管理和运营，实施本土化运作策略，更好地适应当地市场环境，提高运营效率。三是加强风险防范，深入开展合规体系建设。督促境外企业注重风险防控，不断健全以全面风险管理为基础的风险防控体系，定期排查风险隐患，及时化解经营风险；推进依法经营、合规管理，积极和当地政府做好沟通协调，遵守当地法律法规，及时了解当地相关政策变化；加强境外投资经营风险分析，因地制宜制定防控方案，将风险意识贯穿项目投资管理的全流程。从销售、资金、财务、采购等各方面推行精细化管理，优化操作流程，强化集中采购，防范运营风险；坚持稳健审慎原则，牢固树立依法经营、安全生产观念，积极开展对重大风险的应对管控工作。坚持“事前预防、事中控制、事后补救”原则，注重研究驻在国法律法规，识别利益相关者，与当地工会、社区和行业协会保持良好沟通。四是充分保障股东和各相关方利益，强化廉洁管理。督促境外企业严格遵守当地法律法规，持续关注当地反腐败最新要求和政策法规，开展针对性自查，不断完善廉洁风险管理体系；积极组织廉洁从业培训，提升员工廉洁从业意识，降低潜在风险。廉洁从业培训累计 190 小时覆盖 99 人次，守法合规培训累计 26672 小时覆盖 3334 人次；持续细致规范做好信息披露工作，不断提升信息披露管理水平，确保信息披露的真实、准确、完整、及时，不断提高企业透明度；要求南非相关企业按照《南非黑人经济振兴法案》规定，聘用熟悉当地法律法规的黑人高管处理社区事务、参与工资谈判、进行政府沟通等，妥善处置包括廉洁风险在内的各类风险。

（三）促进境外企业完善合规管理体系

一是境外企业切实落实法律审核和合规管理要求。按照上位制度及时修订完善自身规章，部分企业请关键岗位员工签署“Conflict of Interest”（利益冲突）文件，确保不相容岗位分离，防范商业贿赂和职务腐败等廉洁从业风险；大部分企业已经制定了员工合规管理制度或手册并定期更新，明确各岗位职责和操作规范，将合规要求嵌入到日常工作中。二是采取不同形式落实对当地员工的廉洁管理。中钢菲律宾汇洋矿业有限公司和中钢南非有限公司有关企业依靠内部规章制度进行控制；中钢澳大利亚有限公司有关企业依靠当地政府的企业廉洁监督机构，员工发现问题可以向当地“Whistleblower Hotline”举报；中钢津巴布韦有限公司（简称中钢津巴布韦）有关企业依靠当地审计机构，在德勤事务所设立了匿名监督举报热线，员工对廉洁管理有意见建议或发现案件可自行举报，德勤事务所再与中钢津巴布韦的审计部门联系处理；中钢萨曼可有限公司（简称中钢萨曼可）及所属企业制定了“匿名举报”方案，该方案使所有利益相关者，尤其是公司员工，能够匿名举报他们了解到的任何腐败或不廉洁行为。三是实现重大法律事务审核率 100%。中钢萨曼可和中钢津巴布韦铬业有限公司（简称中钢津巴布韦铬业）设置有单独的法律部门，能够依靠自身法务人员开展法律审核和内控合规管理，做到了重大法律事务审核率 100%；其他国家和地区的企业的有关重大合同、法律事项由中钢海外法律风控部提供法律支持，专项事务聘请专业律师出具法律意见书。做到了重要事务均有法律意见，实现了重大合同和经营管理事项法律审核率 100%。四是持续健全和完善内控合规管理。中钢萨曼可及所属 20 余家企业梳理出 8000 多个规章制度和控制节点，阿联酋萨曼科铬公司和中钢津巴布韦铬业的流程控制、规章制度也比较完备。已经形成了较为完善的内控合规管理体系，为企业规范稳定运行提供了保障。

新形势下加强央企直属纪委建设的实践与思考

中国矿产资源集团有限公司直属纪委

陈　博　孟庆富　蔡新宇

习近平总书记在二十届中央纪委第三次全体会议上的重要讲话，深刻阐述党的自我革命的重要思想，科学回答我们党为什么要自我革命、为什么能自我革命、怎样推进自我革命等重大问题，明确提出“九个以”的实践要求，为国资央企深入推进全面从严治党、党风廉政建设和反腐败斗争提供了根本遵循，为做好新时代新征程纪检工作提供了强大思想武器和科学行动指南。中央企业是我国国民经济的重要支柱，坚持党的领导是其独特优势所在，在全面从严治党的新形势和纪检监察体制改革的大背景下，如何有效发挥央企内设纪检机构的职能作用，是纵深推进央企全面从严治党面临的新课题。本文结合中国矿产资源集团有限公司（简称中国矿产）初创实际，对加强央企直属纪委建设做简要探讨。

一、新时代加强央企直属纪委建设的重要意义

（一）带头践行“两个维护”的必然要求

国资央企是中国特色社会主义的重要物质基础和政治基础，是党进行伟大自我革命的依靠力量和重要领域。作为央企总部的专责监督机构，加强直属纪委建设，是强化基层党组织政治功能和组织功能，深化央企总部全面从严治党、巩固党风廉政建设和反腐败斗争成效的关键举措，能够有力推动总部广大党员干部提高政治站位、把准政治方向、严守政治纪律，坚定拥护“两个确立”、坚决做到“两个维护”，始终同以习近平同志为核心的党中央保持高度一致。

（二）推动企业高质量发展的重要保障

坚持党的领导、加强党的建设，是我国国有企业的光荣传统，是国有企业的“根”和“魂”，是我国国有企业的独特优势。国资央企实现高质量发展的关键，就在于紧紧握住党的建设这一制胜法宝，持续深化全面从严治党战略部署，将党的政治优势转化为企业发展优势。总部基层党组织和党员干部职责使命履行得怎么样，关系改革发展

稳定各项工作顺利推进和广大干部员工根本利益的实现。直属纪委通过紧盯总部基层党组织和党员干部履行职责使命情况开展政治监督，及时从政治上发现问题、纠正偏差，督促其履行好党中央赋予的职责使命，确保习近平总书记重要指示批示精神和党中央重大决策部署不折不扣落实到企业具体生产经营活动中，以高质量监督保障企业高质量发展。

（三）全面从严治党纵深发展的应有之义

二十届中央第一轮、第二轮巡视完成了对国资央企巡视全覆盖，严肃指出国资央企普遍存在落实管党治党责任不到位、压力传导层层递减、严的氛围没有形成等共性问题。作为党的基层纪律检查委员会，直属纪委是党内"纪律部队"重要组成部分，直接面向基层党组织，肩负着协助推进全面从严治党、履行监督执纪问责职责、抓好党风廉政建设和组织协调反腐败工作的重要政治责任，在推动全面从严治党覆盖到"最后一公里"方面发挥着十分重要的作用。

二、中国矿产直属纪委加强纪检工作的实践探索

中国矿产成立于 2022 年 7 月，是中央直接管理的国有重要骨干企业。2023 年 6 月，经国务院国有资产监督管理委员会（简称国资委）党委批准，中国矿产直属党委正式成立，中国矿产直属纪委同步设立。中国矿产直属纪委成立以来，注重发挥贴近总部职能管理部门的优势，坚持"初始即严、一严到底"的理念，在中国矿产纪检监察组领导和指导下，认真履行专责监督职能，结合初创央企总部实际，在健全工作机制、强化贯通协同监督、做实日常教育管理等方面进行了积极探索。

（一）因地制宜健全工作机制

近年来，党中央先后印发《关于加强中央和国家机关部门机关纪委建设的意见》《中央和国家机关部门机关纪委工作规则》等党内法规，为推进中央和国家机关部门机关纪委规范化建设提供重要遵循。国资央企直属纪检机构在领导体制、组织架构、工作机制等方面与中央和国家机关部门存在一定差异，但在加强和规范直属纪委建设、层层压实监督责任方面存在共通之处。中国矿产借鉴上述相关规定，制定了《中国矿产资源集团有限公司直属纪委工作规则（试行）》，明确直属纪委的工作原则、组织架构、工作制度、纪律要求等。在中国矿产纪检监察组的领导和指导下，直属纪委积极参与构建集团总部贯通融合的综合监督体系，配合厘清职责权限，加强与纪检监察组、党组巡视办、法律风控部、审计部等部门协同，建立完善信息沟通、线索移送、措施配合、成果共享等工作对接机制。

（二）强化贯通协同监督

充分发挥直属纪委贴近集团总部职能部门的优势，整合监督力量，突出监督重点，推动监督下沉，实现监督落地。聚焦贯彻落实党的二十大精神、习近平总书记对中国

矿产成立所作重要指示批示精神等加强政治监督，持续跟踪进展情况，定期督促调度，及时向直属党委和集团党组报告。结合中央巡视期间反馈的立行立改事项，配合纪检监察组、党组办公室深入开展违反中央八项规定精神问题专项治理，督促各党支部认真进行自查自纠，从小事小节抓起，持之以恒加固中央八项规定堤坝。紧紧抓住压实基层党支部主体责任这条“主线”，依托总部党支部党建工作责任制考核，重点加强对各党支部落实“三会一课”、谈心谈话制度及召开组织生活会等情况的监督检查，不断夯实集团党建基础。开通线上线下信访渠道，畅通干部群众意见反馈通道，推动党内监督与群众监督有机结合，督促引导党员干部习惯于在受监督和约束的环境下工作生活。

（三）做实做细日常监督管理

坚持把监督抓在日常、严在经常、实在平常，加强对党员干部特别是处室级领导干部的日常监督和管理，先后组织对集团 128 名新入职或新提拔的干部员工开展集体廉洁谈话，进一步筑牢党员干部廉洁自律防线。按照干部管理权限，为总部 35 名处室级干部建立廉政档案并加强动态管理，为提升日常监督精准度提供有效抓手。认真组织回复党风廉政意见，为党员干部选拔任用、评优评先把好廉洁关。协助推动开展党纪学习教育，督促各党支部落实集团党组学习方案要求，举办党员领导干部党纪学习教育读书班，用党规党纪校正思想和行动，真正使学习党纪的过程成为增强纪律意识、提高党性修养的过程，推动广大党员干部学纪、知纪、明纪、守纪。督促各党支部及时传达中共中央纪律检查委员会、中华人民共和国国家监察委员会（简称中央纪委国家监委）、国资委党委通报的国资央企领域违反中央八项规定精神问题等典型案件，充分发挥典型案例警示、震慑、教育作用，引导全体干部员工树立正确的权力观、政绩观、事业观。

三、当前央企直属纪委建设存在的主要问题

（一）体制机制不够健全

2023 年 7 月，中央和国家机关工作委员会印发了《中央和国家机关部门机关纪委工作规则》，对机关纪委的性质定位、领导体制、产生和运行、职责任务、纪律审查程序等作出全面规范，为机关纪委全面正确履职提供了基本遵循。相对而言，国资央企总部直属纪委缺乏相应的上位制度和具体指导意见，实践中只能参考相关党内法规进行探索，导致一些单位的直属纪委存在体制机制不够健全、职责不明确等问题，实际工作中缺乏科学合理的工作流程和专业化的操作标准。同时，作为央企总部内设纪检机构，直属纪委纪检干部很多是兼职，工作经费和人员力量配备不足也影响了工作质效。

（二）职责定位不够精准

由于对监督主体与职责在认识上存在偏差，有的直属纪委干部认为案件查办主要

是纪检监察组的事情，直属纪委人少位轻、没有实权，对党员干部晋升、调配等没有参与权，监督过程难以把握，监督作用难以发挥。有的直属纪委对监督工作重要性认识不足，注重日常教育，忽视监督管理，存在不愿监督、怕得罪人的倾向。有的直属纪委对监督内容把握不准，把反腐败当成最重要甚至唯一的内容，存在不会监督、监督不到位的问题。

（三）监督质效有待提升

一是政治监督敏锐性不高。有的直属纪委紧盯践行“两个维护”开展政治监督有差距，对一些苗头性、倾向性问题缺乏洞察力和敏感性。二是对政治监督重点的认识还有差距。有的直属纪委聚焦“国之大者”不够，将一般性业务工作作为政治监督重点，导致监督工作的政治属性不明显、政治功能不突出。有的没有及时将党中央因时因势作出的重大决策部署列入政治监督事项，跟进监督不够。三是监督方式创新力度不够。目前直属纪委主要通过参加会议、听取汇报、查阅资料等方式开展监督，大数据分析、信息化监督手段的运用还不够多，跨部门、跨单位数据共享还不够畅通，单纯依靠“守株待兔”式的信访举报和日常监督工作，很难发现一些隐藏的腐败问题。

（四）能力素质有待提高

一是政策把握方面，对相关政策法规学习掌握不够系统深入，对政治监督的实际边界、阶段性目标和总体要求把握不准确，缺乏明确清晰的思路和规划。二是业务能力方面，很多纪检干部都是从其他业务岗位转岗而来的，对监督执纪问责的方法手段、程序规范等缺乏研究，在调查取证、措施使用、定性量纪等方面经验不足。三是监督成效方面，因为不参与单位业务管理，对单位主责主业领域了解不深，或是缺乏财务、金融、法律等专业知识，所以难以及时发现业务隐藏的风险，制约了监督执纪能力的发挥。

四、加强和改进央企直属纪委工作的对策建议

新时代新征程，加强央企直属纪委建设，必须深入学习领会习近平总书记关于党的自我革命的重要思想，充分认清和准确把握国资央企全面从严治党的新形势和新要求，做实监督执纪问责职责，坚定不移正风肃纪反腐，为国资央企高质量发展提供有力保障。

一是完善领导体制。在党中央持续深化中管企业纪检监察体制改革的大背景下，加强直属纪委建设是构建无死角、全覆盖内部监督体系的重要一环。如何让直属纪委监督实起来、执纪硬起来、作用发挥强起来，首要的是完善领导体制，厘清权责关系。要理顺央企直属纪委与中央纪委国家监委驻国资委纪检监察组、央企党组（党委）、央企纪检监察机构、直属党委的关系，着重强调直属纪委受央企纪检监察组和直属党委的双重领导，明确直属纪委在全面从严治党中的职责，做到既不越位也不缺位。央企纪检监察机构应加强与驻国资委纪检监察组的沟通协调，对直属纪委执纪审查工作进

行协同指导，细化工作、审批流程等。

二是健全工作机制。聚焦直属纪委规范化建设这一目标，落实《中国共产党国有企业基层组织工作条例（试行)》《中国共产党纪律检查委员会工作条例》《纪检监察机关派驻机构工作规则》等党内法规要求，把握各类纪委职责共性和央企直属纪委履职特点，紧密结合直属纪委既是党的基层纪律检查委员会、又是内设纪检机构的实际积极探索，进一步建立健全直属纪委监督执纪问责的相关配套制度，同步规范组织运行和工作运行。通过制度创新，推动解决实践中工作薄弱、反映突出的共性问题。

三是做实监督体系。直属纪委要把握好监督这一基本职责、第一职责，进一步加强内部监督体系化探索，在健全直属纪委人员结构上着力，采取“直属纪委委员 + 支部纪检委员”模式，把直属纪委专责监督与派驻监督、巡视监督、内设机构职能监督、基层党组织日常监督、党员民主监督等各类监督有机贯通，推动各类监督贯通融合形成合力，构建全覆盖、全流程、全主体的内部监督制约机制。同时，要聚焦监督成果运用，统筹纪律监督、巡视巡察监督、审计监督等工作成果，督促推动基层党组织扎实抓好问题整改，以发现问题、解决问题的实际成效，提升监督治理效能，确保党中央重大决策部署在国资央企落实落地。

一体推进“三不腐”机制建设的实践与探索

昆明钢铁集团有限责任公司生产设备管理中心纪委
阚绍宽

昆明钢铁集团有限责任公司（简称昆钢）生产设备管理中心所属单位面临的廉洁风险大，涉及大宗原燃辅料的进厂质量检验、钢材产品的出厂质量把关，还有资产处置、备品备件采购、设备检维修工程招投标、生产协力管理等，业务杂而多，受红河钢铁有限公司（简称红钢公司）原质计中心铁前检验窝案的影响，质检系统廉洁风险防控工作被推到了风口浪尖，我们必须以此为契机，以案为鉴，以案促改，以案促治，深刻吸取案件教训，高度重视廉洁风险防控，注重协同高效、齐头并进，加快构建一体推进不敢腐、不能腐、不想腐体制机制，不断提高反腐败工作质量和水平，把好进厂大宗原燃辅料质量关，为安宁基地钢铁主业极致高效生产提供坚强保障。

一、一体推进“三不腐”机制构建面临的问题

（一）一体推进“三不腐”机制的责任落实还不到位

在具体实践中，不敢腐的强力震慑、不能腐的制度笼子、不想腐的思想自觉还没有达到同向发力。

（1）目前单位纪检部门缺乏强制性的调查手段，这些局限影响纪检部门对涉腐人员的惩处力度，削弱了惩治的威慑效应。

（2）日常监督作用发挥不充分。不善于从政治上发现问题、分析问题，或者指出的问题轻描淡写，没有触及问题实质和根本；有的缺乏一抓到底的韧劲，聚焦压实整改责任不够，对整改工作跟进监督、全程监督不到位；有的对整改标准不高、应付整改等，没有及时约谈和严肃问责，没有形成震慑力。

（3）随着全面从严治党不断向基层延伸，在国家监察体制改革之后，国有企业基层单位纪检监察工作任务日益繁重，人手不够、能力不足问题日益凸显。监督执纪工作在企业中重视程度还不够，监督执纪队伍力量薄弱，投入精力有限，不敢监督和不会监督的问题比较明显。

（4）在开展警示教育时，在某种程度上存在着警示教育针对性不强、教育效果不

明显的问题，没有触及灵魂，警示教育没有起到应有的警示震慑作用。

（二）规章制度执行不到位

虽然建立了一系列规章制度，但个别党员干部合规意识不强、制度执行不严，在质量检验、备品备件采购、检修工程项目采购、招标投标、公务接待等重点领域存在经营风险和廉洁风险，主要表现在一些陈规陋习在部分党员干部心中根深蒂固，个别党员干部仍然习惯用老经验处理新问题，反映出一些长期形成的惯性思维还未彻底扭转。2024 年以来，开展违规吃喝专项监督检查，还存在虚报接待人数违规接待的情况，违纪违法问题时有发生，给企业造成了不良社会影响，这些表明基层党员干部党纪法规意识还未真正形成，规章制度落实还不到位。质检系统制定了一系列的管理制度、操作规程、标准作业卡，但在实际工作中，还是经常出现操作不规范、标准执行不严的问题。

（三）纪法意识不强，违规违纪案件时有发生

受红钢公司原质计中心铁前检验窝案的影响，质检系统违规违纪案件还在持续发酵，从纪律审查和监督检查工作实践来看，个别党员干部遵纪守法意识淡薄，抱有侥幸心理，部分违纪违法人员在警示教育片中忏悔时说道：“收点礼品礼金以为正常”“按照工段班组的安排参与不法行为应该不属于违法”等认识，充分说明了他们纪法意识淡薄，对法纪无知，无视规矩、不按规章制度办事的习惯性违章还时有发生。

二、一体推进“三不腐”机制建设的实践探索

（一）从严执纪，加大惩治力度，筑牢“不敢腐”的红线

查处和惩治工作是治理腐败的重要举措，要对腐败行为加大惩治力度，提升反腐决心，对于违规违纪的任何人都坚持一查到底，严惩腐败分子，才能有效震慑潜在的腐败行为，巩固反腐败斗争取得压倒性胜利的新形势。

（1）坚持问题导向，刀刃向内，勇于自我革命，持续涵养风清气正的政治生态。借助昆钢党委专项巡察力量，严苛管理。在 2023 年昆钢党委巡察组对质检业务专项巡察工作中，昆钢生产设备管理中心党委认真履行全面从严治党主体责任，对存在问题的相关责任人进行严肃追责问责，共计经济考核 89 人次，考核金额 111698 元，行政警告 3 人，行政记过 1 人，调离岗位 2 人，批评教育 8 人，书面检查 2 人。通过追责落实到个人，压实责任，提高了职工的责任心和工作执行力，营造风清气正的工作氛围。

（2）扎实开展政治监督和日常监督。2024 年以来，在深入开展违规吃喝专项整治中，通过查询业务接待台账，职工群众走访，深入细致了解，查处违规吃喝问题，对相关责任人进行严肃追责问责，一顿饭 2000 元左右，按照相关规定对相关责任人考核 6000 多元，从成本上给予 3 倍的惩罚，还在一定范围进行通报，诫勉谈话，通过严肃的追责，起到很好的警示作用，坚决刹住违规吃喝不正之风。

（3）从严查处违纪违法人员，用身边事教育身边人。坚持挺纪在前、执纪必严、违纪必纠，以纪律为尺子衡量党员、干部的行为，持续保持反腐高压态势，一经查处就重拳出击、从严处理，层层推进，加大执纪力度，不给腐败分子可乘之机。紧盯重点领域、关键环节，从严查处备件管理、招投标、质检等领域的违纪违规问题。红钢公司原质计中心铁前检验窝案，涉案的工段长、班组长共 7 人受到了开除党籍、政务开除的处分，他们的违法犯罪的行为，受到了 5 年到 10 年不等有期徒刑，这个血淋淋的教训在全中心范围反复开展警示教育，真正起到“问责一人、警醒一片”的效果。

（4）将纪律处分与绩效考核、人事任免挂钩，在对员工违法违纪经济处罚的同时，对有廉洁问题或违纪问题的员工限制职务晋升、年度推先评优，充分发挥震慑作用。

通过加大惩治力度作为反腐败工作的基础，起到有效遏制腐败增加和蔓延的效果，发挥震慑作用，让存在侥幸心理的人悬崖勒马，提高党规党纪的权威性，筑牢“不敢腐”的红线。

（二）扎紧制度之“笼”，切实推进“不能腐”机制建设

（1）强化党风廉政建设主体责任。建立党风廉政建设责任制，建立推进工作的措施清单。建立与党委的沟通协调机制，经常与党委书记就企业作风建设、廉洁风险、问题线索等交换意见，提出工作建议。签订党风廉政建设责任书、廉洁从业承诺等，压实责任。督促推动各级党委每半年专题研究一次党风廉政建设工作，党委主要负责人做到“四个亲自”。

（2）强化制度建设。完善工作流程和职责权限，把权力关进制度的笼子里。针对质检系统高风险敏感岗位多，廉洁风险大，制定《员工行为养成记分激励规定》和《员工行为负面清单》等管理制度 40 余项，强力推进标准化作业，制定标准作业卡 191 个，各环节标准作业流程图 61 个、标准作业视频 30 个、废钢铁典型料型图谱 8 个，编制岗位操作“三字经”30 余篇，加强日常监督检查，确保制度落实促改进，同时约束了职工的行为习惯。

（3）以案促改，打造“清廉质检”专项行动。深刻吸取红钢公司原质计中心铁前检验窝案，利用职务便利收受贿赂，内外勾结、权钱交易，给企业造成了严重的且不可挽回的经济损失案件教训，以案为鉴、以案促改，打造“清廉质检”专项行动，坚持问题导向，全面梳理质检系统管理中的短板和漏洞，深挖问题根源，坚决斩断“围猎”利益链，铲除不正之风和腐败滋长蔓延的土壤，努力打造“清廉质检”，重塑质检廉洁之风。制定《以案促改打造“清廉质检”工作方案》，制定 19 项具体措施、40 条细化目标任务，压实各层级廉洁防控责任，确保各项工作落地落实，实现“不能腐”的目标。

（4）强化风险防控。组织各单位对照主要业务板块和关键领域工作流程，深入查找在思想道德、工作流程、工作职责、制度流程、外部环境等方面的廉洁从业风险点，对权力内容和制度建设现状进行全面排查敏感岗位全覆盖，排查岗位风险点 329 个，制定防控措施 329 条，对排查到的风险点按照发生概率和影响程度，科学界定等级，

实行三级管理。

（5）强化监督检查。切实扛牢“两个责任”，通过探索划片监督、职能业务专业监督、职工群众监督等多种形式，推动形成党委、纪委政治监督、专业部门专项监督、职工群众民主监督，各类监督力量整合、多点发力的监督合力，不断完善监督制约机制，聚焦落实全面从严治党责任，强化监督，充分发挥常态化监督作用，突出时间节点，带头整治形式主义、官僚主义，以强有力的政治监督保障中心各项决策部署落到实处。认真履行同级监督责任，扎实开展提醒谈话，紧盯“关键少数”，加强对下级“一把手”监督。通过加强各类监督，增强不能腐的约束力。

（三）筑牢思想防线，建立“不想腐”的高度自觉

“不想腐”依靠的是思想、觉悟。党纪法规教育是着重解决人的思想认识问题，教育的最终目的是让党员干部知敬畏、存戒惧、守底线。注重教育和引导，把加强理想信念教育、党纪法规教育作为治理腐败的根本，让党员干部从思想源头上消除贪腐之念。

（1）强化政治素养。筑牢思想根基，不断形成不想腐的思想自觉，必须加强思想道德和党纪国法教育，引导党员、干部和行使公权力的人员坚持理想信念，严守纪律规矩，严明公私界限，严格家风家教，树立正确的世界观、人生观、价值观，筑牢拒腐防变的思想堤坝。借助昆钢全面开展党规党纪学习培训为契机，加大全体干部培训力度，提升履职能力，邀请昆钢纪检监察部有关专业人士开展专题辅导培训，引导广大党员干部在党的新征程中展示新形象、实现新作为。将党风廉政建设、党内法规列为领导干部培训及新员工入职培训的必修课。各级党员领导干部深入学习贯彻习近平新时代中国特色社会主义思想，学以致用，推动工作。

（2）深化廉政教育。一直以来，紧抓腐败问题，在廉政文化的宣传教育方面，使荣廉耻腐的相关理念更加深入人心。一是正面教育方面，通过组织学习和自身学习相结合等方式，来开展廉政文化的宣传教育工作，通过理论学习正面引导员工的思想，对于党员领导干部的理想信念和思想动态要有所了解，使其建立正确的价值观和理想信念，坚持求真务实，做到严于律己，增强党员意识。重要节日“明”廉，每逢传统节日前夕，专门印下发廉洁过节提醒，要求党员干部做到“十二个严禁”。每年组织党员干部填报《廉洁从业档案》，党委书记和纪委书记进行审核把关。抓早抓先“育”廉，坚持对新提任职干部和新入职员工进行任前廉政谈话。关键岗位“诺”廉，组织各级新任职管理人员和关键岗位人员签订《廉洁从业承诺书》，重视家庭教育、廉政家风的宣传，帮助党员干部算清“七笔账”。二是反面警示方面，通过组织参观警示教育基地、旁听职务犯罪案件庭审过程、让服刑人员现身说法等多种形式，将廉洁教育与典型案例、具体情境结合起来，使公司员工零距离接受警示教育。集中学习相关案例材料和专题教育片，及时组织公司转发的典型违纪违法案例等违纪通报，用真实的案例揭示腐败的严重后果，使党员领导干部警醒起来，建立时刻约束自己的意识，避免以权谋私等行为的产生，将腐败现象扼杀在摇篮中。

通过开展形式多样的教育活动，使党员领导干部正确认识手中的权力，坚定理想信念，重视自身的职业操守，规范自身的生活状态及生活作风，自觉抵制腐败，教育引导广大党员干部职工进一步强化纪律、规矩意识，树牢不想腐的思想自觉和行动自觉。

总之，通过一体推进“三不腐”体系建设，保持反腐败高压态势，强化不敢腐的震慑，为不能腐、不想腐创造了条件，强化监督和制度的约束，扎牢了不能腐的笼子，强化廉洁警示教育，增强不想腐的自觉，党风廉政建设和反腐败工作取得一定的实效。实践证明，只有把“三不腐”要求贯彻落实到正风肃纪反腐败的各个方面，才能为企业高质量发展营造风清气正的良好政治生态和发展环境。党的二十大报告指出：“只要存在腐败问题产生的土壤和条件，反腐败斗争就一刻不能停，必须永远吹冲锋号。”结合昆钢生产设备管理中心党委实际，质检业务检验、备品备件采购是高风险地带，廉洁风险是永远存在的。因此，中心党委肩负着重大的责任，必须要深入贯彻习近平总书记重要讲话精神，全方位、全周期从思想层面、制度层面、操作层面持续探索切实可行的举措，纵深推进“三不腐”机制建设同向发力，助力质检系统反腐倡廉工作，打造清廉质检，打造风清气正的生产制造体系。

“五坚持”着力铲除腐败产生的土壤和条件

——新时代国有企业推进反腐败斗争的探索与实践

中国宝武宝山钢铁股份有限公司纪委
周坚松

习近平总书记在二十届中央纪委第三次全体会议上发表重要讲话强调，新征程反腐败斗争，必须在铲除腐败问题产生的土壤和条件上持续发力、纵深推进。二十届中央纪委第三次全体会议的工作报告明确要求：突出铲除土壤条件深化反腐败斗争。纪委是党内监督专责机关，在“铲除腐败产生的土壤和条件”上肩负重大使命、重大责任。中国钢武集团宝山钢铁股份有限公司（简称宝钢股份）纪委落实中央要求，结合国有企业特点，积极探索实践，形成了新时代国有企业铲除腐败产生的土壤和条件的“五坚持”有效做法。

一、新时代国有企业铲除腐败产生的土壤和条件的重要意义

（一）铲除腐败产生的土壤和条件是新时代国有企业落实全面从严治党的需要

党的二十大报告指出，全面从严治党永远在路上，党的自我革命永远在路上。党的二十大报告对坚定不移全面从严治党，深入推进新时代党的建设新的伟大工程，作出新部署，提出新要求。铲除腐败产生的土壤和条件，是深入推进全面从严治党、打赢反腐败斗争攻坚战持久战的重要方法。坚持党的领导、加强党的建设是国有企业的“根”和“魂”，宝钢股份作为国有企业，必须以坚定不移全面从严治党强“根”固“魂”，下大力气铲除腐败产生的土壤和条件，坚决打赢反腐败斗争攻坚战持久战。

（二）铲除腐败产生的土壤和条件是新时代国有企业规范健康运营、高质量发展的需要

党的二十大提出，高质量发展是全面建设社会主义现代化国家的首要任务。国有企业是中国特色社会主义的重要物质基础和政治基础，是我们党执政兴国的重要支柱和依靠力量，推进高质量发展的任务十分艰巨。作为国有企业的宝钢股份，铲除腐败产生的土壤和条件，就是为了标本兼治、系统施治，持续完善企业治理体系、提升企

业治理能力，有力保障企业规范健康运营和高质量发展，有力推动公司加速创建世界一流企业。

（三）铲除腐败产生的土壤和条件是新时代国有企业建设清正廉洁干部队伍的需要

习近平总书记指出，国有企业领导人员是党在经济领域的执政骨干，是治国理政复合型人才的重要来源，肩负着经营管理国有资产、实现保值增值的重要责任。国有企业领导人员必须做到对党忠诚、勇于创新、治企有方、兴企有为、清正廉洁。作为国有企业的宝钢股份，铲除腐败产生的土壤和条件，就是为了建设风清气正的政治生态，营造清正廉洁、干事创业的良好氛围，促使广大党员干部提高思想政治素养，增强党性修养，始终做到忠诚干净担当，履职尽责有为。

二、宝钢股份滋生腐败的土壤和条件的表现形式

在二十届中央纪委第三次全体会议上，习近平总书记深刻分析腐败问题的表现形式，深刻指出“必须在铲除腐败问题产生的土壤和条件上持续发力、纵深推进”，对铲除腐败滋生的土壤和条件作出七个方面的系统部署。宝钢股份纪委对照习近平总书记重要要求，全面梳理、系统分析近年来党风廉政建设和反腐败斗争实践，发现依然存在以下短板弱项。

一是压实责任方面还有不足。虽然建立了党风廉政建设和反腐败责任体系，对党委主体责任、纪委监督责任、党委书记第一责任、班子成员“一岗双责”等责任内容有明确规定，但将责任内容转化为具体工作项目，项目化推进责任落实仍有欠缺。

二是强化执纪方面还有不足。一些基层纪委执纪主要靠“举报”，主动监督发现违规违纪问题线索并成案数量为零，通过强化执纪铲除腐败滋生的土壤和条件方面仍有差距。

三是权力监督方面还有不足。对于权力运行的监督主要以线下监督、人工检查为主，与时俱进运用互联网、大数据新技术开展智慧监督方面有所欠缺，通过强化权力监督铲除腐败滋生的土壤和条件方面仍有差距。

四是监督体系建设方面还有不足。构建与“一公司多基地”运营管控模式相匹配的监督体系存在不足，纪检监督体系上下联动、区域协同方面需进一步加强，推动各类监督贯通融合的工作载体和工作机制需进一步完善，通过织密监督网铲除腐败滋生的土壤和条件方面仍有差距。

五是廉洁文化建设方面还有不足。系统构建廉洁文化建设工作机制存在不足，在全员参与、榜样示范、日常教育等方面需进一步完善工作载体和工作机制，通过廉洁文化建设筑牢思想防线铲除腐败滋生的土壤和条件方面仍有差距。

三、宝钢股份“五坚持”铲除腐败产生的土壤和条件的实践

在二十届中央纪委第三次全体会议上，习近平总书记对铲除腐败产生的土壤和条

件作出七个方面的系统部署。宝钢股份纪委深入学习贯彻习近平总书记重要要求，积极探索实践，形成了铲除腐败产生的土壤和条件、纵深推进反腐败斗争的有效做法，概括为“五坚持”。

（一）坚持“一贯到底”层层压实责任

一是聚焦确责，明晰责任内容。贯彻落实新时代党中央全面从严治党要求，围绕铲除腐败产生的土壤和条件，修订完善《宝钢股份关于实行党风廉政建设责任制的规定》《关于加强基层党支部党风廉政建设的指导意见》，在党委层面，结合职责分工、强化“四责协同”，全面科学精准明晰党委主体责任、党委书记第一责任人职责、纪委监督责任、班子成员“一岗双责”的具体履责内容及责任清单，并配套明确党委各工作部门和企业相关职能部门的责任清单；在党支部层面，注重与党委层面工作相衔接，明晰党支部推进党风廉政建设主要任务以及党支部书记和纪检委员推进党风廉政建设主要责任，将责任贯穿到基层党支部。二是聚焦履责，推进责任项目。围绕铲除腐败产生的土壤和条件，将党风廉政建设和反腐败工作融入生产经营，注重发挥责任体系合力。每年结合实际确立重点项目，并按责任体系层层明确任务、分解责任，将责任内容转化为“制度机制完善”“廉洁风险防控”“专项监督检查”等实实在在的履责项目。以责任制重点项目为抓手，坚持季度监督推进，项目化推动履责，有力保证履责状态受监督、履责效果可评估。三是聚焦督责，开展辅导督促。宝钢股份纪委聚焦“责任落实”和“履责能力提升”，深入子公司、采购销售等业务部门、三级子公司、基层党支部等开展现场调研和面对面指导，及时纠正履责过程中存在的偏差。四是聚焦评责，落实评价反馈。每年结合巡视巡察、监督检查、日常跟踪及现场验证，考评全部基层党组织。在责任考评过程中，既发现总结有效做法，也指出问题不足及改进方向，并逐一反馈，促进提升工作成效。五是聚焦问责，严肃责任追究。贯彻党内问责条例，对履职尽责不力的党员干部严肃追责问责，以强有力的问责倒逼担当作为。上述以“确责、履责、督责、评责、问责”为主线的责任监督体系，确保“一贯到底”层层压实责任，督促各级党组织和党员干部严负其责、严管所辖，在铲除腐败产生的土壤和条件上久久为功。

（二）坚持“三措并举”严格执纪问责

一是建立激励考核和约谈提醒机制，督促落实执纪责任。把查办案件作为关键指标纳入《二级单位纪委书记考核评价方案》；宝钢股份纪委书记开展针对性约谈，常态化进行过程督导。二是建立问题线索分区域管控机制，提升问题线索办理质效。宝钢股份纪委安排专人对口下级纪委，对问题线索初核、案件审查及审理全程跟踪、督办，全链条管理问题线索处置。三是建立“五看”案件质量把关标准，提高办案质量。编制实务工作指导手册、文书模板，规范问题线索核查及执纪审查、审理工作。建立案件审理预审机制和“五看”质量把关标准，即看案卷是否齐全、看文书是否规范、看程序是否合规、看节点是否超时、看是否以案促治。“三措并举”有力督促各级纪委履职尽责，以惩治腐败的高压态势和以案促治的治本举措，有力有效铲除腐败产生的土壤和条件。

（三）坚持“双线并行”监督权力运行

一是线下专项监督。强化政治监督，坚持党中央决策部署到哪里、政治监督就跟进到哪里，每年围绕习近平总书记重要指示批示和党中央重大决策部署，紧密结合宝钢股份生产经营和改革发展重点工作，系统思考，找准监督方向、把握监督重点，针对性确定关键核心技术攻关、绿色低碳发展等重点项目，精准开展政治监督，紧盯责任促落实、紧盯问题纠偏差。做实日常监督，每年以“控风险、促履职、强作风”为主线，聚焦权力集中、资金密集、资源富集的重点领域、关键环节，结合重大廉洁风险点，开展专项监督，揭示问题及风险点，提出整改建议，推动完善制度、防控风险，查处违规违纪问题。二是线上智慧监督。依托宝钢股份各类业务信息系统和既有数据资源，聚焦原料采购、营销、设备管理、履职待遇、经商办企业等5个重点业务领域的廉洁风险防控关键环节，开发53项智慧监督模型，建成包含“风险数据收集、风险评估、风险管理策略制订、风险应对与解决、监督改进”于一体的宝钢股份大数据智慧监督平台，实现线上实时监督、大数据智慧分析。“双线并行”的监督机制，提升了对权力运行监督的有效性，有利于及时、精准铲除腐败产生的土壤和条件。

（四）坚持“双管齐下”完善监督体系

一是建立“上下联动、区域管理、交叉监督”纪检监督体系。按照“区域相邻、工艺相近”原则，建立6个区域协同监督组，“东西南北中”5大区域全覆盖，配套轮值组长机制、季度交流机制、考核评价机制、服务支撑机制，明确区域内交叉监督、问题线索核查、监督成果共享等工作。二是建立完善监督会商机制，推进各项监督贯通融合。以监督会商机制为纽带，围绕党委巡察、巡视巡察整改、专项监督等工作，贯通融合纪律监督、巡察监督、审计监督、专业职能监督。“双管齐下”的监督体系，紧密契合“一公司多基地”运营管控模式，按区域有效整合纪检监督资源，推进各项监督贯通融合，形成全面覆盖、高效协同的监督体系，为铲除腐败产生的土壤和条件凝聚合力。

（五）坚持“五制联动”建设廉洁文化

一是建立廉洁承诺机制，强化教育引导。每年初，组织各级党委领导班子作集体廉洁承诺，组织党员干部、管理者和有业务处置权人员作岗位廉洁承诺。二是建立案件通报和警示教育工作机制，时刻警钟长鸣。在年度公司党风廉政建设和反腐败工作会议、季度纪检工作例会上，及时通报典型案件，并在深入分析案情的基础上，针对性预警廉洁风险，提示重点工作。组织各党支部结合岗位廉洁风险开展警示教育。三是建立廉洁文化月活动机制，涵养清廉文化。每年开展廉洁文化月活动，分层分类开展覆盖全员、形式多样的廉洁教育活动，营造浓厚的廉洁从业氛围。四是建立榜样示范机制，树立正面典型。编写《三拼三争，优秀党员风采录》，拍摄《红传》视频，通过公司微信公众号广泛传播，大力弘扬优秀党员干部公而忘私、甘于奉献、清廉从业、秉公用权、克己奉公、廉洁自律的高尚品格，让广大员工学有榜样、做有标杆。五是建立廉洁教育机制，促进常态长效。用好党委理论学习中心组学习、党支部"三会一课"、党员政治轮训、部门"廉洁三讲"、关键时点教育提醒、廉洁谈话等载体，分层分类形成贯穿日常的常态长效廉洁教育机制。"五制联动"推进廉洁文化建设，持续涵养崇廉拒腐的时代新风，筑起防止腐败滋生蔓延的思想防线。

四、宝钢股份铲除腐败产生的土壤和条件的实践经验启示

（一）必须坚持系统性，统筹安排

铲除腐败产生的土壤和条件是国有企业落实全面从严治党、净化政治生态、完善企业治理体系、推动高质量发展的重要工作，必须系统思考，统筹安排。宝钢股份纪委从企业全面从严治党全局工作出发，结合公司治理体系建设和一体推进"三不腐"工作，坚持问题导向，从"五坚持"着力，层层压实责任、强化监督执纪、完善体系机制、建设廉洁文化，系统铲除腐败产生的土壤和条件，持续完善公司治理体系，提升公司治理能力，有力推动全面从严治党向纵深发展。

（二）必须坚持精准性，提升工作质效

铲除腐败产生的土壤和条件必须精准发力、提质增效。宝钢股份纪委推动构建"一贯到底"责任体系，清单式明确责任事项，项目化推动"四责协同"；建立"五看"案件质量把关标准，精准督导案件查办、以案促治；开发大数据智慧监督平台，实现线上实时精准监督；建立"上下联动、区域管理、交叉监督"纪检监督体系和监督会商机制，发挥监督合力；"五制联动"提升廉洁文化建设质效，有效推动建设风清气正的良好政治生态、营造清正廉洁的干事创业氛围，为宝钢股份创建世界一流企业提供坚强政治保障。

（三）必须坚持持久性，融入日常

铲除腐败产生的土壤和条件是持久性工程，必须建立常态化工作体系，融入企业日常工作，久久为功。宝钢股份纪委推动完善了常态长效的责任体系、监督体系、工作机制，把铲除腐败产生的土壤和条件与企业生产经营、改革发展的具体工作紧密结合、深度融合，有效促进宝钢股份生产经营业绩持续保持国内行业第一。

以精准监督保障企业科技创新高质量推进的实践探索

河钢集团有限公司纪委

董士党　李文彬　孙　伟　李　嘉　杨小楠　谷辉格

习近平总书记在党的二十大报告中强调，加快实现高水平科技自立自强。以国家战略需求为导向，集聚力量进行原创性引领性科技攻关，坚决打赢关键核心技术攻坚战。企业是创新的主体，河钢材料技术研究院（简称河钢材料院）是河钢集团有限公司（简称河钢集团）战略核心科技力量，拥有新型材料研发领域完备的科技创新体系，在关键核心技术攻关中承担重要职责使命，拥有一支研究生学历占比73%以上的高知识型科研团队。河钢材料院纪检系统坚持从习近平总书记重要讲话中找立场、找答案、找方法，立足科技创新规律和企业职责使命强化政治监督，探索政治监督具体化、精准化、常态化的有效路径，提出科技创新“监督五要素”，从战略发展、人才、平台、机制、成效五大要素看科技创新；建立“分批次、分层级、分阶段”驻点监督工作机制，深入一线近距离问进度、看实效、听意见、督落实，推动多项制约关键核心技术研发的瓶颈问题实现突破；采用“一支部一对策点题式监督”、意见交换等举措，形成反馈问题、提示风险、压实责任的良性循环，护航企业打造原创技术“策源地”和应用创新高地，助推高水平科技自立自强。

一、充分认识国有企业政治监督的重要意义

党的二十大报告明确要求推进政治监督具体化、精准化、常态化，增强对“一把手”和领导班子的监督实效。政治监督即督促全党坚持以习近平新时代中国特色社会主义思想武装头脑、指导实践、推动工作，增强“四个意识”、坚定“四个自信”、做到“两个维护”；把坚持正确政治方向贯彻到谋划重大战略、落实重大政策、部署重大任务、推进重大项目的实践中，把全党智慧和力量凝聚到坚持和发展中国特色社会主义伟大事业中来。

（一）政治监督是国有企业坚持党的领导、加强党的建设的必然要求

习近平总书记指出，坚持党的领导、加强党的建设，是我国国有企业的光荣传统，是国有企业的“根”和“魂”，是我国国有企业的独特优势。国有企业是中国特色社

会主义的重要物质基础和政治基础，是我们党执政兴国的重要支柱和依靠力量。要发挥好政治监督作用，以强有力监督持续推动党建工作聚焦党中央决策部署、聚焦企业主责主业、聚焦党组织作用发挥，严格落实加强国有企业党建工作的“四个坚持”总要求。

（二）政治监督是国有企业党组织发挥好领导作用和战斗堡垒作用的必然要求

《中国共产党国有企业基层组织工作条例（试行）》对国有企业党组织的职责做出明确，其中党委（党组）发挥“把方向、管大局、保落实”领导作用，依照规定讨论和决定企业重大事项，内设机构中设立的党委以及党总支（党支部）围绕生产经营开展工作，发挥战斗堡垒作用。2024 年 3 月 20 日，国务院国资委党委召开 2024 年第一轮巡视动员部署会指出，要准确把握管党治党要将严的基调一贯到底的重要要求，深入查找落实全面从严治党战略部署方面的突出问题；要准确把握加强班子建设要抓住“一把手”这个关键的重要要求，加强对“一把手”监督。贯彻落实巡视要求，国有企业纪检监察机构必须增强政治意识、把握政治大局，不断提高政治判断力、政治领悟力、政治执行力，以强有力政治监督，推动问题整改和长效机制建立。

（三）政治监督是国有企业做强做优做大，以高质量党建引领保障高质量发展的必然要求

政治监督是确保国有企业风清气正、方向正确、动力强劲的有效机制，是推动国有企业高质量发展，使国有企业始终成为党和国家最可信赖的依靠力量的根本保证。目前国际交往中不稳定的因素增多，经济发展面临严峻挑战，要推动国有企业做强做优做大，必须提高政治站位，紧紧围绕党的二十大战略部署，自觉把思想和行动统一到习近平总书记重要讲话精神和党中央决策部署上来，将纪检监察工作融入改革发展大局中统筹推进。要以政治监督为统领，坚持稳中求进、守正创新，推动坚定不移深化国有企业改革，加快建立现代企业制度，促进国有企业科技创新，奋力突围“卡脖子”技术难题，提升国有企业竞争力，确保完整、准确、全面贯彻新发展理念，以实际行动贯彻落实党的二十大精神。

二、深化国有企业政治监督存在的问题

国有企业纪检监察机构要认真领悟党的二十大提出的新思想新论断、作出的新部署新要求，发扬斗争精神，增强斗争本领，准确把握和正确履行政治监督责任，把党的二十大确立的各项部署真正落到实处，是需要思考和实践的重要课题。目前国有企业纪检监察机构在开展科研创新监督存在的问题，包括对科技创新理解不深不透、开展监督工作的精准性有所欠缺、比较局限于常规性监督业务，未能对推动企业抢抓科技创新机遇、有效应对国内外风险起到较大的助推作用。此外，国有企业纪检监察机构未能及时适应互联网 +、大数据带来的技术革新，自身工作机制方法创新不足。且科技创新领域点多面广、专业性强，面面俱到搞监督容易分散精力，也与纪检监察职

能定位相冲突，导致把认识和化解科技创新主要矛盾作为打开政治监督工作新局面的突破口认识不聚焦，对企业科技创新、自主可控典型特点和突出问题开展监督不够精准深入。

三、深化国有企业政治监督的实践与思考

河钢材料院作为河钢集团的科研机构，前身河钢集团钢铁研究总院于 2010 年 4 月正式成立，2022 年依托集团内各子分公司技术中心，更名重组为河钢材料院。2023 年，引入市场化机制，实施公司体制改革。拥有一支由首席研究员、高级研究员、研究员等组成的高学历知识型科研团队，研究生学历占比 73% 以上。纪检系统深入分析科技创新规律，找准监督检查切入点，探索提出科技创新监督五要素，有效解决“无从下手、无从着力”的问题。

（一）拓展监督路径，推进科技创新监督要素化

推进政治监督纵向延伸并实现体系化、专业化，要健全完善党委全面监督、纪委专责监督、党的工作部门职能监督、基层党组织日常监督、党员民主监督的党内监督体系。构建完善“立体式、多维度”的监督体系（见图 1），夯实三道防线，围绕“战略发展、人才、平台、机制、成效”五大要素看科技创新。一是坚持“战略发展”是科技创新的基础和引领。以精准监督促进河钢材料院两级党组织提高政治站位、战略眼光和主动精神，重点监督在战略必争领域、科技发展前沿是否主动作为，深入推进原创技术策源地建设、充分发挥河钢集团战略科技力量作用。二是坚持“人才”是科技创新的第一资源。实现高水平自立自强，归根结底要靠高水平创新人才，重点监督培养引进“高精尖缺”人才，造就战略科学家、重点研发团队、科技领军人才和创新团队和青年科技人才队伍等四支人才队伍，体系化打造与科研职责使命相匹配的人才队伍情况。三是坚持“平台”是科技创新的重要保障。必须加强与高等院校和用钢头部企业合作建立协同创新平台，重点监督国家重点实验室建设及优化升级情况和重大科研项目进展情况。四是坚持“机制”是科技创新的动力。重点监督针对科技成果评价转化机制和激励机制的建设情况，是否用足用好项目激励、中长期激励、专利分红等薪酬分配激励机制。五是坚持“成效”是科技创新的评判标准。重点监督合理运用河钢集团研发投入强度、专利数量及科技成果转化后产品的市场占有率等情况。围绕科技创新五方面要素，纪检系统开展科技创新专题调研，提出加强人才激励、支持基础研究、优化创新生态链等建议，推动企业公平公正开展绩效考核、技术评聘等工作，大幅提升科技创新考核权重，有效支撑科技高水平自立自强。

（二）把准监督方向，推动科技创新监督具体化

（1）增强科技创新监督自觉。习近平总书记指出，要把创新牢牢抓住，不断增加创新研发投入，加强创新平台建设，培养创新人才队伍，促进创新链、产业链、市场需求有机衔接。深入学习习近平总书记对科技创新、关键核心技术攻关、科技体制改

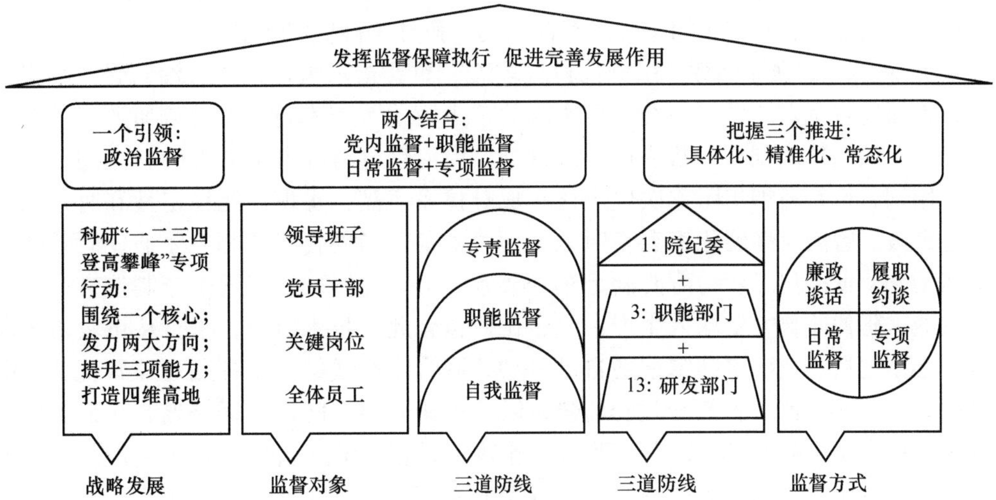

图1　监督体系

革、人才强国战略等工作的重要论述，通过理论学习中心组、主题党日、“三会一课”等多种形式加强学习、组织研讨，全体干部及时跟进学、结合职责学，真正把准吃透党中央关于科技创新工作的最新要求，切实将思想和行动统一到党中央关于科技强国重大决策部署上来，持续增强开展科技创新监督的政治自觉、思想自觉、行动自觉。

（2）找准科技创新监督方向。坚决把监督推动习近平总书记系列重要指示精神不折不扣贯彻落实作为重大政治任务抓紧抓实，紧盯科研“一二三四”登高攀峰行动、“卡脖子”技术攻关、绿色低碳前沿技术研究等重点任务，通过实地调研、与科研人员深入访谈、对台账资料深度剖析等方式，找准科技创新监督的切入点、结合点和着力点，探索政治监督融入具体实践的有效路径。压实两级纪委政治责任，推动河钢材料院党委党组织第一时间学习研讨习近平总书记有关重要指示精神，围绕“国之大者”研究制定行动方案，把推动科技创新战略落地作为同党委成员谈话的重要方面，在督促关键核心技术突破、支撑用户技术研究方面持续发力，不断取得新进展新成效。

（三）坚持问题导向，推动科技创新监督精准化

（1）聚焦“把关键技术牢牢抓在自己手里”重要指示精神强化政治监督。紧盯汽车用户低碳、轻量化需求，加快低碳绿色汽车板生产工艺研究强化监督，推动以技术创新引领高端钢铁材料研发应用取得突破。国内首发高强韧锚杆用钢是河钢材料院自主研发，为国内首发，填补了国内相关领域空白。将政治监督融入高强韧锚杆用钢中试轧制、产线冶炼、轧制全流程生产过程中，紧盯产品质量、生产工艺、安全和廉洁等关键环节，联合产线纪委，探索建立了“分批次、分层级、分阶段”驻点监督工作机制，深入一线近距离问进度、看实效、听意见、督落实，推动多项制约关键核心技术研发的瓶颈问题实现突破。高强韧中空锚杆用钢顺利转产，打破了长期以来高强韧

中空锚杆用钢的生产技术被国外少数几家企业垄断，国内一直处于空白状态，创造了较高的产品附加值，丰富了河钢集团产品结构，提升了科技创新水平。

（2）聚焦“加强原创性、引领性科技攻关”重要指示精神强化政治监督。牢牢把握科技创新监督重点，紧盯制约生产实际的“卡脖子”技术持续跟踪调研监督，推动原创性、引领性技术创新不断取得突破进展。由河钢材料院自主研发的新型超长时效期汽车用钢，也是河钢集团首次生产该新成分体系产品，实现性能稳定性和时效期的技术性突破。曾因烘烤硬化钢容易时效，而时效与烘烤硬化性能相互矛盾，时效期长则烘烤硬化值低，但二者均需要满足车企要求，给钢种研发和产线生产制造带来了巨大的挑战。延伸监督力量深入生产一线，调研监督此项技术研发，坚持从讲政治的高度提出必须把核心技术牢牢掌握在自己手中，联合生产线纪委发挥贴近监督优势，围绕“研、产、用、改”开展全过程监督，以“调研-跟踪-问效”闭环监督机制，协助清除阻碍技术研发的难点、堵点，助力加速攻关进程，最终实现了技术突破。自主研发烘烤硬化钢研制成功，有效解决了河钢集团烘烤硬化钢时效期“卡脖子”的难题，实现性能稳定性和时效期的技术性突破，标志着河钢集团又一个汽车用钢产品迈向新高度。

（3）聚焦技术升级新发展阶段赋予科研任务使命“争当技术升级排头兵和引领者”强化政治监督。紧盯落实国家战略领域、关键工程和“卡脖子”材料，加快开展汽车、家电、新能源、人工智能、海洋工程、国防军工和电力装备等领域实用新型材料研发强化监督，推动以技术创新引领实用新型材料研发取得突破。

（四）健全机制保障，推动科技创新监督常态化

（1）上下联动，推动科技创新监督走深走实。科技创新离不开良好的科研环境。创新采用“以一支部一对策点题式监督”、意见交换等举措为有力抓手，推动各党支部纪检委员结合工作实际，将制约科技创新发展的瓶颈问题作为日常监督重点，助推各类科研技术难题实现突破，推动企业科技创新战略在基层不同业务板块落实落地。用户实验室建设对于提高用户服务和技术开发能力具有重要战略意义。协同用户技术党支部纪委工作部署，分析项目特点、紧盯项目难点，建立“上下联动协同、驻点跟进监督、盯紧监督重点、促进履职尽责、聚焦总结提升”的监督闭环工作机制，保障用户实验室顺利建成投用，为企业高质量发展注入新的动力。

（2）严管厚爱，为科技创新筑就廉洁防线。科技创新关键在人。面对高知识科研工作者，既要明规矩、正风气，深挖细查科技创新管理领域存在的问题，又要促担当、激活力，营造风清气正的科研环境。聚焦科研资金使用、科研成果转化、科技体制机制改革等重点环节，围绕项目资金使用监管、科技成果转化后期跟踪管理、重点科研项目推进等事项持续跟进监督、推进落实，坚决整治科研领域不正之风和突出问题。同时，强化日常教育监督管理，精准运用“四种形态”，建立健全廉情收集分析、领导干部廉政档案等机制，对苗头性、倾向性问题及时谈心提醒，前移监督关口、形成监督常态。充分发挥查办案件的治本作用，提出纪检建议，定期开展整改“回头看”，督

促完善制度规范、堵塞监管漏洞、优化责任落实体系。坚持正面教育和反面警示相结合，统筹运用党性教育、警示教育等方式，充分释放监督执纪执法的正向效应，推动政治效果与纪法效果有机统一。健全精准问责、容错免责机制，认真落实“三个区分开来”，推动党员干部勇于担当、勤廉并重，全力营造干事创业的良好发展环境。

（3）健全机制，助推科技创新监督长治长效。把坚持和加强党的领导作为科技创新的根本政治保证，推动“一把手”和领导班子、中层干部提高政治站位，强化对科技创新工作的责任担当。制发《纪律检查责任体系实施办法》，形成落实上级重大决策部署工作机制，指导科技创新监督更加精准高效。聚焦“关键少数”，精准研判风险点，明晰责任清单，采取谈心谈话、调研督导、列席民主生活会等方式，形成对各级“一把手”近距离、全方位、常态化监督机制，推动从抓好“关键少数”向管住“绝大多数”延伸拓展。推行“室组”联动监督机制，主动发现问题线索，严惩违纪违法行为，强化监督震慑效果，让监督“长牙”“带电”。建立贯彻落实习近平总书记重要指示批示精神和上级重大决策部署情况定期通报机制，将科技创新战略作为其中重要内容，及时监督发现贯彻执行中存在的突出问题。强化监督发现问题整改闭环机制，切实做好问题整改“后半篇文章”。

习近平总书记在党的二十大报告中指出，全面从严治党永远在路上，党的自我革命永远在路上。新时代，在推动国有企业深化改革、做强做优做大的道路上，国有企业纪检机构需要积极探索深化政治监督工作的有效机制，不断创新政治监督的方式方法，坚持把认识和化解科技创新主要矛盾作为打开政治监督工作新局面的突破口，对科技创新、自主可控典型特点和突出问题开展深入调研，找到症结所在并采取针对性措施，提升监督的精准性、实效性。透过业务看背后的政治、责任、作风、腐败问题，进而强化监督执纪一体推进，强化查改治建有机贯通，体现纪检监督的独特价值。加强政治监督力量，推动领导干部落实管党治党责任，增强干部队伍的创造力、凝聚力和战斗力，创造良好的政治生态，推动党的二十大战略部署转化为务实有效的工作思路、办法举措和具体行动，为实现国有企业高质量发展提供坚强保障。

工程建设领域联合监督工作的实践及探索

中国矿产资源集团舟山发展有限公司纪委
李晓宇　刘小东　胡文春　王艺霏

党的十八大以来，以习近平同志为核心的党中央高度重视工程建设领域的廉洁建设工作。习近平总书记曾对多个重大工程建设项目提出建设廉洁工程的明确要求。在二十届中央纪委第三次全体会议上，习近平总书记强调，深化整治金融、国企、能源、医药和基建工程等权力集中、资金密集、资源富集领域的腐败，清理风险隐患。深入学习贯彻习近平总书记重要指示精神，全面贯彻落实党中央和国务院决策部署，着力把各项工程打造成为民心工程、优质工程、廉洁工程，是每一个工程建设单位和施工单位肩负的使命和职责。

中国矿产资源集团舟山发展有限公司（简称舟山发展公司）作为宁波舟山大宗商品储运基地的建设单位，坚持在建立健全工程建设领域监督体系上持续发力，把服务保障重点项目建设作为推进政治监督具体化、精准化、常态化的重要内容，把横向协同联合监督作为打造廉洁示范工程的具体手段，着力防范化解项目建设中的廉洁风险，保障国家重大战略顺利实施。

一、工程建设领域腐败问题特点及原因分析

工程建设领域权力集中、资金密集、资源富集、交易链条长，一直是违纪违法案件的高发区、大案要案的集结点，也是纪检监察机关正风肃纪反腐紧盯的重点领域之一。

（一）工程建设领域腐败特点

根据近年来各地通报的典型案例，归结出工程建设领域腐败问题主要有以下三个方面特点。一是大案要案频发。工程建设项目投资动辄上亿、甚至上百亿元，在利益驱动下，承建方往往不惜重金行贿关键人员，达到打通关节、成功获取工程承建权、顺利推进工程进度、获取高额利润的目的。加之工程建设项目涉及环节复杂、关联利益方众多，滋生了暗箱操作、权力寻租的空间，使得工程项目承揽和建设成为腐败问题滋生的“重灾区”。二是窝案串案集中。工程建设涉及招投标、工程增建、检查验收、款项拨付等多个环节，涉及管理部门众多且部分职能交叉，使得程序复杂、手续

繁琐、办理周期长。为使每个环节畅通无阻，承建方往往会不择手段行贿所涉环节的关键人员，从而形成窝案、串案，出现查办一人带出多人的现象。三是新型腐败隐性腐败较多。一些干部想方设法规避被查风险，有的以第三人为“挡箭牌”，有的与不法商人串供堵口、欺瞒组织，有的为避免东窗事发，千方百计靠近、拉拢受贿人的亲朋裙带关系，假借咨询费、会议赞助、费用报销等形式实现“曲线”行贿，犯罪手段花样百出，出现了一些发现难、查处难、定性难的情况。

（二）工程建设领域腐败原因

导致工程建设领域腐败问题发生的原因主要有三个方面。一是领导干部思想滑坡变质。领导干部思想意识的松懈和不健康的心理因素是腐败行为产生的重要原因，尤其是侥幸心理、麻痹心理、自负心理和补偿心理更是诱使个别领导干部滑向腐败深渊的关键因素。二是不法商人裹挟、围猎。某些不法商人为达成权力与利益的非法交换，持续升级“围猎”手段，逐步渗透领导干部生活，最终乘虚而入、随意宰割，助推腐败问题发展。三是日常监督乏力。在工程建设腐败问题中，由于监督机构履职不到位、监督制度不完善、监督人员能力不足等原因导致监督机制不畅，“同体监督”存在困难，从而无法发现问题和解决问题。工程建设领域腐败问题涉及立项审批、招标投标、施工监理、支付验收等各个环节，这既反映出工程建设领域腐败问题的严峻性、复杂性，也反映出治理工作的艰巨性。

二、以联合监督推进工程建设领域廉洁共建

为深入贯彻落实党的二十大精神和二十届中央纪委第三次全体会议精神，认真落实中国矿产资源集团纪检监察组关于工程建设领域专项治理的工作安排，进一步规范国家战略项目建设秩序，舟山发展公司作为建设单位，与施工单位中交第三航务工程局有限公司积极落实双方集团商定的协同监督方案，结合大宗商品储运基地工程建设实际，研究制定《“清风山海·携手未来”廉洁共建工作清单》，以“1457”监督体系为抓手，扎实推进工程建设领域廉洁共建工作。

（一）明确一个目标

以“创建舟山大宗商品储运基地项目廉洁示范工程”为目标。在项目开工建设之时，即树立创建廉洁示范工程目标，统一思想，树牢理念，聚合各方力量发挥协同监督和联合监督工作优势，积极探索“纪检＋安全”监督模式，落实“下好协同监督‘一盘棋’、织密协同监督‘一张网’、拧成协同监督‘一股绳’”要求，深化拓展协同监督的方式、力度、成效，筑牢项目建设廉洁体系，护航打造央企廉洁工程典范。

（二）实现四项成果

通过建设单位纪委与参建单位纪委联合监督，横向协同，实现四项成果。一是政

治监督有力，强化监督保障执行，确保习近平总书记重要指示批示精神和党中央决策部署在项目建设的全过程、全方位落实落地。二是日常监督有效，深化促进完善发展，以“三大工程”建设为总目标，与“六廉举措”相结合，抓牢日常监督管控，确保进度、质量、安全、成本等关键工作规范有序开展。三是守住红线底线，聚焦主责主业，抓实监督执纪问责，确保不发生一起违法违纪事件，实现廉洁零事故。四是形成典型经验，通过实施方案的全面落实，在实践中厘清思路、落实机制、创新举措、总结凝练，形成一套可复制、可推广的重大项目廉洁风险防控实施方案。

（三）落实五项机制

建立健全联合监督五项机制，提升监督治理叠加效能。一是落实定期会商机制，每月至少开展一次工作会商，结合重点工作开展沟通交流、信息共享、统筹协调、形成共识，推动下一阶段工作协同开展。二是落实监督员监督机制，强化协同监督，发挥监督员作用，聚焦项目管理、安全环保、业务合规、作风建设、廉洁纪律等开展监督工作。三是落实协同处置机制，共同成立协同处置小组，发现线索或问题第一时间共享会商，及时处理。四是落实专项监督机制，开展作风建设、安全生产、工程质量、绿色环保等专项监督；同时，重点加强招标采购领域整治工作专项日常监督。五是落实联学共创机制，通过联学、联教、联建等活动，落实共创要求，积极营造廉洁从业、廉洁共促良好氛围。

（四）开展七个活动

开展七个专题活动，推动联合监督工作提质提效提能。一是召开廉洁示范工程创建工作推进会，双方纪委书记牵头针对创建工作统一思想、形成共识，共同部署推动创建工作扎实开展。二是开展作风建设监督，围绕贯彻落实中央八项规定精神、纠治“四风”、履职尽责等情况进行监督。三是开展安全生产监督，重点围绕安全管理责任体系运行、安全管理责任制落实等工作开展监督。四是开展工程质量监督，重点围绕质量管理体系运行、质量责任制落实等工作开展监督。五是开展环保专项监督，重点围绕环保管理责任制落实等工作开展监督。六是开展联学共创活动，结合党风廉政宣教月召开专题会，双方共同开展廉洁党课、道德讲堂、主题参观等活动，组织与相关领域建设项目开展示范点共建交流活动。七是开展年底总结交流会，针对全年实施方案落实情况进行总结交流，并对后续工作做出安排部署。

大宗商品储运基地建设开工以来，通过“1457”监督体系的建立和执行，并针对每项工作制定具体时间表，按表推进，打卡落实，有力推动建设单位与施工单位双方开展廉洁共建，释放“1 +1 >2”的集成优势和叠加效应，共同构建全领域覆盖、全流程防控、全方位监督的项目风险联防联控格局，对于实现在战略合作基础上建设“亲”“清”新型强企合作关系具有重大意义。实施廉洁共建以来，在建设单位与施工单位的共同努力下，大宗商品储运基地建设项目进展顺利，各项关键节点超计划完成，过程中无违纪违法问题发生。

三、巩固深化实践经验，护航大国工程廉洁高效

作为国家重大战略项目，廉洁建设课题任重而道远。为保障工程项目建设高质量发展，作为建设单位，还需继续强化与施工单位贯通协调，立足“监督的再监督”职责定位，切实找准政治监督切入点、着力点、关键点，以强有力监督保障党中央重大决策部署不折不扣落到实处；坚持一体推进不敢腐、不能腐、不想腐，督促引导党员干部守好廉洁关，防止“工程上马、干部下马”问题发生，涵养风清气正、实干担当的良好政治生态。

（一）全方位调研督导解题破题

继续深化联合监督工作，在深入调研查找“病源”、研判“病灶”上下功夫，探索运用“小组”式工作模式，立足专项监督“小切口”，强化全周期管理，由小组负责人带头领题，围绕加强工程建设领域廉洁风险防范开展专题调研，实地走访施工现场，紧盯关键环节、“关键少数”，详细了解项目建设情况。在综合调研掌握情况和日常监督发现问题的基础上，深入剖析原因症结，强化系统治理、综合施策，针对性提出破题解题建议。

（二）精准靶向发力保障落实

做好前期各类专项监督经验总结，强化成果运用，结合前期工作实际，顺应新形势新要求，进一步改善管理、优化流程、提高质量，提升联合监督聚合力。着眼于工程建设项目全流程，细化监督任务、突出监督重点，强化监督的精准化、具体化和可操作性，以点带面确保监督工作精准发力。落实“三个区分开来”，深化运用“四种形态”，结合建设实际和项目特点，细化工作举措，精准监督执纪问责，实现抓早抓小，体现严管厚爱，形成鼓励干部干事创业的良好环境。

（三）探索联动监督工作新局面

除强化与施工单位联合监督外，还要积极联系、主动沟通，形成与当地纪委监委、审计等部门联动的合力，进一步完善工程建设领域监督检查协同配合机制。组建一支熟悉工程建设、精通纪法业务、擅长监督检查的联合监督专班，共同推动相关职能部门履职担当，对工程建设领域腐败问题多管齐下、全面监管，有力促进廉洁工程建设提质增效。

企业关键敏感岗位管理人员廉洁风险现状分析及“脱敏”路径探索

中信泰富特钢集团股份有限公司纪委
丁民东　朱新峰　周　宏　胡　文

开展对关键敏感岗位管理人员的监督，是企业纪检机构的一项重要任务，是保障权力规范运行的“最后一公里”。为了减少廉洁风险，必须对这些岗位管理人员进行严格的管理和定期的培训，确保他们能够理解并遵循高标准的职业道德和行为规范。同时实施“脱敏”策略，即通过制度优化设计，明确决策流程与权责、利用数据分析和客观标准、持续评估与改进，防止因个人自由裁量权过大产生廉洁风险。

近年来，中信泰富特钢集团股份有限公司（简称中信特钢）纪委在驻中国中信集团有限公司纪检监察组、中信泰富有限公司纪委及中信特钢党委的坚强领导下，坚持以习近平新时代中国特色社会主义思想为指导，学习贯彻党的二十大和二十届中央纪委历次全会精神，巩固拓展主题教育和教育整顿成果，将企业关键敏感岗位管理人员纳入监管对象，实施监督“全覆盖”，有效推动了中信特钢党员领导干部依纪依规依法履行职责，将经营管理国有资产的权力关进“笼子”。针对关键敏感岗位管理人员的监督，与企业领导人员监督工作相较，则更侧重于监督检查他们是否依规办事、按章履责，注重培养管理人员的道德品质和廉洁自律意识，为此，中信特钢纪委加强制度建设，完善监督机制，积极探寻敏感岗位监督管理经验，让权力在阳光下运行，纵深推进党风廉政建设和反腐败斗争，推动中信特钢纪检工作高质量发展，为中信特钢打造世界一流高韧性企业提供坚强保障。

一、关键敏感岗位管理人员廉洁风险现状分析

在企业快速发展的背景下，关键敏感岗位管理人员扮演着举足轻重的角色。然而，这一群体在履行职责的过程中，也面临着诸多廉洁风险。这些风险不仅可能损害企业的声誉和利益，更可能对国家经济安全和社会稳定造成潜在威胁。为了增强对关键敏感岗位管理人员的监督工作针对性，以实现更好的廉洁风险防控效果，首先需要对廉洁风险产生的原因进行分析。

（一）客观方面原因

客观方面原因主要表现在权力集中、监督缺位、制度缺失等方面。一是权力配置

与运行机制存在漏洞，在一些关键敏感岗位中，权力往往过于集中，缺乏必要的制衡机制，导致管理人员滥用职权，滋生腐败现象；一些关键敏感岗位管理人员的决策过程缺乏公开性和透明度，容易受到个人主观意志的影响，进而产生权力寻租和利益输送等不廉洁行为。二是监督体系不健全与监管缺失，有的监督机制往往流于形式，缺乏足够的独立性和权威性，对关键敏感岗位管理人员的监督力度不够，难以发现和处理不廉洁行为；监管缺失也助长了个别关键敏感岗位管理人员能够逃脱法律制裁的侥幸心理，加剧了廉洁风险的发生。三是内部管理制度不完善，一些企业在内部管理上存在诸多漏洞和不足之处，如财务管理不规范、人事任免不透明等，制定的管理制度和规范履职的要求仅仅是挂在墙上、停留在纸上，没有落实在实际工作中，这些漏洞为关键敏感岗位管理人员实施不廉洁行为提供了空间和机会。四是业务链条长、专业度高，监督工作面临诸多挑战，如岗位职责设置不当，没有设置严格的审批流程，无法形成不同岗位相互监督制约的格局，就容易出现个别关键敏感岗位自由裁量权过大、权力失控的情况。

（二）主观方面原因

主观方面原因主要表现在关键敏感岗位管理人员主观认识不到位。一是道德失范与职业操守缺失，将个人利益置于企业利益之上，利用职权进行贪污腐败、权力寻租等违纪违法行为。二是政治思想和纪法意识淡薄，对政治理论、业务知识和内部管理制度一知半解，导致落实环节走形变样、履职行为失范，开展工作随心所欲，不按制度规矩办事，打着“惯例”的幌子我行我素，导致违规违纪，甚至是违法行为的发生。三是心理特征和个性倾向的影响，有的关键敏感岗位管理人员在开展业务过程中存在过于自信、冒险或自私等心理特征，容易受到上级、管理服务对象的诱惑或其他非正常影响，做出不理智或错误的决策，最终走上了违规违纪违法的不归路。

二、强化关键敏感岗位人员监督的有效途径及“脱敏”路径探索

做好关键敏感岗位管理人员监督工作，涉及企业规范管理、党风廉政建设方方面面的工作。总体而言，需要企业从“大处着眼完善制度机制”“细处着手用好监管措施”这两个层面做好谋划。

（一）完善监督机制，确保关键敏感岗位监督全覆盖

建立健全企业监督机制，首先要理顺不同监督主体的职能定位和职责权限，形成覆盖全面、协同互补、运行有效的监督机制，让关键敏感岗位管理人员自觉接受监督，习惯在监督下开展工作。

一是建立健全监督制度，规范岗位权力运行。为确保关键敏感岗位人员的权力运行规范有序，首先要建立一套完善的监督制度，涵盖岗位权力的各个方面，明确权力边界和行使规则，确保权力不被滥用。充分考虑关键敏感岗位的工作特性和潜在风险，制定针对性的监督措施。例如，可以建立权力清单制度，明确岗位权力的来源、范围

和行使方式，评定敏感岗位风险等级（见表1），为监督提供依据。

表1 敏感岗位风险等级评定表

填表说明：

1. 中层及以上领导人员均属于敏感岗位，不做敏感岗位风险评定，但纳入风险管控范围，其轮岗交流参照《××××××集团股份有限公司领导人员管理办法》执行；
2. 敏感业务及风险等级参照廉洁风险源排查表进行评价，涉及多项敏感业务，风险等级就高。

序号	部门	岗位	姓名	敏感业务	风险等级评价
1	安全环保部	副部长（主持工作）	×××	部门业务审批	
2	安全环保部	主任工程师	×××	项目评审	
3	安全环保部	副部长	×××	安全事故调查	
4	采购中心	副总经理	×××	协助管理采购中心工作，全面负责业务二处工作	高
5	采购中心	副总经理	×××	协助管理采购中心工作，全面负责物流处工作	高
6	采购中心	业务一处副处长	×××	负责矿砂，进口废钢采购销售及管理工作	中
7	采购中心	业务一处业务经理	×××	负责美金矿砂采购，掉期锁价及美金销售工作，对接××××××长协	中
8	采购中心	业务一处副业务经理	×××	负责××××现货矿砂采购业务工作	低
9	采购中心	业务一处副业务经理	×××	负责进口废钢市场分析及采购业务工作，处室内务管理	低
10	采购中心	业务一处助理业务经理	×××	负责××××现货矿砂采购业务工作	低
11	采购中心	业务一处助理业务经理	×××	负责××××自用美金矿业务操作，××××长协、期货及转售业务操作，美元期货转售业务操作	低
12	采购中心	业务一处副业务经理	×××	负责××××现货矿砂采购业务工作，协助美金矿砂采购，掉期锁价及美金销售工作，对接××××长协，负责××××球团采购	低
				⋮	

同时，应建立岗位权力运行的记录制度，确保每一项权力的行使都有据可查，防止权力“暗箱操作”。监督制度还应注重预防和纠偏机制的建设。通过建立健全内部控制体系，对岗位权力运行进行全程监控，及时发现和纠正违规行为。同时，建立严格的问责机制，对违规者进行严肃处理，形成有效的威慑力。

二是加强日常监督管理，及时发现和纠正问题。日常监督管理是确保关键敏感岗位监督全覆盖的关键环节，可以及时发现和纠正岗位权力运行中存在的问题，确保权力运行规范有序。中信特钢纪委发挥“监督的再监督”作用，通过对监督中发现党员干部、关键敏感岗位人员履行职责、廉洁从业、道德操守等方面问题的分类处置，精准纠偏，实现关口前移，消除监督的真空地带，压缩任性用权的空间，用常态化监督的机制防控廉洁风险。加强定期走访和随机抽查，对关键敏感岗位进行全覆盖检查，确保不留死角，注重现场和远程监督相结合，提高监管效率和质量，建立健全问题整改和反馈机制，对检查中发现的问题进行跟踪督办，确保问题得到及时整改。要科学设置基层组织、明确选配原则、选优配齐纪检委员，明确目标职责，并做好全方位保障工作，增强新形势下基层纪检委员的工作能力，以党组织的全覆盖，实现纪检监督全覆盖。

（二）强化制度执行，提升关键敏感岗位人员自律意识

理顺和完善制度机制、强化制度执行，是企业管理“关键少数”和“绝大多数”的前提条件，制度是基础，落实是关键。国有企业要坚持在制度落实的基础上不断推进制度完善。要随时代的变化、新情况的出现，推进制度的改革创新，做到制度的完善与企业的发展相适应。只有坚持制度的落实与创新两手抓，才能使制度做到管用、管效、管长久。

一是严格执行岗位职责和操作流程。在强化制度执行的过程中，督促关键敏感岗位管理人员严格遵守岗位职责，确保他们能够掌握工作内容，从而提高执行效率。明确各岗位的职责范围和工作内容，在工作中形成清晰的工作思路，避免因职责不清而导致的混乱和失误。严格按照操作流程开展工作，不得擅自更改或简化流程，避免风险隐患滋生。提高关键敏感岗位人员对岗位职责和操作流程的认识和理解，通过定期培训和案例分析，熟练掌握岗位知识和技能，更好地履行职责。

二是强化责任追究，确保制度落地生根。责任追究是确保制度执行到位的重要手段。必须明确关键敏感岗位管理人员的责任范围，对因违反制度规定而造成的问题，追究相关人员的责任，同时建立责任清单和问责机制，确保责任到人、问责到位。对违规违纪行为，依据情节轻重给予相应的处罚或处置，坚决追责问责，对涉及违法犯罪的行为，移交司法机关处理。要加强宣传教育，提高关键敏感岗位人员的责任意识。要通过开展警示教育、通报典型案例等方式，促进关键敏感岗位管理人员自觉遵守制度规定，提升自律意识，确保工作的规范化和高效化。

（三）整合监督力量，形成大监督合力

通过有效整合内部纪检、巡察、审计、法律合规、财务等监督资源，集聚专业优势，形成大监督合力，构建科学有效的监督体系，增强监督合力和提高监督实效。

一是跨部门协作，实现信息共享和资源整合。打破部门壁垒，加强各部门间的沟通与协作是强化关键敏感岗位管理人员监督的重要手段。通过建立大监督联席会议机制，组织协调各机构、组织的监督力量，有针对性地强化不同工作领域的监督工作。通过建立信息共享平台，实现各部门间的信息互通和资源共享，提高监督工作的效率和准确性。通过组织跨部门交流和培训活动，相互借鉴经验，共同研究问题，提升各部门人员的协作能力和业务水平，对发现的问题进行及时处理，形成有效的震慑作用。

二是加强上级监督与下级自查相结合。在纪检机关开展监督工作中，通过上级监

督与下级自查相结合，既可以发挥上级的权威性和专业性，又可以调动下级的积极性和主动性，形成双重保障。上级要加强对下级关键敏感岗位的监督力度，通过定期检查、随机抽查等工作，确保下级能够严格遵守规定和制度。要加强对下级部门的工作进行指导和帮助，提升下级部门的监督能力。下级需要积极开展自查工作，通过建立健全自查机制，定期对关键敏感岗位管理人员开展自查自纠，加强监督和教育，增强管理人员的廉洁自律意识。要加强沟通和反馈。上级需要及时向下级反馈检查结果和意见，指导下级进行整改和改进。下级也需要及时向上级报告自查情况和问题，以便上级能够及时了解情况并采取相应措施。

三是鼓励员工参与监督，发挥群众力量。建立健全员工举报机制，拓宽安全、便捷的举报渠道，保障员工的举报畅通，认真对待员工的举报信息，及时处理并反馈结果。加强员工监督意识和培训，宣传企业的监督制度和流程，促进员工掌握监督的方法和技巧，从而更好地参与监督工作。加强企业文化建设，树立“人人都是监督者”的理念，让员工充分认识到参与监督的重要性和意义，激发员工的监督热情和积极性，营造良好的监督氛围。

（四）用好监督措施，确保监督效果

对企业关键敏感岗位管理人员而言，合同磋商、费用开支、项目运作、商品服务采购等领域违纪违法问题易发多发，是廉洁风险防控的重点领域。针对廉洁风险易发多发领域和环节，需要有的放矢开展专项检查，坚持不懈开展日常监督，同时强化廉洁教育，让遵规守纪成为关键敏感岗位管理人员的行动自觉。

一是紧盯突出问题开展专项监督。针对风险易发多发的业务领域和重点环节开展专项调研、专项检查，提高发现问题的精准度。从近年来的典型案例来看，管理人员违纪违规违法的突出问题集中在以下方面：违反中央八项规定精神，公款送礼、超标准接待、变相旅游；违反组织纪律，在选人用人上搞“小圈子”，不如实填报领导干部个人有关事项；违反廉洁纪律，收受礼金、违规经商办企业、利用职务上的便利为他人谋取利益，用公款支付个人费用，滥发津补贴；违反生活纪律，生活腐化等。这些既是突出问题，也是常见问题，针对这些廉洁风险点开展专项整治，发现并集中解决一批突出问题，规范一块业务领域，警示教育一批干部。

二是构建智慧监督平台开展全面监督。探索“信息化 + 监督”模式，利用现代科技手段，如大数据分析、云计算和 AI 人工智能等，对关键敏感岗位人员的操作行为进行全面监督和分析。通过对数据的深入挖掘和对比分析，将智慧监督平台与企业相关业务系统对接融合，结合企业各层级架构和各类业务活动场景，对各项经济活动实行事前预警、事中阻断和事后分析，实现对重点部门、关键环节和敏感岗位人员的实施动态监督，及时发现异常操作和潜在风险，提升企业治理能力水平。

三是强化廉洁教育提升遵规守纪意识。针对导致关键敏感岗位管理人员廉洁风险主观方面的原因，要坚持开展多层面的新时代廉洁文化建设，拧紧管理人员思想“总开关”。强化纪法教育，以新修订的《中国共产党纪律处分条例》等法规为重点，强调

监督全覆盖、无死角的从严态势，体现对党员领导干部的严管和厚爱。通过组织党性教育、宗旨教育、警示教育，严明政治纪律和政治规矩，引导关键敏感岗位管理人员不断提高思想政治素质、增强党性修养，通过签订廉洁从业协议、合规承诺书等规范和约束关键敏感岗位管理人员的从业行为。强化廉洁从业教育，重点对《国有企业领导人员廉洁从业若干规定》等内容开展教育宣传，督促坚守纪律规矩的红线。

（五）深化“脱敏”路径探索，降低岗位风险

在关键敏感岗位监督过程中，“脱敏”机制的探索与实践对于降低风险具有重要意义，其核心目标在于减少岗位人员对敏感信息的接触，从而降低因信息泄露或滥用导致的风险。随着企业业务的不断发展和信息技术的不断进步，关键敏感岗位的风险也在不断变化和升级，持续优化“脱敏”策略是确保关键敏感岗位安全稳定的重要举措。

一是建立“脱敏”机制，降低关键敏感岗位的风险。明确“脱敏”机制的实施原则，确保关键敏感岗位管理人员在完成工作任务的同时，尽可能减少接触敏感信息的机会，确保“脱敏”过程不影响岗位的正常运行和工作的连续性。建立完善的“脱敏”制度，包括制定详细的操作流程和规范，降低关键敏感岗位的风险。针对不同岗位的特点和需求，结合实际制定具体的“脱敏”措施。例如，对于涉及商业机密的岗位，则可以采取物理隔离措施、限制人员的进出和通信设备的使用等措施；对于涉及敏感业务的岗位，制订轮岗计划，见表2。

二是推广“脱敏”经验，提升整体风险防范能力。要建立“脱敏”经验分享平台，在关键敏感岗位“脱敏”机制的探索过程中，形成有效的经验和做法在其他岗位进行推广，鼓励员工在平台上分享自己的经验和做法，增强整体的风险防范意识，提升整体风险防范能力。同时，将“脱敏”经验融入企业培训课程中，作为新员工入职培训和岗位晋升培训的重要内容，让员工在入职之初就了解到“脱敏”的重要性，并在实际工作中自觉遵守相关制度和规范，进一步推动“脱敏”机制在企业内部的深入实施。

三是优化“脱敏”策略，确保敏感岗位安全稳定。密切关注行业动态和技术发展趋势，针对新的风险点和挑战，及时调整和优化相关部门“脱敏”策略，以确保其能够适应不断变化的环境和需求。定期对敏感岗位风险管理成熟度进行评价（见表3），对发现的问题和不足要及时改进完善，确保“脱敏”机制的有效性和可靠性。借鉴其他企业的成功经验和做法，结合自身的实际情况进行创新和优化，不断提升“脱敏”机制的效果和水平，更好地保障企业的信息安全和业务稳定。

（六）紧盯关键重点，坚持靶向纠治

中信特钢纪委始终把从严思想、从严标准贯穿到落实中央八项规定精神、纠治“四风”工作的全过程和各方面，“始终把纠‘四风’作为全面从严治党的切入口和重要抓手”，营造风清气正的良好发展生态。

一是强化专项整治，推动“四风”纠治。自2019年以来，先后开展了公款消费专

表 2　敏感岗位人员轮岗/职责调整计划表

填表说明：

1. 中层及以上领导人员均属于敏感岗位，不做敏感岗位风险评定，但纳入风险管控范围，其轮岗交流参照《××××集团股份有限公司领导人员管理办法》执行。
2. 本表仅填报需要轮岗或职责调整人员的信息，轮岗或职能调整相关支撑文件需留痕备查。
3. 表格中管控方式为最低管控要求，即不满足轮岗要求轮岗的条件，也可安排轮岗。
4. 未满足轮岗条件，有下列情形的应予轮岗：（1）年度考评等级为不称职的或连续 2 年为基本称职的应进行轮岗；（2）敏感岗位风险等级为中及以上的人员距离到龄退休 1 年的应轮岗。
5. 管控方式概述：内部轮岗：在同一敏感岗位连续工作满 5 年，需在部门内部进行轮岗、关键敏感业务职责转移或设定 AB 角色；外部轮岗：在同一敏感岗位连续工作满 5 年，由部门提前 3 个月着手准备跨部门轮岗事宜，并报人力资源部；管理提升：针对风险项，通过完善制度流程，利用智能化、信息化手段减低风险，合理分配职能等方式提升风险管控能力。
6. 发生廉洁事件的员工 3 年内不允许轮岗至敏感风险为中及以上等级的岗位。

序号	部门	岗位	敏感度风险等级	管理成熟度	管控方式（自动计算）	姓名	出生日期	现岗位任职时间	现岗位工作年限	2022年度考评等级	2023年度考评等级	轮岗/职责调整计划			
												轮岗类型	计划轮岗/职能调整时间	管控措施	备注
1	采购中心	业务二处处长	中	高	部门内部管控	×××	1972/07/18	2024/01/29	0.4	称职	优秀	内部轮岗	2024/01/29	内部轮岗	已完成
2	采购中心	业务二处副处长	中	高	部门内部管控	×××	1986/08/07	2024/01/29	0.4	称职	优秀	内部轮岗	2024/01/29	内部轮岗	已完成
3	采购中心	业务二处副业务经理	低	高	部门内部管控	×××	1988/02/15	2024/02/17	0.3	称职	优秀	内部轮岗	2024/02/17	内部轮岗	已完成
4	采购中心	业务二处副业务经理	低	高	部门内部管控	×××	1991/05/19	2024/02/17	0.3	称职	优秀	内部轮岗	2024/02/17	内部轮岗	已完成
5	采购中心	业务二处助理业务经理	低	高	部门内部管控	×××	1989/03/08	2021/07/12	2.9	基本称职	不称职	内部轮岗	2024/03/01	调整岗位职责	已完成
6	采购中心	业务二处业务员	低	高	部门内部管控	×××	1993/01/27	2024/02/17	0.3	称职	称职	内部轮岗	2024/02/17	内部轮岗	已完成

⋮

表3　敏感岗位风险管理成熟度评价表

自评结果维度：

1. “完全符合 100%”是指已执行评价标准中的相关动作，且所提供证据能够完全达到或超过了自评价标准；
2. “大部分符合 80%”是指风险管理和内部控制程序的内容或执行动作符合自评价标准的程度在 80% 到 100% 之间；
3. “部分符合 50%”是指风险管理和内部控制程序的内容或执行动作符合自评价标准的程度在 50% 以上，但未达到 80%，即设计不完整，执行不到位；
4. “不符合 0%”是指还未建立相关机制或执行过相关工作程序。

编号	部门	岗位	风险环节或因素	自评结果		管理成熟度	是否组织参加相关培训	是否组织廉洁从业谈话	说明	
				制度健全性	遵循有效性				评价依据 附件	改进计划 （如结果为“部分符合或“不符合”）
0	安全环保部	安全管理	1. 安全事故调查	完全符合 100%	完全符合 100%	高	是	是	制度： 《××××安全事故报告与调查处理制度》 记录： 《××事故调查报告》	
1		所有岗位	1. 参与业务范畴的项目论证； 2. 参与业务范畴的项目评标	完全符合 100%	完全符合 100%	高	是	是	制度： 《××××招标管理办法》 记录： 《××项目论证意见》 《××项目评标报告》	
2	采购中心	大宗原材料定价	1. 采购计划品种、数量不合理； 2. 采购价格定价机制不规范，采购时机脱离市场行情趋势； 3. 询价中供应商的选择范围较小，询价的优先级排列不合理，导致供应商选择不当	完全符合 100%	完全符合 100%	高	是	是	制度： 《采购中心经济责任制考核办法》 《采购中心供应商管理办法》 《统购物资定额规定》 《统购物资集中购销管理办法》 《统购物资合同专用章管理办法》 《统购物资购销合同审批及签订规则》 《×××××合金、电极类物资分类管理规定》	
⋮										

项治理、违规公款购买消费高档白酒问题集中排查整治及违规公款消费问题自查整治、“三公经费”使用情况自查、“公私不分”问题集中整治、利用名贵特产特殊资源谋取私利问题专项整治、业务招待费和经营费专项审计、招投标管理情况自查、领导干部“公私不分”、营销费用专项整治等活动，对发现的问题逐一整改。通过专项整治，广大党员领导干部的纪律意识、规矩意识普遍增强。

二是督导巡视整改，深化标本兼治。由纪委书记统筹发挥纪委监督和巡察监督作用，全面落实巡视整改和内部巡察工作。严格按照“六个有没有标准”，做深做细做实巡视“后半篇文章”，对2015年以来各类巡视巡察反馈问题进行了“回头看”，并举一反三，建立“一题一案”资料库。充分发挥巡察利剑作用，中信特钢纪委积极配合中信特钢党委并参与开展内部巡察，实现巡察全覆盖。

三是坚持关口前移，构建长效机制。持续纠“四风”树新风，推进作风建设、“四风”纠治工作实现了常态化。参与领导干部履职待遇、营销管理费等各类相关管理制度前期会审，从制度层面堵塞漏洞、防范风险；预防先行，大力开展岗位廉洁风险源点排查，制定防控措施，提高自我防范、提前防范的积极性和主动性。坚持重要节点发通知、办讲座、讲案例，用好正反两面典型案例，加强警示教育。每逢重要节假日组织纪检人员对定点酒店、商场明察暗访，发现问题严肃处理。大力推动各企业强化敏感岗位管理，并注重用好谈心谈话，做到防微杜渐，分别以集体约谈、廉洁提醒等方式，约谈关键敏感岗位人员。

综上，针对国有企业关键敏感岗位管理人员开展监督管理，需要企业整合监督力量，用好、用足各种监督方式和监管措施，有针对性地开展制度建设、监督检查、廉洁教育，防止管理人员在执行层面的权力任性，有效防控廉洁风险，保障企业健康稳定发展。

“四项发力”锻造不锈品格　建设廉洁太钢

中国宝武太原钢铁（集团）有限公司纪委
汪　震　员红星　原　博

在二十届中央纪委第三次全体会议上，习近平总书记对持续发力、纵深推进反腐败斗争作出重要部署，对加强新时代廉洁文化建设提出明确要求。中国宝武太原钢铁（集团）有限公司（简称太钢集团）作为中国宝武钢铁集团有限公司（简称中国宝武）旗下一级子公司，始终秉持央企使命担当，坚持把加强新时代廉洁文化建设作为一体推进不敢腐、不能腐、不想腐的基础性工程、长期工程，以扎实行动筑牢“清廉国企”政治属性，为企业高质量发展提供坚强的政治保障和行动力量。

一、企业加强新时代廉洁文化建设的必要性

（1）扎实推进新时代廉洁文化建设，是践行自我革命重要思想、贯彻全面从严治党战略方针的必然要求。习近平总书记指出，要在不想腐上巩固提升，更加注重正本清源、固本培元。推进新时代廉洁文化建设，发挥廉洁教育基础作用，从源头上有效预防腐败，是惩治震慑、制度约束、提高觉悟一体发力的根本所在，也是企业推进全面从严治党向基层延伸的重要路径。

（2）扎实推进新时代廉洁文化建设，是夯实清正廉洁、崇廉拒腐思想根基的现实需要。习近平总书记强调，新征程反腐败斗争，必须在铲除腐败问题产生的土壤和条件上持续发力、纵深推进。加强新时代廉洁文化建设，要把“土壤”和“条件”作为清廉建设的着力点，将党性党风党纪教育融入基层治理全过程、各领域，教育引导广大党员干部持续增强政治定力、纪律定力、道德定力、抵腐定力，巩固提升不想腐的自觉、弘扬清风正气，为深化改革发展筑起一道坚强的思想屏障。

（3）扎实推进新时代廉洁文化建设，是太钢集团实现高质量发展的内在要求。党的二十大报告强调，高质量发展是全面建设社会主义现代化国家的首要任务。太钢集团作为中国宝武不锈钢产业一体化运营的旗舰平台，肩负着推进中国宝武乃至中国不锈钢产业高质量发展的使命。责任越重，越要求我们在企业发展实践中必须坚持底线思维，将廉洁理念融入公司治理、采购营销、工程建设等权力运行全过程，着力把廉洁文化建设转化为推进企业治理效能不断提升的无形力量，确保经营管理各项工作依法依规开展。

二、太钢集团廉洁文化建设的实践做法

太钢集团从铸“魂”、守“心”、养“气”、健“体”四个方面久久为功，持续夯实思想根基、加大严管严治、厚植文化基础、完善体制机制，激发出廉洁太钢“诚信守法、恪尽职守、清正廉洁、永不生锈”的持久生命力。

（一）教学相长、知行合一，铸就“廉洁魂”

围绕强党性、严纪律、正作风强化教育引领，推动党员干部自觉正心修身，修炼“心学”，把稳思想之舵、铸牢廉洁之魂。

（1）抓牢“关键少数”，突出示范引领。注重发挥“关键少数”领学、带学、促学作用，引导党员干部自觉践行以学正风要求。多种方式专题学，通过党委理论学习中心组、党委会“第一议题”、专题党课等途径，深刻学习领会习近平总书记关于党的自我革命的重要思想的丰富内涵，增强解决自身问题的能力。研讨交流深入学，将习近平总书记关于党风廉政建设等重要论述，有针对性地纳入学习研讨中，推动在相互交流启发中不断深化思想认识、增强思想免疫力。精准对接定制学，结合现实需求，优化课程设计、创新教学模式、注重实践结合，将新修订的纪律处分条例、中央八项规定精神和党史教育等内容，融入央企干部研学、负责人赋能研修、纪检干部履职能力提升等专题班，不断在常修常炼、常悟常进中将理想信念、优良传统、红色基因渗入思想和心灵。

（2）抓好岗前关口，上好廉洁“第一课”。太钢集团各级纪委坚持讲好廉洁“第一课”，将企业文化、奖惩制度、党规党纪等作为新入职员工的必修课，由纪委书记亲自授课，有效帮助新员工系紧履职尽责“安全带”。关心关爱年轻干部，通过谈心谈话、廉洁教育、清单管理、靶向纠治等，做到既管行为又管思想、既管工作圈又管社交圈，2023 年开展谈心谈话 327 人次、查处 6 人，使年轻干部养成在监督下工作的习惯和自觉，督促走好“青”廉道路。关注新调整干部和有业务处置权人员，常态化开展纪律教育，督促用好职责权限，确保权力从一开始就在正确轨道上运行。

（3）抓实文化融合，强化价值引导。以中国宝武战略和企业文化理念为引领，太钢集团将中华优秀传统文化、红色文化、厂史文化相融合，不断延展、丰富廉洁文化思想内涵和时代价值。充分利用区位优势，从山西优秀传统廉洁文化中汲取营养，从太行、吕梁、右玉精神中挖掘素材，积极开展各类廉洁文化活动，培育清廉务实俭朴之风。深入发掘太钢集团近百年发展历程中的廉洁基因，建设完善厂史展览馆，丰富太钢集团企业精神——李双良工人阶级主人翁精神的时代内涵，将“克己奉公、不求索取、不图回报的甘于奉献精神”纳入新时代李双良精神，为廉洁文化与企业文化相嵌共融探索出有效路径。

（二）严管厚爱、压实责任，坚守“廉洁心”

太钢集团将监督执纪与用心教育一体化推进，力度与温度齐驱，推进党员干部履

职尽责、敢于担当。

（1）坚持将"治未病"理念融入日常监督执纪。注重抓早抓小，以日常监督、专项监督、廉政意见回复等形式，掌握所属单位政治生态，针对发现的倾向性、苗头性问题，第一时间提醒教育、督促纠偏，2023年约谈提醒、责令检查15名和诫勉谈话2名直管干部，切实筑牢防止党员干部犯错误的"第一道防线"。把"三个区分开来"落实到执纪审查全过程，做到事实清楚、定性准确，既用执纪加压、监督加力，又用信任加油，为激发党员干部干事创业内生动力营造良好环境。

（2）坚持严的基调、严的措施、严的氛围。坚守职责定位，始终保持高压态势，以主动出击、深挖细查、贯通监督作为拓展案件来源的有效途径，2023年自主立案较上年同口径增幅35%，持续释放全面从严、一严到底的强烈信号。对违反中央八项规定精神行为零容忍，以编制的8类47个表现形式强化工作指引，有力查处违规收受礼品礼金、公款吃喝、侵害职工利益等违规违纪行为。"严查实找"推进违规经商办企业专项整治，采取定期覆盖+动态更新方式，不留死角、全天候进行清查，2023年查办相关线索4件、禁入11家公司，进一步规范党员干部廉洁从业行为。力求将纪检再监督融入业务管理体系中去实践，围绕营销采购、生产经营、工程建设等重点领域、关键环节的权力运行轨迹开展专项监督，推动新增制度24项、修订制度85项，不断健全企业治理体系。精准运用"四种形态"，2023年运用"四种形态"处置较上年度提高50%，切实以严明的纪律巩固风清气正的政治生态。

（3）坚持做实案件查办"后半篇文章"。用好"反面教材"，完善典型案件"公司通报+单位宣布"的"双通报"机制，将宣布会变为"以案说纪、以案促改"的警示教育课堂，让广大党员干部真正深受触动、深刻警醒。编制太钢集团典型违纪违法案例，推动基层单位召开"以案为鉴"整改推进大会，采用"基本案情+案件剖析"的形式通报曝光典型案例，使广大干部职工深刻汲取"身边人"变"案中人"的教训，认真对照、反躬自省，把警示教育转化为拒腐防变的意识。做好对受处分人员的回访教育，及时掌握回访对象各方面情况，激励他们重整行装再出发。

（三）上下同欲、厚植沃土，涵养"廉洁气"

太钢集团努力让廉洁文化活起来、传出去、落到位，打通廉洁文化建设"最后一公里"，使崇廉拒腐的良好风尚在全公司蔚然成风。

（1）全力构建廉洁文化全域覆盖矩阵。建设具有鲜明特色的太钢集团廉洁教育基地，将山西优秀传统廉洁文化精髓、党的纪律建设发展历程、清廉太钢实践和员工精品创作有机融合，作为党纪学习教育、新任领导干部培训、节前廉洁教育等内容的必要环节，成为广大党员干部锤炼党性、增强纪法意识、开展主题活动的重要场所。充分发挥李双良纪念馆、厂史展览馆以及厂区主干道等区域作用，设立"奋斗者之歌"先进典型人物专栏、展墙，诠释太钢人"不锈"品格。各基层单位因地制宜，聚焦廉洁风险易发关键领域和重点岗位，打造廉洁文化墙、读书角、专题展等，让廉洁因子随处可见，使大家在潜移默化中接受教育。

（2）全力打造廉洁文化活动特色品牌。举办廉洁文化作品创作大赛、“钢花杯”职工文化艺术节等，征集廉洁主题作品，形成《廉铸钢城》作品集并发放学习，促进廉洁理念入脑入心。创新组织模式，依托中国共产党第一次全国代表大会纪念馆、山西省党风廉政教育基地等红色资源和党性教育基地，实地开展廉洁专题党课、故事讲述、集中观影、座谈交流等活动，在沉浸式体验中为大家鸣响自律警钟。深化家庭助廉活动，组织开展“学纪律、看不锈、议家风”活动，组织关键岗位人员及其家属签订《廉洁家庭承诺书》，先后有2万余人次入厂参观，通过座谈会、书写告白家书、共拍全家福等方式，携手共筑廉洁防线。结合劳模先进事迹报告会、感动太钢人物、双良传人评选等活动，挖掘宣传身边的典型，以鲜活有力的方式教育感染人，持续涵养风清气正的发展环境。

（3）全力建设廉洁文化多元传播阵地。强化新媒体优势，依托太钢集团融媒体中心，开设廉洁文化建设专栏，常态化进行宣传报道，广泛传播重点工作动态、典型案例、廉洁故事以及文化作品等，赋予廉洁文化以可触、可视、可感的活力。强化专业平台建设，在太钢集团内网开办“纪检监督”模块，开辟要闻要论、党纪法规、基层风采、警钟长鸣等专栏，创办电子期刊《不锈之风》，成为廉洁太钢展示宣传的新视窗、互动学习的新界面，通过全方位、多角度、立体化方式不断涵养钢城“廉洁气”。

（四）系统推进、完善机制，强健“廉洁体”

太钢集团将廉洁文化理念的具体要求固化于制度机制建设中，形成以制度规范行为的良性机制。

（1）强化监督制约，规范权力运行。深化管党治党“责任共同体”，修订《太钢集团党委关于实行党风廉政建设责任制的规定》，明确各级党员领导干部党风廉政建设责任，推动“四责协同”、履职尽责。制定《纪检组织加强对“一把手”和领导班子监督的指导意见》，通过列席“三重一大”会议、约谈提醒、建议督促等方式，强化监督执纪问责，推动决策程序规范运行。强化监督协同，推动职能部门修订监督方面制度7个，督促业务管理部门全面履行自身职责，切实履行党风廉政建设职责。

（2）强化整体联动，保障中心工作。健全上下联动横向协作机制，在党组织和领导班子层面，紧盯习近平总书记关心关注问题深入监督，着力纠治偏差、推动整改落实，确保习近平总书记重要指示精神贯彻落实、上级重大决策部署落地见效。在岗位层面，利用班前会等传达纪律要求，开展廉洁风险排查，举办红色经典诵读、身边闪光点征集等活动，推动廉洁文化融入基层管理，确保各项部署能够得到有效执行。在生态圈协作伙伴层面，以集体廉洁座谈、项目联建、签订廉洁项目承诺等方式，将廉洁协作要求传递到位，构建清清爽爽的合作伙伴关系，保证工作的顺利进行和目标的实现。

（3）强化体系思维，健全监督体系。强化纪检监督协助引导推动功能，健全完善与“一总部多基地”运营管控模式相匹配的大监督体系。协助党委履行全面从严治党主体责任，就重点工作、事项主动向党委报告有关情况、提出意见建议，为党委主体作用发挥提供有效载体。发挥推动作用，按照"信息互通、监督互动、成果互享"原则，巩固纪巡审协同联动，2023 年通过巡察审计成果，挖掘问题线索 4 件；健全与属地纪委监委和集团纪委联动协查、公司内纪检组织上下联动监督执纪、各职能部门贯通协调机制，通过面对面会商、出具专业意见、联合案件查办等协作形式，构建纪律、职能和业务监督"三道防线"，形成系统集成、协同高效的廉洁责任"共同体"。

三、廉洁文化建设取得的成效

通过强化新时代廉洁文化建设，太钢集团广大党员干部筑起了一道不敢腐、不能腐、不想腐的廉洁"防火墙"，助推了企业生产经营健康发展。

（1）廉洁文化氛围得到新培育。太钢集团廉洁基因得以充分展示，2023 年承办中国宝武廉洁文化建设现场专题推进会，廉洁文化建设成果获评中国企业文化研究会"新时代十年企业文化"典型案例和 2023 年度中国宝武宣传思想文化品牌工作"守正创新"优秀实践案例，共建廉洁文化做法在《中国纪检监察报》首版刊登。

（2）员工满意度得到新提高。2023 年，太钢集团纪检系统接收信访举报较 2021 年下降 45.16%，整体呈下降趋势，职工群众信任度持续提升，98.01% 的员工对太钢集团政治生态总体情况表示满意。员工对公司全面从严治党、党风廉政建设的满意程度不断提高。

（3）太钢集团企业形象得到新展现。坚持"四项发力"已成为太钢集团各级党组织规范和加强全员廉洁教育工作新的抓手，廉洁教育体系得到不断健全，干部员工廉洁行为得到新规范，精神状态和思想作风持续向上，廉洁从业成了绝大多数党员干部的自觉行动。在全体干部员工的努力下，太钢集团入选 2023 年"央企 ESG -先锋 100 指数"，位列第 47 位，可持续发展报告连续第七年获得中国社会科学研究院"五星级"（卓越）评价。

太钢集团将恪守"笔尖钢"的严谨，雕琢"手撕钢"的精准，磨砺"碳纤维"的坚韧，永葆"不锈钢"的品格，推动廉洁文化从理论层面向生动实践转变，以新时代廉洁文化建设的新成效，助推公司在高质量发展、创建世界一流不锈钢企业的征程上行稳致远。

关于国有企业如何开展政治监督的思考与实践

酒泉钢铁（集团）有限责任公司纪委
李小杰

近年来，酒泉钢铁（集团）有限责任公司（简称酒钢）纪委监察专员办公室坚持以习近平新时代中国特色社会主义思想为指导，全面贯彻落实党的二十大和二十届二中、三中全会精神，深入学习贯彻习近平总书记关于党的自我革命的重要思想，坚决落实全面从严治党战略方针，深刻领悟“两个确立”的决定性意义，自觉做到“两个维护”，围绕中心、服务大局，始终把提高政治能力、强化履职尽责、推动决策落实作为政治监督的目标任务，扎实推动政治监督具体化、精准化、常态化。

一、开展政治监督的思考和认识

一是政治监督要从政治上看。政治监督区别于主管单位或部门的日常业务工作检查指导，不能直接插手干涉被监督单位或部门的具体业务工作，要坚守“监督的再监督”职责定位，善于从具体事务中发现政治问题，不能陷入具体的事务当中，直接冲到一线代替别人“包办一切”。

二是政治监督要紧紧围绕“国之大者”。坚持党中央重大决策部署到哪里，监督检查就跟进到哪里，结合党中央提出的重点任务、重点举措、重要政策、重要要求等，找准政治监督的聚焦点和着力点，重点要聚焦被监督单位反映出来的政治立场、政治方向、政治原则、政治道路，发现政治问题、纠正政治偏差、防范政治风险。

三是政治监督要紧盯“关键少数”。紧盯权力运行关键点、廉洁风险点、管理薄弱点、问题易发点等，通过具体业务中反映出的一些问题，看领导班子成员特别是“一把手”在开展工作过程中存在什么偏差，对标对表党中央、甘肃省委重大决策部署，及时发现解决有令不行、有禁不止，做选择、搞变通、打折扣等突出问题，切实打通贯彻执行中的难点堵点问题。

四是政治监督要以日常监督为重要支撑。政治监督和日常监督是“一体两面”，少了其中一面，就不再有另一面。政治监督要解决定位、方向和任务问题，要从政治角度明确监督什么。日常监督要解决工作方式方法问题，要具体做哪些工作、怎么去具体监督。政治监督要日常化、精准化，就要从政治角度推动日常监督。

二、酒钢开展政治监督的主要举措

（1）突出重点任务，推动政治监督具体化。坚持从政治上看，找准政治监督的着力点。一是聚焦落实“第一议题”制度强化监督。督促各级党组织在研究重大事项、安排重点工作、作出重要部署时，与习近平总书记重要讲话和重要指示批示精神严格对标对表，按照“有没有学习研讨、有没有贯彻措施、有没有督导推动、有没有跟踪问效”四项标准武装头脑、指导实践、推动工作，确保酒钢在推进高质量发展、创建世界一流企业进程中，始终坚定正确政治方向。二是聚焦贯彻党的二十大精神强化监督。把学习贯彻党的二十大精神与党中央重大决策、甘肃省委省政府部署要求和酒钢改革发展实际结合起来，通过日常监督、专项监督、重点提醒、主动约谈等方式，压实各级党组织政治责任，督促各基层单位把学习宣传贯彻党的二十大精神落实到本单位具体工作中。三是聚焦“国之大者”强化监督。紧盯习近平总书记重要指示批示精神和党中央重大决策部署，围绕“三新一高”、构建“一核三带”区域发展格局、实施“四强”行动、做好“五量”文章、新一轮国有企业改革深化提升行动、乡村振兴、防范化解风险等重大政策，围绕酒钢“十四五”发展规划、高质量发展规划纲要、创建世界一流企业等重点任务，形成专项落实和督办工作机制，确保党中央重大决策部署和省委省政府具体要求在酒钢落实落地见效。

（2）夯实工作措施，推进政治监督精准化。紧盯关键人、关键事和关键领域，找准找实监督的切入点和突破口。一是聚焦加强党的全面领导，着力推动落实“两个一以贯之”。督促各级党组织深入贯彻全国国有企业党的建设工作会议精神，建立健全坚持和加强党的领导制度体系，完善中国特色现代企业制度，集团层面修订完善《党委会议事规则》《董事会议事规则》《经理层工作规则》，细化党委会研究决定事项和前置研究讨论事项，厘清党委会和其他治理主体的权责边界。二是聚焦“一把手”和领导班子成员加强监督。协助制定“一把手”和领导班子《监督方案》，加强对工程建设、经营投资、资源开发、物资采购、招投标等重点领域党风廉政建设情况的监督，注重发现普遍性问题和重大风险，形成专题报告，提出改进意见，督促加强对关键岗位、重要领域的管理监督和风险防范。近年来，对管党治党不严、贯彻落实上级决策部署不力、工作作风不严不实不细的基层单位和职能部门“一把手”进行约谈警示、通报曝光、追责问责 32 人次。三是聚焦巡视巡察整改、审计整改加强监督。坚持把推进巡视、审计整改作为检验“两个维护”的具体行动。

（3）健全长效机制，推进政治监督常态化。建立健全政治监督制度体系，构建监督闭环，使监督常在、形成常态。一是围绕制度执行、决策落实、履职尽责、权力运行 4 个方面 41 项具体监督内容和 8 种监督方式，结合酒钢实际，制定酒钢政治监督《实施方案》，推动政治监督具体化精准化常态化。二是聚焦理论武装、推动工作，构建传达学习、研究部署、贯彻落实、跟踪督办、报告反馈“五要素”的党中央重大决策部署和习近平总书记重要要求落实闭环工作机制，确保执行不偏向、不变通、不走样。三是综合运用信访、监督、检查、案件等数据信息，每季度形成信访举报办理和问题线索处置分析报告，通过比对分析提炼规律特点，突出监督重点环节、重点领域，提高政治监督主动性系统性。四是加强政治生态建设，坚持以案促改促建促治，研究制定《进一步修复净化党内政治生态实施方案》《修复净化党内政治生态评估研判办法（试行）》，健全政治生态分析研判工作机制，每年对公司领导班子成员加强党的领导和党的建设、履行全面从严治党主体责任和党风廉政建设等情况做“画像”评价，着力推动政治生态、政治生活、政治文化一体净化、一体培育、一体建设。

（4）以政治监督为统领，推动日常监督走深走实。坚持从政治角度推动日常监督，盯重点、聚难点、疏堵点，把日常监督寓于日常、严在经常。一是多措并举推动“两个责任”贯通联动一体落实。紧紧抓住责任制这个“牛鼻子”，成立全面从严治党领导小组，协助党委制定落实全面从严治党主体责任《实施细则》《责任清单》等制度20余项，建立党委、党委书记、纪委、党委班子成员、党委职能部门和机关党委“六个责任清单”，确保责任到位、措施到位、工作到位，合力推动全面从严治党“两个责任”贯通联动、一体落实。二是全面构建大监督体系。探索构建了以党委全面监督为统领，以纪检监察、监事会、财务、审计、法务、巡察为主的“6＋1”横向维度和集团纪委与基层纪委组成的“1＋N”纵向维度的监督体系。配套制定了《纪检监察监督与巡察监督、审计监督贯通协同实施细则》《纪检监察监督与财会监督贯通协同实施细则》，定期组织召开联席会议，形成了信息沟通、工作统筹、问题线索移送处置、成果共享等横向协作、上下联动的工作机制，有效促进了各类监督贯通协调。三是紧盯专项任务深入监督。结合企业“十四五”项目建设多、投资强度大、廉洁风险高等特点，每年制定重点工程建设项目全过程监督方案，开展全程监督、跟踪监督、精准监督。围绕关键节点、重点任务和措施落实，每季度对3—5个重点工作进行全流程督察，针对发现的突出问题和潜在风险，通过工作提醒函、督察建议函等方式督促基层单位立行立改、建章立制、堵塞漏洞。紧盯企业权力集中、资金密集、资源富集领域，靠前监督、主动作为，近年来，围绕贯彻落实“三重一大”决策制度、领导干部安全生产履职、业务外包与劳务派遣、零固投资和零星项目、金融领域腐败治理、违规经营投资责任追究、境外腐败治理等深入开展专项监督，发出纪检监察建议书21份，督促解决突出问题103项，推动健全完善制度53项。四是突出严的基调、严的措施、严的氛围，坚持无禁区、全覆盖、零容忍，坚持重遏制、强高压、长震慑，坚持发现一起查处一起，确保底线常在、“后墙”不松，做到态度不能变、决心不能减、尺度不能松。2020年以来，酒钢纪委信访举报受理量和问题线索处置量呈逐年下降趋势，平均每年立案审查20.67件，平均给予党纪行政处分41.67人次、给予组织处理37.33人次。五是突出廉洁文化建设。坚持上下贯通、点面配合、百花齐放，合力推动以“六进四清三融入”（着力推动廉洁文化进机关、进支部、进班组、进项目、进培训、进家庭，努力打造政治生态清明、干事风气清朗、权力运行清廉、干部队伍清正的“廉洁酒钢”，着力推动廉洁文化融入现代企业治理体系、融入企业愿景使命和价值理念、融入企业合规管理和员工行为规范）为主体架构的新时代酒钢廉洁文化体系建设，坚持“一季度一主题”开展廉洁教育活动。通过召开领导干部警示教育大会、编印《典型案件汇编》、致全体中层干部一封“廉洁家书”、向新提拔和进一步使用领导干部发放“五份廉政礼物”、组织年轻干部参加“扣好廉洁从业第一粒扣子”座谈会等方式，教育引导各级党员干部从身边违纪违法案件中汲取教训、引以为戒。

三、开展政治监督的对策建议

在实际工作中，有不少基层纪检监察组织还存在对政治监督内涵理解把握不准确、政治监督无从下手、纪检干部能力不够等问题，需要从以下几个方面把握。

（1）牢牢把握“两个维护”根本任务。纪检监察机关在“两个维护”上负有特殊的历史使命和重大政治责任，聚焦“国之大者”，最重要的是把“两个维护”作为根本任务，确保党的路线方针政策和党中央重大决策部署不折不扣落实落地。要深刻领会“两个确立”的历史必然性和决定性意义，把“两个维护”与“两个确立”紧密联系起来，不断增强政治判断力、政治领悟力、政治执行力。做到“两个维护”是具体的、不是抽象的，要在思想和行动各方面同党中央保持高度一致，要督促各级党组织在企业生存、经营、管理中贯彻落实好党中央决策部署。“国之大者”要从“两个维护”的角度去理解，“两个维护”最终要在企业改革发展中得到真正落实。

（2）对党中央重大决策、战略部署了然于胸。习近平总书记和党中央对全党全国经济社会发展各方面工作提出的战略性要求，就是“国之大者”，也是新时代纪检监察工作高质量发展的重要遵循。“国之大者”就是要向习近平总书记看齐、向党中央看齐，服务全国一盘棋，时刻关注党中央在关心什么、强调什么，弄清楚什么是党和国家最重要的利益，什么是最需要坚定维护的立场。纪检监察干部只有把“国之大者”搞清楚，才能去监督落实党和国家这些战略部署，才能把监督工作做得更好。

（3）立足职能职责聚焦纪检监察重点工作。坚持从思想上、政治上建设队伍，持续深学细悟习近平新时代中国特色社会主义思想特别是习近平总书记关于党的自我革命重要思想，思深悟透、学到真经，切实筑牢信仰之基、补足精神之钙、把稳思想之舵。认真学习党中央关于全面从严治党、党风廉政建设和反腐败斗争的部署要求，学习党章、党规、党纪和纪检监察业务知识，深钻细研、熟练运用，切实把党中央的部署要求贯彻到纪检监察工作中。聚焦“国之大者”“省之要者”“企之难者”，对标对表及时发现解决有令不行、有禁不止，做选择、搞变通、打折扣，照搬照抄、上下一般粗等突出问题，发现一起查处一起，同时做好以案为鉴、以案促改、以案促治，切实打通贯彻执行党中央、甘肃省委省政府和酒钢决策部署中的难点堵点问题。

关于强化企业廉洁风险防控构建廉洁合规管理体系的实践与思考

包头钢铁（集团）有限责任公司纪委
齐宏涛　贺丽芳　李　季　赵　臻　宋京浩

习近平总书记强调，“新征程反腐败斗争，必须在铲除腐败问题产生的土壤和条件上持续发力、纵深推进。”以高质量监督推动企业高质量发展，必须从问题发生的根源上找原因、想办法。包头钢铁（集团）有限责任公司（简称包钢）纪委抓住防止权力滥用这一关键，强化廉洁风险防控，系统思考并探索构建企业廉洁合规管理体系，坚持一体推进“三不腐”，让反复发作的老问题逐渐减少，让新出现的问题难以蔓延，不断营造企业风清气正的政治生态，为公司稳健发展提供坚实保障。

一、目的意义

（一）有效防控廉洁风险是党中央、国务院对国有企业提出的重要要求

廉洁风险防控作为预防腐败的工作机制，可以超前化解权力运行过程中诱发腐败的风险，使腐败行为不发生或者少发生，是遏制腐败增量的重要手段。关于廉洁风险防控，中共中央纪律检查委员会、监察部早在2011年《印发〈关于加强廉政风险防控的指导意见〉的通知》就提出要求。2015年印发《中国共产党廉洁自律准则》，2022年印发《关于加强新时代廉洁文化建设的意见》，2023年对《中国共产党纪律处分条例》进行修订，党中央对国有企业工作的全体党员干部都提出了“廉洁风险防控”的具体要求。国务院国有资产监督管理委员会印发的《中央企业合规管理指引（试行）》《中央企业合规管理办法》，提出了“廉洁风险防控”的重点领域，从国有资产出资人的高度，要求所辖企业落实“廉洁风险防控”为内容的合规管理，要求国有企业参照执行。

（二）有效防控廉洁风险是落实党风廉政建设责任制的重要举措

包钢从2012年开始抓廉洁风险防控工作，公司各级党委作为党风廉政建设的责任主体统筹推进廉洁风险防控，各级党委、职能部门的领导班子，通过抓好分管领域的防控工作落实“一岗双责”，各级纪委作为党内监督的专责机关，在党风廉政建设中履

行监督责任，推动建立廉洁风险防控体系。公司的各单位各业务部门在廉洁风险防控工作中，既要在党委的领导下，筑牢思想防线，管好人，同时接受纪委的监督，又在业务工作中通过制度建设、流程改进、岗位责任落实，不断强化廉洁风险防控工作，将党风廉政建设责任制落到实处。

（三）有效防控廉洁风险是企业拓宽市场提升竞争力的必要条件

建立健全企业廉洁合规管理体系，是法治企业建设的核心内容之一。包钢积极贯彻党中央的重大决策部署，大力推进现代化产业体系建设，加快发展新质生产力，以当好“两个稀土基地”建设主力军为目标，不断实现稀土产业发展的突破，不断推动企业管理体系和管理能力现代化。在构建一流企业的进程中，需要不断完善管理手段，健全制度，建立标准、规范流程，抓好重点领域关键环节廉洁风险防控。如何将廉洁风险防控与合规管理有效贯通融合，构建协同高效的廉洁合规管理体系，成为抢抓市场、维护形象和增强竞争力的必要条件，值得思考和探索。

二、现状分析

包钢纪委不断探索发挥廉洁风险防控的预防作用，推进与合规管理“三道防线”贯通融合，深入推动包钢党委构建廉洁合规管理体系，更好顺应清廉、合规、诚信、专业、稳健的企业管理要求。

（一）包钢现状分析

包钢成立于1954年，截至2023年底，资产总额2152亿元，在册职工5.62万人，各级控股公司147家，其中上市公司2家。具备1750万吨铁、钢、材配套能力，拥有“板、管、轨、线”四条精品线的生产格局，可生产高速钢轨、石油套管、高档汽车钢、高档家电钢、高钢级管线钢、高强结构钢等高端产品。包钢整体监督数量大，生产经营流程多，涉及领域多。2020年以来，包钢不断在推动改革上再加力，随着研究、建设项目越来越多，与外部合作协作单位越来越多，资金投入越来越多，管理难度越来越大等新形势、新情况、新问题逐步显现，做好廉洁风险防控工作尤为重要。

（二）廉洁风险分析

包钢各单位业务范围较广，既有生产又有经营销售，既对内又对外，各级领导的决策、审批权，管理岗位上的项目、资金、资产、招标、采购等审核、审批权，干部提拔、员工调转的组织人事权，工作中方方面面均存在岗位的廉洁风险，既复杂又多变。同时，随着公司的改革发展和管理创新的需要，机构不断调整，岗位分工随之变化，制度机制和管理手段调整不及时，部门与部门之间，上下流程之间，仍然存在制度盲区和职能重叠的问题，增加了管理漏洞和操作上的风险。虽然通过廉洁风险防控工作，推动党员干部廉洁风险意识进一步提高，管理制度体系进一步健全，工作效能进一步提升，但从2024年受理的问题线索来看，前5个月中相关领域的占比仍然较高，如项目建设领域占比12%，招标采购领域占比10%，廉洁风险依然没有得到有效防控，还没有达到全面织密织牢廉洁风险防控网的效果。

（三）存在问题分析

结合2020年以来包钢巡视巡察发现问题和各单位干部职工违纪违法案件，通过调研发现，廉洁风险防控在推动廉洁合规管理体系的构建上，作用发挥还不充分，还存在一些不足，主要表现在以下几个方面。

（1）政治站位不高，廉洁风险防控意识不强。一是党委主体责任发挥不够。个别单位党委对廉洁风险防控工作的重要作用缺乏认识和足够的重视，没有统筹规划和整体推进，只是简单理解为纪委监督的一种手段。二是关键业务处置权岗位人员教育培训不到位，对于自身岗位存在的廉洁风险不了解，工作中无法有效落实。三是对外部围绕权力的“围猎”风险手段不多。随着项目建设、研究领域的增多，一些合作协作单位为了获取自身利益，在业务往来中可能会采用各种“利诱”手段“围猎”相应的工作人员，容易滋生腐败。

（2）系统思维不足，廉洁风险与监督体系建立融合不够。一是顶层设计不够系统化。推动廉洁风险合规管理是一个系统工程，需要整体上推动建章立制、深化方法路径。二是合规管理的三道防线与廉洁风险防控工作融合度不够，两项工作简单割裂，目前廉洁风险防控体系和合规体系各自对应特定的业务和职能，没有统筹规划和整体推进。三是廉洁风险防控工作与公司的审计、法务、财务等内部管理体系融合度还不够高。各类监督机制贯通融合和管理不到位，导致职责交叉或者重叠，影响了管理效率。

（3）业务流程分析不准，廉洁风险点辨识不精准。一是基于业务风险的分层、分级、分类不清晰。部分单位不能按照业务风险分级评估划分标准准确界定业务风险级别，风险等级混乱，不符合实际情况。二是基于业务流程风险点的分析不细致。没有认真梳理流程，流程是否清晰，是否完整有效，是否符合实际不掌握，无法从中有效识别风险点。业务风险没有实现全面排查和全面覆盖。三是基于各类风险的分层分级管理不到位。部分单位没有按照要求进行业务分级管控，不能准确区分谁主管、谁负责，上级部门缺乏对下级单位的工作指导和监督管理，没有形成协同配合分级管控的机制。

（4）廉洁从业管控不实，廉洁风险融入业务不充分。一是廉洁风险防控与业务管理存在“两张皮”现象。各重点领域和环节管理的规范度和精细度不一，在设计廉洁风险防控制度的同时与公司自身业务特点和实际操作有时不够贴合，容易造成廉洁风险防控的需求与实际业务脱节。二是业务流程信息化水平不高，影响廉洁风险防控效果。目前，包钢不断强化数字化、智能化、信息化建设，但是各类信息数据平台各自为政，没有形成统一、高效、共享的管理平台，管理制度和内控机制的完善需要有一个过程。三是日常绩效评价机制不健全，没有形成闭环管理。风险辨识之后对于后续的分析评估，防控落实、绩效考核不完善，制度执行不到位，没有形成完整有效的工作环节和链条，影响了整体防控效果。

三、对策措施

“善治病者，必医其受病之处；善救弊者，必塞其起弊之源。”有效防控廉洁合规风险，加强廉洁合规管理，既是国有企业党委落实党风廉政建设主体责任、纪委落实监督责任的重要内容，也是合规管理体系建设中的重要内容。开展廉洁合规管理是一项系统工程，需要上下级联动，党委、纪委、行政齐抓共管，各部门相互配合、共同发力。

（一）分级分类培训，建设廉洁合规文化

在日常工作中对职工灌输发现廉洁风险、合规风险或违规违纪行为第一时间报告的思想，在岗位职责中做出明确规定，建立健全廉洁合规报告的渠道和机制。根据受众的不同各有侧重，对于新入职员工，重点强化廉洁风险意识，了解岗位廉洁风险内容，提高新员工对公司整体廉洁合规要求和廉洁风险框架性的认识，形成敬畏之心。对于在职员工，区分领导干部、有业务处置权人员、普通职工，形成常态化的专项培训和日常廉洁风险提示的工作方法，特别是要帮助其加强对新制度的理解和认识，提供具体的案例分析和操作指南，确保职工能够准确理解和执行廉洁风险防控要求。对于上市公司注重诚信守法的宣教，确保所有商业行为和决策过程合法、廉洁、合规，树立诚信的企业文化，确保整个公司从上到下都能遵循法律和道德标准。

（二）健全规章制度，解决职能职责障碍

深入分析业务流程，准确识别关键环节和潜在风险点，确保制度设计充分考虑到实际业务需求。根据不同业务特点和操作实际定制化设计廉洁风险防控制度，要做到通过健全完善廉洁合规制度减少实施过程中的障碍。通过有关职能部门统一领导，对现有的管理和操作体系进行全面审查，识别重复或者冗余的体系和流程，简化操作流程，规范统一廉洁合规标准和流程，减少体系数量、职责交叉或者重叠，提高工作效率。

（三）完善体制机制，形成防控闭环管理

借鉴 PDCA 循环理论，健全计划-执行-考评-完善的设置科学、行之有效、动态循环的工作机制，系统开展廉洁风险防控和合规管理，打好“防、控、治”组合拳。持续跟踪、动态调整，完善内部监督贯通融合机制，对企业法人治理结构以及决策、执行和监督过程的组织、职责、制度、流程、标准等进行全面梳理，合理确定权力归属、划清权力边界、厘清权力清单、强化权力控制。精准有效防控重点领域、重点环节和重点人员廉洁风险和合规风险，坚决守住不发生重大风险的底线，确保业务流程符合最新法规和监管要求，为公司稳健发展提供坚实保障。

（四）健全监督体系，形成防控监督合力

通过深入剖析和警示教育做好以案促改工作，推动职能部门对廉洁从业风险进行

分析评估，从体制机制上查找漏洞，健全管理。定期进行监督，对各单位廉洁风险防控工作进行全面评估和监督，帮助各单位发现潜在的廉洁合规风险和管理漏洞，并提供改进建议。不断推动完善党内监督体系，健全党委全面监督、纪检监察部门专责监督、党的工作部门职能监督、党的基层组织日常监督、党员民主监督的格局。深化纪检监察监督、巡察监督、审计监督、财务监督、法务监督和其他监督贯通融合，推动主体责任和监督责任贯通协同，形成合力。

（五）强化流程管控，精准辨识廉洁风险

树立用制度管权、用流程管事，通过管事来管人的基本理念。借助廉洁从业风险防控岗位职责梳理和业务流程梳理，对关键岗位业务流程中的关键环节、重要节点进行廉洁风险识别、风险评估，并制定风险防控措施，不断将管理制度细化为标准规范，并将标准规范植入业务流程，保障企业管理能力持续提升。

（六）强化数智赋能，有效提升管理水平

推动企业管理信息化、数字化、平台化建设，构建综合监督大数据平台，实现各类监督贯通协同高效。推动采购及招投标项目、货物贸易、资金管理等重点领域、重要环节的信息化，提高风险防控能力。推动公司生产经营、审计、财务等大数据融通，利用信息化技术建立廉洁合规管理平台，实现廉洁合规工作的数字化、智能化，对生产经营、业务贸易实时监测，及时识别风险，发现问题，减少人为干扰，提高风险识别和处理的效率。

（七）搭建协同平台，推动构建协调机制

建立健全以全体职工行为规范和奖惩办法为核心的激励与约束机制，细化鼓励行为及禁止行为清单，严格规范执行，确保制度的严肃性和威慑力。有效推动建立廉洁风险防控和合规管理之间的良好作用关系，依托廉洁风险防控推动合规管理体系建设取得更多成果。借助公司信息化办公平台等系统，设立跨部门合作的沟通平台或者相关机制，促进不同部门之间的信息共享和资源整合，加强对廉洁合规管理的统一协调和监督，形成闭环管理。

2020 年以来，包钢纪委把抓好廉洁风险防控与推动落实全面从严治党主体责任相结合，明确党委对廉洁风险防控工作的引领推动，聚焦业务管理，紧紧围绕各单位违规违纪行为多发易发的重点领域、重要岗位和关键环节，以及权力运行中的风险较高和监督管理中的薄弱环节，针对风险点查找、重点识别过程中发现的体制障碍、制度缺失、流程漏洞等突出问题综合研判，认真分析、查找原因，及时调整防控措施、完善防控手段，实现“早发现、早处理、早见效”，推动实现源头治理。

关于国有矿山企业推进政治监督具体化精准化常态化的探索与实践

首钢集团有限公司矿业公司纪委

房胜军　王　川

习近平总书记强调，各级党委和领导干部要心中常怀政治之念，自觉讲政治，对“国之大者”做到心中有数。国有企业作为党治国理政的重要基础，必须时刻胸怀“国之大者”，坚决做到“两个维护”，提高政治站位、增强政治自觉、扛起政治担当，持续推进政治监督具体化常态化，发挥好监督保障执行、促进完善发展的重要作用，为企业高质量发展保驾护航。

一、深刻领会国有企业政治监督的重要意义

（一）政治监督在党内监督中处于根本的统领地位

习近平总书记多次在重要会议、重要部署中，强调加强政治监督。在党的十九届中央纪委第五次全体会议上指出，要以强有力的政治监督，确保党中央重大决策部署贯彻落实到位；在党的二十届中央纪委第二次全体会议上指出，要以有力政治监督保障党的二十大决策部署落实见效。国有企业纪委要把坚定拥护“两个确立”、坚决做到“两个维护”作为新时代新征程上的重大使命、重大责任，聚焦新时代新征程党的使命任务，围绕党的二十大战略部署强化政治监督，着力纠正政治偏差，确保党中央重大决策部署不折不扣落到实处。

（二）政治监督是贯彻落实全面从严治党的必然要求

政治监督是督促全党坚持党中央集中统一领导的有力举措，只有强化政治监督才能推动全党目标一致、团结一致、步调一致向前进。国有企业纪委要以具体化、精准化、常态化的政治监督，把提高政治判断力、政治领悟力、政治执行力实化细化为正风肃纪反腐的思路举措，体现在谋划和推进工作的具体实践中，努力开创全面从严治党新局面。要始终牢记“国之大者”，立足新发展阶段，完整、准确、全面贯彻新发展理念，主动融入新发展格局，坚决扛起职责使命，奋力推动企业高质量发展。

（三）政治监督是国有企业党组织发挥好领导作用的必然要求

《中国共产党国有企业基层组织工作条例（试行）》明确，国有企业党委发挥领导作用，把方向、管大局、保落实。从二十届中央巡视组第一轮巡视反馈问题来看，有的单位落实党中央决策部署不到位，对肩负的职责使命认识不深刻，履职担当有差距；有的单位统筹发展和安全不到位，风险意识不强，防控机制不够健全；有的单位落实管党治党责任不到位，压力传导层层递减，贯彻严的基调不力，“一把手”等关键岗位廉洁风险比较突出，“靠企吃企”问题多发，“四风”问题突出，违反中央八项规定精神问题仍有发生；有的单位领导班子、干部人才队伍建设存在薄弱环节，基层党组织政治功能有待加强。纠治和防范上述问题，国有企业纪委必须增强政治意识、把握政治大局，不断提高政治判断力、政治领悟力、政治执行力，以强有力政治监督，推动问题整改和长效机制建立。

二、矿业公司推进政治监督具体化精准化常态化的实践做法

首钢集团有限公司矿业公司（简称矿业公司）始建于1959年，经过60余年的建设发展，已成为从事采矿、选矿、矿山机械制造、建筑安装等多行业的国有大型矿山企业，是首钢集团重要的原料生产基地。为充分发挥服务集团钢铁主业作用，矿业公司纪委结合党章党规、国有企业属性和职能职责，聚焦以下七个方面的重点任务，推进政治监督具体化精准化常态化。

一是聚焦“两个维护”落实“第一议题”，促进各级提高政治站位。政治监督是纪委的根本职责，因此要把坚决做到“两个维护”作为政治监督的统领性工作。在工作中，矿业公司纪委积极督促各级党组织落实“第一议题”制度，切实用习近平新时代中国特色社会主义思想武装头脑、指导实践、推动工作。督促相关专业建立健全党的创新理论学习长效机制，采取集体学习、专题研讨、分层分类培训等方式，引导广大党员干部吃透精神实质，把握核心要义、精神实质、丰富内涵和实践要求，夯实政治监督思想根基。

二是聚焦党委重大战略决策部署，确保政治方向不偏移、不动摇。政治监督的根本目的是坚持和加强党的全面领导。党委的重大决策部署到哪里，政治监督就要跟进到哪里；上级党组织决定了什么，就要监督检查什么。一直以来，矿业公司纪委始终把履行监督第一职责与推动企业高质量发展紧密结合，压责任、纠偏差、防风险、抓整改、促发展，以高质量监督推动两级公司党委重大决策部署落实落地。针对矿业公司“十三五”规划收官、“十四五”规划开局阶段的资源综合利用产线建设、地采工程建设等重点工程项目，矿业公司纪委积极靠前监督，推动建立重点工程项目建设责任制，明确“投资金额大于300万元工程项目，业主单位及相关职能部门与公司主管领导签订责任状；投资金额大于3000万元的，公司主管领导与公司党委签订责任状”的工作要求，累计签订责任状23份，做到了以强监督促强监管。

三是聚焦党内政治生活，提升各级党组织战斗力。习近平总书记指出，“严肃认真

的党内政治生活是我们党坚持党的性质和宗旨、保持先进性和纯洁性的重要法宝，是解决党内矛盾和问题的‘金钥匙’，是广大党员、干部锤炼党性的‘大熔炉’，是纯洁党风的‘净化器’”，深刻阐明了严肃党内政治生活对党的政治建设的极端重要性。为此，矿业公司纪委把各级党组织开展党内政治生活情况，作为政治监督的一项重点内容，对领导班子民主生活会、基层党组织换届等开展督导检查，及时指出批评意见“辣味”不足、换届程序不够规范等问题，进一步规范党内政治生活，促使党员、领导人员不断提高政治判断力、政治领悟力、政治执行力。围绕“不忘初心、牢记使命”主题教育、党史学习教育、学习贯彻习近平新时代中国特色社会主义思想主题教育、党纪学习教育等，紧盯过程组织、活动效果开展指导检查，确保学习教育走深走实。

四是聚焦经营生产重点工作，充分释放监督治理效能。在工作中，矿业公司纪委坚持把生产经营管理中重点工作作为政治监督的切入点和着力点，以主动监督促工作开展，充分发挥监督保障执行、促进完善发展的作用。2023 年是矿业公司实现“十四五”规划“前三后二”发展战略的关键之年，是打牢高质量发展基础的收官之年。2023 年初召开的矿业公司十四届二次职代会确定了打好资源挖潜接替攻坚战、马城铁矿投产冲刺战、资源综合利用产业发展升级战、相关产业转型发展突围战、智能矿山建设持久战、人力资源价值提升决胜战的“六大战役”目标任务。结合年度重点工作，矿业公司纪委针对工作措施、各方责任、纪律要求等落实情况聚焦发力，组织制订、实施了专项监督计划 15 项、联合监督计划 20 项。通过跟进监督、主动监督，实现政治监督与推进主责主业有机统一，既用严明政治纪律保证核心业务的有力推进，也用业务工作成效检验了严明政治纪律的实际效果。

五是聚焦“一把手”和“关键少数”，规范权力运行。政治监督既要全面覆盖，更需要抓住关键“人”，这个“关键人”就是领导干部特别是“一把手”。对他们的监督除了要关注政治站位、政治立场、政治能力、政治担当之外，还要对他们手中掌握的权力运行情况进行监督，有效防范化解廉政风险，让权力在阳光下运行。为进一步加强对“一把手”和领导班子的监督，矿业公司纪委积极协助党委制定工作方案，明确了 26 条工作措施和 43 项具体任务，规范了“关键少数”的履职行为。同时，健全完善廉政风险防控体系，制定《矿业公司廉政风险防控管理办法》，实现前期预防、中期监控、后期处置环环相扣，构建了横向到边、纵向到底的廉政风险防控网络，也让各级“一把手”和领导班子时刻感到有权必有责、用权受监督。

六是聚焦巡察反馈问题整改，提升管党治党能力。2022 年，首钢集团党委对矿业公司党委开展政治巡察。针对巡察反馈的 21 个问题，矿业公司党委制定了 68 项具体整改措施，组织开展了公务用车、津补贴、选人用人、党费使用管理专项整改。针对整改措施，矿业公司纪委监督督促相关部门建立清单管理、挂图作战、对账销项等工作机制，并严格按照相关制度要求落实巡察反馈问题责任追究，确保整改工作走深走实。截至 2022 年末，巡察反馈的 21 个问题中，已完成整改 18 个，完成率 85.7%；制定整改措施 68 项中，已完成整改 65 项，完成率 95.6%，需持续整改的 3 项措施取得阶段性进展。

七是聚焦中央八项规定精神，促进作风持续好转。党风正则人心向，政风正则令畅通。党员领导人员的作风影响着民风，也关系着人心向背。矿业公司纪委始终把加固中央八项规定精神堤坝、纠“四风”树“新风”作为政治监督的重要内容。一方面，坚持把节点当考点，在重要节日前，制定下发通知，建立纪委书记节前约谈提醒机制，采取“四不两直”方式对领导干部、关键部位开展执纪监督，推动中央八项规定精神化风成俗。同时，针对矿区实际特点，通过梳理子女参加中高考的党员和监察对象具体情况、开展廉政教育、签订不操办“学子宴”承诺书、上下联动监督检查等措施，向“学子宴”等歪风陋习“亮红牌”，相关工作做法受到北京市纪委监委的肯定。另一方面，瞄准突出问题，针对违规公款购买消费高档白酒、违规乘坐飞机头等舱、利用名贵特产类特殊资源谋取私利、境外企业腐败等问题开展专项整治，督促各级党组织和职能部门切实履行主体责任和监管职责，形成警示效应。

三、关于推进政治监督具体化精准化常态化的体会

政治监督能否起到作用，关键看能否融入日常、做到经常。在推进政治监督具体化精准化常态化的工作实践中，矿业公司纪委有以下两个方面的工作体会。

（一）在工作方法上要坚持“四位一体”

一是“清单管理”。围绕上级各项重大决策部署和各专项整治阶段性工作重点，矿业公司纪委通过专项监督、联合监督等工作方式，建立“监督清单、问题清单、整改清单、反馈清单”四单工作法。以“清单化”形式为监督工作提供精准靶心，让监督检查有据可依，推动形成重点突出、精准有效的监督模式和发现问题、督促整改、推动长效的闭环全链条机制。

二是“研判助力”。矿业公司纪委每年从坚持党的领导、加强党的建设等 10 个方面，采取“正面评价”与“纠正偏差”相结合的方式，综合分析研判矿业公司政治生态，形成专题报告。通过对政治生态进行精准描摹、综合分析，并针对问题及时采取有效措施，进一步巩固风清气正的良好政治环境。

三是“档案补充”。领导人员廉政档案，是推进政治监督的重要抓手，通过动态更新廉政档案，有助于及时、准确、完整地勾勒出党员领导人员的廉洁曲线，并使之成为选人用人、评优评先的重要参考。

四是“科技赋能”。矿业公司纪委不断强化自动化、信息化等科技手段在监督工作中的应用。针对廉政风险较高、易发违规行为的建材产品销售、物资采购、燃油管理等业务流程，开发运行智能计量系统、门卫管理系统、物资管理数据分析系统纪检专业模块等，探索建立权力运行可查询、可追溯的反馈机制，给政治监督装上“电子眼”，以实时精准监督，增强监督监管的穿透力、威慑力。

（二）在工作视角上要处理好“三个关系”

一是要处理好“监督”与“爱护”的关系。通过监督体现爱护，对于贯彻党中央

决策部署态度坚决但存在外部困难或临时客观因素的，坚决为干部撑腰鼓劲、协调推动。

二是要处理好“不缺位”与“不越位”的关系。既要坚决纠正监督检查发现的政治偏差，又要做到不越界干扰责任主体依法履职。

三是要处理“严的主基调”和“三个区分开来”的关系。既要坚持严肃执纪问责，又要鼓励干部干事创业，既要深化运用“四种形态”，又要坚持实事求是，善于做到“三个区分开来”，坚决维护好企业风清气正的良好政治生态。

四、工作成效

通过开展政治监督工作实践，一方面促进了矿业公司经营生产稳定向好，营业收入、利润、资产负债率、精矿粉劳产率、精矿粉产量、资源综合利用产品销量等主要指标均达到年进度计划，在服务钢铁主业提升生产经营能力中体现了价值担当，以实际行动践行了争做对集团发展有价值的企业工作要求。

另一方面，维护了矿业公司良好的政治生态。2019 年以来，矿业公司信访举报数量呈逐年降低趋势，有效遏制了倾向性、苗头性问题增量。各级党组织和广大干部职工规矩意识、责任意识明显提升，为矿业公司的高质量发展注入了新的活力。

五、结束语

党的二十届中央纪委第三次全体会议提出，要把坚持党中央集中统一领导、落实党的二十大决策部署作为政治监督中心任务，推进政治监督具体化、精准化、常态化，保障党中央政令畅通。下一步，矿业公司纪委将持续把思想和行动统一到习近平总书记关于强化政治监督的重要要求上来，把胸怀“国之大者”，捍卫“两个确立”，坚决做到“两个维护”贯穿政治监督工作的各方面、全过程，时刻保持反腐败政治定力，保持清醒头脑，以永远吹冲锋号的劲头，坚持不懈把全面从严治党向纵深推进，为实现企业高质量发展提供坚强纪律保障。

关于国有企业构建高效监督贯通协同系统的思考

河钢集团邯郸钢铁集团有限责任公司纪委
马慧海　贾鸿霞　葛　维　赵少北

一、国有企业构建高效监督贯通协同系统的背景

（一）国有企业落实推进国家治理体系和治理能力现代化要求的应有之义

以习近平同志为核心的党中央多次强调党内监督同其他各类监督贯通协调。2017年，党的十九大报告指出："构建党统一指挥、全面覆盖、权威高效的监督体系，把党内监督同国家机关监督、民主监督、司法监督、群众监督、舆论监督贯通起来，增强监督合力。"2019年，党的十九届四中全会也指出："以党内监督为主导，推动各类监督有机贯通、相互协调。"2022年，党的二十大报告再次强调"以党内监督为主导，促进各类监督贯通协调"。2023年，二十届中央纪委第二次全体会议指出，"推动完善各类监督贯通协调机制"。2024年，二十届中央纪委第三次全体会议强调，完善以党内监督为主导、各类监督贯通协调机制。落实以上要求，是推进国家治理体系和治理能力现代化、健全党和国家监督体系的要求，也是全面建成社会主义现代化强国须臾不可忽视的重大现实课题。

（二）国有企业实现改革深化提升的必然要求

国有企业是中国特色社会主义的重要物质基础和政治基础、党执政兴国的重要支柱和依靠力量，在全面推进中国式现代化进程中发挥着不可替代的重要作用，肩负着重大历史使命和责任。习近平总书记在党的二十大报告中对深化国资国企改革作出重大部署。2024年2月4日，中央经济工作会议提出："深入实施国有企业改革深化提升行动，增强核心功能、提高核心竞争力。"2024年是国有企业改革深化提升行动落地实施的关键之年，也是承上启下的攻坚之年。在这个关键期，构建高效监督贯通协同系统，将监督体系与治理体系有效对接，将监督效能与深化改革有力贯通，推动实现国有资产有效监管，风险防控有力提升，全面从严治党纵深发展，企业持续高质量发展，势在必行，尤为重要。

（三）国有企业全面从严治党、依法合规治企的重要举措

企业各类肩负监督责任的部门担负着特殊使命和重大责任，虽各有侧重，但彼此之间目标统一、方向一致、对象关联、内容相通、方法互补，都是在企业党委领导下，紧紧围绕企业经营发展中心依法全面履行监督职责，规范权力运行，维护企业发展和安全。通过建立高效监督贯通协同系统，可以促进每种监督方式的要素融合、过程融合，充分发挥各类监督的功能，最大限度地实现反腐败资源包括人员队伍、信息线索、实施力量等的整合，可以强化对各级党组织和党员干部的全面监督，及时发现和纠正各种违规违纪行为，确保党的路线方针政策和决策部署得到贯彻执行，还可以推动全面从严治党向基层延伸，促进各级党组织和党员干部自觉遵守党的纪律和规矩，形成风清气正的政治生态。

二、国有企业各类监督贯通协同存在的问题

（一）监督责任意识不到位

企业里，监督往往被认为是纪委、审计这些专责部门的工作，但这种认识显然有偏差。企业还有专门的内部控制体系建设与监督工作，人力资源、企业管理、法务合规等企业的业务部门、职能部门理应也承担重要的监督工作。对于自身的监督职能，相关部门还缺乏清晰深刻地认识和履行监督职责的自觉。

（二）监督力量保障不到位

随着市场竞争的加剧和经济环境的变化，企业精简机构、人员成为提升竞争力和效率的重要手段和普遍做法。企业内部各部门特别是监督部门的设置和人员的配备普遍机构精简、人员精干，专职监督人员少、监督力量不足的矛盾凸显，并且相关部门职责分工不同，工作条块分割，很难在本部门工作之外投入专门人员和过多精力在协同工作上。

（三）监督合力作用不到位

有的企业建立了“大监督”工作体系，制定了文件、成立了领导小组，也定时不定期地召开协调会，但是除此以外，没有更有效的抓手、更具黏性的形式和更有力的保障，集中“优势兵力”“互补互助”的联合监督或专项活动难以开展并真正奏效，监督贯通协同也往往喊起来有、看起来虚、做起来难，真正的监督合力难以形成。

三、强化国有企业高效监督贯通协同的路径思考

（一）明确“1+1+x”总体思路，强化顶层设计和组织保证

在定位上，高效监督贯通协同工作应以习近平新时代中国特色社会主义思想为指导，认真贯彻党的二十大精神和习近平总书记关于监督和国有企业党的建设的重要论

述，不断健全完善权力运行制约和风险防控监督体系，推动监督体系与治理体系对接融合，坚持党委主责抓总，纪委专责推动，部门各负其责，构建党内监督为主导，内控监督为基础，各类职能监督和业务监督有机贯通、协调联动、同向发力的“1 + 1 + x”全链条、全方位、全覆盖监督格局。

在组织领导上，成立由党委书记、董事长负总责的监督工作领导小组，并明确具体主抓领导、主管部门和成员单位，为推动各类监督既依照自身职责发挥效能，又强化关联互动、系统集成，形成同题共答、常态长效的监督合力提供组织保证。

（二）把握“五个坚持”工作原则，确保正向发展和行稳致远

（1）坚持党的领导。各级党委（党组）要切实肩负起对监督工作的全面领导责任，始终把党的全面领导贯穿于推动各类监督贯通协同全过程和各环节，领导和监督各类主体发挥作用、相互贯通、形成合力，推动形成衔接顺畅、配合有效的监督工作格局。

（2）坚持党内监督主导。党内监督有力有效，才能增强监督的严肃性、协同性、有效性，推动各类监督形成合力。要明确党内监督的目标任务，督促党内监督各主体发挥作用、相互贯通，抓好上上下下、条条块块的监督工作，织密党内监督之网。

（3）坚持问题导向。增强问题意识，树立靶向思维，紧紧围绕企业经营发展，着力解决各类监督贯通协同中的能力短板、制度漏洞、工作弱项，整合监督资源、形成监督合力、提升监督效能，充分发挥发现问题、纠正偏差、促进治理功能综合效应。

（4）坚持依规依纪依法。坚持以党章党规党纪、宪法法律法规为准绳，严格按照党的原则、纪律、规矩和法定权限、规则、程序开展监督，切实把“规范化、法治化、正规化”要求和实事求是、依规依纪依法原则融入监督工作之中。

（5）坚持发展科技赋能。积极用信息化手段为监督插上“科技翅膀”，用科技手段提升监督水平。促进科技手段与监督工作深度融合，把运用数字技术作为破除监督信息壁垒、强化信息互通互享的有效路径，搭建各类监督贯通协调的监督平台。

（三）厘清“四类作用”职责分工，明晰监督责任和目标任务

（1）发挥党委统一领导作用。企业党委应加强对贯通协同监督工作的全面领导和统筹指挥，推动监督体系与治理体系对接融合，统领各类监督在企业治理体系中找准定位、发挥作用。压实全面从严治党主体责任，加强和规范党内政治生活，落实党内监督制度，把党的领导贯穿于各类监督工作的全过程和各环节，建立健全监督体系，统筹推进各类监督工作，定期听取审议各类监督开展情况报告，协调解决贯通监督的难点，审批问题和线索的移交、处置，督促监督事项整改落实，将评估结果作为年度绩效考评、全面从严治党主体责任检查、干部选拔任用的重要依据，加强成果运用，深化标本兼治。实施监督工作考核评价和督查问责，每年底对各监督主体履职情况和监督质效进行考评，对履责不力的严格追责问责。

（2）深化纪委专责监督作用。纪检部门应优化监督模式与方式方法，推动日常监

督与专项监督、现场监督与非现场监督、线上监督与线下监督、事前事中事后监督相结合，实现监督和管理有机统一。加大对违规违纪违法行为的处理处罚力度，提高违规违纪违法成本，依法依规开展追责问责。发挥专责监督在各类监督中的主干地位和保障作用，落实企业纪委与党委协调协助机制，及时向党委通报报告工作，协助党委研究全面从严治党、党风廉政建设和反腐败工作，协助党委准确把握企业政治生态情况，协助党委抓好各类监督的统筹谋划、协作联动、沟通协商、问题线索移送、结果运用等工作机制建设，不断推动监督力量互补、信息互通、资源共享、成果共用、制度共建，促进监督体系高效运转。

(3) 强化部门职能监督作用。党的工作部门如组织、宣传等部门要加强职责范围内党内监督工作，围绕全面从严治党，聚焦责任落实，既加强内部监督，对本单位本部门党组织和党员干部遵守党章和其他党内法规、贯彻落实党的理论和路线方针政策、坚持民主集中制、严明政治纪律和政治规矩、落实中央八项规定精神、执行干部选拔任用工作规定、正确行使权力和廉洁自律等情况进行严格监督，又强化对本系统的日常监督，根据工作需要和管理权限，对本系统相关单位党组织及其负责人遵守党章党规党纪、履行管党治党责任、正确行使权力和廉洁自律等情况进行监督，发现问题及时处置，确保上级重大决策部署、企业重点工作安排得到坚决贯彻执行。专职监督部门如纪委、巡察、审计等部门要突出各自监督的专业性、独立性，针对重点问题、重大风险开展监督检查，及时发现问题、推动整改、追究问责，实现监督的再监督。业务管理部门如法务、企管、财务等部门要增强从政治角度看问题的能力，强化法人治理、生产经营、工程建设、物资采购、财务资产、安全环保等专业领域合规管理，建立健全工作标准和内控制度，不断创新方法举措，加强监督检查指导，定期梳理管理事项中的风险点，开展动态研判，及时发现、纠正问题，关口前移、堵塞漏洞，提高防范和化解各类风险的能力。

(4) 加强专项监督优势作用。各监督主体紧紧围绕企业阶段性重点工作、关键举措的部署和落实，瞄准企业运营中的管理薄弱点、监督盲点，瞄准企业转型升级和高质量发展过程中的痛点、难点，瞄准具体政策、具体事项、具体领域和具体问题，瞄准局部监督发现的共性问题、需要齐抓共管的问题，靶向组织开展专项联动监督，打破部门监督壁垒，统筹监督力量。

(四) 构建“三项制度三项机制”，提升监督合力和治理效能

(1) 构建日常沟通机制。开列职责清单，各监督主体梳理本系统本部门所承担监督职能和业务监管任务，把监督业务、监督思想、监督作风、监督纪律统一起来，把监督工作与责任体系、制度规范、流程管理、考核机制结合起来，科学谋划年度各项监督工作，实行清单化管理，压紧压实监督工作责任。加强日常联络，各监督主体在研究年度监督重点工作、制定计划、确定监督事项、开展重大事项专项监督、专项行动整治、运用监督结果和开展追责问责等工作时，征求有关监督主体的意见和建议，推进监督重点一体协同部署。强化沟通协调，各监督主体加强与其他监督主体的沟通

对接，重要信息及时互通，相互提供业务协助支持，对在监督工作中发现的其他监督主体职责范围内的重要情况，建立沟通协调事项清单，采取灵活方式及时通报。建立会议会商机制，通报工作情况，研究重大事项，提出问题查处和源头治理的办法措施。实施阶段汇报，各监督主体每年初研究制订年度监督工作计划，开列监督事项清单，每季度向领导小组报告实施进展、发现重点问题和推动整改情况，根据工作实际及时更新完善。领导小组办公室要阶段性总结协同监督工作情况，向企业党委汇报，重要情况及时报告。

（2）构建协作配合机制。加强横向协作，各监督主体在制订年度计划时，相互征求意见建议，推动监督计划一体谋划，实现现有资源监督效应最大化。就各自监督情况加强沟通，根据需要向对方提请或商请协助；适时采取专项活动等方式对普遍性、典型性、系统性问题开展联合监督整治。强化工作联动，积极探索结合工作，联合开展重点领域问题调研、监督检查、专项治理、重大问题线索会商、案件查办等工作。强化风险提示和疑似问题预警联合处置，针对具体监督事项，经会商后，可采取其他监督力量派员协助核查等方式联合开展监督，强化工作协同，统筹监督力量，拓展监督深度，提升监督成效。统筹人员力量，在开展监督过程中，沟通协商调配使用各方人员，加强专业人才培养合作。不断强化监督力量，建立监督人才队伍，定期开展相关业务培训和经验交流，宣传贯彻监督法律法规政策，强化监督人员职业操守教育，加强监督人才培养培训，提升专业能力和综合素质，完善监督人才激励约束机制，锻造敢于较真碰硬、忠诚干净担当的高素质专业化监督人才队伍。

（3）构建成果共享机制。界定监督成果共享的范围和内容，除按管辖权限、事关重大且敏感重要不能共享的情况，原则上各监督主体要围绕日常监督、专项监督、巡视巡察监督、政治生态分析研判、党风廉政意见回复、领导班子和领导干部政治评价等工作取得的监督成果，按照程序对接共享，重点在研究决策、建章立制、评价班子、选用干部、评先选优、兑现奖惩等方面加强运用。优化监督成果共享共用联动，各监督主体在开展监督工作前，商请其他监督主体提供监督成果方面情况，并将其他监督主体提供的监督事项的整改落实情况纳入日常监督。对可能影响企业经营发展的重大风险深入分析，督促相关部门、单位严格落实监管责任，采取措施加以防范；对普遍性、系统性问题，督促相关部门、单位结合实际开展专项整治。做实监督成果共享“后半篇文章”，各监督主体对监督检查中发现的问题，紧盯整改责任落实、整改措施、整改进度、整改成效等内容，加强跟踪督促检查，形成监督工作闭环，如认为存在拒不整改、推诿整改、敷衍整改、虚假整改的，可将相关问题及追责意见按管理权限移送企业纪委。对各类监督发现的违规违纪违法个人和失职失责部门，相关职能部门要根据追责问责情况，按照相关规定兑现在年度考核、评先评优、职务职级晋升等方面，确保追责问责到位，整改落实到位，推动改革、促进发展，深化系统施治、综合治理。提升监督治理成效。对监督共享的问题，各监督主体结合自身职能职责，“剖开来”看问题的全貌，深入查找监督管理工作中的盲点、堵点、难点，推动把整改做到位、落到底。压实被监督单位问题整改主体责任，对反映出的管理漏洞、短板和制度建设中存在的断点、盲区，相关责任单位切实加强教育管理监督，职能部门要及时建立健全相关制度规定和工作标准，一体推进发现问题、规范管理、促进改革，不断提高全系统治理能力和水平。

（4）完善三项制度。建立问题线索移交制度，各有关单位在履职过程中，发现有损企业、职工利益和涉嫌违规违纪违法的问题线索，以及各单位掌握的有关材料中反映的情况对纪检机关开展工作有一定参考价值的，移送企业纪委了解掌握，由纪委依规依纪依法处理。企业纪委收到移送的问题线索后，应进行格式化收集记载，并及时进行审核，及时研究提出处置意见。纪委办理各单位移送的问题线索，需要由发现问题线索的单位协助进行调查核实的，有关单位应当予以协助。建立重大监督事项会商制度，对监督过程中发现的对企业的安全、生产、环保、稳定、经营、改革、发展、建设及形象等方面已经产生或可能产生较大影响的重大事项，提请领导小组召开重大监督事项会商会，发挥监督贯通协同作用，提高处理效率。建立监督工作联络员制度，在企业下属各单位设立对企业各级党组织和党员进行监督的人员，推动监督职能向更基层方向延伸。

四、效果展望

（一）培育企业广泛共识的监督文化

实现企业高效的监督贯通协同，把监督挺在前面，使更多肩负监督职责的主体筑牢“监督也是管理、管理也要监督”的理念，积极参与到监督实践中，让愿意监督、敢于监督、主动监督成为他们的自觉。使被监督者充分认识到“严管是厚爱，监督是保护”，让真诚欢迎监督、自觉接受监督成为他们的共识，使“主动开展监督，自觉接受监督”成为常态和自觉。

（二）促进企业质效并进的内控建设

实现企业高效的监督贯通协同，可以最大限度提高监督效能，将纪律监督嵌入业务运行全流程，排查梳理业务流程存在的廉洁风险点，推动弥补制度漏洞，改善薄弱环节、堵塞管理漏洞，将监督效果转化为治理效能，有效推进企业内控建设，全面提高风险应对能力，切实提升核心竞争力，有效防范化解各类风险挑战，确保企业高质量健康发展。

（三）涵养企业风清气正的政治生态

构建企业高效的监督贯通协同系统，实现全链条、全方位、全覆盖的监督，真正实现职能深度贯通、作用发挥互补，监督协同联通、工作推进互动，做实监督责任，提高监督效能，可以促进问题更易被发现、深层次的成因更易被挖掘、整改措施更完善可行治本，使整改落实更加彻底到位、腐败更加无处藏身，消减问题存量、遏制问题增量，促进企业政治生态持续优化。

（四）推动企业全面从严治党的纵深发展

反腐败斗争是全面从严治党的关键任务，缺乏监督的权力，必然产生腐败。推进企业监督高效贯通协同，切实完善监督体系，促进企业各项监督更加规范、更加有力、更加有效，增强监督的权威高效，可以进一步压实党委纪委责任，构建科学的权力配置和运行机制，切实强化对权力运行的制约和监督，有力推进企业全面从严治党向纵深发展。

执专项监督利剑　助力企业高质量发展

福建省三钢（集团）有限责任公司纪委
陈榕年　陈中华　饶丽文　林　曦

一、实施背景及意义

当前钢铁行业高度内卷，存量博弈，供大于求，再加上福建省三钢（集团）有限责任公司（简称三钢）同时叠加产能升级改造、数智化转型和组织优化变革、各类平衡被打破等问题，公司的盈利能力下滑，廉洁问题和隐患愈发凸显。面临这样的处境，三钢纪检监察部门发扬仗剑出征、敢于亮剑、敢于斗争的精神，高举专项监督这柄执纪利剑，将全面从严治党向基层延伸，排除廉洁风险隐患，凝心聚力促发展，正当其时，适逢其势，意义重大。

二、专项监督的实践探索

三钢纪检监察工作的重难点在于数智化和组织架构变革带来的业务流程重塑及权利风险点变化的重新梳理是否到位、廉洁风险点是否排查和防控到位、制度如何突出针对性和落地生效、监督实践如何匹配并融入企业生产经营等。对此，三钢纪委监察室积极贯彻落实上级领导部署，结合当前公司实际，紧紧围绕重点领域和关键环节，通过日常监督、现场抽查、个别访谈、听取汇报、列席会议等监督方式方法做深做实做细监督工作，并通过创新监督手段，积极探索实践专项监督，以发现问题推动整改，以点带面，系统促进企业完善内控管理，助力企业降本增效，护航企业高质量发展。

（一）聚焦职责使命，深化理论武装

一是始终把学习贯彻习近平新时代中国特色社会主义思想，特别是习近平总书记关于党的自我革命的重要思想作为纪检监察干部当前和今后一个时期首要政治任务。在真学真懂真信真用上走在前、做表率，持续锤炼信仰信念的钢筋铁骨、淬炼自我革命的锐利武器，不断用党的创新理论武装头脑、指导实践、推动工作，自觉将其贯穿到纪检监察工作全过程各方面。

二是坚持上级重大决策部署到哪里、监督检查就跟进到哪里。列出监督清单，建

立监督台账，注重动态纠偏，按照立项式监督、项目化管理，推进监督具体化、精准化、常态化。紧紧围绕习近平总书记的重要思想和指示精神、习近平总书记调研三钢指示精神，围绕党中央、福建省委和上级党委重大决策部署，围绕三钢产能置换重点项目建设、组织机构变革、板块化运作、数字化转型、降本增效等当前重大工作任务加强监督、保障落实。

（二）锚定监督重点，做实做细专项监督

领导干部是企业发展的“关键少数”，其作风直接关系到公司的政治生态、经营生态及人才生态，决定着公司能否攻坚克难，实现高质量发展。三钢纪委监察室突出“关键少数”，聚焦突出问题，围绕关键领域、薄弱环节，以专项监督为抓手，持续释放全面从严治党高压态势。

一是制定下发《三钢集团党委前置研究讨论重大经营管理事项清单》《三钢集团党委会议事规则》《三钢集团经营班子会议事规则》《三钢集团中层干部任职回避和公务回避暂行规定》等制度，紧盯各级“一把手”和领导班子、关键岗位和敏感岗位等“关键少数”履职用权情况和“两个责任”落实情况。二是三钢党委制定下发《关于开展国有企业领导人员违规为近亲属和其他特定关系人经营提供便利问题专项整治工作的通知》，对“靠企吃企”专项整治工作作出了具体部署，三钢纪委监察室分别针对公司领导班子成员、中层副职及以上领导干部以及一级风险岗位科级干部、副科以上干部先后开展三轮专项排查。三是通过参加各部门（单位）“一把手”和领导班子述责述廉会议，动态更新领导干部廉政档案，对新任职领导干部开展任前廉政谈话和党风廉政意见回复等形式，推动“关键少数”习惯在受监督环境中工作生活。

（三）创新监督机制，做准做精专项监督

1. 深化系统施治，推动监督机制贯通融合

探索构建三钢纪检监察审计“513”工作法，通过以廉政专员派驻监督机制发挥“探头”作用；以基层联络员监督机制强化基层监督；以常态化内控稽查监督机制延伸监督触角；以廉洁风险防控监督机制强化权力制约；以数智化监督机制确保业务在阳光下运行，突出“监察先行，审计跟进，纪检问责”的行动遵循，深化纪监审法财一体化协同联动，推动形成风清气正的政治生态、效益为先的经营生态、敢为善为的人才生态，为公司高质量发展保驾护航。

2. 突出问题导向，聚焦重点领域风险防控

紧紧抓住扭亏为盈这个“牛鼻子”，围绕权力集中、资金密集、资源富集领域深化“打深井”式监督，制定年度专项监督工作计划共 29 项，精准斩断腐败根源，持续“榨油、放水”，压缩利益寻租空间，推动规范化工作进程，防范廉洁风险、合规风险和经营风险，打造阳光、公正、共赢、清朗的三钢经营环境。

3. 丰富监督手段，以数据赋能提升监督质效

依托三钢正在实施的智能制造项目，开发具有三钢特色的智慧纪检监察系统，基

于大数据中心整合工程、财务、设备、采购、电子交易等信息系统进行数据横向关联、纵向穿透分析，结合近年来典型案例、廉洁风险防控成果、巡视检查发现的问题，运用数据集成、阈值设置和逻辑判定，建立大数据监督模块预警风险点 347 个，对物资采购、工程管理、招标投标、原料供应、财务结算等关键环节在线监督、及时预警，努力实现由“纠错型”监督、“问责型”监督向“预防型”监督、“效益型”监督转化。通过数智化监督建立问题处置清单，形成整改、核查、督办、评估的闭环机制。此外，建立纪检监察业务模块，将计划制定、各类工作开展、问题整改梳理为 47 个规范化审核流程，实现 82 个业务表单的线上管理，以数据赋能三钢纪检监察工作稳顺运行。

4. 着眼常态长效，以更严基调推进纪律作风建设

坚持严字当头，从严查处靠企吃企、内外勾结、损公肥私、小微腐败等典型问题，强化零容忍震慑，确保“后墙”不松。坚持源头着手，深化以案促改、以案促治，从流程执行、制度约束、纪律建设、风险防控多个维度系统治理。坚持预防为先，健全监督预防“治未病”工作机制，织密廉洁风险防控网络，持续加强党性教育、警示教育和家风教育，营造和弘扬崇尚廉洁、抵制腐败的良好风尚。一是强化高压震慑。三钢纪委监察室坚守“保护国有资产不流失”的重大政治责任，深挖彻查专项监督过程中发现的相关问题线索，加强重要岗位、关键环节监督制约机制建设，严格规范权力运行。二是深化案后整改。针对专项监督任务中暴露出来的问题风险，督促相关单位对业务全流程进行认真梳理排查，重新修订完善管理制度。向各级党组织下发廉洁倡议书和工作提示，在全公司范围内组织开展自查自纠、举一反三，进一步完善制度建设，规范权力运行。三是厚植廉洁“土壤”。出台《福建省三钢（集团）有限责任公司廉洁文化建设实施方案》，成立三钢廉洁文化建设领导小组及办公室，以“养正气、治未病、育清廉”为核心理念，深入实施构建具有三钢特色的廉洁文化建设体系，通过通报典型案例、向公司全体干部家属寄送一封廉政家书、旁听法院庭审、参观看守所等多种形式，教育引导党员干部知敬畏、存戒惧、守底线，确保专项监督不会“雨过地皮湿”，进一步营造三钢风清气正的政治生态。

三、专项监督的实践成效

三钢纪委监察室从 2023 年至 2024 年上半年，累计开展专项监督 36 项，取得良好成效。

（一）以“专”治腐败

通过原燃料采购专项监督侦破子公司内部人员与外部不法原料供应商内外勾结、以次充好案件，共计追回违纪款 1125 万余元，撤职 7 人、解除劳动合同 15 人、党纪处理 14 人、留岗教育 1 人、移送司法处理 16 人；通过项目用能专项督查，发现 1 名内部职工接受用人单位请托，篡改煤气和电量结算金额，现已对该职工撤职、党纪立案，并将线索移送司法处理，另发现多个工程项目未按合同要求结算用能费用，共计追回

损失 260 万余元；通过工程结算专项督查，发现虚假签证、越权签证、搭车签证等情形，督促相关部门核减或扣罚施工单位工程款 32 万元，7 名责任人员受到经济考核 8100 元。

（二）以“专”促降本

面对企业当前局势，三钢纪委监察室紧紧围绕企业降本增效的重大举措，开展劳务用工管理、废旧物资处置、招投标管理、工程管理、物资采购管理等专项监督共计 15 项，通过有效监督，推动各二级单位加强劳务用工划分、整合、定价等管理，2024 年 5 月劳务费用相比 2023 年月均已下降 800 万余元，降幅达 20%；推动变更烧结机头灰危废代码提高外售价格、废旧油品改质回收再利用、工程拆除彩钢瓦统一回收外售等工作，规范废旧物资管理、提高废旧资源利用率，2024 年实现增效 973 万元；推动三钢集中一体化采销，要求三钢所有交易活动在电子交易平台实现阳光运行，优化交易方式和评标方法，探索实施“公开询价 + 竞争性谈判”、集中招采、缩减标段、招标设置控制价、降低不合理条件限制等方式，促进降低投资成本 653 万元/年。

（三）以“专”促规范

充分发挥工作提示函、问题清单、监察建议等“监督利器”作用，督促问题改深改实，促进规范决策、完善政策、堵塞漏洞、健全制度。下发廉洁风险防控监察建议 4 份、督查建议 12 份、工作提示 15 份，发现问题 94 个，提出整改建议 83 条。不断督促推动完善关键领域管理水平及风险防控能力，推动企业规范管理。

另外，依托专项监督成果推出三钢监察审计《内控清单》，不断加强和完善内控管理，实现由“被动监管”向“主动治理”的转变，为公司发展正本清源、排忧解难。通过在源头防范、过程管理和成果转化上精准施策，破解顽瘴痼疾，推动各单位、子公司聚焦正面典型示范，充分借鉴先进优秀做法及思路，强化责任担当、坚持守正创新、提高工作效能；深刻剖析负面典型案例，明确“不可为、不应为、不能为”的底线红线，认真自查自纠、补齐制度短板，规避内控风险。

四、思考及未来展望

我们既要看到阶段性整治取得的成绩，更要清醒地认识到专项监督工作中暴露出的差距和不足，要不断归纳、总结、回顾，积极探索深化监督工作高效运行机制，创新方式方法，丰富监督手段，充实队伍力量，提高监督质效。要继续将三钢纪检监察审计“513”工作法走实走深走细，从大环境、大概念、大框架角度出发，忠诚干净担当、坚持实事求是、力求精准专业、服务公司生产经营。

（一）紧盯关键环节，规范履职行权

强化协助职责，推动各级党委加强对下级领导班子特别是“一把手”的监督，把“领导者就是监督者”的理念贯穿始终。盯住“重点人、重点事”，强化对同级党委和

下级党委落实全面从严治党主体责任、正确行使权力、加强自身作风建设等情况的监督。

（二）长效机制建设，筑牢作风堤坝

以学习贯彻新修订《中国共产党纪律处分条例》为契机，引导党员干部看对比、理不同，强党性、提觉悟，把党的纪律规矩刻印于心。督促展现新担当新作为，要“勤除草、多翻土、去杂质”，阻断陈规陋习，促进严管所辖，让阳光雨露滋养“土壤”，让“庄稼地”风清气正，结出健康果实。

（三）深化一体推进，营造良好氛围

坚持严字当头，强化压力传导，督促各级党组织抓经常发生、反复发生的问题强化整治。坚持激浊和扬清并举，深入实施“五廉工程”，坚持宣传舆论导向与廉洁文化建设相结合，统筹各类新媒体资源，开展“八小时外”警示教育，让党员干部“举头三尺有神明”，让廉洁文化接地气、抵人心，春风化雨、润物无声。

（四）强化能力建设，护航企业发展

把始终保障企业生产经营作为纪检监察工作的出发点和落脚点。以政治建设为统领，严格执行“第一议题”制度，在深化内化转化上持续用力，做到知责、担责、履责。创新“选进来、培养好、送出去”人才培养机制，以指标量化和积分考核为“双轮驱动”，实施“手术刀”人才培训计划，分层分类推进全员练兵、以干代训、导师传帮带、交叉轮岗、挂职借调等培养方式，着力培养高素质专业化复合型的人才队伍。完善“精准化”培训，坚持党的创新理论常态自主学、纪检监察业务集中培训学、生产经营管理知识引入专家研讨学，加强能力建设，助力纪检监察干部履行监督首责。

关于构建清廉杭钢建设“5 + N + 1”评价指标体系的实践与思考

杭州钢铁集团有限公司纪委
陈柳兵

为深入学习贯彻习近平总书记关于全面加强党的纪律建设的重要论述，有力推进清廉国企建设“八大行动”和国有企业反腐倡廉全覆盖无盲区零容忍专项行动，杭州钢铁集团有限公司（简称杭钢集团）建立了清廉杭钢建设“5 + N + 1”评价指标体系，采取“点线面”融合的方式一体推进，推动下属各级党组织党建和党风廉政建设责任制得到有效落实，也为持续提升杭钢集团高质量发展水平、助力“两个先行”提供了坚实保障。

一、思路：“点线面”构建清廉杭钢建设新格局

（一）多“点”加强顶层设计

杭钢集团纪委围绕清廉促发展这一工作目标，通过优化政治生态育廉、深化四责协同强廉、强化有效监督促廉、护航生产经营践廉、规范权力运行护廉、严明纪律规矩守廉、厚植清廉文化倡廉等七方面举措，协助党委深入谋划实施方案，以党委名义印发《关于下发清廉杭钢建设“5 + N + 1”评价指标体系的通知》，建立健全清廉国有企业建设“5 + N + 1”评价指标体系，其中包括5类评价维度22项一级指标60条二级指标，“因企施策”指导下属单位结合实际制定N类个性指标和1类反向指标，如图1和图2所示。评价内容主要包括党的领导融入公司治理、基层党建、干部人才队伍、意识形态工作、信访维稳工作、全面从严治党、党风廉政建设以及党建工作与生产经营深度融合等情况，每年年底或年初，由杭钢集团党委组成考核组开展落实全面从严治党主体责任年度大检查，召开党组织书记抓党建述职评议会，对党组织书记履职进行评议。

（二）多“线”完善机制建设

进一步增强清廉杭钢建设的责任感和紧迫感，加强组织领导，明确责任分工，推动下属各级党组织将清廉杭钢建设作为全面从严治党的重要载体和抓手，摆在更加突

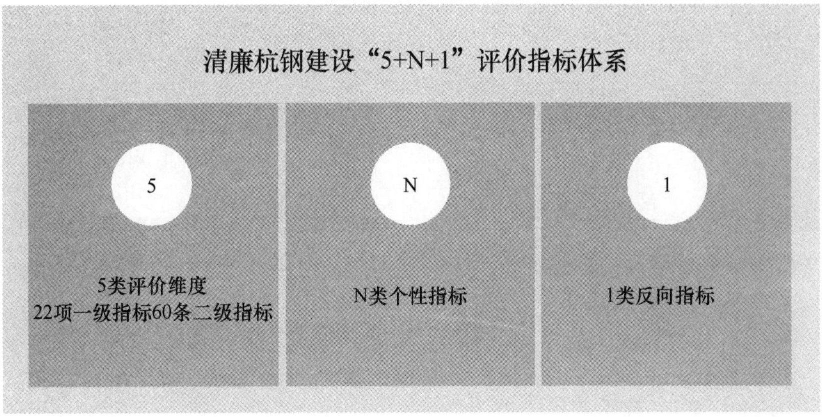

图 1 清廉杭钢建设“5 + N + 1”评价指标体系

图 2 清廉促发展

出位置，认真履行好管党治党政治责任，形成主体责任和监督责任良性互动、齐抓共管的合力。进一步细化“四责协同”机制，如图 3 所示，推动党委制定全面从严治党责任清单，明确各项任务牵头领导、一体推进的运行格局，并将清廉杭钢建设情况作为党建工作责任制考核、抓党建述职评议的重要内容，切实推动清廉杭钢建设“5 + N + 1”评价指标体系做细做实、做出成效。

（三）多“面”助推清单管理

坚持问题导向、责任导向、效果导向，围绕重点任务和重要举措，制定具有实践性、可操作性的时间表、路线图，挂图作战、集中攻坚，以项目化管理方式推动各项任务落细落实。加强过程管理和监督检查，建立完善党委领导、纪委牵头和纪检监察、巡察、审计、风控、监事参与的“五位一体”大监督体系，如图 4 所示，对照清廉杭钢建设“5 + N + 1”评价指标体系，制定形成“一企一策”具体评价标准，推动清廉杭钢建设责任可量化、进度可衡量、质效可考评，层层传达压力，力争抓一项成一项，

图3 “四责协同”机制

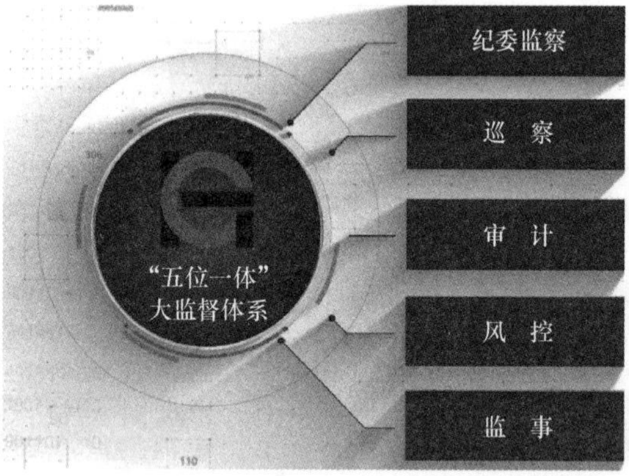

图4 “五位一体”大监督体系

加快打造具有各自企业特色的清廉国企建设的标志性成果，促进清廉国企建设和企业改革发展紧密融合、同频共振。

二、举措：“5+N+1”全面评价清廉杭钢建设

（一）系统谋划设计5类评价维度，压实“责任链”

（1）以政治生态是否清明评价管党治党严实度。从提高政治站位、强化政治担当、严明政治纪律等3项一级指标中具体细化出13条二级指标，主要看：是否坚持以党的政治建设为统领，把坚定拥护“两个确立”、坚决做到“两个维护”作为最高政治原则，深入实施铸魂溯源走心工程；是否坚决落实“第一议题”制度，完善党委理论学习中心组学习和巡听旁听制度，聚焦“国之大者”加强政治监督；是否全面落实“四责协同”机制，建立清廉杭钢建设责任共同体，通过大监督体系整合力量、共享资源、形成合力；是否严肃党内政治生活，抓好各级党组织“一把手”政治能力提升工程，

发展积极健康的党内政治文化。

（2）以机制体系是否清晰评价行权用权规范度。从权责公开透明、坚持依规行权、强化数字赋能等3项一级指标中具体细化出9条二级指标，主要看：是否建立健全监督管理机制、权力制约机制、责任追究机制，建立重大决策风险评估、专家论证等制度，编制企业、部门、岗位3项权责风险清单，完善廉洁风险动态排查机制；是否牢固树立全面依法治企理念，明确企业党委前置研究事项清单，推动“三重一大”决策科学规范民主高效；是否加快推进公权力大数据监督系统建设，构建“权力数字化、行权留痕化、异常预警化、监督集成化”的整体智治格局。

（3）以干部队伍是否清正评价监督制约严密度。从紧盯“关键少数”、规范选人用人、正风肃纪反腐、一体推进“三不腐”、强化日常管理等5项一级指标中具体细化出14条二级指标，主要看：是否建立对“一把手”和领导班子成员履责尽责的联系提醒和监督检查机制，健全“履责大约谈”机制，落实“清廉承诺进一线”机制；是否坚持党管干部原则，落实“凡提四必”，完善干部考核评价机制；是否严格落实中央八项规定及其实施细则精神，紧盯“四风”顽瘴痼疾开展正风肃纪经常检查和集中纠治；是否将正风肃纪反腐与深化改革、完善制度、促进治理贯通起来，强化“三不腐”叠加效应、增益效应；是否常态化开展理想信念教育和党性党风党纪教育，规范党员干部“八小时以外”行为，从严从实加强“全生命周期”教育管理监督。

（4）以从业环境是否清朗评价全面从严治党成效度。从亲清政商关系、党建双融共促、加强风险管控、维护群众利益、高效处置信访、共建共创共享等6项一级指标中具体细化出11条二级指标，主要看：是否规范国企领导人员廉洁从业行为，严格落实“六个严禁”49条行为规范，完善政商交往的正面清单、负面清单、倡导清单；是否发挥党建统领引领作用，深入推进“全企一体、双融共促”工程；是否健全党建统领问题管控机制，迭代升级“七张问题清单”应用；是否看住管好职工群众身边“小微权力”，有效防范国有企业发展中的风险；是否高质量办理检举控告，深入开展信访举报问题线索梳理排查；是否建立清廉杭钢建设“朋友圈”，实施“最大同心圆”工程，形成齐抓共促的良好氛围。

（5）以文化氛围是否清润评价廉洁文化浸润度。从文化阵地建设、清廉国企宣传、家风家教建设、开展警示教育等4项一级指标中具体细化出11条二级指标，主要看：是否打造新时代浙江国有企业廉洁文化教育（示范）基地等清廉品牌，构建清廉建设宣传体系和话语体系，举办各类廉洁文化群众性活动；是否分层次、分众化、分时段提升廉洁文化可及性和触达率，开展廉洁文化进企业进部门进车间进班组进项目进家庭进头脑“七进”活动；是否推广普及廉洁家教理念，注重家庭家教家风建设，增强知廉、学廉、倡廉、守廉自觉；是否综合运用“八个工作法”推进警示教育常态化制度化，做深做实查办案件“后半篇文章”，加强重要岗位人员法规和制度学习。

（二）把握特点制定N类个性指标，打好“组合拳”

为推进指标评价体系更加科学合理、契合单位实际，杭钢集团在建立通用5类评价维度22项一级指标60条二级指标的基础上，按照“因企制宜建设”的思路，指导下属单位编制具有各自特点、科学性操作性强、符合自身实际的个性化评价指标，对清廉国企建设进行定性定量综合评价，推动责任可量化、进度可衡量、质效可考评。在个性指标制定上也明确了三个原则：是否坚持问题导向，聚力纠治本企业群众反映强烈、廉政风险隐患较大的问题；是否提升清廉单元建设最小颗粒的精细度和饱满度，着力在建设清廉支部、清廉站所、清廉班组、清廉岗位、清廉工程等方面出成效、出经验；是否注重典型引路，培树勤廉先进典型、最佳案例，以点带面、整体推进，推动各级企业加大实践探索力度，形成可复制、可推广可借鉴的标志性成果。

（三）严明纪律明确1类反向指标，拧紧“总阀门”

抓好清廉杭钢建设，首先要推动各级党组织站在政治和全局的高度，将其纳入企业改革发展、党的建设通盘考虑、一体推进，突出政治担当、职责担当、能力担当。同时，也要明确禁止性标准，让下属单位有对照、可参考。为此，杭钢集团在制定共性、个性指标的基础上，也提出了1类反向指标，主要围绕三个方面：是否贯彻落实习近平总书记重要指示批示精神不力，或执行中央、浙江省委、杭钢集团重大决策部署不力，造成不良影响，被杭钢集团及以上部门通报；企业“一把手”或领导班子成员是否发生严重违纪违法；企业中层管理人员（包括下属控股以上子公司班子成员）是否发生严重违纪违法、造成不良影响等情况。

三、启示：一心同功绘就清廉杭钢建设“同心圆”

（一）以“硬监督”夯实清廉建设“软环境”

推进清廉杭钢建设做精做准，要突出监督重点，把清廉建设内容具象化，把保障习近平总书记重要指示批示精神贯彻落实作为首要任务，紧盯上级党组织重大部署、重点改革在国企的创造性落实、具体化落地情况，逐一制定工作清单，夯实基础性工作。如杭钢集团下属宁波钢铁有限公司（简称宁钢）在“5＋N＋1”评价指标体系的引领下，建立“涌淬廉心”工作体系清廉单元，通过读书思廉、网络宣廉、案例警廉、党课送廉、谈话促廉、制度管廉，实施“凝心铸魂”工程、“数字监督”工程、“实践淬火”工程、“文化浸润”工程、“警示护航”工程、“能力提升”工程，在各厂部创建14个廉洁阵地，打造具有宁钢特色的廉政谈话体系，把清廉建设要求融入具体业务工作中，不断促进小微权力运行和监督规范化、制度化，提升基层监督实效。

（二）以“小切口”打出清廉建设“组合拳”

清廉杭钢建设不是一朝一夕就能完成，要用好“深学习、实调研、抓落实”工作方法，紧盯重点人、重点事，抓住重点岗位、重点领域、重要工作、重点环节，找准小切口，完善监督项目，避免“上下一般粗”。同时，坚持“一竿子插到底”，推动清廉建设向三级企业“亮剑”，不让“偏远散小”单位成为“天高皇帝远的人间天堂”。

如杭钢集团下属浙江工贸职业技术学院持续深化“党建引领筑廉、法治强基固廉、监督管控护廉、严管厚爱促廉、作风提质塑廉、文化创新润廉”的做法，夯实各二级学院、各职能部门在“六强六廉”中的责任，持续推进依法治校，持续开展内部管理制度“废改立”工作，梳理校级小微权力事项26个，对工程建设、采购招标、资产出租、选人用人等开展“嵌入式”监督，连续4年开展作风建设师生满意度测评，连续13年开展“崇德向善　倡廉勤学”校园廉洁文化建设月活动，培育两批12家基层党组织为清廉单元示范标杆创建单位，擦亮“勤廉工贸”品牌。

（三）以“强担当”构建清廉建设“共同体”

推动清廉杭钢建设关键在人，要将清廉建设纳入下属单位党组织及其负责人履职考核的重要内容，增强对“一把手”和领导班子的监督实效，推动领导人员抓好贯彻落实。如杭钢集团下属浙江省环保集团有限公司就对浙江庆元抽水蓄能有限公司、浙江青田抽水蓄能有限公司两个重点项目建立“勤勉”+“五廉”举措，通过“勤勉”提质效、“送廉”树正气、“知廉”建制度、“诺廉”保落实、“考廉”见成效等五方面举措，要求项目负责人担起项目施工清廉建设主体责任，与从业人员、施工队、材料供应商等利益相关方签订廉政承诺公开书，对项目部人员进行廉政综合考核，通过述廉汇报、职工座谈和廉政测评等方式，全面了解掌握“述职述廉”对象在遵守纪律、廉洁履职、作风建设等方面的情况，进一步强化对项目党员领导干部的监督，清风护航“千项万亿”工程高质量建设，全力打造清廉工程。

高质量办案问题研究

——审查调查谈话策略与方法

河钢集团河北张宣高科科技有限公司纪委
许国新　庞　辉　闫海峰　杨志国　白　涛

一、审查调查谈话概念和作用

（一）基本概念

谈话是指审查调查人员依照法定程序采取言词交谈方式处置问题线索以及调查取证的一项措施。

（二）谈话作用

（1）促进思想转换——纪检监察机关是政治机关，坚决做到“两个维护”是最高政治原则和根本政治责任。审查调查的目的是通过对一个个犯错误的个体改造，实现党的自我净化、自我革命，增强党的先进性和纯洁性。只有把谈话对象的思想工作做通了，他才会真心认错改错，才不会走到党和人民的对立面。

（2）查清问题事实——谈话对象最清楚自己的问题，他转变思想主动讲问题，纪检监察机关就能更快地查清问题，如果不能还原事实，轻者影响定性，重者无法定案。

（3）获取关键证据——审查调查过程中使用最多，也是最难的就是谈话，特别是一对一的行受贿案件，取得谈话突破，是获取关键证据的重要方式。

（4）拓展问题线索——通过谈话达到中心突破的目的，可以进一步为外查提供方向，最终达到内审与外查相互促进，不断拓展的良好局面。

二、审查调查谈话的基本理念

一是实事求是。首先要尊重时间规律，谈话对象的思想转变需要一个过程，欲速则不达，谈话开始要从思想工作入手，建立双方信任，一步一步把谈话对象带进谈话中。其次要尊重意见表达，既听谈话对象的供述，又听谈话对象的辩解，充分尊重和理解谈话对象。最后要尊重事发过程，任何一个错误都有一个发生、发展和结束过程，谈话中不能割裂过程，要判断前因后果，把来龙去脉都问清楚。

二是依纪依法。第一要做到主体合法，谈话人员必须2人以上。第二要程序合法，严格履行相关制度，落实谈话安全要求。第三要内容合法，严禁以威胁、引诱、欺骗及其他非法方式收集证据。

三是重情重理。一要理法情相融合。把理讲透，把法讲明，把情贯通，要让谈话对象始终感念我们党“惩前毖后、治病救人”的政策，对党心存感激。二要触及灵魂。用政治洗礼、法纪教育、人文关怀、亲情感化等手段，触及谈话对象的思想、灵魂，不搞无原则高压谈。

四是有始有终。既要注重过程管控，又要注重结果管理；既要达到取证目的，又要注重感化效果。不能开始客客气气，谈心细致，一旦取证完成，则变得不耐烦，更不能未经批准胡乱许愿，开空头支票，谈完后不吭气，不认账。

三、审查调查谈话的注意事项

（一）合理组织谈话力量

谈话人员综合素质要高。选择谈话人员，要从以下几点考量：（1）政策水平、政治素养；（2）语言表达、察言观色；（3）理解意图、逻辑思辨；（4）社会阅历、专业知识储备。

谈话队伍尽量保持稳定。谈话队伍不稳定，会产生以下几点影响：（1）临时谈话人员很难胜任，容易陷入被动；（2）容易引起谈话对象猜疑；（3）谈话组内配合可能不到位。

谈话力量必须搭配合理。在搭配谈话人员时，要从以下几点考虑：（1）综合考虑问题性质、大小、难易及对象身份、作案手段等；（2）根据谈话人员性格、气质、风格、阅历、知识储备等因素，确立谈话人员职责分工。

（二）全面了解有关情况

详细了解基本情况：一是用实立案依据；二是用活工作资料；三是用足数据资源。

认真制定谈话方案和谈话提纲。谈话方案主要包括谈话目的、要求、时间、地点、组织领导、重点方法步骤、可能发生的意外、应对措施等。谈话提纲主要包括：谈话方式方法、谈话对象可能的辩解，应对对策，谈话中需要出示的证据，出示的时间和方式等。

尽快熟悉专业知识：一是熟悉掌握所谈案件可能涉及的纪法条规；二是对所谈案件可能涉及的专业知识、专业数据、社会信息等进行基本了解。

（三）高度重视谈话安全

采取留置措施后的谈话：要严格执行留置场所安全制度，保障谈话对象的饮食、休息等，谈话前要认真查阅留置记录，仔细了解谈话对象身体情况。

“走读式”谈话：一是充分了解谈话对象身体情况，配齐基本药物，建立医院绿色通道；二是注意谈话场所安全，根据实际，尽量选择专业谈话室；三是做好“手递手”交接，接送人员要保持相对固定；四是做好谈话后的减压，对于明显表现出心理压力巨大的谈话对象，要从单位、家属等多方面做好疏导。

（四）正确处理“三种关系”

内审和外查的关系：一要确保外查取证到位，为内审谈话提供帮助和支撑，切实加大调查取证力度，形成严密证据链条，主动为内审谈话提供线索和证据；二要全面进行核实，内审谈话突破后，外查要全面铺开，这一阶段，内审与外查的证据往往会有出入，要不断分析判断，逐渐查清事实；三要完善固定证据，内外围证据趋向一致后，要迅速进行固定，完成取证任务。

谈话和记录的关系：一是谈前认真准备，心中有数；二是谈中密切配合，良性互动；三是谈后仔细检查，确保无误。

主谈和副谈的关系：一是主谈和副谈要形成互补，双方之间高度互信，在谈话中形成“打拉结合”的良性局面，杜绝谈话人员全部施加高压，一般而言，谈话中主谈负责“拉”，副谈负责“打”；二是副谈的目的是烘托和强调主谈的权威性，让谈话对象不自觉地往主谈方面靠拢，积极争取主谈的信任和认可。

四、谈话对象心理及应对策略

（一）畏罪心理——纪法攻心

畏罪心理是由人趋利避害的本能所决定的，几乎存在于每个谈话阶段，谈话对象害怕受到司法追究，害怕“丢位子、丢面子、丢饭碗、丢自由”，从而心理产生强烈的恐惧。存在畏罪心理的谈话对象，不会轻易开口交代，即使交代问题也可能因为压力增大随时翻供。如何应对畏罪心理，首选策略是纪法攻心。

第一步，正反两面客观评价谈话对象：一方面严肃指出问题；另一方面充分肯定其在任职期间的付出和贡献。

第二步，从正反两方面运用法律政策武器：一方面深入讲解违纪违法行为的构成要件；另一方面耐心阐述政策纪律的从宽面，特别是领导首谈的时候，要注意从正反两方面破解谈话对象的畏罪心理，为其相信组织、依靠组织提供一个环境，指出一条出路。

（二）侥幸心理——证据攻心

侥幸心理是谈话对象基于某种盲目自信，认为逃脱惩罚的可能性很大，因此决定放手一搏，不愿意交代。如何破解侥幸心理，比较有效的策略是示之以据，基于政策，证据攻心，实践中要注意几点：

第一要把准出示时间，要攻其不备、出其不意，在谈话对象最没有思想准备时，出示证据，达到最佳效果；

第二要尽量采取暗示，不暴露出示证据的真实意图，不暴露掌握证据的底数，更多发挥证据“无形”的暗示作用；

第三要证据必须真实，不能说假话，这既是纪检监察工作担负使命的神圣性和职业的正义性所决定，也是教育感化谈话对象所必需。

（三）抵触心理——说理攻心

抵触心理是谈话对象认为自己没有构成违法犯罪，或者认为是组织故意在针对他，还有认为谈话人员说话不当，挖苦贬低自己人格，因此受到刺激产生不满和抵制等。针对抵触心理，较好的策略是摆事实、讲道理，说理攻心。这也是谈话中运用最普遍的策略，实际工作中要注意以下几点。

第一是不能空泛无据，要防止“讲了白讲”和“不如不讲”。“讲了白讲”即讲的道理不管用。比如空泛地读文件，没有结合实际解读，导致谈话对象没有入脑入心。“不如不讲”即讲的道理不对、不好，与实际情况不相符，失去谈话对象的信任。

第二是寻找合适时机，首先要学会倾听，倾听是最好的说服，既要听对方讲自己的问题，更要听对方讲自己的悲伤和痛苦、委屈和辩解，保持充分的耐心和尊重，建立起最基本的信任。其次要见缝插针、边谈边讲，使谈话对象感觉到谈话人员是在为他着想，心里更容易接受。

第三是正面回应矛盾，比如有谈话对象认为自己行为不构成违纪违法，要明确告知谈话对象，我们谈话的目的不是辩论其构成何种罪名，而是为了还原事实、讲清问题。

（四）戒备心理——感情攻心

戒备心理是谈话对象为了防备自己的问题被揭穿，同时担心得不到公正的处理，而产生一种防御的本能。应对戒备心理，首先是动之以情，在操作上要注意几点。

第一是言传不如身教，谈话人员要从日常接触的方方面面，让谈话对象感受到优秀品格，高尚人格，从而产生信任感。比如着装要严肃整洁，称呼是同志，谈话首先给谈话对象倒杯水，如果谈话对象年龄比较大，中间提醒起来活动活动等，通过真正的发自内心的尊重，赢得谈话对象的信任。

第二是适当顾及颜面，不能急于求成，要听对方辩解，结合谈话实际，寻找恰当时机进行深入谈话，防止戒备心理产生。

第三是注意场景的设置，通过声情并茂、富有感染力的讲话，赋予谈话立体感，迅速拉近双方关系。

（五）优势心理——威慑攻心

优势心理一般来源于较高的社会地位和较强的人脉关系产生的某种乐观自信。有的谈话对象认为自己职务高，影响大，有的认为自己关系多，后台硬。优势心理一旦产生，往往处于最前端，排在畏惧、侥幸等心理之前。具有优势心理的谈话对象，往往不是想着以良好的态度获取从宽处理，而是寄希望于各种关系脱案，因此对抗性最强。但是任何事物都有两面性，这种心理比较脆弱，属于外强中干，一旦被攻破，往往会产生很好效果。操作层面注意以下几点。

第一要因人施威，首先谈话人员与谈话对象职务要有一定的匹配性，面对具有优势心理的谈话对象，要选沉稳干练，气场强大，不怒自威的同志与其谈话。其次要做好领导首谈：一方面显示出领导对谈话的重视；另一方面可以抬高谈话人员的地位，压住谈话对象的气焰。

第二要针锋相对，对谈话对象的嚣张气焰，坚决予以回击，展示出谈话人员绝不妥协和成竹在胸。

第三要分化瓦解，促使谈话对象重新评估“关系网”和“保护伞”，对所谓“关系”产生怀疑和动摇，最后选择配合。

（六）悲观心理——利益攻心

悲观心理是谈话对象感觉自由无望、前途渺茫，内心产生深深的绝望，同时也听不进道理，对于结果已经无所谓，从而不愿意交代问题。对于悲观心理的人，实践中注意几点：

第一是许之以利，切中对方关切，围绕他最在意、最在乎、最关心的许利，让他看到希望，振作起来；

第二是许利要能兑现，一定要符合党纪国法，不能诱供、骗供；

第三是许利要把握时机，一定要在对方最需要得到利益的时候效果最好，切忌谈话初期急于许利。

五、结束语

做好审查调查谈话是高质量办案的核心，是对纪检监察干部工作能力最直接的检视，纪检监察干部谈话素质的提升涉及领域多、培养周期长，要做到善打斩关夺隘的“攻坚战”，会打分化瓦解的“心理战”，敢打短兵相接的“遭遇战”，强化政治自觉、强化纪法素养、强化斗争精神，坚定不移沿着习近平总书记指引的方向，以彻底的自我革命精神加强自身建设，打造纪检监察铁军，真正做到让党中央放心、让人民群众满意。

以“穿透式”监督保廉增效促进企业高质量发展

济钢集团有限公司纪委
刘永军　王广海　孙　超　王法国　张国强　王　颖

2022年10月16日，习近平总书记在党的二十大报告中指出：“腐败是危害党的生命力和战斗力的最大毒瘤，反腐败是最彻底的自我革命。只要存在腐败问题产生的土壤和条件，反腐败斗争就一刻不能停，必须永远吹冲锋号。坚持不敢腐、不能腐、不想腐一体推进，同时发力、同向发力、综合发力。”党内监督是最重要的监督，是有效预防腐败的关键，济钢集团有限公司（简称济钢集团）纪委以习近平新时代中国特色社会主义思想为指导，着力在“穿透式”监督上探索创新、实现突破，把监督工作做实做到位，推动监督前移、监督下沉，监督于问题未发之时，使党员干部时刻紧绷纪律之弦，充分发挥“监督保障执行、促进完善发展”作用，为济钢集团高质量发展保驾护航。

一、济钢集团纪委探索开展“穿透式”监督情况

（一）强化政治监督的穿透性，推进具体化精准化常态化

深化运用“一台账、两清单、双责任、双问责”监督机制，完成济钢集团线下、线上政治监督活页建设，设立台账清单，精准明确责任，突出“关键少数”，实现穿透式政治监督。完成2023年度专项巡察，紧紧围绕集团公司“质量变革”中心任务，以风险防范为重点，加强对权力运行的全面监督和重点工作的穿透监督，着力发现在履行全面从严治党政治责任、落实济钢集团党委工作要求、企业经营管理和巡察审计整改等方面存在的问题。被巡察的12家党组织按时完成巡察反馈问题整改任务。

（二）强化日常监督的穿透性，提升监督质效保障发展

做细日常监督，聚焦“心智行”有机统一，严格落实党内谈话、述责述廉、约谈、函询等党内监督制度，将思想教育做在经常、融入日常，与组织部门联合印发《关于开展领导干部“心智行赋能谈话”的通知》，激励先进、鞭策落后，广泛凝聚高质量发展强大合力。探索建立“四不两直，政策落地”监督体系，印发《明察暗访工作规定

（试行）》，推动各项政策落地落实。实施逢提必考、逢提必核“双必工作法”，确保干部队伍源头清水。

做实精准监督，运用“全周期管理”理念，一体推进“三不腐”，紧盯权力集中、资金密集、资源富集的领域和岗位，严肃查处贸易、销售、财务等领域以权谋私、以岗谋私违纪违法行为；聚焦经营管理26项禁令、混改10项严禁、营销领域12条纪律等禁戒律实施精准监督，严查快处“质量变革”过程中各种违纪违法行为，真正让铁规发力、让禁令生威。

做精重点监督，紧盯“关键少数”，将“一把手”和班子成员作为监督重点，精准运用监督执纪“四种形态”，特别是第一种形态，通过提醒谈话等方式让“红脸出汗”成为常态，对苗头性问题，及时主动约谈，筑牢全面从严治党“第一道防线”。聚焦空天信息产业、卫星总装、特种汽车研发中心建设等7项省市重点项目，进行“嵌入式”监督，对监督任务进行细化分工，及时掌握项目建设第一手资料，帮助解决项目建设中遇到的困难和问题。

（三）强化执纪执法的穿透性，做好案件查办“后半篇文章”

强化以案促改促治，运用“全周期管理”方式，做深做实监督检查和审查调查“后半篇文章”，印发《“一案三报告一建议”制度实施方案（试行）》《加强和规范纪检监察建议工作办法》，构建起“一案三报告一建议”“三必发四不发五同时”机制，将查办案件同提高公司治理水平贯通起来，形成“剖析-总结-整改”全链条闭环，推动破解案例背后深层次矛盾问题，堵塞制度漏洞，防止责任缺位，把不敢腐的强大震慑效能、不能腐的刚性制度约束、不想腐的思想教育优势融于一体，一体推进不敢腐、不能腐、不想腐同时发力、同向发力、综合发力，不断释放审查调查、系统施治、标本兼治综合效应，实现查处一点、教育一片、警示一面、治理一域的效果，形成“不能腐”的约束，提升纪检监察工作服务中心大局的质量和水平。

加强对党员干部的严管厚爱，做好对受处分处理党员干部的关爱回访工作，通过关爱回访，帮助受处分处理人员正视错误、吸取教训，唤醒其对组织的信任，消除顾虑，变“有错”党员干部为“有为”党员干部、“观望”党员干部为“担当”党员干部，突出关爱回访工作的教育、管理、监督、关爱作用，真正做到“惩前毖后，治病救人”，激励受处分处理人员卸下包袱、重拾初心、担当作为。积极运用澄清正名机制，加大对诬告陷害行为打击力度，鼓励干事创业，精准运用“12573”容错纠错机制，推动追责问责精准化、澄清正名制度化、跟踪回访常态化，为高质量发展积聚力量。

高质量编发《每周一题》，强化党员领导干部党内法规制度的学习，严肃党内法规制度的执行；依托“党校基地＋廉洁资源”教育载体，采取多种方式加强纪法宣教和警示教育，分层分级开展警示教育，特别加强年轻干部和新入职学生的教育管理监督，引导扣好廉洁自律“第一粒扣子”；开展以案释纪专题警示教育，增强“不想腐”的自觉。

（四）加强组织机制建设，推动构建大纪检工作格局

创新实施纪检监察干部“联系点”工作，实现“双提升”。针对如何进一步提高监督质效，解决二级单位纪检组织和纪检干部不会监督、不善监督问题，创新纪检监察干部联系点工作，明确穿透监督、服务赋能、调查研究、经验推广、提升能力五大任务，实现以上率下、上下联动、同向发力、综合发力开展纪检工作，实现监督治理效能和纪检监察干部能力素质双提升。印发《纪检监察干部联系点工作管理办法（试行)》。

深化“大纪检”工作格局，运用“小切口”工作机制强化专项监督，积极探索“调研式、下沉式、嵌入式、联动式”监督新模式，印发《深化运用“小切口”工作机制提升“质量变革”和高质量发展专项监督工作成效的实施方案》，坚持问题导向，围绕生产经营和作风建设重点、难点、痛点问题和群众急难愁盼问题，精准确定22项“小切口”选题，制定专项监督方案组织实施，发挥二级单位纪检组织“全天候、近距离、常态化”监督优势，以“小切口”实现“大治理”。

（五）加强廉洁文化建设，打造“淬廉济钢”品牌

落实好廉洁文化建设“七个纳入”的具体要求，深入挖掘济钢集团廉洁文化资源，打造有特色、有深度、有品位的“淬廉济钢”品牌；丰富载体形式，开展“创建‘淬廉济钢’品牌，护航高质量发展”主题宣教活动，组织廉洁征文、廉洁文化展，编发《新时代济钢廉洁文化手册》；健全廉洁宣教机制，常态化开展廉洁宣传教育；加强阵地建设，打造廉洁文化示范阵地，提升廉洁文化标识度；把廉洁文化建设纳入企业改革发展总体布局，深化细化“四责协同”；推动廉洁教育融入家庭日常生活，涵养廉洁齐家之风，充分发挥廉洁文化浸润的正向引导作用，营造风清气正的良好政治生态，以廉洁文化建设的实际成效助推济钢集团高质量发展。

二、济钢集团纪委“穿透式”监督存在的不足

（1）纵向穿透方面，对权属单位监督的广度、深度、力度还有差距。权属单位试点建设政治监督活页，还未全面展开，运用“一台账、两清单、双责任、双问责”监督机制和政治监督活页促进高质量发展效果不够明显；对权属单位的经营、贸易、财务、库存管理等环节精准监督穿透深度不够，以权谋私、以岗谋私等行为仍未杜绝。

（2）横向穿透方面，日常监督还存在漏点和盲点，监督合力还没有充分凝聚。对“关键少数”特别是权属单位“一把手”的监督还有盲点；纪检监察监督与审计、财务、监事等监督力量贯通协同不够，在问题线索通报移送、信息沟通、人才协作、措施配合、成果共享、保障落实等方面还有差距。

（3）自身建设方面，纪检干部梯队建设亟待优化；有的纪检干部专业历练不足、知识储备不厚，履职能力需进一步提升。

三、深化以“穿透式”监督推进企业高质量发展的建议

（一）用好政治监督活页，发挥政治监督统领作用

持续细化推进《关于建立“一台账、两清单、双责任、双问责”政治监督活页机制实施办法》，不断总结经验、优化做法，以“双问责”推动落实“双责任”，在试点成功的基础上逐步在济钢集团权属单位全面推开政治监督活页建设，推动政治监督具体化、精准化、常态化。

做好济南市委巡察反馈问题整改工作；持续强化对“关键少数”特别是权属单位“一把手”的监督；不断优化政治生态评价办法及评价指标，建立起“分析、研判、改进、提升”政治生态优化体系，立体全面、科学具体、客观准确研判济钢集团和基层单位政治生态状况，为强化作风建设、弘扬“两敢”精神、优化干事创业氛围找准着力点。

（二）贯通协同各类监督，凝聚合力构建大纪检格局

推动上下贯通协同，强化市地企合作，深入运用“1 +3 + N”联合办案新思维，增强办案力量；以“小切口”专项监督课题为切入点，通过清单式管理、项目式推进、销号式落实，进一步发挥二级单位纪检组织作用。

推动左右贯通协同，深化纪检监督、巡察监督、审计监督、财务监督、监事会监督“五类监督”的有机融合，不断建立完善问题线索通报移送、信息沟通、人才协作、措施配合、成果共享、保障落实等6项贯通协同机制，着力构建互联互通、系统集成、协同高效的“大纪检”格局。

（三）聚焦心智行有机统一，提升纪检干部素质能力

加大对纪检监察干部及巡察工作培训力度，努力打造一支政治过硬、本领高强、纪法严明、作风优良的纪检铁军。深化“深学习、实调研、抓落实”工作年活动，增强履职本领，锤炼过硬作风。学习《济南市纪委监委机关监督执纪执法工作规范》、指南及文书式样，熟练掌握纪律要求、程序规定、工作流程。开展纪检监察法规应知应会测试，采取灵活多样形式，督促纪检监察干部把党纪法规学在平常、融入日常。坚持“每月一会、每会一学、每学一考”，注重抓基础、强基层，持续提升纪检监察干部队伍素质。持续加强作风建设，激励、鞭策纪检监察干部以“拼搏的精神、战斗的姿态、冲锋的勇敢”积极投身到建设新济钢的各项工作中。

国有企业工程项目领域廉洁风险防控探索与实践

酒泉钢铁（集团）有限责任公司纪委
谢政晨

作为甘肃省属国有企业，近年来，酒泉钢铁（集团）有限责任公司（简称酒钢公司）抢抓“十四五”大发展机遇，先后规划实施多个重点工程项目，面对工程项目数量多、投资额度高、领域分布广、权力运行风险大等诸多特点，酒钢公司纪委深入贯彻落实中央纪委、甘肃省纪委第三次全体会议有关国有企业腐败问题整治的精神，聚焦工程项目领域的立项审批、招标投标、发包分包、项目管理、竣工验收、工程结算等重点环节廉洁风险，强化监督执纪问责，采取了一系列行之有效的措施，着力构建工程项目廉洁风险“防护网”，为廉洁项目高效实施提供坚强保障。

一、开展工程项目廉洁风险防控的重要意义

从近年来各级纪检监察组织查处的涉及国有企业工程项目严重违纪违法案件看，领导干部成为被围猎的重点对象，官商相互勾结进行利益输送，腐败涉及链条较长，形式手法较为隐蔽，这些腐败问题若得不到有效整治，势必严重啃食人民群众的获得感、破坏社会公平正义、影响国有企业和地方社会经济高质量发展。因此，开展工程项目领域廉洁风险防控意义重大。

（一）这是护航创建世界一流企业的现实需要

工程项目是国有企业推进产业基础高级化产业链现代化的重要支撑，是落实“双碳”目标、“三化”改造和绿色转型发展的有效手段，加强工程项目廉洁风险防控，防止工程上马、干部下马问题发生，是国有企业纪检监察组织的职责所在、使命所系，有利于维护国有企业利益，促进国有企业高质量发展。

（二）这是推进工程项目领域腐败治理的重要要求

工程项目是腐败问题易发多发领域，具备资源富集、资金密集、权力集中多种要素条件，针对各环节存在的廉洁漏洞以及风险，国有企业纪检监察组织抓早抓小、防微杜渐，对存在的违规违纪违法问题进行严肃查处，有利于遏制腐败问题滋生蔓延，

维护公平公正的市场竞争环境。

（三）这是提升工程项目管理能力的有效路径

工程项目优质廉洁、高效运行对国有企业的发展至关重要，强化监督执纪问责，督促工程项目做好堵漏洞、补短板、强弱项、防风险等工作，有利于促进国有企业工程建设项目高效、安全、廉洁运行。

二、工程项目中存在的主要风险

（1）立项审批环节：主要存在负责项目决策的领导干部，擅自简化决策程序或者绕开集体决策程序，项目前期可研、论证等工作不扎实，造成项目投资预算失真或形象工程、政绩工程；项目审批部门盲目服从领导安排，没有落实相关决策程序，违规办理立项、评估、开工相关手续等风险。

（2）工程发包环节：主要存在领导干部利用手中权力和职务影响力，通过说情、干预、打招呼、暗箱操作或充当工程掮客等方式，里勾外连，在招投标中标中帮助自己亲属或特定关系人承揽工程，搞权权交易、权钱交易、权色交易等风险。

（3）项目实施环节：主要存在相关企业中标后，将工程项目层层肢解、层层分包给无资质或低资质的施工队伍，或领导干部插手项目材料的采购供应，从中谋取私利，导致工程项目质量低、拖欠农民工工资等风险。

（4）工程验收环节：主要存在发包单位相关人员失职渎职、吃拿卡要，建设方在项目验收过程中向发包方相关人员进行利益输送，发包方验收走过场、不尽责，虚增工程量，套取工程款，导致问题工程正常交付使用等风险。

（5）资金拨付环节：主要存在发包方与建设方合谋，通过伪造资料领取工程款，在资金拨付方面说情打招呼，多付工程款、超计划进度支付工程款或恶意拖欠工程款等风险。

三、酒钢公司工作探索与实践

（一）精准开展政治监督，始终把稳工程项目的正确方向

坚决扛牢“两个维护”政治使命，深入贯彻落实党中央、甘肃省委重大决策和省纪委工作部署，坚持把党的领导融入工程项目各方面各环节，对标政治监督要求，从制度执行、决策落实、履职尽责、权力运行等方面，细化 41 项政治监督具体内容，完善重大事项沟通协调机制，及时向酒钢公司党委通报工程项目监督中发现的普遍性、倾向性问题，把推动问题解决和促进项目发展贯通起来，切实发挥全面从严治党引领保障作用，确保工程项目投资决策不偏向、不走样、不落空。

（二）强化关键环节监督，有效防范事前事中事后廉洁风险

坚持科学性、必要性、技术性、经济性相统一原则，围绕工程项目可研、规划、

审批、建设、评估等关键环节，督促党委会、董事会、总经理各治理主体完善权责边界、决策范围、决策流程和衔接运转程序，事前强化调查研究、征求意见、研究论证、风险评估、合规审查，事中强化联合会审把关、完善交易平台监管、加大资金预算管控、开展项目专项审计，事后全面梳理潜在的风险点，发布工程项目立项审批、招标投标、发包分包、项目管理、竣工验收、工程结算等环节风险控制清单180余项，积极推进相关问题整改，做到各环节风险可管可控。

（三）突出“一把手”和“关键少数”监督，规范权力运行监督和制约

紧盯工程项目各级“一把手”和“关键少数”行权用权，坚持把建章立制、规范流程、制度执行作为监督约束权力运行的一项重中之重的工作来抓，出台《加强对“一把手”和领导班子监督的方案》，开展工程项目制度“大起底”，先后修订完善《固定资产投资项目管理制度》《项目建设管理制度》等制度50余部，对权力运行做出可视化的工作指引，形成全方位、多层次、全覆盖、无死角的监督体系，推动制度更加完备、权责更加清晰、流程更加规范、监督更加有力，切实把权力运行监督制约工作融入制度流程、融入日常管理。

（四）做实日常监督和专项监督，推动工程项目治理更加规范

酒钢公司纪委连续三年印发有关工程项目监督、廉洁风险防控的监督方案，明确监督内容、落实监督责任、细化监督措施，按照分层分级管理思路，动态调整公司级监督项目和厂矿级监督项目，紧盯工程项目中存在的倾向性苗头性问题，纪委常委和室主任分片包抓，通过专项检查监督、线索排查监督、蹲点联系监督、提醒约谈监督、预防工程领域腐败专题辅导等方式，常态化对工程项目人员开展日常监督和教育，发现问题及时咬耳扯袖、约谈提醒，发放《工程建设领域党风廉政建设学习资料及腐败典型案例汇编》等警示教育读本3000余册，督促项目部和主责单位规范管理、堵塞漏洞、防范风险。

（五）保持惩治工程项目领域腐败高压态势，一体推进“三不腐”

围绕工程项目中肢解工程、围标串标、违规分包、挂靠资质等突出问题，重拳出击、强力整治，严肃查处通报失职失责、违规决策、靠企吃企、利益输送、权力寻租以及违反中央八项规定精神等行为，坚决斩断“围猎”与甘于被“围猎”的利益链条，坚决破除权钱交易关系网，消除腐败问题滋生的土壤和条件，强化“不敢腐”的震慑。坚持查处整改治理相结合、监督办案警示相贯通，扎实做好“后半篇文章”，每年组织工程项目领导干部、关键岗位人员参加的警示教育大会，用身边人身边事和片中人片中事教育工程项目人员廉洁从业、廉洁自律，为工程项目人员在思想上画出红线、在行为上明确界限，增强“不敢腐”的约束。扎实开展党纪学习教育，督促工程项目人员自觉用党的纪律规矩校正思想和行动，做到在学纪上用心用力，在知纪上融会贯通，在明纪上知界知止，在守纪上严之又严。深入推进“廉洁酒钢”建设，推动

廉洁文化进项目、进班组、进家庭，发挥廉洁文化“润物细无声”的作用，推动廉洁文化入耳入脑入心，不断提升工程项目人员遵规守纪、廉洁自律意识，筑牢“不想腐”的思想。

（六）有效运行“六位一体”大监督体系，形成监督合力

用好“大监督”委员会联席会议机制，把工程项目监督纳入工作重点，前移监督关口、下移监督重心，选派经验丰富的巡察专员进驻重大工程建设项目进行蹲点监督，定期听取工程管理等相关职能部门和项目负责人关于廉洁风险防控工作推进情况汇报，研究协调解决存在的突出问题，切实把纪检、巡察、财务、审计等各类监督资源有效统筹到一起，发挥合力监督作用。

四、工作启示

酒钢公司纪委在开展工程项目领域廉洁风险防控工作探索实践过程中，形成了以下几个方面的工作启示。

（1）必须加强党对工程项目的全面领导。深入贯彻两个“一以贯之”要求，切实把党的领导、党的建设贯穿于工程项目各领域全过程，始终保证国有企业沿着正确的政治方向前进。

（2）必须扛牢管党治党政治责任。坚持严的基调、严的措施、严的氛围，严肃查处工程项目领域违规违纪违法问题，推动“惩防治”有效贯通、一体发力。

（3）必须从机制上防范化解廉洁风险。牢牢守住不发生重大风险的底线，健全完善工程项目管理制度，强化权力运行监督制约，不断消减腐败现象的生存空间和滋生土壤。

（4）必须推动“大监督”发挥作用、形成合力。坚持党委统一领导，发挥纪检监督、监察监督、巡察监督、派驻监督作用，推动审计、财务、法务、监事会等各类监督贯通融合，切实将监督优势转化为治理效能。

五、结束语

综上所述，开展工程项目廉洁风险防控是推动国有企业高质量发展的重要路径，国有企业纪检监察组织肩负重要责任和重大使命。酒钢公司纪委将在今后的工作实践中，持续探索完善更加适应新形势、新任务、新要求的工程项目廉洁风险防控机制，以“清廉之力”赋能廉洁项目，推动酒钢公司加快创建世界一流企业，实现更高质量的发展。

大数据助力查办违规违纪案件的实践与思考

中国宝武新余钢铁集团有限公司纪委
刘东明

随着信息科学和计算科学的发展，互联网得到普及，大数据作为时代产物应运而生，成为最重要的资源之一。近年来，中国宝武新余钢铁集团有限公司（简称新钢集团）深入推进改革发展，朝着高端化、智能化、绿色化、高效化方向迈进，奋力打造“数智新钢”。同时，纵深推进全面从严治党和反腐败斗争，以“数智新钢”建设为引领，聚焦“一切业务数字化”，加快推进平安新钢视频系统建设，为纪检监察工作安上数字化反腐的追踪“天眼”，相继查处违规运输焦化危化品案件，某单位废钢验收管理员利用岗位便利弄虚作假给予废钢供应商照顾等系列违规案件，发挥大数据监督作用，有力惩治了违规违纪行为。纵观这些违规违纪案例，如果单凭传统的方式开展案件线索核查极为费时费力，发现难、取证难、打击更难。因此，纪检监察部门应充分认清新形势下违规违纪行为的发展变化，加快推进纪检监察信息化建设，建立完善大数据信息库，助力提升办案效率，开创纪检监察工作新局面。

一、新形势下大数据信息系统建设的必要性

全球知名咨询公司麦肯锡提出：“数据，已经渗透到当今每一个行业和业务职能领域，成为重要的生产因素。”大数据最核心价值优势就是对海量数据进行存储、挖掘和分析，其借助云计算等技术手段，在信息监测、舆情预警及政企服务等各个方面、各个领域将发挥极大作用，并受到社会各界的高度重视。推进数字化建设是提升企业现代化管理的有效举措，是扩展大数据技术应用的关键一环。近年来，新钢集团加快推进数智新钢建设，发挥科技创新引领作用，积极探索运用大数据查处违规违纪案件，取得了立竿见影的效果，进一步印证了大数据在助力纪检监督方面的有效作用。

（一）有助于及时发现违规违纪线索

以往新钢集团对重点项目、重点领域主要是通过专项审计、台账查阅、走访调查、信访举报等传统手段来发现问题线索，不仅耗时耗力，而且往往难以达到过程监督效

果。而通过大数据监督可以对监察对象相关的海量数据进行自动收集、智能挖掘和关联分析，及时发现、查纠苗头性、倾向性问题，改变过去监督滞后等问题，变被动监督为主动监督，变事后监督为事前监督。如加强原材料采购、产品销售等领域的监督管控，将招投标等各工作流程纳入数据管理平台，可以通过实时监测比对数据变化和异常情况，从中发现可能存在的各类违规违纪行为，及时堵塞管理漏洞，防止企业利益遭受损失。

（二）有助于防范日常监管漏洞

运用大数据技术可以实现对权力运行风险的过程监督，通过对海量数据的自动统计、比对分析，对异常情况进行实时预警及推送，可智能筛查异常数据，锁定问题线索进行精准处理。另外，通过大数据监督平台，还可对监督责任实行清单式管理，如新钢集团完善监督管理模式，对选人用人、大额资金使用、费用报销、评优评先、招投标等均采取线上流程审批模式，全过程流痕，实时可查，避免了纸质审批的单一性，也消除了长时间纸质管理易篡改或遗失的问题，使各个流程清晰、责任明确，形成PDCA闭环管理，较好地解决了责任分解不清、检查流于形式、追责缺乏依据的难题，有效地堵塞了监管漏洞。

（三）有助于推动党风廉政建设标本兼治

大数据监督平台通过数据分析，可定期对平台数据进行可视化、模块状展示，形成各单位党风廉政建设和反腐败工作大数据量化结果，帮助各级党委及时发现工作不足和存在的廉政风险隐患，加以精准施治。同时，运用大数据对日常监管中的薄弱环节和漏洞进行分析，可预测出廉政高危风险点、腐败滋生重点区域等，企业可有针对性地健全监管机制，压紧压实党风廉政责任。如近年来新钢集团纪委将各单位党员干部、廉能风险岗位人员信息全部录入纪检监督对象信息平台，实时动态管控，进一步筑牢廉政监督屏障。

二、当前惩治违规违纪行为面临的形势和挑战

近年来，新钢集团纪委始终保持严的基调、严的措施、严的氛围，不断加强党风廉政建设和反腐败斗争，对违规违纪行为“零容忍”。2023年度新钢集团共有160名违规违纪人员受到党纪、政纪、组织处理，党风廉政建设和反腐败工作不断取得新的成效，企业纪检监察工作总体形势向好。但是，通过对近年来查获的案件梳理剖析，一些违规违纪人员反侦察意识越来越强，手段愈加“高明”，作案手法愈加隐蔽，给纪检监察人员查办案件增加了极大的难度，这成为当前纪检监察工作亟须破解的课题。

（一）实施主体团伙化

从彼此利益勾结进展到团伙违纪。如新钢集团纪委接到群众信访举报，对辖属某单位加工配送作业区发运验收岗位部分人员“吃拿卡要”问题进行核查，核查发现该

发运验收岗位部分人员利用岗位便利，在装运业务中以为司机提供车辆配送服务为由，向装运司机索取装车费。最终该验收岗位 20 余人因违规违纪分别受到党纪、政纪处分，4 人被解除劳动合同。通过案件分析梳理，该案中涉事人员利用工作之便牟取不当利益，相互掩护，互相通气，久而形成了一个利益共同体，往往一时难以攻破，易使案件调查陷入僵局。

（二）获利敛财间接化

通过对近年来查获的有关案例分析，一些违规违纪人员采取间接获利敛财的手段花样翻新，变相受贿行为也越来越隐蔽。如在新钢集团纪委查处的文某陵违纪违法案件中，文某陵为了逃避纪检部门查处，将所收受的现金在管理服务对象处投资入股，由管理服务对象代持股份，间接获取利益。而在面对纪检办案人员调查时，文某陵自以为查无实据，拒不主动交代违纪事实，给案件核查造成一定困难。

（三）对抗调查诡秘化

违规违纪人员往往在向公共利益伸手的时候，就已经想到如何应对东窗事发。他们的作案手段日益诡秘、狡猾，具有很强的防范意识和对抗意识，甚至在接受纪检人员问话前就已经确定攻守同盟，做好串供准备，这就给案件调查造成极大阻力。如新钢集团纪委在核查某相关方人员是否违规办理门禁手续时，相关方人员相互通气，矢口否认违规事实，一副“死猪不怕开水烫”的样子，给纪检人员核查取证造成极大难度。又如，在查处的文某陵案中，文某陵在收受供应商贿赂后，为了掩人耳目，制造还钱的假象，将收受的钱款转回到供应商的账户，再由该供应商取现金给文某陵，文某陵再将现金藏匿家中，以此逃避办案人员的追查。

（四）违规行为智能化

违规违纪人员由过去利令智昏、不计后果的“冲动”型，转变为处心积虑、预谋在先的“智能型”。他们在学习和研究法律后，再将此运用于违规违纪活动中，以此来化解风险、逃避打击。如新钢集团纪委查获的某脱硫剂供应商弄虚作假案例，该供应商从与业务挂靠单位签订的购销合同入手，专钻合同条款的漏洞，通过弄虚作假、篡改数据等手段，规避惩治风险，从中牟取非法利益，此种行为纪检人员在执纪办案时往往一时难以察觉。

三、借助大数据惩治违规违纪的有效途径和方法

随着科学技术的飞速发展，大数据逐步在各个领域大力推广应用，在给人们工作、生活提供便利的同时，也留下了相关活动痕迹。面对改革发展新形势、新任务，作为企业纪检监察部门，应未雨绸缪、统筹推进纪检监察数字化建设，织密纪检监督数字化网络，充分依托大数据还原涉案人员的活动轨迹，有效预防和惩治违规违纪行为，筑牢企业廉政防线。

（一）完善视频监控建设，织密纪检监察“天网”

视频监控的适用范围非常广泛，在不触犯个人隐私的前提下，通过安装视频监控设备，人们的行为轨迹不经意间就可被角落的多双“眼睛”监控并被保存起来，当纪检监察部门查办案件时，这些大数据就能为其提供有效线索。近年来，新钢集团大力推进平安新钢视频系统建设，厂区近万个视频监控覆盖各厂矿车间、治安重点区域等场所，不仅维护了厂区平安，也为查处案件提供了协助。如新钢集团纪委曾接到举报，某单位职工曾某违反劳动纪律，经常迟到、早退和旷工，该职工在接受纪检工作人员问话时，矢口否认其违反劳动纪律的行为，后在纪检工作人员向其出示门禁通行监控视频及相关后台数据时，曾某才如实交代了违纪事实，最终依规受到处理。可见，关键时候让监控数据说话，往往能使违规违纪人员无从狡辩、突破防线。

（二）建立数据库，增强纪检监察工作主动性

随着万物互联、云计算、大数据等信息科学和计算科学的发展，收集、存储各种数据也变得更加容易。对此，作为企业应乘势而为，创新管理手段，针对新形势下高智商犯罪、智能化作案等复杂特点，按照统一规划、分步实施、一体推进要求，顶层设计搭建企业内部大数据平台，积极探索建立违规违纪、贪污腐败案例数据库，对各类违规违纪行为进行统计分析，研究其产生、发展、演变的规律，找出它们之间的关联性，破解案件线索核查的难题。如近年来，新钢集团针对物资采购、检验、监装等岗位发生的“微腐败”行为进行归纳梳理，深入分析“微腐败”产生的原因，了解掌握各廉洁风险岗位发案的特点和规律，查找各个管理环节中存在的漏洞，制定相关应对措施，一一录入案例数据库，为今后在排查廉洁风险隐患、查办类似案件时提供信息检索和方向指导，达到精准施治效果，大幅提升了纪检工作效率。

（三）畅通信息渠道，建立完善纪检监督体系

随着移动互联网的普及，QQ、微博、微信等社交软件的使用，形成了一个巨大的数据库，这无疑为侦破案件提供了线索渠道和信息来源。作为企业监察纪检部门，应借助网络的力量，建立专门的网络信息员队伍，负责收集、甄别、整理相关信息线索，为纪检监察部门提供决策参考。同时，可参照各级人民检察院的网络举报平台、全国纪检监察举报网站等平台模式，在企业内网设立专门的举报平台，为举报者提供更安全、更便捷的举报途径。如新钢集团利用企业局域网，专门开辟“新钢家园”论坛，允许职工匿名对损害企业利益的违规违纪行为举报，同时要求各部门遵守保密纪律，严禁任何部门、单位查询举报人真实姓名及所在单位。同时，新钢集团还建立有奖举报制度，以此调动职工群众检举揭发违规违纪行为的积极性，有利于形成群防群治廉政监督合力。

（四）加强企地共建共享，形成纪检监察强大合力

出于保密要求等原因，一些政府部门和机构虽然拥有大量数据，却并未与企业实

现全方位共建共享，导致数据信息交换不通畅，使企业在办案时多地辗转收集信息，陷入被动局面。作为企业，要转变观念，解放思想，主动加强与地方政府部门的沟通联系，打破“数据壁垒”，加强数据信息交换和共享，实现跨部门、跨领域、跨地区协同管理和良性互动。如近年来，为有效预防和惩治职工酒驾、醉驾及涉黄、赌、毒等违法犯罪行为，新钢集团纪委深化地企共建，加强与地方纪检监察部门和公、检、法、司等行政执法部门的密切联系，定期沟通有关情况信息，及时了解掌握新钢辖区违法违纪发案形势及职工违法情况，做到早发现、早应对、早处置，及时堵塞管理漏洞。同时，企业通过地方各部门相对成熟的大数据技术，不断扩大企业“信息蓄水池”，使纪委在查办案件时，能依托地方各部门的信息支撑，减少人力物力成本，进一步提高办案效率，实现快捷、精准查办案件，牢牢把握住纪检监察工作主动权。

南钢智慧风控智慧监督平台探索

南京钢铁集团有限公司纪委
王　芳

一、背景

（一）项目背景

党的十八大以来，以习近平同志为核心的党中央高度重视国有企业发展，习近平总书记就国有企业改革发展和党的建设发表一系列重要讲话、部署一系列重大举措，为新时代国有企业事业发展指明了前进方向、提供了根本遵循。习近平总书记在有关重要论述中，对提升治理效能、强化资产监管、转变企业风气、惩治腐败行为等重大问题做出系统阐释，提出明确要求，这是全面从严管企治企的思想指引和行动指南。二十届中央纪委第三次全体会议工作报告指出，加快构建数字纪检监察体系，深入推进大数据、信息化建设，着力解决数据重复填报等难点堵点问题，以科技赋能正风肃纪反腐各项工作。

1. 面对不确定性环境，推动企业发展行稳致远

在经济新常态下，随之而来的是更多难以预知的困难和风险。随着南京钢铁集团有限公司（简称南钢）发展战略的深入推进，2016 年南钢双主业协同发展，规模持续扩大，业务类型与业务范围不断拓展，分公司和子公司的数量日益增多，组织架构日趋复杂，这使得南钢面临的战略风险和经营风险与日俱增。传统的风控监督做法难以适应企业高质量发展的需要。在这一背景下，以大数据建模分析为基础的智慧监督体系管理建设显得尤为关键。它不仅是企业治理体系和治理能力现代化的核心组成部分，更是企业高质量发展的重要保障。为了全力推进企业治理体系和治理能力的现代化，需将智慧监督体系视为夯实企业高质量发展的重要手段。南钢通过智慧风控智慧监督一体化平台的建设应用，进一步提升治理水平和风险防范能力，助力企业加快实现转型升级和高质量发展，推动符合新时代中国特色现代企业制度要求的内部控制和风险管理机制的建立。

2. 应对钢铁行业风险挑战，解决传统监督痛点

钢铁行业业务流程繁复、与上下游产业链联系紧密，且企业资产庞大，这些因素

都极大地增加了钢铁企业在风险防范方面的难度。传统的监督方式在钢铁行业面临着多方面挑战：一是管理者对企业运营风险掌握不够精准，导致决策过于依赖经验；二是线下流程不仅烦琐，而且占比过大，使得内部控制效率低下；三是大量数据未得到有效利用，信息偏差导致风险管理存在盲区；四是廉洁风险的防控手段单一，难以及时堵塞漏洞、遏制损失蔓延；五是缺乏掌握数字化技术的复合型监督管理人才，这导致了智慧监督能力与高质量发展要求之间的不匹配，制约了智慧化监管体系的发展。面临着五大痛点问题，现有的风险管控机制已无法适应钢铁行业高质量发展的迫切需求。

3. 立足南钢数字化战略，推动高质量发展

近年来，南钢加快数字化转型，围绕“一切业务数字化，一切数字业务化”的创新实践，各个业务领域实现信息化、数字化建设，正向着“数字业务化”方向迈进。数智化创新既带来了机遇，又面临着挑战，新场景、新业态带来新风险。因此，董事会和高管层对于准确掌控各类风险的需求愈发迫切。尽管南钢在风控监督管理方面已打下坚实基础，但“事前、事中”风控管理的手段和力度还不够，风险的预防性手段不足，尤其是在风险数据的采集、识别和评估方面，能力亟须进一步提升。基于上述背景，南钢决定先行先试，积极构建智慧风控智慧监督一体化平台，该平台旨在强化“预防”与“监督”并行，建立风险预防、过程监督、管理赋能及整改闭环的监督工作体系。

（二）信息化基础

1. 顶层数字化战略规划

在全面从严治党的要求下，社会对反腐败工作的支持和相关法律法规的完善，为智慧风控智慧监督一体化平台的建设提供了良好的外部环境。中共中央纪律检查委员会、中华人民共和国国家监察委员会信息化工作规划中，明确要求积极适应新一轮科技革命和产业变革带来的深刻变化，整体推进纪检监察信息化建设，发挥信息化驱动、保障作用，为依规依纪依法履行好纪检、监督职能提供有力的科技辅助和技术支持。

南钢主动推进数字化战略，保持压强式的投入，自“十二五”规划实施以来，已累计投资超过35亿元。南钢围绕“一切业务数字化，一切数字业务化”的创新理念，成功构建了以“数据治理 + 工业互联网”为核心的双轮驱动技术架构，并形成了独具南钢特色的“产业智慧化”和“智慧产业化”的双重竞争优势，成为国家首批“数字领航”企业，是行业转型升级示范标杆。

经过多年的迭代升级，目前南钢已经实现了“研产供销服”以及运营支撑领域全数字系统覆盖，从生产、运营、办公等方面构建工业 App 51 个、线上沉淀数据规模已达 700 TB，实现核心数据资产入户率超 70%。

2. 工业级大数据深度治理

截至目前，南钢已建立起智慧采购一体化平台、招标平台、工程管理系统、智慧销售一体化平台、废钢智能验收平台、检化验系统等一系列先进的信息化平台，基本

实现了各业务领域的信息化与数字化升级。南钢所推行的“一切业务数字化”战略，不仅为构建智慧风控智慧监督一体化平台奠定了坚实基础，更为打造具有南钢特色的智慧监督模式提供了强大的信息化支撑。

南钢在行业内率先开展了全面的数据治理工作，目前已完成了生产、质量、销售等九个业务领域的数据治理，成功形成了一张覆盖6100张数据表、包含29万OT点的数据资产地图，充分激活数据价值。例如，南钢融合了内部生产经营数据与上海钢联商业性数据，创新推出了黑色市场智慧分析系统，这一系统为公司采购、销售等核心经营活动提供了强有力的决策支撑。同时，通过建设的DHR系统，对16家子公司的组织和人事管理模块进行了统一整合。

3. 人工智能技术的应用

数字化技术、数据分析和人工智能等先进手段，能够显著提升业务工作的智慧化水平。例如，基于区块链技术构建智能招标系统，实现招标过程的无人化、智能化、自动开评标及推荐中标人，确保招标过程不可篡改及评标结果的真实可信。此外，通过引入外部启信宝、天眼查等平台数据，能够结合内外部数据实现风险的精准识别。

基于精细化管理的数字化手段，利用聚类算法、分类分析、自然语言处理等高级数据分析技术和人工智能算法，实时监控业务流程，精准识别潜在风险点，可以从海量数据中挖掘出隐藏的模式、趋势和异常行为，从而实现对风险的早期预警和主动干预（如质量性能预报）。因此，南钢将数据驱动的实施经验复制至纪检监督领域，构建风控、纪检的数据模型，通过无感监督，能够更为有效地识别和精准管控风险。

（三）制度与机制保障

南钢在推进企业高质量发展与数字化转型的征程中，构建了一整套严谨且高效的制度与机制。为了对关键项目进行宏观指导并实现资源的优化配置，南钢特别设立了由高层领导与部门核心成员参与的月度大调度会议，从而确保项目进展的高效与顺畅。此外，南钢还建立了月度信息化工作例会制度，聚焦项目中的重大问题与决策，不仅加强了信息流通与跨部门合作，还提升了项目管理的透明度和响应速度。项目周例会使得各个项目组能够在每周的固定时间，对项目的进展情况进行详细的汇报与讨论，有助于及时发现并解决项目执行过程中的问题，确保项目团队成员之间的信息共享和协同作战，并对项目下一阶段的工作进行规划和部署，确保项目能够按照既定的时间节点有序推进。针对项目中具有重大影响或紧迫性的事项，南钢还特别设立了关键事项督办机制，设立专门的督办小组或指定专人进行跟进，确保这些关键事项得到及时有效处理，避免因延误或疏忽而对项目整体造成不利影响，同时，对项目的执行情况进行监督和考核，确保项目团队成员能够按照既定的要求和标准完成工作任务。

（四）信息化人才配置

南钢组建了一个包含46名行业专家的智库平台，专家凭借深厚的行业知识和前瞻性视角，为公司的战略规划、技术创新和风险评估提供了宝贵建议，提升了企业的战略决策质量和水平。为了确保项目成果的持续优化和创新，南钢还建立了一套严格的项目后评估体系，该体系对已完成项目进行全面回顾和综合评价，为公司未来的发展提供了坚实的数据支撑和实战经验。

南钢纪委办和审计部分别设立了数智室，两个科室人员既有IT背景也有业务背景，在确保所有信息化监督活动安全性和数据的保密性的前提下，负责将智慧监督需求与IT技术相结合，以提高监督工作的效率和前瞻性。此外，通过为监督人员提供技术培训和支持，他们能够熟练、高效地运用平台，充分利用其功能来执行日常监督工作，从而提升监督执纪的标准化和精准性。

这一系列制度与机制的优化完善，不仅强化了南钢内部管理的规范性和效率，更在推动企业数字化、智能化转型的进程中起到了重要作用，巩固了其在行业内的领先地位，为实现智慧监督提供了强有力的保障。

二、明确建设目标

（一）愿景与目标

南钢智慧风控智慧监督一体化平台制定了项目愿景与目标，为后续项目建设指明方向。平台愿景是以“一切业务数字化，一切数字业务化”为战略指引，聚焦关键业务领域，利用大数据分析技术，整合端到端数据进行分析研判，构建贯通全流程、全要素的智慧监督体系，为打造南钢“两个生态”发挥信息化驱动、保障作用。

平台以成为“江苏省纪委智慧监督的标杆示范”“中央纪委数字化应用示范项目”为总目标，整合南钢业务信息化数据资源，将纪检与关键业务领域数据融合，通过数据挖掘与研判，发现线索和问题，提高办案效率，为实现智慧监督、智慧办案、智慧管理提供支撑。

依据项目总目标，制定了业务目标和技术目标，业务目标包括“及时、全面、精准发现问题、整改问题”“堵塞管理漏洞”“挽损、反舞弊”“注重廉洁及业务风险的事前和事中防范”等。技术目标包括“风险动态监测、实时预警推送”“廉洁问题实时排查”“风险全量分析”等。旨在强化“预防”与“监督”并行，建立风险预防、过程监督、管理赋能及整改闭环的监督工作体系。最终实现“让数据来站岗、让平台来守望”要求，确保监督工作的智能化和高效化。

（二）确定实施路径

以问题为导向，基于“三道防线”职责，确定南钢智慧风控智慧监督一体化平台实施路径。一是建设纪检监督数据采集、清洗方式，实现与业务信息系统的互联互通，二是监督要嵌入业务信息系统流程，三是导入大数据智能分析工具，重点围绕南钢采购、销售、工程、设备等关键领域的风险点，以大数据分析为基础建立预警模型，充分识别、收集相关风险数据，形成风险数据库，建立重要业务活动的监督矩阵，制定相应的风险防范措施和预案。通过及时采集各业务信息系统内的相关数据，结合启信宝等第三方征信数据，运用大数据分析、云计算等新技术、新方法，快速建立招投标、采购、废钢、工程等领域数字化模型，模型自动识别风险。从而形成集风险因素敏捷监测分析、智能预警反馈、及时督促整改的南钢智慧风控智慧监督一体化平台。

（三）强化组织保障

为推进智慧风控智慧监督一体化平台建设，南钢成立由党委书记、董事长挂帅的智慧监督建设领导小组，为高效推进协同建设提供组织保障。领导小组是平台建设的决策机构，下设业务小组，成员由各职能部门主管领导和专家构成；设置项目推进办公室，由纪检、审计及信息化主管部门构成，负责项目推进、监督工作落实等工作。各小组明确职责，协同共建，不断提升智慧监督的深度和广度。

三、项目建设历程

（一）必要性分析

面对海量的监督数据和复杂的监督环境，传统手段已无法满足高效率和高准确性的工作需求。建设数智化的监督系统是提升纪检监督工作能力的必要选择，对构建科学、高效和透明的监督体系起到关键作用。

（1）南钢各业务流程复杂，涉及领域广泛，风险点较为分散，传统监督手段全面性不够，通过南钢智慧风控智慧监督一体化平台的建设覆盖招采、废钢、营销、设备、生产等主要领域相关系统。

（2）在风险模型建设初期，简单的规则模型触发预警需要人为参与分析，单一的模型已不能适应智慧监督的要求，目前预警模型建设工作已提出了较多复杂的、组合的、技术要求更高的业务场景，例如组合投标模型分析、供应商串标分析、人员关系分析等。同时，对于一些需要大量重复人力的工作，需要引入高级算子模型，优化模型展示结果，用程序替代风控、监督人员的重复劳动，让风控、监督人员将工作时间投入到其他更有价值的监督当中。

（3）沉淀的监督执纪经验需进一步固化，提升模型的精准度和覆盖面。认为线下监督专业性难以面面俱到，较难掌握各类生产管理、设备管理、销售管理等流程中的具体细节，拟运用各领域的专业经验将风险以模型方式进行固化，旨在能够及时、精准发现风险。

（4）以监督执纪问题的发现倒推南钢业务领域流程的优化改进。通过智慧风控智慧监督一体化平台的建设及运用，发现各业务信息系统中的断点、堵点及信息化流程中的漏洞，推动各业务系统的流程优化。发挥“治已病、防未病”的作用，通过审计、纪检及业务部门协同运作，不断加强企业管理、创新工作方法，优化工作流程，提升工作质量，更好地发挥平台赋能作用。

（二）可行性分析

（1）数据可行性。南钢在全面数字化转型进程中，已实现从生产到运营到管理，全要素数据的汇集，形成南钢数据湖，实现数据共享和业务互通，为智慧风控智慧监督一体化平台全过程、全要素提供数据条件。

（2）技术可行性。南钢已建立了优良的网络基础构架和合理的算力资源，为信息系统的实施打下了良好的基础。南钢纪检及审计部门前期开展大量的调研、试验工作，明确智慧风控智慧监督一体化平台的实施目标、思路、规划，并在平台建设过程中积累了大量经验，在此基础上融合引用业务端模型，引入外部技术力量，为平台的建设提供可靠的技术支撑。

（3）系统应用可行性。南钢前期进行的纪检监督需求梳理，培养了高素质的员工队伍。南钢领导高度重视智慧监督数字化工作。从长远来看，平台能够显著降低人力成本，提高监督工作效率，经济效益显著，这些都为此次项目奠定了良好的应用基础。

（4）安全可行性。南钢智慧风控智慧监督一体化平台采用 B/S 的应用模式，保证数据传输畅通以及系统的稳定安全。日常管理中实施严格的数据安全政策、数据保密规定，确保所有数据和文档资料全部提交保存在服务器端，用户通过权限的设置进行访问，保证数据的安全性与保密性。

（三）项目建设功能

依托南钢数字化转型基础，构建了一套全方位、深层次、广覆盖、全链条的智慧风控智慧监督一体化平台。平台包含智慧纪检和智慧风控两大核心子平台，建设了包括纪检风控业务系统、数据分析系统及智能工具场景运用等功能。平台累计投入 1646 万元。通过 OT + IT 的深度融合，以及对纪检、风控业务的深度理解，不断迭代更新。平台主要实现了以下功能。

（1）数据专项采集与管理。集成多源数据，制定数据标准，保证数据的完整性和一致性。对关键业务领域数据进行专线治理与分析呈现，将业务数据根据监督执纪要求进行重构，支持多维度查询和汇总分析，为实现多表查询，实时、便捷进行数据分析提供精准的数据基础。通过“业务专线数据 + 纪检监督分析”的模式，实现业务领域数据分析研判，让监督从普遍撒网向精准监督转变。

（2）纪检主责业务信息化。以信访举报为龙头牵引，建设覆盖信访举报、案件管理、统计分析的信访案管系统；建设日常监督、专项监督、廉洁档案等功能的主责主业系统，实现了纪检工作线上化管理。

（3）多维数据分析处理。运用数据挖掘技术，建设数据分析系统，辅助发现案件线索。通过将招采、废钢等全流程数据进行提取和治理，通过画像、风险地图、数据分析查询等功能，实现各领域数据分析，为具体办案信息收集提供支撑。除了内部数据，通过引入启信宝、天眼查等外部数据，为监督执纪提供多维数据支撑。

（4）关键风险预警。构建风险模型，实时监控潜在风险。重点围绕供应链环节，建立分析模型，做实线上监督，实现业务全流程数据追溯、数据血缘关系呈现、业务风险预警等功能。平台共开发 201 项预警模型，在招采、工程、物资、质量、销售等关键领域实现监督全覆盖，平台通过预警触发为企业线上监督工作提供重要线索和依据，促进发现问题、整改问题的闭环，充分发挥风险管理与监督的预防性作用，促进“三道防线”的相互协同。

（5）建立供应商画像。通过呈现网内供应商基本情况、供货范围、中标率、流标率，并在线调用启信宝的信用等级、法律诉讼记录、财务健康状况等多维度模型及预警信息进行分析评估后，实现供应商风险画像。

（6）关键岗位人员画像。建立招标员、采购员画像，打通廉洁档案、DHR、业务等系统数据，将其基本信息、亲属情况、业务开展、风险命中情况、违规违纪等数据汇聚，将异常现象聚焦到具体人。如某招标员分管的项目是否经常出现流标，在评标过程中是否按规定执行，有无提前或延时开标的情况等。

（四）项目创新性

（1）创新智慧监督文化。依托项目，平台通过实时监控、数据可视化等技术手段，强化了日常监督执纪成效；开展宣传、培训、沟通、交流，增强了员工的责任意识。让智慧监督的理念渗透到每一人、每一项工作中，逐渐形成“每个人都是一道监督屏障”的企业智慧监督文化。

（2）业务与监督深度融合。在融合过程中加强上下联动和横向协作，打破部门壁垒，借助信息化手段，不断创新工作方式，优化工作流程，规避企业风险。通过建立关键业务领域数据分析专线，对该领域相关的监督要素进行分析研判；引入企业分析研判子系统，实现公网数据同步查询。通过“业务数据＋建模分析”的模式，实现业务领域数据有效快捷分析，达到监督从普遍撒网向精准监督转变效果。

（3）关键领域线上监督全覆盖。南钢智慧风控智慧监督一体化平台运用大数据分析建模，不再局限于单个模块，而是以信息系统的连接为基础，以价值链为核心，将南钢组织活动的各个模块串联起来，上至管理层，下至某一制度的建立，实现关键环节线上监督全覆盖。

四、项目成效

（一）赋能监督执纪，成为纪委问题线索新来源

南钢充分发挥全要素数据智能分析能力，强化“预防”与“监督”同步，将监督执纪与业务活动充分融合，建立智能预警处置流程，通过“预警-排查-线索移交-调查核实”方式实现风险识别及闭环管理。近一年识别并报送南钢纪委问题线索49项，经排查存在中标单价异常、中标率异常、供应商同源等问题，处置拉黑围串标供应商6家，内部人员教育提醒4人次，平台预警已成为纪委问题线索一个新的重要来源。

（二）管理能力显著提升，稳固企业发展根基

通过南钢智慧风控智慧监督一体化平台的建设，充分发挥数智化监督的建设性和预防性作用，提高了监督效率。站在为企业战略服务的角度上，充分利用大数据、人

工智能、云计算等信息化技术，实现内外部数据的智能收集，风险的智能评估，预警模型的实时跟踪，准确洞察各类风险，为决策提供有效支持，为发展目标的实现保驾护航。平台的建设实现了“三个转变”，即推动日常监督从普遍撒网向精准监督转变、从一对一监督向 N 对 N 监督转变、从线下监督向线上监督转变。

（三）经济效益提升明显，助力企业创收增效

平台实现了监督模型数据的监测分析、提供预警反馈、督促整改的智慧监督方式，形成闭环管理。通过模型的跟踪，实现事前智能预判知风险，事中刚性执行控风险，事后纠错整改降风险效果。自投用以来，平台触发预警信息 15000 余条，堵塞漏洞 91 项，挽回损失 660 万元，预防损失发生超 1.5 亿元以上，拉黑违规供应商 29 家，对相关领域的生态净化起到积极作用。真正做到了发现一批线索、查处一类问题、治理一些领域、教育一批干部。

（四）明晰三道防线职责，发挥各自防火墙作用

明确业务单位为廉洁风险第一责任，强化业务单位合规意识，加强业务端风险预警管理，闭环业务风险；强化审计监督的“第二道防线”建设，将风险管理关口前移，实现垂直化风险穿透，全流程风险防控；明确纪检“第三道防线”的监督定位，通过数据分析、预警再监督等方式，提高“第三道防线”的监督力。

（五）助力南钢数字化转型，挺起钢铁工业智能化脊梁

通过大数据技术手段，将务虚的评价标准转化为具体的数据模型，将概略判断转变为精准评价，结合智能化的风险管控和监督改进流程，有效地应对南钢风险的复杂性和不确定性增加的压力，助力南钢转型升级。目前智慧风控智慧监督一体化平台已见成效，在国家、省市获多项荣誉，发明专利及多项软件著作权，包括全国第 28 届管理创新成果大赛一等奖、工业和信息化部第三届工业互联网大赛三等奖、冶金行业创新成果评比一等奖、第三届“中国廉洁创新奖”提名奖等。

南钢智慧监督管理体系，站在为南钢增加价值的高度思考监督体系发展，运用信息技术实现智慧监督，成为企业经济运行的自我“免疫系统”与“防火墙”，保障企业“两个生态”建设，为实现企业战略目标保驾护航。并以此为基础，努力提升不断完善，成为钢铁行业转型发展智慧监督最佳实践，为中国智能制造的智慧监督体系树立行业标杆，挺起钢铁工业智能化脊梁。

五、平台复制与推广

南钢智慧风控智慧监督一体化平台具有较好的通用性和可复制性，其模型可与其他数字化平台相结合，并能根据不同地区和部门的具体需求进行调整和优化，具备在全国范围内推广的条件和潜力。

根据南钢实施经验，从业务调研至上线运行，实施周期预计需要 8 个月左右。值

得注意的是，监督平台对业务的覆盖程度取决于企业的数字化基础和数据质量，因此在模型的数据适配和调试时间上也会存在一定的弹性。

在实施过程时，可采用统筹规划、分步实施的策略，以招采系统为试点，针对供应链等敏感环节加强数据分析与预警监督，实现风险前置管理，形成效果后再向其他业务线推广。任何数字系统的建设和推广都需要一个过程，以南钢为例，也经历了5年4次迭代，逐步形成数据驱动的智慧监督模式。在智慧监督体系的建设过程中，数智化部门与纪检、审计部门的通力协作至关重要。为此，组织上需成立数智监督推进小组，负责共同收集统计经营与生产数据专线的接入范围，深入完成相关业务的数据治理工作，并主导监督模型的设计与开发，以确保平台的可持续运营。

浅谈整治和纠正国有企业群众身边的不正之风和腐败问题

酒泉钢铁（集团）有限责任公司纪委
杨　波

国有企业发生在群众身边的不正之风和腐败问题，损害的是职工群众的切身利益，啃食的是职工群众的获得感，挥霍的是职工群众对组织的信任和认同；群众身边的不正之风和腐败问题如果得不到有效整治和纠正，势必损害党和国有企业的公信力，严重影响党群干群关系，危及基层稳定，可谓“吸血”不多、其害“如虎”。对此，习近平总书记先后在十八届中央纪委第六次全体会议、第七次全体会议上提出“推动全面从严治党向基层延伸”“惩治群众身边的不正之风和腐败问题”等明确要求，表明了坚定的治党决心，彰显了鲜明的问题导向。近年来，酒泉钢铁（集团）有限责任公司（简称酒钢集团公司）深刻领会习近平总书记关于作风建设和反腐败斗争重要论述的核心内涵，按照中央纪委、甘肃省纪委有关部署要求，把推动全面从严治党向基层延伸，把惩治群众身边的不正之风和腐败问题作为重要的政治任务，坚持将深化“微腐败”整治作为解决群众身边的不正之风和腐败问题的具体举措，以畅通监督渠道为基础，以保持惩治高压为抓手，以全面压实责任为重点，持续营造强有力的震慑氛围，广泛凝聚齐抓共管的整体合力，不断增强职工群众的获得感和满意度，不断夯实党的执政根基。结合酒钢集团公司工作实际，针对整治群众身边的不正之风和腐败问题浅谈粗略看法。

一、群众身边不正之风和腐败问题的表现形式

国有企业群众身边的不正之风和腐败问题，绝大多数都是围绕人事、薪酬、项目、资源等管理事项发生的。从国有企业和酒钢集团公司近年来查处通报的有关问题来看，主要有五种表现形式较为突出。

（一）“不办事、耍官威”，作风粗暴

“全心全意依靠工人阶级办企业”的理念树立不牢固，主动服务意识不强，办事效率不高，政策落实不好，没有及时跟进解决职工群众急难愁盼的问题；对职工群众的需求诉求漫不经心、无动于衷；门好进、脸难看、事难办，在职工群众面前耍官威、

趾高气扬、冷脸相向；工作不注意方式方法，工作态度简单粗暴，甚至打骂、言语侮辱下属等问题。

（二）“不作为、慢作为”，懒政怠政

面对任务碌碌无为，佛系应对，见到工作“两手一摊”，直接“躺平”，碰到问题“两眼一闭”，选择“摆烂”；落实上级工作要求把说了当做了、把做了当做成了、只喊口号“唱空城”，贯彻落实没下文；接到急难险重任务时，挑三拣四、推脱绕躲、拈轻怕重“做样子”，回避矛盾“绕弯子”；漠视群众利益，对员工合理诉求消极应对、推诿扯皮；执行制度不力，弄虚作假，搞假资料、假数据、假业绩，欺上瞒下等问题。

（三）“小公权、大任性”，以权谋私

分配和发放职工群众工资奖金、福利待遇、奖品物品等时，随意克扣、截留侵占、私分乱发或分配不公；在选人用人、评先选优、岗位聘任等工作中“托熟人”“打招呼”等违规干预；在安全生产、质量把控等方面，随意进行考核通报，以罚代管，故意刁难被检查对象；以需要通融打点之名，索要财物侵占职工群众利益等问题。

（四）“巧立名、谋私利”，吃拿卡要

业务对象不给好处不办事或给了好处乱办事，吃拿卡要、收受礼品礼金；虚列业务、虚增单价、虚开发票等谋取利益；在婚丧嫁娶、孩子满月、考学上学、个人重大事项等问题上，不如实报告，变相要求下属赠送礼金“随份子”；在产品质量验收、物资出厂计量、出门证开具等环节内外勾结、利益输送；在工程项目建设中接受监管对象宴请等违反中央八项规定精神的问题。

（五）“劫公利、济内戚”，优亲厚友

对自己关系亲近的亲朋好友“特别关照”，给予超出原则“好处”；工作安排、岗位调整违反相关规章制度优亲厚友；在单位工程项目招标、设备采购过程中，提前泄露应当保密的与招投标活动有关的情况和资料，让亲戚朋友参与招投标，并成功中标；利用手中权力，与“裙带”结成利益群体，违规办理、审批相关手续等问题。

二、整治和纠正群众身边不正之风和腐败问题的具体做法

（一）传导压力，推动责任落实

酒钢集团公司从解决基层履职意识淡、领导力度小、责任追究软等问题入手，以明责、担责、督责、问责为主线，着力构建权责对等的责任分解机制、动态高效的责任落实机制、科学有序的责任考核机制和程序规范的责任追究机制，不断健全基层全面从严治党的领导体制和工作机制。一是健全制度划分“责任田”。研究制定《关于落实党风廉政建设党委主体责任和纪委监督责任的实施意见》《酒钢集团公司党委落实党

风廉政建设主体责任清单》《关于落实党委班子其他成员“一岗双责”的实施办法》等十余项制度，把党风廉政建设责任制与党员领导干部担负的岗位职责有机结合，以制度的形式固化下来，为“两个责任”的落实立规矩、画硬杠。二是坚持以上率下牵住“牛鼻子”。认真履行党风廉政建设主体责任，酒钢集团公司党委坚持在党委常委会上专题研究党风廉政建设和反腐败工作。加强对全面从严治党工作的宏观领导，每季度安排酒钢集团公司纪委对信访举报、执纪审查、作风建设和主体责任落实情况进行综合汇总，深入分析党风廉政建设和反腐败斗争面临的形势任务、存在问题以及工作建议，向酒钢集团公司党委做专题报告，使党委更加全面、更加具体把握全公司党风廉政建设工作发展大局。三是督办落实架起“车辕子”。认真执行责任书签订、“一把手”约谈、述责述廉等制度，层层传导压力。酒钢集团公司每年组织基层单位党政主要领导开展述责述廉，现场接受评议、检验履责成果，不断增强履责意识。近年来，酒钢集团公司纪委主要领导坚持深入厂矿面对面听取党委书记、纪委书记落实“两个责任”情况报告，当面肯定成绩、指出不足、传授方法、传导压力，督促基层党委和纪委切实把责任扛在肩上、抓在手上、落实到行动上。四是严格考核拖紧“牛缰绳”。探索制定《关于落实党风廉政建设主体责任考核评价办法》，按照职能机关、经营单位、费用成本单位、服务保障单位4个类别，有针对性地确定考评内容、标准，实现考评指标的差异化、考评事项的具体化、考评主体的多元化，不断强化考核结果运用，有效发挥考核“指挥棒”作用。五是强化问责执好“牛鞭子”。认真贯彻《中国共产党纪律处分条例》《中国共产党问责条例》等规章制度，注重在纪律审查、重点督查、专项检查、集中整治中查找责任缺失、履责不力，造成影响和损失的问题，强化责任追究。通过重锤敲、严问责、真兑现，持续释放有责必问、问责必严的强烈信号。

（二）强化教育，营造良好氛围

酒钢集团公司坚持以德治党与依规治党相统一，教育引导党员干部自觉培养高尚的道德情操，自觉抵制不良风气。一是创新开展“党员纪律日”活动。为搭建抓早抓小、咬耳扯袖新平台，全面加强对党员干部的纪律宣传教育，唤醒纪律意识，酒钢集团公司纪委在全公司创新开展了以“学、诺、谈、教”为主题的“党员纪律日”活动。在坚持宣传教育常态化的基础上，每年开展两次集中活动，第一次在“七一”前后，作为庆祝党的生日系列活动重要内容；第二次在12月4日前后，纳入全国法制宣传日总体框架，以集中活动检验和带动日常活动。活动期间，自下而上开展了《中国共产党纪律处分条例》《中国共产党廉洁自律准则》《中国共产党纪律检查机关监督执纪工作规则》等内容的学习和廉政作品征集评选活动。分经营板块分批次组织“一把手”携家属召开“当好贤内助、涵养好家风”座谈会，不断强化家庭助廉，促进良好家风养成。二是注重运用新媒体平台强化宣传。为广泛动员干部职工深度参与群众身边不正之风和腐败问题的专项整治，营造全员参与的浓厚氛围，酒钢集团公司充分利用“报、微、屏、网、端”等新媒体平台针对整治活动进行宣传，确保专项整治内容及时、准确、完整地传达到每名职工，全方位传递不正之风和反腐败整治的讯息。基层单位微信公众平台廉政建设板块一改以往纪检组织板起面孔教育人的方式，注重采编信息丰富化、表达形式多样化、语言转换亲民化，在单位范围内引起强烈反响。三是加强廉洁文化建设。全力推动以“六进四清三融入”为主体架构的新时代酒钢廉洁文化体系建设，酒钢集团公司纪委制定《廉洁教育实施方案》，坚持“一季度一主题”开展廉洁教育活动。近三年，组织召开全公司党员领导干部警示教育大会 8 次，编印《酒钢纪检》10 期，组织各级党组织分批次观看《国企反腐警示录》《国企蛀虫》等警示教育片，坚持向新提拔和进一步使用领导干部赠送“五份廉政礼物”，警示各级党员干部从违纪违法案件中吸取教训、引以为戒。扎实开展廉洁从业教育，编印《基层“微腐败”典型警示教育汇编》发放至全公司科级以上的党员领导干部，教育党员领导干部恪尽职守、担当作为、廉洁从业。

（三）常抓不懈，持续整治“四风”

酒钢集团公司坚持一个节点一个节点坚守、一件事一件事整治、一个阶段一个阶段推进，着力纠治公款送礼、公款吃喝、公款旅游、公车私用、借婚丧喜庆事宜敛财等“四风”问题，顶风违纪露头就打，典型问题通报曝光，持续形成震慑。一是紧盯关键节点，着力整治节日不廉洁问题。紧盯年假节点，每逢元旦、春节、“五一”、端午、中秋、“十一”，以及结婚、升学高峰期，都通过下发通知、制发通报、发送廉政短信、签订承诺书等方式，重申、强调有关纪律和要求，并对形式主义官僚主义问题、公款吃喝、公款送礼、收受礼品礼金、损害职工利益、违反劳动纪律等问题进行明察暗访。2024 年，酒钢集团公司纪委成立工作组共对 31 家基层单位和 19 处市区高档酒店进行了 4 轮次抽查，通过抽查持续释放严管作风的强烈信号，强有力督促党员干部树牢纪律和规矩意识，进一步促进作风建设常态化。二是以“酒杯中的奢靡之风”专项整治为突破口，深挖“四风”隐形变异问题。深刻认识“酒杯中的奢靡之风”的严重危害，准确把握由风及腐、风腐一体的演变规律，切实提高觥筹交错背后可能存在的互通款曲、拉帮结派等政治风险的警惕性，不折不扣落实好政治责任，坚持党性党风党纪一起抓，对作风建设苗头性倾向性问题见微知著、及时防治。开展专项整治以来，酒钢集团公司纪委立案处理 3 人，对 20 人给予谈话提醒、诫勉谈话，通报典型问题 7 起。三是从严规范操办婚丧喜庆事宜，以优良的党风政风带民风社风。针对婚丧喜庆事宜大操大办，铺张浪费、借机敛财之风刹而不绝，严重增加职工群众负担的问题，印发《酒钢集团公司关于严格规范领导干部办理婚丧喜庆事宜的实施办法》，明确了婚丧喜庆事宜参与范围和操办标准，严禁领导干部违规动用公共资源、邀请管理服务对象等，并通过媒体平台进行广泛宣传，形成社会舆论。同时增加了操办婚丧喜庆事宜要执行事前事后双报告的规定，对违反规定的严肃查处，增强制度的严肃性和刚性。

（四）严惩腐败，保持高压态势

酒钢集团公司坚持以零容忍的态度严惩群众身边不正之风和腐败问题，确保力度不减、节奏不变、尺度不松，用最果断的措施减少存量，用最坚决的态度遏制增量，切实增强职工群众在反腐败斗争中的获得感。一是精心组织，形成合力。酒钢集团公司纪委成立纪委主要领导为组长，纪委监察专员办公室、党委巡察办公室、党委组织部等部门为成员单位的群众身边不正之风和腐败问题专项整治工作组，负责惩治群众身边腐败问题的组织领导和综合协调工作。充分发挥“大监督”体系作用，建立党委统一领导、纪检监察、监事会、财务、审计、法务、巡察协调联动的“六位一体”大监督格局，每季度牵头召开监督委员会联席会议，切实发挥主管监管部门力量和优势，前移监督关口，保障企业各项决策部署落地见效。二是专项整治，精准发力。对职工群众反映强烈、问题突出、腐败现象易发多发的领域实施专项整治，发现问题立行立改，及时查处，建章立制，堵塞漏洞，达到查处一个领域、净化一片空间、教育一批干部的目的。2022 年以来，酒钢集团公司先后对人事薪酬、物资采购、工程建设、医疗领域以及基层作业长班组长作风建设等方面职工群众反映强烈的突出问题开展了专项整治，特别是按照中央纪委、甘肃省纪委的安排部署，深入开展了医疗领域腐败问题的专项整治，用严明的纪律为整治群众身边的不正之风和腐败问题提供了坚强的保证。三是重拳出击，严查严处。酒钢集团公司纪委坚持严的主基调不动摇，坚持反腐败无禁区、全覆盖、零容忍，坚持重遏制、强高压、长震慑，坚持不懈把全面从严治党向纵深推进。党的二十大以来，酒钢集团公司纪委共受理群众身边不正之风和腐败问题的信访举报共 110 件，其中受理反映作业长班组长信访举报共 68 件，查实 11 件，给予党纪处分 5 人，诫勉谈话 8 人；针对有苗头性、倾向性问题对 27 人进行了组织处理，经济考核 33 人。酒钢集团公司纪委在案件查处中，认真把握政策，严格按程序依法办案，确保办案质量，使每个案件的调查和处理都能做到事实清楚、证据确凿、定性准确、处理恰当，经受住历史的检验。

三、结束语

综上所述，深入整治群众身边不正之风和腐败问题，持续加强国有企业党风廉政建设是一项长期而艰巨的重大政治任务。酒钢集团公司将坚持以习近平新时代中国特色社会主义思想为指导，按照标本兼治、重在治本的方针，坚定信心，与时俱进，不断创新，探索建立起结构合理、配置科学、程序严密、制约有效的新机制，精准把握群众身边不正之风和腐败问题的特点和规律，努力从根本上铲除滋生腐败问题的土壤，从而取得国有企业党风廉政建设的新成效，促进国有企业持续健康稳定发展。

探索构建“1261”廉洁文化建设实施路径

——新时代国有企业关于廉洁文化建设的探索与实践

中国宝武宝钢湛江钢铁有限公司纪委

信永升　黄　新　欧阳云梅　许衍智

2022年，中共中央办公厅印发《关于加强新时代廉洁文化建设的意见》，强调必须站在勇于自我革命、保持党的先进性和纯洁性的高度，把加强廉洁文化建设作为一体推进不敢腐、不能腐、不想腐的基础性工程抓紧抓实抓好，为推进全面从严治党向纵深发展提供重要支撑。国有企业作为中国特色社会主义的重要物质基础和政治基础，必须贯彻落实党中央决策部署，推进新时代廉洁文化建设。中国宝武宝钢湛江钢铁有限公司（简称湛江钢铁）作为深入学习贯彻习近平总书记关于廉洁文化建设的重要指示批示精神，经过积极探索实践，形成了“1261”廉洁文化建设实施路径，着力提升了廉洁文化建设质量。

一、新时代国有企业推动廉洁文化建设的意义和重要性

（一）加强廉洁文化建设是一体推进“三不腐”的重要基础

一体推进“三不腐”，是新时代全面从严治党的重要方略，“三不腐”是相互依存、相互促进的有机整体，必须统筹联动，增强总体效果。其中，不想腐是根本，是不敢腐、不能腐的基础，无论制度如何完善，执纪如何严厉，最后的关键都是人为因素。因此，加强廉洁文化建设，提升“不想腐”能力和水平，是国资央企必须回答的时代课题，也是一体推进“三不腐”的重中之重。

（二）加强廉洁文化建设是国有企业推动全面从严治党向纵深发展的重要措施

廉洁教育是党性教育的重要组成部分，营造国有企业风清气正的经营环境离不开党员领导干部坚定性和纯洁性的党性修养和润物细无声的党性教育。通过加强廉洁文化建设，坚持个人修养和教育提醒的统一，引导广大党员干部自觉进行党性修养和党性锻炼，让党员干部“在各种诱惑面前经得起考验”，让新风正气在新时代新征程更加充盈，推动全面从严治党向纵深发展。

（三）加强廉洁文化建设是国有企业稳定顺行实现高质量发展的重要保障

党的二十大报告指出，腐败是危害党的生命力和战斗力的最大毒瘤，反腐败是最彻底的自我革命。加强廉洁文化建设，是提升国有企业战斗力的重要保障。扎实且有效的廉洁文化对于提升企业党员干部的廉洁素养、规避企业在经营中可能会遇到的廉洁风险起着至关重要的作用，是企业各项经营活动正常有序开展的现实需要。

二、湛江钢铁推动廉洁文化建设的薄弱环节

湛江钢铁纪委贯彻落实党中央要求，对照《关于加强新时代廉洁文化建设的实施办法》，全面总结、系统梳理分析了近些年公司开展廉洁文化建设的实际情况，发现制约廉洁文化建设高质量发展的几个问题。

一是敢于斗争的内驱力不够，不敢腐的震慑威力不强劲。湛江钢铁各级纪检组织自我革命精神和发现问题的能力还有待进一步加强。从近些年违规违纪案件情况来看，通过监督检查主动发现的问题线索还不够，主动曝光问题不多，案件警示教育存在薄弱环节，以案促改、以案促治作用发挥不明显。

二是防控风险的约束力不够，不能腐的监管防线不紧密。巡察监督、纪检监督、审计监督、职能监督贯通融合有所欠缺，监督会商不够深入，制度约束效应不强烈，少部分员工依然存在侥幸心理，在党纪法规面前打“擦边球”。

三是廉洁自律的渗透力不够，不想腐的思想堡垒不坚固。日常廉洁教育的系统策划和针对性有效性不足，各基层单位开展廉洁教育的质量参差不齐，缺乏评价有效载体，日常廉洁教育效果打折扣。

三、湛江钢铁推进廉洁文化建设的实施路径和探索实践

针对上述三方面薄弱环节，湛江钢铁纪委认真学习党的二十大关于加强新时代廉洁文化建设的重要部署，全面贯彻落实上级纪委关于加强新时代廉洁文化建设相关工作要求，聚焦提升“三不腐”能力和水平，推动廉洁从业和遵纪守法教育入脑入心，筑牢防腐拒变思想防线，形成了新时代推动廉洁文化建设的有效做法，具体表现为“1261”廉洁文化建设实施路径的探索和实践。

（一）落实加强新时代廉洁文化建设的“1个工作主线”

党的二十大报告指出，要加强新时代廉洁文化建设，教育引导广大党员、干部增强不想腐的自觉。《关于加强新时代廉洁文化建设的意见》（以下简称《意见》）强调，全党要以理想信念强基固本，以先进文化启智润心，以高尚道德砥砺品格，惩治震慑、制度约束、提高觉悟一体发力，推动廉洁文化建设实起来、强起来，不断实现干部清正、政府清廉、政治清明、社会清朗。湛江钢铁纪委在深入学习《意见》的基础上，结合实际情况，明确了知敬畏、守规矩、树清风、促发展的廉洁文化建设主线。

知敬畏是固本之源，强调要坚定理想信念，筑牢廉洁自律思想防线。理想信念是

世界观、人生观、价值观的“总开关”，习近平总书记把“信念坚定”作为新时期好干部标准的第一条。如果领导干部在理想信念上不坚定，精神上就会“缺钙”，就会得“软骨病”，就导致“入党初心变质、经济利益贪婪、思想道德堕落、工作权力扭曲”。纵观中共中央纪律检查委员会、中华人民共和国国家监察委员会通报的违纪违法典型案例，部分党员干部违反党纪国法，走向腐败犯罪的深渊，归根到底就是理想信念不坚定所导致，因此要坚定理想信念教育，补足精神之“钙”，才能经受住各种“风吹浪打”，永葆清正廉洁本色。

守规矩是制度约束，强调要严守制度规定，增强遵纪守法行动自觉。古人有云：“人不以规矩则废，家不以规矩则殆，国不以规矩则乱。”从个人、家庭、国家三个层面，都必须牢固树立规矩意识。习近平总书记强调，各级领导干部特别是高级干部要牢固树立纪律和规矩意识，在守纪律、讲规矩上作表率。如果纪律意识淡薄，突破规矩防线，那么腐败也就随之而来，事实表明，党员干部的违法行为都始于违纪，这也是当前全党如火如荼开展党纪学习教育的初衷和目的所在。

树新风是氛围营造，强调要抵制歪风邪气，传承中华美德，塑造新风正气。将廉洁文化建设与企业文化建设相融合，强化革命传统教育，强化价值引领，从社会主义先进文化中汲取营养，为党员干部明确价值标杆和行为取向，增强自我约束、自我纠偏的能力，以个人廉洁从业的小气候助推公司形成风清气正的大气候。

促发展是现实意义，强调要融合公司建设，强化监督保障，促进完善发展。十九届中央纪委第四次全体会议将“监督保障执行、促进完善发展”写入工作报告，在目标与任务之间、责任与落实之间，搭建起抓落实、见实效的桥梁。廉洁文化引导领导干部明大德、守公德、严私德，并将廉洁要求贯穿日常教育管理监督之中，促进企业员工廉洁从业氛围养成，凝心聚力推进企业合规开展生产经营和工程建设，实现高质量发展。

（二）落实加强新时代廉洁文化建设的“2 个着力维度”

通过“3 圈”“3 组织”两手抓，拓展廉洁文化建设的深度、广度和维度。

“3 圈”即工作圈、生态圈、生活圈。工作圈要关注领导、同事和员工合规交往、遵纪守法。做到有原则、有界限、守规矩，公私分明。生态圈要构建“高效协同、良性互动、互惠互利、风清气正、廉洁交往”的同向价值，增强生态圈企业主人翁身份意识，建设“大湛钢”命运共同体，实现“共建、共赢、共享”。生活圈包括管好自己和管好家人。要时刻保持思想上的高度警觉，以理论上的清醒支撑起党性和人格的纯洁，做到生活兴趣要爱之有“道”，好之有“度”。要管住家里人，扎紧篱笆、守好“后院”，不利用职务影响做违规违纪违法的事，让家庭成为人生幸福的港湾。

“3 组织”即党群组织、协作组织、社会组织。党群组织要领导、策划和推动廉洁文化建设工作。党委宣传部发挥普及性教育的主力军作用，纪检系统重点从专业领域把关，从案例警示的角度强化震慑，组织部推动全体党员成为廉洁从业的排头兵和示范者，工会系统主动了解员工的思想动态，团委开展青年员工喜闻乐见的廉洁教育活动。协作组织是指，与协作伙伴单位、上游供应商、下游客户等共同营造、维护廉洁从业的整体氛围。社会组织包括与属地派出所、交通警察部门沟通，及时收集、掌握员工涉法信息，对员工“八小时以外”的生活进行监督。

（三）落实加强新时代廉洁文化建设的“6个重要抓手”

通过不断丰富新时代廉洁文化建设的思想内涵，持续巩固、拓展、提升，对任务再梳理，对重点再聚焦，对工作再部署，对责任再压实，聚焦信仰信念、案例警示、氛围营造、制度约束、风险管理和严的基调等6个方面，形成廉洁文化建设的重要抓手。

一是理论学习强信仰。坚持用习近平新时代中国特色社会主义思想武装广大党员干部和职工群众头脑，用“廉洁宝武”理念和“宝钢人的知与行”持续提升修养，建立公司党委-二级党组织-基层党支部三个层级教育体系，以党委理论学习中心组、党员政治轮训、党支部“三会一课”、政治思想文化示范点建设等为平台，开展理想信念、知敬畏守规矩教育。

二是警示常育促知止。形成“4+2”警示教育模式。针对湛江钢铁青年员工、外派人员两个群体，抓住重大节假日前、出差前、提拔前、新员工入职前等四个关键时间段，持续开展案例警示教育，做到遵纪守法教育持续用力，用身边的事教育身边的人，小木鱼常敲，促进入脑入心入行。

三是广泛宣传浓氛围。运用新媒体新技术，采用圈互动、书触动、屏促动、月推动的“四联动”方式，丰富廉洁文化优质产品和服务供给。圈互动指的是推进“1+10”廉洁生态圈建设，凝聚整合区域力量。书触动是指编制《员工遵纪守法廉洁从业50问》《员工廉洁从业案例警示30例》等廉洁教育材料，提升教育的针对性和吸引力。屏促动强调通过湛江钢铁微信公众号“走进湛钢”“湛江钢铁”，以及广告机等载体，持续推送员工喜闻乐见的廉洁教育材料，通过屏幕促动达到润物细无声的成效。月推动是每年9月定期开展廉洁文化月活动。分层分类开展覆盖全员的、丰富多彩的廉洁教育活动，持续营造廉洁从业的氛围。

四是完善制度强约束。健全针对敏感业务的管控职责和廉洁文化建设责任体系，通过建立与供应商交往、员工婚丧喜庆、收受礼品等敏感事项的管理规定，以完善的制度保障廉洁文化的建设理念融入公司治理流程，融入干部和党组织的履责履职之中。

五是风险防控强预防。把开展廉洁风险动态辨识分析活动作为建设廉洁文化的重要抓手。通过廉洁风险动态辨识活动进一步增强敏感岗位人员廉洁从业的思想自觉性，提升防范化解经营风险的能力，通过持续完善制度流程等工作降低敏感岗位廉洁风险，从制度上为建设廉洁文化提供基础保障。

六是严惩严治强震慑。坚持严的基调不放松，积极发扬斗争精神，增强斗争本领，坚决依规依纪严肃查处违规违纪行为，对于问题未查清、责任未追究、人员未受到教育的绝不放过。充分发挥以案促教作用，精准运用四种形态，抓早抓小、防微杜渐、惩教并举、治病救人。

（四）落实加强新时代廉洁文化建设的“1个评价等级”

湛江钢铁纪委以“三有一无”为评价标准，即有风清气正氛围、有干事创业激情、有突出发展成效、无违纪违法事件，确定出二级党组织落实加强新时代廉洁文化建设等级评价，进一步压实各级党组织加强廉洁文化建设的责任，促进形成上下联动共育廉洁文化的生动局面。风清气正氛围维度，围绕部门干部综合能力素质，信访举报及群众来电、来信和来访情况进行评价。干事创业激情维度，围绕部门干部能力素质、巡视巡察及作风监督检查情况进行评价。突出发展成效维度，围绕部门生产经营和党建工作重点任务完成情况进行评价。违纪违法事件维度，主要关注部门是否存在违规违纪违法事件以及四种形态运用情况。年度依据“三有一无”四个维度的综合得分情况，每年开展一次等级评价。

四、推进廉洁文化建设的体会

湛江钢铁廉洁文化建设是“传承-践行-探索创新”的过程，充分继承并发扬了中国宝武宝山钢铁股份有限公司（简称宝钢股份）廉洁从业的优良作风。从项目建设设计之初，就高度重视廉洁建设，特别注重扬长避短，不断优化、完善工程投资、建设管控模式，打破“工程上马、干部下马”的魔咒。在企业建设、生产经营过程中，坚持运用系统观念和系统方法推进廉洁文化体制机制建设，构建出廉洁从业的良好环境。

一是有力保障了工程项目建设和生产经营的稳定顺行。湛江钢铁数百亿的投资建设项目没有出现违规违纪违法事件，其根本原因在于传承了宝钢股份优秀的廉洁文化基因，以及项目启动之初就着力培育湛江钢铁的廉洁文化气候、土壤。廉洁文化的持续培育不仅有力保障了工程项目建设和生产经营，也让企业和员工充分受益。二是为构建区域内行业廉洁示范共同体发挥了积极作用。廉洁文化是湛江钢铁区域“1＋10”廉洁生态圈共建的基础，经过几年的持续推进，已形成了发布联合倡议、共聘党风监督员等7项共建机制。湛江钢铁在廉洁文化建设的探索实践，已与湛江钢铁区域各协作单位形成成果共识，形成了上下联动、左右协同共育廉洁文化的生动局面。三是落实习近平总书记运用系统观念解决问题的有力尝试。廉洁文化建设是系统工程。湛江钢铁“1621”廉洁文化建设实施路径的探索，充分贯彻习近平总书记对于廉洁文化建设的工作要求，坚持和运用系统观念，把本单位的廉洁文化建设放到大局中进行思考和定位，综合发挥不敢腐的强大震慑、不能腐的刚性约束、不想腐的思想自觉对廉洁文化建设的整体推动作用，全力推动建设以廉洁生态正人、以廉洁文化育人的良好政治生态。

“五个聚力”提能增智
锻造全面过硬纪检铁军

山钢集团日照有限公司纪委
刘洪波　董思慧　楚世豪　刘　敬　汪　娟　陈克松

2024年，二十届中央纪委第三次全体会议工作报告部署了8个方面的工作，其中之一就是“突出发扬彻底自我革命精神深化纪检监察机关自身建设”。同时，二十届中央纪委第三次全体会议也重点强调，深化整治金融、国企、能源、烟草、医药、基建工程和招投标等领域腐败问题。学习领会习近平总书记重要讲话精神，落实落细二十届中央纪委三次全会工作部署，山钢集团日照有限公司（简称日照公司）纪委立足于国有资产保值增值的目标定位，进一步加强自身建设，全面锻造忠诚干净担当、敢于善于斗争、自身正自身硬的纪检铁军，护航企业高质量发展。

一、锻造全面过硬纪检铁军的必要性

（一）推进企业党风廉政建设的迫切需要

党的十八大以来，以习近平同志为核心的党中央持之以恒正风肃纪反腐，反腐败斗争取得压倒性胜利，但随着新型腐败和隐性腐败的翻新升级，反腐败形势依然严峻复杂。尤其是国有钢铁企业业务范围广、涉及资金额度大，在资产管理、资产处置、资源配置、资本运作和工程项目等方面，均是不法分子的重点围猎对象，而当前企业纪检干部队伍能力素质难以应对腐败手段变异升级。同时，伴随国有企业深化改革，钢铁行业持续低迷，企业生产经营任务更加繁重，党员干部特别是领导干部将更大的精力转移到“保企业生存”上，对党风廉政和反腐败工作认识还存在偏差，推进企业党风廉政建设，营造风清气正的政治生态迫在眉睫。

（二）实现国有资产增值保值的重要保障

国有企业作为党执政兴国的重要支柱和依靠力量，必须旗帜鲜明讲政治，坚持把党的政治建设作为党的根本性建设，切实将党风廉政建设主体责任扛在肩上。较于民营企业和外资企业而言，国有企业具有政治属性和生产经济属性的双重属性，作为国有资产和国有资本的经营者管理者，其发展基本目标是防止国有资产流失、实现国有资本保值增值。党委决策部署到哪里，纪委就要跟进到哪里，纪委必须为防止国有资产流失、实现国有资本保值增值提供保障；纪检干部队伍必须竭尽全力为企业“止血”“挽损”，最大限度地助推生产经营绩效提升。

（三）提高纪检干部斗争本领的现实需要

无论是企业改革发展面临的新形势还是新时代赋予纪检干部的新使命新任务，都要求纪检干部立足企业实际，强化自我革命精神，不断增强业务素质，提升工作质量，以更好适应企业纪检工作特点和实际要求。日照公司近几年岗位调整频繁，新任职纪检干部占纪检干部总人数的50%，原有纪检干部也多为兼职，从事过办案工作的寥寥无几。现有的纪检干部队伍建设在工作经验、业务本领上都难以满足当前纪检工作需求。如何锻造忠诚干净担当的纪检干部队伍，为公司高质量发展提供有力保障，这既是当下亟须解决的问题，又是一项需要长期坚持的工作。

二、加强国有企业纪检干部队伍建设的对策建议及实践经验

当前腐败和反腐败较量还在激烈进行，四个“任重道远”时刻警醒着国有企业必须主动应对反腐败斗争新形势新挑战，保持反对和惩治腐败的强大力量常在，坚定不移把反腐败斗争推向纵深。坚持自我革命精神，把建设高素质专业化纪检干部队伍作为重要工作常抓不懈，以更高标准更严要求，锻造政治素质高、忠诚干净担当、专业能力强、敢于善于斗争的纪检铁军，是新时代纪检工作高质量发展的重要基础，也是护航企业高质量发展的重要保障。

（一）聚力队伍结构优化，赋能纪检工作高质量发展

科学研判形势，完善顶层设计，把开展日常工作和深化体制改革一体谋划，为纪检工作高质量发展提供组织保障。优化纪检干部结构，抓好纪检干部选拔任用，严把人员政治关、作风关、廉洁关，坚持好中选优、优中选强，切实把有能力、素质高、有相关专业知识背景的年轻干部充实进来。注重纪检制度体系的统筹联动及各项改革措施的系统集成，培育纪检干部的系统思维，提高参与制度改革的积极性，将制度优势转化为提升监督效能的根本优势。

严把队伍“入口关”，选拔政治过硬、能力素质强、敢于斗争的纪检干部，树立“让想干事的有机会、能干事的有舞台”的鲜明导向。日照公司通过调整组织机构、增设专职纪检员等方式，持续增强纪检干部队伍活力，赋能纪检工作高质量发展。在巡察办下设监督稽查室，选配6名有财务、采购、检化验工作经历的稽查干部，将纪委工作和稽查工作贯通起来。借鉴中央纪委在央企设立派驻纪检组的做法，整合铁前4个单位的纪检力量，在公司纪委下设派驻第一纪检组，推动监督向基层延伸。在市场部、工程管理部等重点部室设置纪检专员，让监督有效融入生产经营的关键环节。同时，4名纪检干部、3名巡察干部轮岗交流到新的业务岗位，敢于斗争、善于斗争的纪检力量得到充实，大监督格局逐步形成。

（二）聚力深化两项融合，政治能力建设有“形”有“效”

纪检机关作为党的政治机关和纪律部队，必须旗帜鲜明讲政治，始终在践行“两个维护”中当排头、做表率，始终在政治立场、政治方向、政治原则、政治道路上同党中央保持高度一致。日照公司纪委站在“讲政治”的高度抓好党纪学习教育和拓展教育整顿成果两项重点工作，统筹推进结合融合。

把党纪学习教育开展作为解决纪检干部队伍中对党规党纪“不上心、不了解、不掌握”问题的有效途径，突出以上率下，抓好以案促学，做好宣传引导，力戒形式主义。在廉洁教育内刊《清风护航》开设了“清风课堂”“以案为鉴”专栏，重点帮助党员领导干部准确掌握《中国共产党纪律处分条例》主旨要义和规定要求；深刻剖析“身边事”“身边人”的严重违纪违法典型案例，通过党纪学习教育读书班、纪检干部素质提升培训等多种方式开展以案说德、以案说纪、以案说法、以案说责，强化警示教育的震慑力。把巩固拓展教育整顿成果作为一项长期任务，每两周组织一次专兼职纪检干部集体学习研讨，系统学习党的二十大精神、习近平总书记重要讲话精神，强化理论武装、提升政治自觉；用好深学习、实调研、抓落实工作方法，将理论学习、调查研究、检视整改贯通起来，逐步实现政治能力建设从“有形”到“有效”的转变。

（三）聚力培训模式创新，全面提升能力素质和斗争本领

国有企业纪检工作兼具政治性与业务性，纪检干部既需要掌握党纪法规等纪检专业知识，又要熟悉生产经营管理各环节。培养纪检干部成为纪检工作的“行家里手”，在设置培训课程时除了要及时掌握党的创新理论，还要兼顾企业改革发展进程、企业经营管理的新特点新要求。

创新培训模式，全面开展纪检干部素质提升工程。制定全年业务培训计划，创新开展纪检干部上讲台的培训方式，轮流解读上级党委重要制度、讲述纪检实务、分享工作体会。2023 年，依托“精品大讲堂”开展业务培训 14 次，18 名纪检干部走上讲台为大家授课。2024 年，日照公司纪委灵活运用两段式（理论教学 + 情景模拟）培训模式，推进案例式教学，组织新任纪检干部参加监督执纪全流程业务培训，通过理论学习快速帮助纪检干部熟悉工作标准和业务流程，利用情景模拟快速提高监督能力和办案本领。

搭建平台载体，增强实战本领，切实提升纪检干部执纪办案能力。分批抽调新任纪检干部赴办案点跟班学习、跟案锻炼，增强上下联动和沟通能力。坚持以会代训、以考促学，组织 5 批次 93 人次参加中国钢铁工业协会、山东省纪委、山东钢铁集团有限公司纪委组织的纪检业务培训班，不断提升纪检干部依规依纪依法履职能力。增加工艺流程培训模块，邀请生产部、财务部等专业人员为纪检干部讲授全流程监督要点及薄弱环节，进一步强化专项监督的精准性。通过集中教育学习、以案代训、以巡代干等方式，纪检干部能力素质和斗争本领全面提升。

（四）聚力队伍作风建设，确保自身正自身硬自身净

国有企业纪检干部身处党风廉政建设和反腐败工作第一线，始终面临着腐败与反腐败的严峻考验，执纪者必先守纪，对自身建设必须坚持紧而又紧、严之又严，坚持刀刃向内，打好自我革命持久战，时刻全面从严审视自身，慎始敬终，行稳致远。

严守权力边界，以“前车之鉴”为警示教育“量体裁衣”，让纪检干部抡得起打铁的重锤，擎得起惩恶的利剑。对照细化规范执行监督执纪工作流程，制作工作标准图示，把执纪问责权力关进制度的笼子。开展“守初心、知敬畏、勇担当”廉洁文化主题教育活动，组织纪检干部集体观看大型现代清廉吕剧《清歌行》，举办“纪检人的故事”征文活动，选树正面典型，营造思廉学廉、崇廉尚廉的浓厚氛围。切实做好查办案件的“后半篇文章”，通过讲好一个案例、解决一类问题、形成一套方法，有效提升纪检干部专业化水平。大兴调研之风，深入基层、开展“清风护航”专题调研，及时了解党风廉政建设和反腐败工作中遇到的困难和问题，不断探索反腐倡廉的新思路、新措施。

（五）聚力破解监督难题，争做国有资产“忠诚卫士”

当前，钢铁行业进入“短期严峻复杂、长期不容乐观”的新周期。在市场形势复杂严峻困难的特殊时期，纪检干部队伍既要与企业共同跨过“生存线”、迈过“发展线”，更要重视和加强党风廉政建设和反腐败工作，坚决与腐败斗争到底，以高质量政治监督汇聚攻坚克难的强大合力。

坚持一手抓制度保障，一手抓工作质效，着力破解企业监督难题。将监督稽查室的统筹协调优势、派驻第一纪检组的信息资源优势、纪委执纪监督室的办案经验优势有机结合，实现“整体大于部分之和”的效果，以机制创新推动监督提质增效。完善制度体系，扎紧制度“笼子”，认真贯彻中央纪委行贿受贿一起查的工作要求，实施《廉洁诚信协议》，加大供应商围猎腐蚀行为的惩罚成本。积极培育纪检干部透过表面发现深层次问题的能力，紧盯生产经营薄弱环节，瞄准落后指标及影响较大的问题，成立稽查小组，开展肥焦比优化专项监督和废钢质量监督，2023 年共降低焦炭成本 3853 万元，废钢质量明显提升，钢水冶炼过程更加稳定可控。

三、经验启示

（一）以高度的政治担当，全力推动队伍结构优化

要立足国有企业特点，不断建强优化纪检干部队伍。严格把好政治关，确保队伍整体政治素质过硬、忠诚干净担当；优化队伍结构，开展干部梯队建设，工作经验丰富的纪检干部和思维活跃、敢于斗争、公道正派的新任干部相互搭配；要注重专业互补，根据监督执纪和查办案件实际需要，从企业内部筛选具有财务、招采、销售等不同专业和工作经历的人员，提升队伍整体战斗力。

（二）以高度的政治责任，全方位构建"大监督"格局

织密立体监督网。企业监督任务重与专职人员少的矛盾客观存在并将长期存在，在专职纪检干部有效发挥作用基础上，还要注重内部挖潜，在整合监督资源上不断发力，构建"党内监督、行政监督、群众监督"大监督格局，通过创新机制聚力量、明确职责重协同、动态管理强监督等方式，协同作战，不断压缩腐败滋生空间，最大限度形成监督合力，提升监督效能，使监督更加聚焦、更加精准、更加有力。

（三）以高度的政治自觉，锻造全面过硬纪检铁军

强化对纪检干部的约束和监督。建立健全组织制度和审批程序，构筑严密监督制约体系，创新实践专责监督与积极发挥群众监督相结合的新路径，进一步规范纪检干部的职责和权力，以铁的纪律锻造纯度更高、成色更足的铁军。坚持正面引导与警示教育相结合，深化以案促改，严防"灯下黑"，对违反规定的纪检干部坚决从严查处、决不姑息。探索实施纪检干部业务知识教育培训体系，及时更新纪检干部的知识结构，灵活运用"以干代训、以干代培"等创新形式将学习培训成果运用到实际工作中去，不断提高纪检队伍的综合素质。

国有企业“五型监督”工作法对提升专责监督精准性的有益实践

鞍钢集团鞍山钢铁集团有限公司纪委
曹　琦　许　博

一、引言

党的十九大报告明确指出：“强化自上而下的组织监督，改进自下而上的民主监督，发挥同级相互监督作用，加强对党员领导干部的日常管理监督。”提升专责监督的精准性，重在“专”凸显监督方向、贵在“统”提升监督效能、根在“严”铲除腐败土壤。近年来，鞍钢集团鞍山钢铁集团有限公司（简称鞍山钢铁集团）纪委始终坚持问题导向，将企业日常监督聚焦于重点领域和关键环节，着力统筹各类监督资源，不断规范权力运行，探索形成协同型、嵌入型、下沉型、前沿型、跟踪型的“五型监督”工作法，充分发挥了监督保障执行、促进完善发展作用，为提高专责监督质效、助推国有钢铁企业高质量发展提供了坚强纪律保证。

二、国有钢铁企业专责监督面临的形势问题

（一）重点领域监督任重道远

对重点领域的监督难度大，尤其采购销售、质检验收等重点领域，因为涉及领域很广、专业素质要求极强，对监督者提出了很高的专业性要求。而很多国有企业的纪检部门工作人员配置不足，业务素质需要提升，实际工作效率无法满足高压的反腐态势需求，新时代必将面对新任务，新任务必将迎接新挑战，重点领域监督任重道远。

（二）防范围猎腐蚀任重道远

市场经济环境下，国有企业承载着诸多国有资产以及诸多国家政策资源的运行特征，在“围猎者”眼中天然成为易于滋生腐败的土壤，国有企业经营者、管理者以及关键重要岗位人员不得不面对逐利不法商人的“围猎”。更有甚者为实现一己私利，大肆侵蚀国有资产，“兜售权力”，大搞钱权交易，沆瀣一气，置国家利益、人民利益于不顾，防范围猎腐蚀任重道远。

（三）强化监督执纪任重道远

党的十八大以来，以习近平同志为核心的党中央反复强调正风肃纪反腐的重要性和紧迫性。改革开放四十五年来，中国经济飞速发展，社会面貌一日千里，但同时，腐败分子的手段也已千变万化。新形势下，国有企业腐败的形态更加隐蔽，现有监督系统亟须突破创新。只有迅速科学有效的监督方式方法才能应对国有企业中的新型腐败、隐蔽腐败，以强有力的约束规范权力运行，维护国有资产，强化监督执纪任重道远。

三、国有钢铁企业全面推动专责监督方式方法

国有钢铁企业要实现监督职责再聚焦、监督力量再融合、监督效果再提升，需要坚持党的领导、突出问题导向、做到全面高效、现实协同推进，通过“协同、嵌入、下沉、前沿、跟踪”的监督方法，切实把监督“专起来”，方向“统起来”，执纪“严起来”，全面推动专责监督提质增效。

（一）监督“专起来”

（1）明职责，明确专责监督的定位是“监督再监督”。准确把握职责定位，积极为党委发挥主体作用提供有效载体，全力协助党委深入推进全面从严治党。既要强化协助意识，深刻理解党委监督在党内监督中的首要地位，自觉接受同级党委的领导，正确处理纪委专责监督和党委全面监督之间的关系，研判公司内部政治生态，协助党委抓好管党治党责任落实；又要厘清协助内容，确保纪委履责不缺位、不错位、不越位。通过定期汇报、专题汇报等方式，协助党委在决策层面有效“抓大局”，提出有针对性的意见建议；通过抓责任制落实等方式，协助党委在部署层面明确“抓具体”，压实各级主体责任；通过站位全局谋划推进思路等途径，协助党委在实施层面切实“抓重点”，确保管党治党各项工作有检查、有落实。

（2）精业务，切实解决监督执纪过程中手段有限难题。强化监督队伍建设，不断提高纪检工作人员素质能力，切实将监督力量“专”起来。首要任务将提高政治能力作为关键，将学深悟透习近平新时代中国特色社会主义思想作为首要学习内容、主课必修课，全员深入学、全面系统学、突出重点学，准确把握这一重要思想的科学体系、精髓要义、实践要求，坚持学以致用、学用结合，自觉将党的创新理论贯彻至纪检监察工作全过程各方面。另外，搭建“实践实战”轮训平台，加大国有钢铁企业基层纪检干部实战培训力度，有计划地安排新任职纪检干部和优秀年轻干部实践轮训，通过办案一线的磨砺、促进在复杂环境成长，持续强化思想淬炼、政治历练、实践锻炼、专业训练，切实解决监督执纪过程中手段有限难题。

（二）方向“统起来”

建机制，高质量推进多线联动，强化专责监督作用发挥。聚焦系统集成、协同高

效，推动健全国有钢铁企业内部监督体系相互关联，系统集成纪检、组织、巡察、审计、法律、合规等监督主体，构建协同高效运行机制，有效形成监督整体合力，不断增强监督治理效能。确保各监督主体充分发挥作用，围绕监督对象实施涵盖党内政治监督、经营管理监督以及履职行为监督等全面监督管理。聚焦重要廉洁风险环节、企业运营风险、重要专项工作及相关突出问题，建立纪检、审计、财务、成本、人力等部门协同开展监督检查的工作模式，通过联合开展专项检查、信息共享、专项治理的方式，及时发现和防范突出问题和重大风险，高质量推进“纪、巡、审”等多线联动，实现全面监督、持续整改、责任追究、管理提升的闭环管理，切实强化专责监督作用发挥。

（三）执纪“严起来”

严执纪，强化成果运用，做实监督执纪“后半篇文章”。深化以案促改、以案促治，不断扎紧制度笼子。针对日常监督、审查调查等工作中发现的管理漏洞和制度缺陷，精准运用纪检监察建议、监督提醒函等，开列“问题清单”，用好“问责”利器，以纪法刚性约束推动问题整改，倒逼相关职能部门将管党治党作为分内之事、应尽之责，推动建章立制。推动以案释纪、以案示警，从实抓好纪律教育。切实发挥查信办案治本作用，通过召开警示教育大会、通报违纪典型案例、编制警示教育课件等方式，强化用身边事教育身边人，引导督促党员、干部知敬畏、存戒惧、守底线，筑牢拒腐防变思想“堤坝”。促进监督成果集成转化，着力提升“第一种形态”运用效果。坚持用好谈心谈话手段抓好日常监督，综合信访受理、责任制考核、专项检查巡察等情况，梳理问题清单，精准“靶向”发力，通过开展纪委书记日常谈话工作，督促提醒领导干部依规用权、谨慎用权、廉洁用权。

四、“五型监督”工作法取得成效

（一）“协同式”监督凝聚监督合力

在政治监督和日常监督中践行“协同式”监督，强化与巡视整改巡察工作、法律合规、审计等监督体系的密切配合、协作联动，做好与“纪律监督、党风监督、合规监督、巡察监督”四项监督贯通融合，有效统筹监督力量，切实形成监督合力。2023年以来，在多项治理工作中协同审计介入，在查深查透问题线索中发挥了重要作用，审计介入相关问题线索已立案4人；做好与子企业协作联动，强化纪检系统“一盘棋”思路，全面厘清治理责任、监督任务、职责侧重，充分聚焦主动监督、严肃惩处、追责问责，探索运行了“微腐败治理子企业先导区”，确保重点监督治理工作上下协同，高效推进；强化子企业纪检组织负责人岗位业绩评价导向作用，将关键岗位监督、重点领域监督、监督执纪成效纳入评价要素，指导子企业纪委落实定期向同级党委上级纪委报告制度、重要情况专项报告制度和联合监督等工作要求，推动全面从严治党向纵深发展；统筹推进政治监督工作，按季度确定监督选题、开展专项检查，打通贯彻执行中的堵点淤点，确保政治监督抓在经常，融入日常；聚焦职能职责、紧扣担当作为，按照巡察工作要求，对子企业交叉开展内部巡察，持续提升巡察工作的统筹力、震慑力、推动力。

（二）“嵌入式”监督紧盯廉洁风险

紧盯重点事项、关键环节和“关键少数”，开展“嵌入式”监督，将监督触角深入生产经营重点和关键薄弱环节，通过深入开展调研充分了解驻在单位的“人和事”，严防履行监督责任脱离单位工作实际；紧盯重点事项，及时跟进、主动作为，强化全过程全链条监督；坚持定期盘点、动态问效，有效运行建账销号、督导约谈、“回头看”等制度，确保监督责任不空转、工作推进不断档、重大决策部署得实效；结合生产经营管理中的重点、热点、难点、焦点确定监督项目，深入开展专项监督检查；紧盯贯彻落实中央八项规定精神，采取明察暗访、专项检查等方式，查处各类违纪违法，切实用监督保障执行，同频共振以“嵌入式”提高专责监督治理效能。

（三）“下沉式”监督精准发现问题

坚持上下贯通，围绕“阳光采购”专项治理等工作重点，联合基层纪委在质检领域探索实施“下沉式”监督，将监督下沉在生产一线的日常质检工作中，通过管理联动、专业协同等，实现事前、事中、事后监督覆盖、信息直达，强化管理、堵塞漏洞、规避风险，高效发挥纪委监督保障执行、促进完善发展作用；着眼于政治监督和日常监督工作安排和要求，将监督向一线延伸，解析承接举措、明确工作标的、压实项目责任，全流程推动各项重大决策部署在基层落实落地；引导各级纪检干部深入一线，广泛听取和收集群众呼声和意见，精准发现驻在单位管理中存在的有关问题；动态更新廉政档案信息和监察对象清单，实现政治监督与日常监督相互作用、融会贯通。

（四）“前沿式”监督实现精准出击

针对监督检查发现的以及群众反映强烈的突出重点，采取“前沿式”监督方式“号脉问诊”，对违规违纪予以精准出击。依托特约监督员、支部纪检委员等“一线监督点”，紧盯关键环节，围绕重点工程建设、技改技措、干部履职、薪酬发放、费用管理等开展专项检查，分析诊断薄弱环节、短板，加强基层权力运行的监督制约，切实将企业关切、职工关注的问题作为检查工作的重点，做细做实、做成常态；及时反馈职工关切，将发货、保卫等窗口单位“吃拿卡要”问题作为重点，分析解决“窗口”区域人员复杂和监督力量薄弱等问题，推动实施仓储发出一体化外委等管理优化方案，从根本上消除滋生腐败的土壤条件，推动企业深化改革、健康发展。

（五）“跟踪式”监督压实整改成效

常态化开展内部巡察工作，子企业纪委将内部巡察整改作为强化子企业日常监督的一个切入点，采取跟踪式监督，对公司党委巡察发现整改责任、举措、成效等方面进行跟踪审查把关，压实做好巡察“后半篇文章”。指导子企业纪委重点审核巡察整改方案和整改报告，督促协助子企业党委开好巡察整改专题民主生活会，监督整改情况公开，持续跟踪问责。聚焦子企业在巡察整改中是否切实履行主体责任、是否召开专题会议研究巡察整改相关工作、任务分解是否合理、是否组织专门力量对照问题逐条进行整改、在整改过程中是否存在形式主义和弄虚作假等，通过全流程、全要素、全节点跟踪监督，确保巡察发现的问题及时整改销项、起底清零。

五、结语

综上所述，随着全面从严管党治党的深入推进和现代化国有企业高质量发展的迫切需求，规范化管理、合规性控制越来越重要。新时代基层国企各级纪委作为纪检监督工作的专责机构，必须认真履行监督执纪问责职责，探索推进多维度监督有效融合的机制体制，为企业深化改革、实现高质量发展提供坚强的政治保障。

精准有效运用监督执纪“第一种形态”的探索与实践

鞍钢集团矿业齐大山分公司纪委
于忠灏　李云鹏　杜庆刚

监督执纪“四种形态”是我们党从党的十八大以来至今的重要经验总结，被纳入《中国共产党章程》《中国共产党纪律处分条例》《纪律检查机关监督执纪工作规则》等一系列党规党纪中，体现了党中央对“纪在法前”“纪严于法”一以贯之的要求。二十届中央纪委第三次全体会议强调“突出严的基调深化党的纪律建设”，要求以准确规范运用“四种形态”为导向严格纪律执行。“四种形态”中“第一种形态”所涉及的领域非常宽泛，所实施的方式和手段也具有明显的灵活性，适用于多种场合，其重点强调“咬耳扯袖、红脸出汗”，目的在于“治未病”，是保护党员干部防患未然的有效方式，更是全面从严治党的首道防线和重要手段。从中共中央纪律检查委员会通报的数据来看，2024 年 1—3 月借助于“四种形态”处理和教育的人员总量达到了 35. 6 万人次，其中应用第一种形态处理和教育的人员高达 23. 3 万人次，占比 65. 4%。

一、基层纪委落实监督执纪“第一种形态”的背景

为了把握好、运用好“四种形态”，鞍钢集团有限公司（简称鞍钢集团）党委制定了《鞍钢集团有限公司党委关于运用监督执纪“第一种形态”的办法》，对“第一种形态”的对象、内容、方式进行了细化明确，理顺了工作流程，并要求各级党委履行好主体责任，从小事抓起，从细节严起，以制度化推动落实“第一种形态”规范化、常态化。作为鞍钢集团所属基层纪委，鞍钢矿业齐大山分公司（简称齐矿）纪委坚持以上级要求以及企业发展的实际态势为基本依据，将提醒谈话、通报批评等多种方式进行相互融合，明晰地阐释了“第一种形态”适用的处置范围以及方式方法，在实现抓早抓小、防微杜渐目标方面进行了探索。

二、精准把握监督执纪“第一种形态”的适用条件

正确运用“第一种形态”，首先要准确把握其适用条件，与其他几种形态甄别出来。“第一种形态”主要针对党组织和党员干部有不当行为或履职不力等问题，经常开展提醒和批评，让“红红脸、出出汗”成为常态；“第二种形态”适用于违反党规党

纪，但情节较轻的情况，给予党政纪轻处分、组织调整成为违纪处理的大多数；“第三种形态”适用于违反党规党纪，但情节较重的情况，给予党政纪重处分、重大职务调整的成为少数；“第四种形态”适用于违反法律法规，涉嫌犯罪，给予严重违纪涉嫌违法立案审查的成为极少数。可见，“第一种形态”适用于党组织和党员干部存在苗头性、倾向性问题，但尚未违纪违法的情况。“四种形态”的层次关系、判定标准和基本处置方式，如图 1 所示。

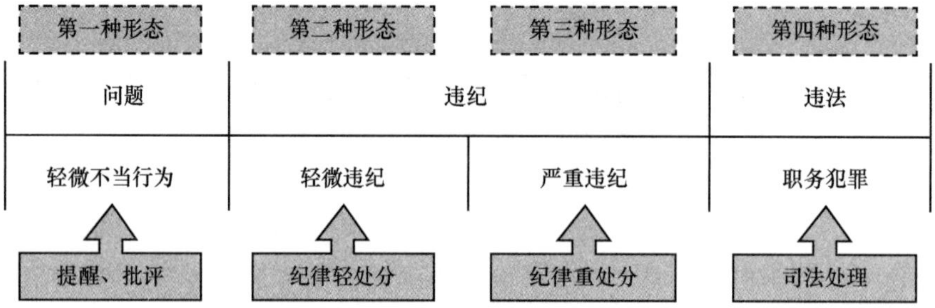

图 1 “四种形态”的判定标准与基本处置方式

为更好地把握和运用“第一种形态”，齐矿纪委通过搜集整理资料，专门针对其适用范围进行了全面细化，依次适用于党组织、领导干部、党员，识别高、覆盖广、针对强，基本概括了齐矿纪委运用“第一种形态”的 3 个层级和 13 个问题特征，见表 1。

表 1 “第一种形态”适用情况表

使用对象	编号	问题特征
党组织	1	履行“两个责任”、贯彻落实上级要求不力的
	2	对所属党员干部日常教育、管理和监督不力的
	3	在党风廉政建设责任制考评中结果为“合格”和“不合格”等次的
领导干部	4	“四个意识”不强、“两个维护”不力、公开发表不当言论或散布小道消息，情节轻微的
	5	存在“四风”问题，脱离实际、弄虚作假，损害职工利益和党群干群关系，情节轻微的
	6	履行“一岗双责"不力、对巡视巡察和监督、检查反馈问题督促整改不到位的
	7	本人、配偶、子女、身边工作人员在廉洁方面存在苗头性、倾向性问题的
	8	执行民主集中制不严格，违反“三重一大”集体决策制度，情节轻微的
	9	不按时报告、不如实报告个人有关重大事项，情节轻微的
党员	10	有违纪行为，但情节轻微可免于或者不需要给予纪律处分的
	11	被职工群众反映，但内容笼统、不具可查性的
	12	违背社会公德、职业道德、家庭美德，情节轻微的
	13	在民主评议等考核中被评定为“不合格”等次的

三、明确运用监督执纪“第一种形态”的处理方式

“第一种形态”适用于全体党组织和党员干部，“红红脸、出出汗”是主要的处理方式，具体包括提醒谈话、批评教育、诫勉谈话、通报批评等。其中涉及的方式方法既可以独立使用也可以相互对接并用，通过组织研判问题的严重程度实现处理方式的灵活选用。对于一些共性问题或者是普适性的问题还可以采用集体谈话或者召开集体会议的方式进行，如图 2 所示。

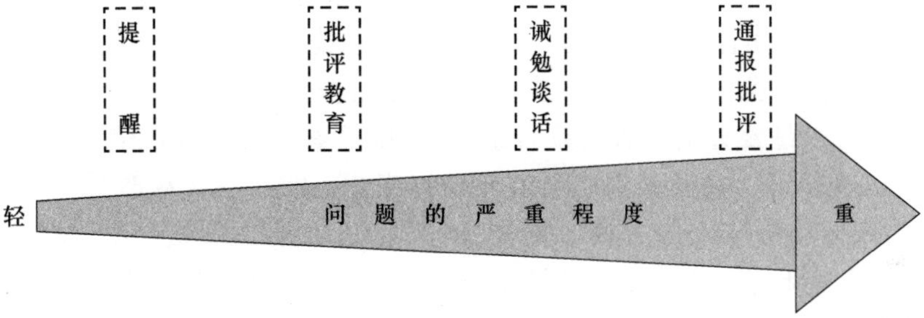

图 2 “第一种形态”处置方式

四、运用监督执纪“第一种形态”需注意的问题

当前，基层单位的一些党员，特别是党员干部还不能正确认识“四种形态”，存在不相信组织，不敢把情况原原本本向组织说清；错误理解“四种形态”，认为“反腐转向”、抓小放大、执纪越来越轻等。没有认清在惩治腐败问题上，中央的态度始终节奏不变、力度不减、尺度不松，说明我们在实践“四种形态”，特别是运用“第一种形态”工作上还有一定的路要走。为此，基层纪委在实践“四种形态”，运用“第一种形态”上必须要着力解决三个前提问题，抓住两个关键环节，从而达到精准运用“第一种形态”的目的和效果。

（一）解决三个前提问题

一是消除思想误区。通过督促党员干部积极开展经常性纪律教育和提醒谈话，严格落实“主体责任”和“一岗双责”，切实把责任和工作摆进去，消除部分党员干部认为运用“第一种形态”就是纪委的职责思想误区，避免出现“只表态、不表率”“只挂帅、不出征”的形式主义作风。二是改变惯性模式。当前，有的纪委和纪检人员将“一般”的问题视为“小节”，只对关键的案件以及重要的案件十分关注，却忽视了对“纪律”“规矩”和“组织”纪律问题的审查。改变工作惯性短板需要对原本的工作理念进行调整优化，要全面实现从关注惩治成果向预防机制不断转化，正如毛泽东同志所说：好像医生治病一样，完全是为了救人，而不是为了把人整死。“第一种形态”，就是要把批评教育、组织处理结合起来，对违反纪律的人要区别情况，宽大处理，对症下药，让有问题的人“回头是岸”，达到治“未病”、祛“已病”的目的。三

是弥补能力不足。实现“第一种形态”的精准运用，必须要有较高的政策把握能力和强烈的事业心责任感，要有严、细、深、实的工作作风。针对“第一种形态”的适用情况以及处置方式、谈话技巧等方面进行系统研判，坚持以理服人，以情感人，坚持多措并举，不断提高监督执纪的履职能力。

（二）抓住两个关键环节

一是要压实“两个责任”。运用“第一种形态”是全面从严治党的重要手段，党委和纪委均可对行为人运用第一种形态处理措施，与全面从严治党责任体系一致，主体责任在党委，纪委负监督责任。运用好“第一种形态”，既不能用纪委的监督责任代替党委的主体责任，也不能以党委的主体责任包揽纪委的监督责任，要推动“两个责任”一体落实。二是要分类处置问题线索。《纪检监察机关监督执纪“四种形态”统计指标体系（试行）》，共设置了5类56项统计指标，即“第一种形态”：经常开展批评和自我批评，及时进行谈话提醒、批评教育、责令检查、诫勉，让“红红脸、出出汗”成为常态，在此基础上，要不断细化问题线索分类，找准切入点，与组织、人事、信访等部门集体研究处置，才能将系统运用监督执纪“第一种形态”落到实处。

五、推动实践好“第一种形态”的对策建议

运用“第一种形态”“把纪律和规矩挺在前面”的目的是让遵守党纪的党员干部不断增加。只有不断丰富和发展监督执纪“第一种形态”，将“严”的主基调长期坚持下去，精准把握适用情形，才能推动监督执纪执法由“惩治极少数”向“管住大多数”拓展，实现政治效果、纪法效果、社会效果相统一。

（一）强化纪律思维，推动观念转变

一方面需要将纪律规矩的树立摆在责任之上，让每一名党员干部都能够明晰自己肩上的职责，全面了解究竟哪些事情可以做、哪些事情不可以做，从思想上设立第一道防线。在工作中坚持党风廉政教育常态化，利用局域网、廉政教育微信群和面对面交流，及时宣传《中国共产党廉洁自律准则》《中国共产党纪律处分条例》（简称《条例》）的新变化；通过召开党风廉政教育警示大会，观看警示教育专题片、专题党课等形式对典型案例进行原因剖析；组织全体党员开展《条例》知识测试，增强党员纪律意识，做到学纪、知纪、明纪、守纪；通过多层次、多角度、全方位警示教育各级干部、关键重要敏感岗位人员明确界限、不踩红线、守住底线，进一步筑牢信仰之基、绷紧纪律之弦、落实应尽之责。另一方面，需要基层纪委不断强化监督意识，树立“监督就是爱护”的思想，推动工作关口前移，将“第一种形态”作为基本的衡量准则，明确查办案件是成绩，同样开展批评教育、给予澄清事实、组织处理更是责任。

（二）细化责任体系，厘清责任界限

一方面对落实责任进行细化分解，明确党委、纪委和专业部室在“第一种形态”

运用中的任务和要求，增强指导性和操作性。另一方面健全监督体系也是所在，督促监督任务压紧压实。如，在“五围绕、一查处”安全防火再监督工作中，督促安全部室考核各级管理者，对基层作业区党政负责人和机关部门主要领导开展提醒谈话，充分发挥了“监督的再监督”作用。针对个别作业区办事拖拉、作风散漫，工作不严谨、不扎实、不细致，执行制度不严肃，给予主要负责人批评教育处理。

（三）尊重事实，严格依纪依法

一方面要坚持原则，秉公用权。存在什么客观事实，构成什么违纪情节，就应当用哪一种形态处理，是否从轻、从重或者减轻、加重处理，都应以事实为依据，以纪法为准绳，不能所有的情况都谈话了事。比如，咬耳扯袖主要是针对苗头性问题的提醒；红脸出汗则是对轻微违纪问题的告诫。另一方面，在线索处置和纪律审查过程中，要为实践“第一种形态”奠定基础。能够真正认识到自身错误并予以改正的，也要从长远综合分析给机会。

2023 年以来，齐矿纪委在运用“第一种形态”方面做了一些工作，坚持做实日常监督，抓早抓小，重点围绕监督体系的每一环开展再监督，开展提醒谈话 5 人次、批评教育 115 人次、诫勉谈话 3 人、通报批评 1 人，不断将“四种形态”落实到履行监督责任的全过程，为企业高质量发展提供纪律保障。

深化钢铁企业以案促改、以案促治的探索与实践

鞍钢股份鲅鱼圈钢铁分公司纪委
鲁　鹏　蒋立强　陈庭玉

二十届中央纪委第三次全体会议强调，突出铲除土壤条件深化反腐败斗争，强化以案促改、以案促治。作为鞍钢集团有限公司（简称鞍钢集团）“7531”发展战略下，以“三个一流”为目标建设的沿海钢铁产业基地，鞍钢股份鲅鱼圈钢铁分公司（简称鲅鱼圈分公司）坚决落实全面从严治党各项决策部署，坚持深化“三不腐”一体推进，在类案分析上不断探索实践，通过做深做实以案促改、以案促治，使之成为新形势下强化标本兼治、实现系统治理的重要途径，推进惩、治、防并举，不断提升企业综合治理效能，为当好新鞍钢高质量发展“排头兵”提供坚实的政治保障。

一、以案促改、以案促治的背景和意义

国有钢铁企业，具有权力集中、资源富集等特点，党员干部违纪违法、职工群众违规问题时有发生，“靠钢吃钢”问题屡治不止，党风廉政建设和反腐败工作形势依然严峻复杂。近年来，鞍钢集团高度重视以案促改、以案促治工作，着力常态化做好“后半篇文章”。鲅鱼圈分公司坚决落实有关要求，创新工作思路，以“案”为基础、以“改”为举措、以“治”为目标，积极探索建立健全惩治震慑、制度约束、提高觉悟一体发力的源头治理机制。通过类案分析，查找监督问题、案件背后的深层次问题，用好纪律检查建议、监督谈话等手段，以点带面、举一反三，堵塞监管漏洞，压实各级责任，完善监督机制，强化教育引导，推动领域治理、体制改革，促进企业高质量发展取得更大成效。

二、深化以案促改、以案促治的主要做法

（一）压实三级责任，注重协同发力、同向发力

深化以案促改、以案促治，前提要明确责任、压实责任。腐败问题源头治理既是纪委的事，更是党委的事，不单是上面的事，也是下面的事，不单是纪检监察部门的事，更是所有具有监督职责部门的事。构建好横向到边、纵向到底、上下协同的工作

机制，才能更好地推动以案促改、以案促治走深走实。

一是党委集中统一领导。鲅鱼圈分公司党委坚决支持纪委查办腐败案件，动真碰硬抓好问题整改。纪委协助党委分析反腐败形势、把握政治生态、找准问题源头，整合反腐败全链条力量，组织协调反腐败工作，确保以案促改、以案促治各项工作有序推进。通过年度党风廉政建设和反腐败工作会议，系统谋划“纵深一体推进‘三不腐’”整体工作思路，工作报告明确“以案促改、以案促治”重点工作要求。《年度政治监督工作方案》纳入深化源头治理相关内容，制定具体化精准化的监督方案，切实发挥监督保障执行、促进完善发展作用。

二是纵向推进上下联动。强化纪检系统“一盘棋”思路，全面厘清鲅鱼圈分公司两级纪委治理责任、监督任务、职责侧重。以“基层纪委书记述职评议会”为契机，点出下级单位监督检查、案件查办、廉洁教育等方面突出问题，提出改进方向，明确提升目标，紧紧压实基层纪检工作责任。建立分公司纪律审查中心，加强“以案带训”“以问题带训”，提升案件查办专业化程度。成立“微腐败”“阳光采购”专项检查工作组，深入基层单位，开展监督检查与帮扶指导，推动增强综合素质能力，完善基层监督体系，2023 年 1 家基层单位实现“零立案”突破。

三是各类监督横向贯通。以案促改、以案促治要强化协调，要整合各种监督资源，打造以纪委专责监督为主体、部门职能监督为保障、全员监督为支撑的协同监督网络，统筹推进各类监督力量整合、程序契合、工作融合。在开展专项监督、日常监督、专项整治、党政督查时，协同党办、组织部门、财务部门、安全部门等职能单位，充分发挥党内职能部门、业务主管部门专业优势，有效形成专业支撑与能力互补，构建全方位多角度监督格局，确保“后半篇文章”见行见效。

（二）聚焦一案三促，促进系统施治、精准施治

以案促改、以案促治要突出系统性，通过办系统案、系统办案，深挖制度缺失、监管缺位、腐败根源等背后的问题，在解决问题中，使监督、办案、整改、治理和教育等有效贯通，加强类案分析，实现“查处一个案件，剖析一类问题，提出一系列建议，治理一个领域”效果，推动取得更多制度性成果和更大治理效能。

一是坚持“一类案一建议一整改”。精准提出建议，坚持由个案看全局、从一处谋全域，有效封堵权力运行、内控制度、工作程序等方面漏洞，采取制发《纪律检查建议书》（以下简称《建议书》）、现场调研、列席会议等方式，督促相关单位压紧压实主体责任，补齐制度短板，压缩权力寻租空间。在发出《建议书》上实现“三个覆盖”，即专项整治、政治监督、案件查办 3 个方面问题来源制发《建议书》全覆盖。2023 年以来，鲅鱼圈分公司围绕安全生产、环境保护、工程建设、采购验收等重点工作和重点领域印发《建议书》25 个，提出问题整改建议 68 项，给出“第一种形态”处置意见 31 人，执行考核 7 人，建议 2 名不适合人员调离原岗位。例如，某专项整治中，某单位消防工程施工方存在资质问题，与公司“从事消防工程施工企业准入制度”相关要求不符，通过发出建议，督促该单位寻求有资质企业，对工程质量和合规性鉴

定，消除管理漏洞带来的风险隐患；又如，政治监督中，某能源管理部门在工程相关方临时用能管理上，存在制度不完善、手续审批不认真、数据采集失真、监督检查不力等问题，导致相关方用能随意，给企业造成一定损失，通过发出建议，督促该单位完善制度，规范手续，落实问责，督促挽回用能损失 7 万余元。再如，某案件查办中，某材料验收关键岗位人员在工作中失职失责，通过《建议书》，给出该同志调离原关键岗位建议，严肃关键岗位人员任用相关要求。

二是做好“一类案一剖析一警示”。做好类案剖析，深入分析案件发生的主客观原因，查找在党风廉政建设、思想教育、权力制约、监督管理、制度执行、履行职责等方面存在的问题。运用“解剖麻雀”思维，站在政治高度，对被审查调查人思想蜕变过程进行“全景式”剖析，形成案件通报。在警示教育大会上，通报工程管理、验质验收、基层“微腐败”、形式主义官僚主义等代表性案例，对涉案人点名道姓，指出违纪原因，通报处分决定，给予避免建议，让“案中人”点醒“梦中人”。在重要节日前制作并印发“警示案例汇编”，做好关键节点的廉政提醒。在建设廉洁文化室中，让典型案例“上墙”，告诫广大党员干部、关键岗位人员认清违纪底线、辨清违法红线。督促案发单位运用“反面教材”，通过召开民主生活会或组织生活会，围绕党性修养、作风建设、廉洁自律等深层次问题，自我剖析、自揭伤疤，在咬耳扯袖、红脸出汗中提高廉洁从政、干净做人的思想觉悟。

三是探索“一类案一总结一治理”。以案促改、以案促治，“治”尤为重要。通过类案分析找出企业重点工作、重点领域、重点人群长期存在的顽瘴痼疾，集中力量实施各类专项整治，不断祛除病根病灶。近年鞍钢集团围绕“靠钢吃钢”各种表现形式，靶心发力，开展了“反舞弊　反贿赂　反欺诈”“清廉矿业”“阳光采购”“微腐败”问题等专项治理。在整治中，鲅鱼圈分公司坚持守正创新，采取一系列切实有效的施治方式，成立专项工作组开展集中抽查，推动基层单位交叉审查，透视大数据终端监督检查，着力通过监督“小切口”解决治理“大问题”。打造“微腐败治理鲅鱼圈先导区”，以上下联动机制、审查协作机制、监督协同机制为保障，以监督制约多点发力、加压惩治协同发力、深化拓展精准发力为抓手，以推动风清气正政治生态形成、推动各领域环节管理提升、推动深化改革健康发展为方向，总结提炼“三个机制、三个发力、三个推动”即“333”工作模式，实现“重点惩治”向“领域整治”转变。例如，以厚板生产线发货岗位“吃拿卡要”问题线索为突破口，召开专项会议，系统研判该领域“微腐败”形势，制定《窗口岗位“吃拿卡要”整治工作方案》，强化监督辐射区域，通过系统梳理窗口岗位清单、“吃拿卡要”表现形式清单、设置人员信息和举报公示牌、建立业务对象月度回访机制、优先查办相关问题线索机制、畅通主动交代问题渠道等手段，“顺藤摸瓜”发现该利益链其他问题线索，充分同上级纪委沟通，搭建审查调查区域协作平台，最终立案查办 11 人，制发《建议书》2 个，推动制度修订 13 个，“微腐败”问题整治工作取得了切实成效。

（三）突出三类效果，形成良性机制、长效机制

以案促改、以案促治不是“一锤子买卖”，要在长效机制上发力。建立“回头看”

机制，开展问题整改情况质量检查；拓展教育范畴，开展新时代廉洁文化建设；聚焦高质量发展目标，推动企业管理改革、良性发展。让广大党员干部、职工群众规规矩矩干事，清清白白做人，把精力投入到为推动企业改革、创新发展贡献力量上。

一是突出问题整改质量评估。为防止《建议书》“一发了之”，聚焦建议书针对性、有效性，不断完善提出、督办、反馈和回访监督机制，强化评估、跟踪问效，确保以案促改、以案促治各项任务落到实处。定期开展建议书问题整改“回头看”，对责任“挂空挡”、整改“走过场”、落实“打折扣”情况严肃追责问责。2023 年以来，通过“回头看”，鲅鱼圈分公司推动完成整改措施 84 个、制度修订 35 个、制度培训 14 次，挽回企业损失 19 余万元，追加考核相关方 4 万元，实现了真改真治、落地见效。

二是突出新时代廉洁文化建设。搭建线上廉洁文化平台，设立“晨钟清风”微信公众号，打造“清廉 365”廉洁文化室等廉洁文化地标，集中宣传党中央精神、宣贯党规党纪、宣扬红色文化、宣发廉政理念、宣教警示案例，潜移默化中筑牢思想防线。组织廉洁文化竞赛、党纪知识竞赛，组织参观鞍钢党风廉政教育展览馆、九·一八历史博物馆等廉政基地，发挥教化浸润、化风成俗作用。建立相关方廉洁风险“四同步”防控机制，以邀请相关方参加警示教育会、制发《廉洁提示函》等方式，推动廉洁共建。

三是突出管理改革、良性发展。腐败的本质是权力滥用，以案促改、以案促治要聚焦规范自由裁量权、减少设租寻租机会等方面，贯彻管理改革、促进企业良性发展理念，阻断腐败滋生蔓延。例如，在查办鲅鱼圈分公司厚板发货岗位“吃拿卡要”案件中，深入分析厚板发货区域岗位特点和工作环境，针对区域作业复杂和监管难等问题提出优化建议，推动实施仓储发出一体化外围管理方案，根本上铲除了滋生腐败的土壤条件。

三、以案促改、以案促治的其他要求

（一）以案促改、以案促治要体现“全周期管理”

不敢腐、不能腐、不想腐是一个有机整体，不是三个阶段的划分，也不是三个环节的割裂。以案促改、以案促治作为“不能腐”的重要抓手，更要充分融入案件查办前、中、后三个阶段：办案前，将以案促改、以案促治关口前移，充分了解案发单位政治生态和党风廉政建设情况；办案中，做实做细被审查人思想政治工作，深挖其思想转变的外因内因，为以案促改、以案促治提供鲜活教材；结案时，通过谈话笔录、检讨书等材料精准确定问题根源，为后续深化治理确定方向。同时要加强类案分析，注重发现和纠治案件背后的深层次问题，深入查找制度建设薄弱点、权力运行风险点、监督管理空白点，才能努力实现查处一案、警示一片、治理一域的效果，才能避免后来者重蹈覆辙。

（二）以案促改、以案促治要同作风建设紧密联系

无论是“改”还是“治”，脱离作风建设就会不实。不管是给出《建议书》，还是

开展专项整治，都要将“加强作风建设”作为一条明确工作要求提出来。在组织廉政教育、推动各类问题整改中，坚决破除责任落实不到位、学习整改走形式等作风顽疾。以案促改、以案促治过程中出现的作风问题新情况新动向，更要加强监督检查，严肃执纪问责，对顶风违纪行为露头就打，最终是要把深化以案促改、以案促治同推动作风建设一同走深走实。

（三）以案促改、以案促治要用好主题教育成效

当前，党纪学习教育正在全党范围内开展，要把党纪学习教育成果应用到以案促改、以案促治工作中，通过加强纪律教育，落实全面从严治党要求，不断提升依规依纪依法履职能力水平，准确规范执行党的纪律，提升整治效能，有效防范化解风险隐患。把严的基调一贯到底，坚决惩治“蝇贪蚁腐”，持续加强廉政建设，努力构建充满新风正气的政治环境。结合“一类案一剖析一警示”，突出以案促学、以案说纪，引导干部深入对照剖析、从严检身正己，让心存敬畏、手握戒尺成为日常自觉。

聚焦生产经营，提升监督质效，助力企业转型升级高质量发展

河钢集团有限公司纪委
史绍辉　杨小楠　李松杰　刘　硕　刘　欣

一、引言

（一）背景

近年来，中国钢铁工业发展进入了一个新的阶段。在这个阶段，河北省钢铁行业的发展面临着一些新的问题和挑战，如国内的经济增长速度放缓、产业结构调整不易、安全环保形势严峻等。面对复杂多变的市场形势，河钢集团有限公司（简称河钢集团）将危机转化为动力，提出了“全面提升钢铁主业竞争力、持续发力推动独立市场单元变革、重新认识发展和投资的关系、抓实抓牢安全环保工作、加强党的建设作为”等一系列具体措施，全力抓住发展的重大利好，全面提高竞争力，不断开创河钢集团更加美好的未来，在奋力谱写中国式现代化建设河北篇章中担当河钢角色。

（二）意义

河钢集团纪委紧紧围绕集团转型改革发展和生产经营管理这个现实课题和必答命题为出发点，结合河钢集团实际，创新开展效能立项监督，以“监督创造效益”为目标，深入学习贯彻党的二十大提出全面从严治党新要求，以监督出正气、出制度、出效益为基点，探索将纪律监督、监察监督、派驻监督、巡察监督“四项监督”融入效能立项监督并递进“出鞘”，发现问题、防范风险、推动改革、促进治理，在治理中发挥监督作用，在监督中提升治理效能，坚定护航河钢集团转型发展蹚新路。

二、纪检监察工作在企业高质量发展进程中面临的形势分析

（一）落实新时代新任务新要求，正风肃纪反腐必须将严的基调长期坚持下去

在贯彻落实二十届中央纪委第三次全体会议精神、河北省纪委十届四次全体会议，准确把握全面从严治党与河钢集团经营发展的内在关系，以党的自我革命推动企业改

革发展上，需要进一步健全建强党内监督体系，谋划完善工作思路和重点举措，以更高的要求、更实的举措、更严的氛围坚定不移把党风廉政建设和反腐败斗争引向深入。

（二）围绕关键领域和关键环节，监督融入中心服务大局愈发重要

当前，河钢集团正处于加快释放区位调整的潜能和优势、全面提升核心竞争力的关键时期，监督范围涵盖了钢铁、矿产、物流、金融等领域，辐射至生产工艺、市场开发、技术研发、成本管控、资金管理、资源整合、生态环保等各环节，对监督检查的全面性、专业性、精准性提出更高要求。

（三）贯彻上级新精神新部署，境外企业防范廉洁风险任务日趋艰难

河钢集团在境外拥有河钢集团塞尔维亚钢铁公司、河钢集团南非矿业公司、河钢德高国际贸易控股有限公司等21家企业，形成了资源、制造、营销全产业链的海外布局。落实中共中央纪律检查委员会、中华人民共和国国家监察委员会（简称中央纪委国家监委）和河北省委、中共河北省纪律检查委员会、河北省监察委员会（简称河北省纪委监委）关于跨境腐败治理工作部署要求，持续加强全方位监督管理，深化跨境腐败治理工作任务艰巨。

三、将效能立项监督融入企业生产经营，有效服务集团生产经营大局

（一）生产经营的重要性

“坚持党的领导、加强党的建设，是我国国有企业的光荣传统，是国有企业的‘根’和‘魂’，是我国国有企业的独特优势。”国有企业要在经济社会发展中发挥好“顶梁柱”的作用，就需要旗帜鲜明地讲政治，突出政治导向，要通过加强党的政治建设，增强企业党建的责任意识、使命意识，着力提升企业“领导人”的政治判断力、政治领悟力、政治执行力，才能够在关键时刻始终坚持“一切行动听党指挥”，为国有企业高质量发展筑牢组织堡垒。

河钢集团作为河北省内最大的国有钢铁企业，它的生产和经营活动对于国家的经济增长、社会稳定和国家安全都具有重要的意义。国有企业通常在关键的基础设施领域和战略性产业中占据主导地位，河钢集团产品涵盖汽车应用材料、交通装备材料、高强建筑材料和特种材料等11种，为国家的基础设施建设、航空航天和绿色发展提供了材料支撑，推动了国家经济的持续增长。河钢集团拥有大量的员工，在岗职工（国内）8.8万人，健康可持续的生产和经营活动可以提供大量的就业机会，对于维护社会稳定具有重要的作用。河钢集团在一些关键的战略性产业中占据主导地位，制定的国家标准《钛铁、硅、锰、磷、铬、铝、镁、铜、钒、镍含量的测定电感耦合等离子体原子发射光谱法》（GB/T 4701.13—2024），填补了钛铁合金产品多元素检测标准领域的空白，为我国冶炼合金料检测提供了准确可靠的检测依据；为三峡工程供应钢板达12万吨，占同类产品工程总用量的80%以上，其中三峡24扇永久船闸闸门制造所用的

4万多吨钢板全部为河钢集团产品，以材料制造商的姿态助力了国家安全。

（二）效能立项监督工作在生产经营中的作用

对于国有企业而言，党的监督与内部行政监督，两者是紧密结合，相互统一的。国有企业开展纪检监督工作的主要目的：就是督促企业内部的党员领导干部、各级管理人员、也包括纪检监察干部在履行岗位职责的过程中，都要时刻以“守纪律、讲规矩”作为自己的行为约束。从一个方面来讲，就是要遵守《中国共产党廉洁自律准则》和《中国共产党纪律处分条例》等党的决策、决定和各项纪律、国家法律法规；从另一方面来讲，就是要正确贯彻执行企业的重大决策、决定和各项规章制度。

河钢集团纪委从实际出发，立足监督第一职责定位，创新实施开展效能立项监督。效能立项监督是以项目管理的技能、方法和工具，立足“监督的再监督、检查的再检查”职能定位，聚焦生产经营的难点、领导关注的重点、职工关心的热点，以及经营管理的“薄弱点”、资金使用的“支出点”和创新创效的“关键点”，对生产经营管理等各领域工作，以及相关工作涉及的具有管理职能的各级组织和从事管理事务、业务等工作的人员开展的专项监督。重点是解决体制性障碍、机制性梗阻、政策性创新方面问题，通过监督发现问题、督促整改、完善制度机制，将河钢集团全面从严治党和严格依法治企制度优势转化为治理效能。

开展效能立项监督是河钢集团内部纪检监察履行监督职责的最佳切入点，将党风廉政建设、反腐败工作的制度、规定、要求，体现到效能立项监督工作的各个环节中去，注重关口前移，从源头上预防违规违纪行为和腐败的产生。这样，才能真正做到聚焦主业，履行好监督职责，坚持以纠偏、警示、教育为主，摒弃“不教而诛”。效能立项监督，大多是在问题没有暴露出来之前或问题尚在萌芽之时，针对问题易发、多发部位和环节，提前介入而开展的经常性检查活动。近年来，河钢集团纪检监察部门在上级纪委和河钢集团党委的领导下，扎实开展效能立项监督工作，无论是对党员干部的正风肃纪、大宗原燃料采购招标监控，还是职工薪酬发放、各种营销行为的规范等，达到了“提升企业管理、提高经济效益，促全员廉洁从业”的目的。

四、精心选题立项，以决战的姿态，推动监督效能转化为治理效能

河钢集团纪委在上级纪委和河钢集团党委的坚强领导下，紧密围绕企业生产经营，充分发挥监督保障执行、促进完善发展作用，不断健全完善监督体系，纵深推进全面从严治党，为加快集团转型升级和高质量发展提供了坚强保障。

（一）强化政治引领

（1）聚焦政治方向，坚持党中央重大决策部署到哪里，政治监督就跟进到哪里。紧盯贯彻落实习近平总书记关于河北工作、国资国企工作，特别是对河钢集团的重要讲话和重要指示批示精神，加强政治监督，制定政治监督重点任务清单26项。2021年至今，河钢集团两级纪委制发“三书一函”241个，提出建议564个，有效监督各项重

点工作推进落实。

（2）聚焦“关键少数”，强化权力运行监控，加强对“一把手”和领导班子的监督。及时跟踪督办“第一议题”议定事项落实情况，参与修订党委常委会议事规则、党委“前置清单”和“三重一大”事项清单，进一步厘清各治理主体权责边界。2023年，参加河钢集团常委会会议25次，研究河钢集团“三重一大”事项89项，前置研究讨论战略发展、科技创新、投资管理等重大事项24项。强化对下级党组织，特别是“一把手”和领导班子监督，精准研判政治生态，实事求是开展领导班子成员政治“画像”评价，2023年形成政治生态报告23份、政治“画像”评价报告141份。健全完善领导干部廉政档案，规范审慎回复党风廉政意见，增强政治监督覆盖面和有效性。

（二）强化正风肃纪

（1）持之以恒落实中央八项规定精神。制发《关于加强中央八项规定精神贯彻落实情况监督检查工作的办法》，通过明察暗访，综合查纠公务接待、公务用车、办公用房、津补贴发放、差旅费报销等五个方面问题，建台账、定措施、明责任，确保整改落实到位。狠刹违规吃喝歪风邪气，开展党员公职人员酒驾醉驾及背后“四风”问题专项整治、节前“酒杯中的奢靡之风”问题专项整治，坚决纠治违规公款吃喝、违规发放津贴福利、违规收送礼品礼金等易发多发突出问题。

（2）深化纠治“四风”和作风纪律专项整治。逐年制定专项整治方案，不断完善调整工作办法和要求，构建部门协同、上下协调推进机制，建立四个清单，动态更新《问题整改台账》，每月调度专项整治进展情况。深入开展“以案为鉴，查问题、防风险、促整改”专项整治、纠治“四风”有关问题专项整治、调研检查中“四风”问题专项整治等工作，围绕公务活动、商务接待、调查研究等方面开展自查自纠和专项检查，查摆风险、堵塞漏洞。坚持风腐同查，健全“四风”问题线索互商和共同研判机制，通报曝光违规违纪问题。

（三）强化日常履职

（1）充分依托“室组联动”监督平台，加强全面从严治党责任落实。一是将学习贯彻党的二十大精神、学习贯彻习近平新时代中国特色社会主义思想、党纪学习教育等重大政治任务的贯彻落实情况纳入监督范围，结合企业发展实际，形成涵盖14个方面共61项监督内容的《监督清单》。二是对基层单位全面从严治党“四责协同”机制落实情况开展全覆盖式调研督导，加快构建主体明晰、有机协同、层层传导、问责有力的责任落实机制。三是印发《“室组”联动监督调研督导反馈问题整改工作方案》，上下联动制定205项整改措施，推动调研督导反馈问题落实整改，以整改促治理、以整改提成效，纪委监督能力和治理水平得到提升。

（2）多措并举加大跨境腐败治理力度。一是突出党内监督主导作用。对境外企业（项目）“三重一大”决策事项提级监管，参与河钢集团党委前置研究审议境外投资等重大事项，进一步加大对境外企业监管力度。二是常态化开展专项整治。开展利用佣金中介费牟取私利、境外恶性竞争、违反财经纪律侵吞公款、违规投资经营、违规获取境外身份、无存续必要境外企业、境外参股管理漏洞七项专项整治，以专项整治为有力抓手，推动跨境腐败治理不断深入。三是强化教育提醒筑牢思想防线。根据预警提示、问题整治等，对境外企业负责人进行廉洁提醒，积极开展外事纪律教育和反奸防谍专项培训，督促消除廉洁风险。

（四）强化专项督导

（1）聚焦关键领域靶向发力，推动招投标廉洁高效。紧紧围绕习近平总书记关于“坚决去、主动调、加快转”重要指示精神和河北省委、河北省人民政府“三年上、五年强”工作要求，积极推动河钢集团唐山钢铁集团有限公司、河钢集团邯郸钢铁集团有限公司、河钢集团石家庄钢铁集团有限公司退城搬迁和河钢集团河北张宣高科科技有限公司转型升级。面对经营投资活动链条长、层级多、幅度大、规模大等情况，河钢集团纪委围绕招投标等关键领域、关键环节坚持事前介入、事中监督和事后检查原则，建立招投标报备制度和抽查制度。组织负责招投标工作专业部门每月月初报备，纪委每季度开展抽查，对强制招标项目、自愿招标项目和非招标项目抽查比例分别不低于5%、5%和10%，自2021年以来抽查比例分别完成11.2%、15.4%和41.98%，营造了公平、公正、公开的招投标工作氛围，促使招投标工作为河钢集团高质量发展高效服务。

（2）聚焦重点事项精准施策，助力企业生产安全稳定。为深入贯彻习近平总书记关于安全生产工作的重要指示批示精神和党中央、国务院决策部署，认真落实中央纪委国家监委、河北省纪委监委有关要求。河钢集团纪检监察系统深刻认识到做好安全生产工作的极端重要性，始终把职工群众生命安全放在心上，时刻绷紧安全生产这根弦，坚决克服麻痹大意、掉以轻心思想。立足职能职责，通过参加或列席会议、实地调研检查和明察暗访、收集信访举报等形式跟进监督，督促各单位全面深入排查整治安全风险隐患，深入开展安全生产专项整治三年行动，推动冶金、矿山、危险化学品、交通运输、特种设备、电气等重点领域专项整治。针对各类安全隐患，督促各单位健全预警应急机制，超前安排、压实责任，及时发现和解决问题，消除风险隐患。

五、取得的成效

围绕河钢集团发展中心任务，紧盯权力运行的“关键点”、问题易发的“风险点”、监督管理的“薄弱点”，对中共中央、河北省委、河北省国资委决策部署和河钢集团战略部署贯彻落实情况，以及生产经营管理重要领域、关键环节和专项工作开展效能立项监督。

聚焦企业财务管理，强化对三项成本管控及专项审计整改任务落实等开展专项监督，深入基层班组对照岗位操作标准和单班组日成本核算控制措施开展“嵌入式”监督，促进企业管理水平和经营效益的提高；聚焦高科技项目研发，加强对氢冶金、大线能量钢等重大科研项目过程管理监督，深入项目实施现场对项目进度和项目质效开展“跟进式”监督，为打造高端、清洁科技产品赋能；聚焦国有资产保值增值，增强对退城搬迁、老区资产处理、无效资产清欠的监督实效，深入责任单位对资产评估和风险防范开展“蹲点式”监督，助力集团盘活闲置资产；聚焦干事创业敢担当，持续深化纠正“四风”和作风纪律专项整治，深入敏感岗位和对外窗口以明察暗访的方式开展“点穴式”监督，营造风清气正的环境，保证领导干部勤廉履职。

2021 年以来，共开展效能立项监督 1391 项，下达监督建议书 2836 份，健全完善制度 1795 项。2023 年，围绕降成本、提售价和“双 200”目标，聚焦新区效能释放、老区资产处置、深耕“四个更加关注”市场等中心任务开展效能立项监督，系统推动河钢集团唐山钢铁集团有限公司新区、河钢集团石家庄钢铁集团有限公司新区活力不断释放，河钢集团邯郸钢铁集团有限公司新区和河钢集团河北张宣高科科技有限公司加快达产达效，河钢浦项汽车板有限公司汽车板项目竣工投产，与奔驰、奇瑞等客户达成深度合作，擦亮河钢集团高端化、智能化、绿色化品牌。

推进新形势下国有企业纪检监察体制改革　以“室组委”协同联动提升纪检监察工作实效

包头钢铁（集团）有限责任公司纪委

刘文辉　刘智光　张慧琴　陈　旭

刘　骏　白乐嘎　赵振宇

国有企业作为中国特色社会主义的重要物质基础和政治基础，是党执政兴国的重要支柱和依靠力量。二十届中央纪委第三次全体会议强调，“坚持个案查处与系统整治相结合，深化整治金融、国企、能源、烟草、医药、基建工程和招投标等权力集中、资金密集、资源富集领域的腐败。”由此可见，党风廉政建设和监督执纪工作是国有企业做强做优做大必不可少的重要保障。同时指出“突出规范化、法治化、正规化深化纪检监察体制改革和制度建设”“加强内部力量统筹，完善纪委监委机关内设机构设置、职能配置、力量配备。”因此，优化机制体制改革，强化协同联动，提升监察实效，将是国有企业纪检监察机关在新形势下推动全面从严治党，护航国有企业高质量发展的重要途径。在此基础上，本文以包头钢铁（集团）有限责任公司（简称包钢）工作实际，通过建立“室组委”协同监督机制体制的具体实践，就如何系统提升新形势下国有企业纪检监察工作进行分析研究和探讨，希望对国有企业纪检监察工作有所帮助。

一、加强对深化纪检监察体制改革重要性和必要性的认识

（一）深化纪检监察体制改革，是完善党和国家监督体系的重大战略

深化纪检监察体制改革，是以习近平同志为核心的党中央作出的重大决策部署，是新时代健全党和国家监督体系的重大战略举措，具有深刻的政治意义。必须始终以坚持和完善中国特色社会主义制度、推进国家治理体系和治理能力现代化为主轴。以纪律检查体制的改革引领全局，发挥统领作用，以监察体制创新实现效能提升，确保纪检监察机构改革的配套保障和协同推进。做实专责监督，搭建监督平台，织密监督网络，推动全面从严治党向纵深发展，夺取反腐败斗争压倒性胜利，更是维护党的纪

律和促进经济社会发展的必要选择。

（二）深化纪检监察体制改革，是推动国有企业纪检监察力量有形有效全效覆盖的要义所在

政治属性是国有企业的根本属性，一切从政治上看是第一位要求。深化纪检监察体制改革，就是在对国有企业的专责监督中，突出政治定位，聚焦“两个维护”，把握监督重点。将学习贯彻习近平总书记关于推动国有企业高质量发展的重要指示批示和重要讲话精神作为第一政治任务紧盯不放，加强企业内部力量统筹，在国有企业派驻纪检监察组、集团纪检监察组、监察专员办公室三种改革监督模式下，积极探索国有企业内部监管新路径、新方法，进一步完善企业内部纪检监察机构设置、职能配置、力量配备，做好纪检监察机构与国有企业治理主体“监督与被监督”关系，攥指成拳提升国有企业监督力量，确保国有资产保值增值、遏制国有企业贪污腐败、维护社会和谐稳定。

二、推进国有企业纪检监察体制改革，确立“室组委”协同联动监督机制的探索与实践

（一）国有企业纪检监察改革发展以及当前包钢纪检监察体制发展形势

党的十八大提出“健全纪检监察体制，完善派驻机构统一管理”，拉开新时代纪检监察体制机制改革序幕。2019 年《国有企业基层组织工作条例》印发，明确规定了国有企业纪检监察派驻机构的职责权限和任务要求。设置党委的中管国有企业纪检监察派驻改革的基本模式为设置监察专员与监察专员办公室。

2019 年，包钢党委深入贯彻党中央和内蒙古自治区关于国有企业党风廉政建设和反腐败斗争各项决策部署，探索自身纪检监察特点，深化纪检监察体制改革。成立监察专员办公室，保留原来“企业纪委”不变，同时由内蒙古自治区监察委员会向企业派出监察专员，监察专员任企业纪委书记，新成立“监察专员办公室”与纪委合署办公，共设置纪检监察干部 30 人。

2024 年，为适应当前纪检监察体制新形势，包钢印发了《关于进一步深化纪检监察体制改革的实施方案》优化机构设置，强化人员配置，推动构建全面覆盖、权威高效、贯通协调的监督体系。改革后，包钢纪委（监察专员办公室）设置为“8 +3”，即 8 个业务监察室和 3 个派驻纪检监察组，在权力较为集中、廉洁风险较高、监督力量较为薄弱的重点单位设立二级企业纪委 5 个、三级企业级纪委 9 个，专职纪检监察干部扩充至 108 人。就此形成了“室组委”监督常态化联动工作机制，切实加强包钢内部纪检监察力量的交流协作、联动配合，形成上下贯通、左右衔接、同向发力的“大监督”工作格局。

（二）“室组委”机构设置协同联动提升纪检监察内容实质

国有企业纪检监察派驻机制不是“层层派驻”，企业各级下属单位纪检组织仍然是

纪委，改变只是国有企业总部纪检监察组织的设置方式。监察专员办公室既要接受企业党委领导，履行纪委协助职责、同级监督责任，又要代表上级监察委员会履行监察监督职责，对驻在企业党委以及其他治理主体和全面从严治党相关工作进行全面监督。包钢作为此类国资监管企业，为贯彻落实纪检监察体制改革有关部署要求，按照监督全面覆盖、工作贯通、目标协同的原则，内部设置“纪检监察室 + 派驻纪检监察组 + 二级、三级企业纪委”的“室组委”协同监督模式。做到纵向分层次、横向分领域，将权属企业机构划分为 8 个纪检监察工作片区，将业务性质相同的企业、板块由 3 个内部派驻纪检监察组监督管理，其余 5 个按照组织机构组织关系设立二级企业纪委监督管理，在包钢纪委（监察专员办公室）纪检监察室指导下，具体围绕日常专项监督检查、问题线索处置查办、以案促改、队伍建设等内容，定期分析研讨，研究解决问题，加强学习交流，实行联动、联合，进一步发挥“室组委”各自优势、取长补短、凝聚合力，确保监督的全覆盖，不断强化监督力量，有效提升纪检监察工作质效，确保国有企业党风廉政建设和反腐败斗争取得更为明显的成效。

三、当前国有企业纪检监察工作存在问题与不足

一是企业内外部监督力量的统筹有待继续提升。针对国有企业监察手段有限的实际，“室组地企”联动协作优势还需要进一步加强。二是国有企业下属二三级企业较多、管理链条长，监督力量分散，集团统筹督导作用发挥不够到位、派驻组和二、三级纪委发现问题浅表化等现象较为普遍，容易出现全面从严治党主体责任层层递减的问题。三是职能部门主动监督、发现问题的意识不够强，沟通效率不高存在“等靠要”缺乏“挖排找”，相互协同、融合的监督意识还没有形成。四是纪检监察干部队伍监督执纪水平参差不齐，有待继续提升。五是扩大市场化选人用人机制是当前国有企业深化改革的重点之一，在自身干部培养选拔外，还有“市场化聘用”选才和管理方式，部分国有企业混合所有制企业监管还存在着作用发挥不好问题，加快纪检监察工作从“身份导向”到“权力导向”监督转化。

四、建立“室组委”协同联动监督工作机制，系统提升国有企业纪检监察工作实效的方法与建议

目前，国有企业纪检监察机制体制改革处于起步阶段，虽然整体层面的制度框架已经形成，但在具体操作上仍需结合企业发展的实际情况，包钢建立“室组委”协同联动监督机制是深化纪检监察体制改革后整合监督资源、破解监督力量不足、提升监督质效的内在需要，具有很强的借鉴意义，在新形势新要求下，针对当前国有企业工作中存在的不足，下一步还需继续做好以下几项工作。

（一）从“有形”到“有效”，协同联动查办案件多点发力

本着“统一要求、信息归口、分级负责、上下联动”的原则，针对处置问题线索、案件调查审理工作全过程进行协同发力，统一归集研判公司党委、上级纪检监察机关

交办，巡视巡察和审计、行政执法、司法机关等移交，信访移送和监督检查、审查调查中发现的问题线索。企业内部全链条深化“室组委”协同配合和力量整合，充分发挥纪检监察室处置问题线索“专”的优势，统一调配，在需要人员支援协助以及所在企业纪检监察机关无法独立查办或自行查办有一定难度的案件时，启动协同联动办理问题线索机制，发挥各自优势，精准把握运用问题线索处置方式，实现“1＋1＋1＞3”的效果，切实提高问题线索处置质效。企业外部积极争取“室组”联动监督、“室组地”联合办案多方协同，不只是重大案件，逐渐覆盖国有企业党风廉政建设的各个重点领域，紧盯重点问题线索，用好纪检监察机关案件管理系统，加强与各省市纪委协作沟通，加大检察院、公安局的协同联动，确保国资国企监督质效不断增强。

（二）变“等靠要”为“挖排找”，协同联动交叉互查

做实政治监督、专项监督、日常监督，落实政治监督精准化、具体化、常态化，建立政治监督台账。派驻监督组，二级、三级企业纪委在日常监督工作中难以解决的共性问题、疑难问题、干部职工群众反映强烈的问题，以及在查办问题线索中发现重点领域、关键环节存在的系统性问题，不能简单地就事论事，深挖细查问题线索及背后深层次问题，“室组委”开展联合“会诊”，制定负面清单，启动协同联动监督机制，确立专项监督内容，成立联动监督检查组，主动深入企业一线监督，推动问题全面有效整改，做实精准监督、跟进监督、全程监督，贯通协同职责。同时抓好处理处分决定执行，及时通报典型案件开展警示教育，用足用好监察建议，做细做实“后半篇文章”。综合协调党内监督和部门职能监督形成合力，实现纪检监察监督、巡察监督、审计监督、法务监督、财务监督等各类监督贯通协同，多措并举构建企业内部监督格局，把监督融入企业治理体系。

（三）用“身边案”教育“身边人”，以案促改促治

加大以督促改、以案促改工作力度，注重分析问题发生的深层次根源，及时制发《纪律检查建议书》和《监察建议书》，提出针对性、操作性强的整改建议，适时对相关整改落实情况进行“室组委”联动督查。针对提出的纪律检查建议和监察建议整改落实情况进行了监督检查，并以点带面延伸开展，采取调阅文件资料、个别谈话、实地走访、抽样化验等方式，结合典型案例联动开展警示教育，在抓好案发单位整改的同时，带动其他联系单位举一反三抓整改，以点带面、整体推进，切实强化查处一案、警示一片、治理一域的治本效应。坚持巩固深化巡视巡察整改成果，加快对巡视巡察反馈问题整改落实，形成整改监督闭环。强化巡视巡察成果运用，进一步深化以巡促改、以巡促建、以巡促治，在堵塞漏洞、源头治理上取得实效。

（四）补短板强弱项，全方位提升纪检监察队伍素质水平

人作为生产力中最为活跃的要素，其重要性不言而喻，加强国有企业纪检监察工作，必须打造一支政治素质好、工作能力强、作风过硬的纪检监察干部队伍，根据各

“室组委”机构设置，选拔并配置具备优秀政治素养和强大专业能力的人才。持续在提升干部履职能力上持续发力，定期组织“室组委”经验交流研讨会，进行谈话函询、初核、纪检监察建议书、诫勉等重点知识的交流、研讨，各纪检监察机关根据实际，选派人员全程参与纪检监察室线索处置和查办工作，通过跟案学习、实践锻炼，进一步提升纪检监察干部综合素质和业务能力水平。定期举办纪法素养提升培训班，建立健全培训资料库，外出培训的“学员”变“教员”，实现成果共享。促进公司纪检监察工作进一步规范化，为国有企业纪检监察工作的深入推进筑牢坚实的人才基础。

本钢集团反腐败斗争中的策略与措施
基于“三不腐”三重防线建设的研究

鞍钢集团本钢集团有限公司纪委
温兆龙　翟利彬　刘鹿霖

一、引言

习近平总书记在二十届中央纪委第三次全体会议上发表重要讲话时强调，“我们对反腐败斗争的新情况新动向要有清醒认识，对腐败问题产生的土壤和条件要有清醒认识，以永远在路上的坚韧和执着，精准发力、持续发力，坚决打赢反腐败斗争攻坚战持久战。”当前，钢铁行业面临的反腐败斗争形势依然严峻复杂，在全面从严治党向纵深发展的背景下，钢铁企业作为国民经济的重要支柱，纪检工作尤为重要。如何持续推进不敢腐、不能腐、不想腐的制度建设和实践探索，成为钢铁企业纪检工作亟待解决的重大问题。本文旨在通过分析鞍钢集团本钢集团有限公司（简称本钢集团）的实际案例，总结提炼有效经验，为推动钢铁企业纪检工作的深入开展提供借鉴和参考。

二、本钢集团反腐败斗争的现状与挑战

（一）现状分析

本钢集团具有历史悠久、体量庞大、产业链长、经营范围广、涉及资金业务多等特点，使得本钢集团内部在某些环节和领域容易滋生腐败问题，特别是在资金管理、物资采购、工程项目等领域，由于涉及的金额巨大且流程复杂，往往成为腐败的高发区。近年来，随着国家反腐败斗争的不断深入，特别是鞍钢集团和本钢集团重组以来，本钢集团在纪检领域的规章制度不断健全，查案办案方式及水平、针对违规违纪人员打击力度等得到了较大提升，不再仅仅依赖传统的调查取证手段，而是结合了现代化的技术和方法，使得腐败行为更加难以遁形，企业内部的腐败现象得到了有效遏制。但仍存在一些问题和不足，部分管理人员、财务人员、关键领域人员等仍然存在侥幸心理，认为自己可以逃避党纪国法的监管，继续进行一些不正当的交易和操作。还有一些基层员工，由于种种原因，也涉足一些不正当的行为中。

（二）面临挑战

一是部分制度执行不够严格、落实不到位，存在制度空转现象；二是监督机制尚不完善，部分环节存在监管盲区，使得一些不法分子有机可乘；三是部分干部职工法治观念和纪律意识淡薄，一旦有利益驱使、人情关系等情况，他们便铤而走险，这些问题往往缺乏有效的自我约束。

三、推进不敢腐的制度创新

（一）建立健全惩治和预防腐败体系，加强制度建设，形成用制度管权、管事、管人的长效机制

为构建不敢腐的制度环境，本钢集团在鞍钢集团党委、纪委的坚强领导下，建立健全了一整套基于央企体制下的惩治和预防腐败的体系。这一体系以习近平总书记关于全面从严治党重要论述和党的自我革命重要思想为基础，以强化党委主体责任落实为根本，本钢集团党委落实统一领导责任，全面领导、执行和推动党风廉政建设和反腐败工作，深入推进惩治和预防腐败体系建设。每年初召开本钢集团层面党风廉政建设和反腐败工作会议，把党风廉政建设和反腐败工作纳入企业发展和党的建设总体布局，统一部署；每年开展两轮党建工作责任制考核，督促检查基层企业党风廉政建设和反腐败工作落实情况，确保权力的运行受到有效制约和监督。纪委协助党委加强党风建设和组织协调反腐败工作，向党委提出党风廉政建设和反腐败工作的建议，督促检查党风廉政建设工作任务落实情况，统筹本钢集团内部资源，协调解决反腐败工作重大事项，从严落实党内监督之责、惩治腐败之责。通过制定和完善《本钢集团有限公司总部业务审批权限规范》《本钢集团有限公司职工罚则（试行）》等一系列规章制度，明确各级领导干部和职工的职责权限，规范权力运行流程，防止权力滥用和腐败行为的发生。同时，不断加大制度执行力度，确保各项制度得到有效落实，形成用制度管权、管事、管人的长效机制。

（二）加大执纪力度，对腐败问题“零容忍”，坚决查处违纪违法行为，形成震慑

在建立健全惩治和预防腐败体系的基础上，本钢集团进一步加大监督执纪力度，对腐败问题“零容忍”。健全企业重要领域和关键岗位廉洁风险识别和党员领导干部廉洁从业的各项制度及违规、违纪相关处理规定，充分发挥各级纪委监督作用和职工民主监督作用。制定下发《关于强化核心关键岗位人员日常监管及交流轮岗的通知》，推动核心关键岗位人员轮岗交流，降低核心关键岗位廉洁风险。同时，针对当前阶段问题线索存量多、处置集中、案情复杂等实际情况，抽调基层单位纪检人员和其他专业领域人员组成线索核查组，开展集中办案、提级办案、交叉办案，集中攻关，协调、整合查办案件资源，并定期召开查办推进会，研判突破重点和查办方向，聚焦重点环

节、逐案过筛、高效推动问题线索处置和案件查办工作，施行案件全流程管控，坚决查处违规违纪违法行为，无论涉及何人、何时、何地，都一查到底、绝不姑息。通过严厉打击腐败分子，在本钢集团内部形成强大的震慑效应，使潜在腐败者望而却步。

（三）强化权力运行监督制约，构建决策科学、执行坚决、监督有力的权力运行机制

在建立健全惩治和预防腐败体系的基础上，本钢集团按照鞍钢集团党委、纪委统一部署，进一步加大了执纪力度。推行“12345”政治监督工作模式，2023 年和 2024 年，本钢集团层面先后确定 9 项、14 项政治监督项目。纪委有关负责同志通过参加党委常委会、党风廉政教育会议，列席相关会议监督上级决策部署在本钢集团的落实情况。聚焦重点难点问题和所属企业实际，开展专项监督。为深挖重点领域关键环节腐败风险，先后开展了“清廉工程”、备品备件采购及管理、违规经商办企业“回头看”“清廉矿业”“反舞弊反贿赂反欺诈”“阳光采购”“微腐败”等专项整治工作，对腐败问题采取“零容忍”的态度，严厉打击损公肥私、内外勾结、利益输送、不担当、不作为、破坏企业形象问题。在选人用人上，坚持党管干部原则，贯彻好干部“二十字”标准，同时加强选人用人监督，严把选人用人党风廉政意见回复关，2023 年至今，回复党风廉政意见 1671 人次，坚决防止干部“带病提拔”。有效践行“四种形态”，坚持惩前毖后、治病救人，让违规人员受教育。严格落实“一案双查”，既追究当事人的责任，也追究相关领导责任，始终保持高压态势，以严明的纪律推进党风廉政建设。利用内部巡察、合规审计、联合监督、专项检查以及同地方纪委监委建立沟通办案机制等方式，构建“大监督”格局，充分共享信息和监督成果。在全本钢集团大力营造崇廉拒腐的企业文化和良好氛围，以廉为荣、以贪为耻，让忠诚干净担当成为新风尚，形成反腐强大合力。

四、实现不能腐的实践创新

（一）深化体制机制改革，彻底铲除腐败滋生的土壤和条件

为实现不能腐的目标，本钢集团坚持融入中心、服务大局，以问题为导向，以监督为核心，不断进行纪检工作的体制机制改革创新。只有从制度和机制上入手，才能彻底铲除腐败滋生的土壤和条件，营造一个清正廉洁的企业环境。以优化权力配置和运行流程为例，重新审视了企业内部的权力架构，对关键岗位和敏感环节的权力进行了科学分配。通过减少权力过度集中的现象，降低了权力寻租的空间和机会。比如，在采购环节，实行的公开招标、竞价，避免了暗箱操作和利益输送。同时，还加强了企业内部风险防控机制建设。通过建立完善的风险评估体系，及时发现并纠正了多个潜在风险点，对企业资产核查、超低排放改造及重点环保工程等重点领域进行了强有力的监督，对违法乱纪行为起到了极大的震慑作用，并为企业避免和挽回大量经济损失，进一步巩固和维护了企业正常的生产经营秩序。

（二）加强教育培训，增强干部职工的廉洁自律意识和能力

除了制度层面的改革创新以外，本钢集团持续加强廉洁从业的教育培训工作，进一步增强了干部职工的廉洁自律意识。严格落实廉洁承诺制度，组织领导干部、重点岗位人员签订廉洁承诺书，弘扬党的优良作风，充分发挥党员领导干部的表率作用和企业班子成员的“头雁效应”，带头履行国有企业领导人员廉洁从业规定，维护好广大职工的根本利益，进一步密切联系职工，为企业职工办实事，及时解决职工遇到的困难。充分发挥传统教育作用，将廉洁教育与典型案例、具体情境结合起来，通过组织党委中心组学习、党支部“三会一课”、民主生活会、警示教育专题讲座等多种形式，零距离接受警示教育。增强新任职干部的廉洁自律意识，注重对新提任领导干部开展廉洁谈话，系好廉洁从业的“第一粒扣子”。搭建廉政宣教平台，编制下发《本钢纪检工作动态》，征集《每月一鉴》稿件并择优向鞍钢集团纪委推荐，打造鞍本区域廉洁文化新格局。通过上述廉政教育、法治教育等活动，引导本钢集团广大干部职工树立正确的价值观、权力观和利益观，使职业道德建设和企业文化建设不断加强，营造了风清气正的企业氛围。

（三）推动科技防腐，运用信息技术手段强化监督管理和风险防控

随着信息技术的发展和应用，科技防腐已成为反腐败斗争的重要手段之一。本钢集团积极推动科技防腐工作，运用信息技术手段强化监督管理和风险防控，建立大数据监督平台并投入使用，充分运用线上大数据监督与线下现场检查联动，对企业运营等关键敏感数据进行实时监测和分析，及时发现异常情况和潜在风险点，实现监督系统化、信息化、数字化，使腐败问题“无所遁形”，为高质量一体推进“三不腐”机制高效赋能。

五、培育不想腐的企业文化

（一）加强企业廉洁文化建设，弘扬正气、抵制歪风

要想从根本上遏制腐败，必须首先在企业内部营造一种崇尚廉洁、鄙视腐败的文化氛围。多年来，廉洁文化始终是本钢集团企业文化的重要组成部分，它以崇尚廉洁、鄙视腐败为价值取向，以廉洁从业为行为准则。充分利用企业宣传阵地让廉洁文化建设进车间、进部门、进班组、进家庭，扎实推动廉洁文化建设，并通过持续加强廉洁文化建设，积极引导干部职工树立正确的价值观、权力观和利益观，自觉抵制腐败思想的侵蚀。这不仅丰富了职工的业余生活，更在潜移默化中增强了他们的廉政意识，时刻提醒他们保持清醒的头脑。同时，从工作机制上入手，致力于构建全方位廉洁文化教育框架，清晰界定全本钢集团各部门、各单位在党风廉政教育和廉洁文化建设中的具体职责与任务，以便各方能协同工作，共同形成宣传教育的强大合力，通过廉洁文化提升本钢集团的品牌形象和社会信誉度，为企业发展创造良好的外部环境。

（二）开展警示教育活动，以案说法、以案明纪

为让干部职工更加直观地认识到腐败的危害性和后果严重性，增强他们的廉洁自律意识和拒腐防变能力，本钢集团定期开展如参观反腐倡廉教育基地、观看警示教育片、举办廉政讲座等警示教育活动。活动中，以影像资料、图片文献的形式再现本钢集团内外部腐败分子的堕落过程，使干部职工深刻感受到腐败给个人、家庭和社会带来的巨大损失并从中汲取教训、引以为戒。这样的教育方式不仅让职工更加珍惜现在的工作和生活，更使他们明白了廉洁从业的重要性。

（三）注重家庭家教家风建设，培养干部职工廉洁从业的内在动力

家庭是社会的细胞，也是廉洁从业的第一道防线。本钢集团高度重视家庭家教家风建设，鼓励职工及其家庭成员共同参与到廉政建设中来，培养干部职工廉洁从业的内在动力。多年来，通过开展“致领导干部家属的一封信”、家庭助廉活动、签订家庭廉洁承诺书等方式，不仅引导干部职工及其家庭成员共同树立廉洁意识，更让他们明白了廉洁从业对家庭幸福的重要意义，共同营造风清气正的家庭环境。同时，不断加强对党员领导干部“八小时以外”的监督和管理，防止不良风气和腐败行为的滋生蔓延，打通了预防党员领导干部职务犯罪及腐败行为的“最后一公里”。

六、结论与展望

本文深入分析近年来本钢集团纪检工作面临的新形势、新任务，以及采取的一系列制度创新和实践创新的思路和举措。本钢集团将结合行业特点和自身实际，持续完善反腐败工作机制，强化监督执纪问责，扎紧制度牢笼，为推动企业高质量发展提供坚强纪律保障和廉洁保障。

基于 PDCA 理论的国有企业廉洁风险防控体系建设

——以云南物投为例

昆钢云南省物流投资集团有限公司纪委
杨新光　杨　璐

党的十八大以来，以习近平同志为核心的党中央把全面从严治党纳入“四个全面”战略布局，不敢腐、不能腐、不想腐一体推进，“打虎”“拍蝇”“猎狐”多管齐下。习近平总书记在党的二十大报告中强调：“只要存在腐败问题产生的土壤和条件，反腐败斗争就一刻不能停，必须永远吹冲锋号”。国有企业作为我国经济社会的重要组成部分，必须践行“三不腐”，而廉洁风险防控工作作为“不能腐”建设中的重要措施，对保障企业稳定经营至关重要，将 PDCA 理论（Plan Do Check Act 的简称，由被称为现代质量管理之父的爱德华兹·戴明提出，又称“戴明环”）运用于对廉洁风险科学系统的管理，是国有企业打好党风廉政建设和反腐败斗争攻坚战持久战的有效举措。

一、PDCA 理论在国有企业廉洁风险防控管理中的作用

（一）国有企业廉洁风险防控理论研究与发展实践

1. 国有企业廉洁风险

廉洁风险由廉政风险引申而来。国有企业廉洁风险伴随于国有企业经营和管理活动中，指由于权力滥用、内控缺陷、利益冲突等因素导致国有企业人员在日常经营管理工作中，利用职权给企业带来负面影响的可能性，与权力、责任、岗位等密切相关，具有客观性和长期性。通常来说任何拥有自由裁量权的岗位在客观上都存在廉洁风险，自由裁量权的长期存在即伴随廉洁风险的长期性。因此，国有企业廉洁风险不能完全消除，只能通过企业改善内部治理、规范权力运行、深化全面从严治党、加强党风廉政建设进行预防和应对。

2. 国有企业廉洁风险典型表现

在国有企业中贪污受贿、滥用职权、挪用公款等是廉洁风险最常见的行为表现。

在行为对象上多为领导干部以及权力集中、资金密集、资源富集的关键岗位人员，在运行过程中主要存在于决策、操作、监督等权力运行环节，在领域上聚焦于“产供销人财物”等领域。“不廉洁行为”对国有企业造成的财务损失和资源浪费，可能会严重影响其盈利能力和财务状况。

3. 国有企业廉洁风险防控的重要性

国有企业的廉洁风险防控对于保障其可持续发展和优化经营至关重要。在市场经济的激烈竞争中，企业的声誉和信誉是赢得客户信任和获得竞争优势的决定性因素。然而，廉洁风险的存在可能引起公众和利益相关方的怀疑与不信任，对企业声誉造成负面影响。此外，国有企业廉洁风险防控的目标是构建一个全面的、覆盖权力行使全过程的防控管理工作机制，通过构建一个更加健全和高效的廉洁风险防控体系，以降低廉洁问题发生的风险，为国有企业长期稳定和健康发展提供坚实的保障。

（二）PDCA 理论在廉洁风险防控中的运用

1. PDCA 理论的提出与运用

PDCA 理论又称“戴明环”，是一种管理方法论，即“计划—执行—检查—处置”。这一理论最早由美国统计学家沃尔特·A·休哈特提出，并由爱德华兹·戴明进一步发展和推广，成为全面质量管理的核心组成部分。PDCA 理论强调持续改进和循环往复的过程，即在处置阶段完成后，再次回到计划阶段，根据新的信息和经验重新规划，形成一个持续改进的循环。这种方法论被广泛应用于各种组织和行业的质量管理和过程改进中。

2. PDCA 理论与廉洁风险防控体系的结合

在探索现代化廉洁风险防控的进程中，PDCA 理论与廉洁风险防控体系建设相结合，是一种创新的管理实践。PDCA 理论的系统管理思维与动态循环机制，为廉洁风险防控体系的构建、标准执行、成效检验以及后期整改提供了理论支撑和方法指导。这种理论的融合不仅为廉洁风险防控提供了坚实的技术支持，通过循环的不断迭代，提升了预防措施的精准性和有效性，实现可持续的预防效果。

二、PDCA 理论在云南物投廉洁风险防控工作中运用的主要做法

自 2020 年以来，昆钢云南省物流投资集团有限公司（简称云南物投）将 PDCA 模式充分运用到廉洁风险防控工作中，以全面风险管理和内部控制为依托，以岗位、权力运行风险防控为基础，以加强制度建设、优化流程设计为重点，以“人、财、物”为核心，通过风险排查、风险评估、定期检查、持续整改等环节，结合事前预防、事中控制、事后处置等风险管控措施，构建权责清晰、流程规范、风险明确、措施有力、制度管用、预警及时的廉洁风险防控机制。通过运用 PDCA 理论对廉洁风险防控体系进行持续改进，目前云南物投廉洁风险防控体系已升级至 3.0 版本。

（一）全面排查，找准风险（P——计划）

1. 梳理以廉洁风险职权为中心的职权目录

全面梳理岗位职权是企业构建廉洁风险防控体系的核心步骤，通过梳理能够清楚地界定各个岗位的职责和权限，确保职责边界明晰，避免职责重叠或监管盲区，还能识别出不相容岗位是否分离，为廉洁风险的精准识别和防治提供坚实基础。通过对关键岗位职权和关键环节的梳理，可以找出各类潜在的风险，这些风险可能属于不同的类别，如市场风险、运营风险、监管风险、廉洁风险等。但在廉洁风险防控体系中同时关注到所有种类的风险无异于"眉毛胡子一把抓"，会导致廉洁风险防控体系建设的"失焦"。因此，在梳理职权过程中，应重点关注涉及廉洁风险的岗位职权及环节。

在实践过程中，云南物投组织所属单位围绕"产供销人财物"六大关键领域，从廉洁风险产生的权力行使、制度机制、思想道德、业务流程、外部环境"五类诱因"出发，并结合巡察、审计、监督检查、信访举报发现的，生产经营开展过程中接触到的，通过调研、问卷调查和座谈等方式收集到的廉洁风险信息。结合云南物投的职能、贸易、园区、物流四大业务板块，对涉及核心业务、核心环节的重点部门、重点领域和关键岗位的职权名称、内容、行使主体和规定依据等进行梳理，形成以涉及廉洁风险职权为中心的职权目录一览表。

2. 制定敏感岗位核定标准

企业在制定敏感岗位核定标准时需要综合考虑以下因素：关键岗位环节，因为这决定了不廉洁行为发生时可能造成损失的严重程度；经手金额，因为经手金额的大小直接关联到不廉洁行为可能给企业带来的经济影响；发生频率，因为事件发生的频率高低与风险发生的纪律和监管难度正相关；岗位职级，因为岗位职级映射了权力的集中度，层级越高往往伴随更高的风险敞口；同岗位过往舞弊案件（风险导向），因为历史事件揭示了特定岗位可能存在的系统性漏洞和潜在的腐败模式。

在实践过程中，云南物投通过"定性与定量"相结合的方式制定敏感岗位核定标准。将人员利用职权谋取私利给企业带来危害性或负面影响的大小分为5档（一般10；重点15、20；关键25、30），确定岗位基数A；结合业务单次结算金额划定设置经手系数B（1—1.5）；按照业务结算发生频率设置系数C（1—2）；按照岗位层级设置岗位系数D（1—1.5）；根据过往是否发生过案件、信访举报设置3级风险导向系数E（1、1.2、1.5）。

（二）分类评估，分级防控（D——执行）

在廉洁风险防控过程中，针对权力运行过程中存在的廉洁风险，必须全流程、全链条、全方位地进行风险分级防控及管理，确保防控责任链条环环相扣。同时，企业的管控资源是有限和有成本的，通过划分等级能帮助企业将有限的资源合理配置在不同的敏感岗位，实现对敏感岗位的精准管理和有效控制。例如，在对高风险敏感岗位进行管理的时候，就需要更为严格的监督和预防措施。

在实践中，云南物投将敏感岗位分为低、中、高三类，与之匹配不同的管控层级，见表1。

表1　敏感度与管控层级匹配表

岗位得分	敏感度	管控层级	管　理　主　体
$10 < X \leqslant 25$	低	3级	各单位常规管控
$26 < X \leqslant 40$	中	2级	云南物投常规管控；各单位重点管控
$X > 41$	高	1级	云南物投重点管控；各单位重点管控

根据制定好的"敏感岗位核定标准"对各敏感岗位涉及的具体环节进行评分，评分公式为：岗位得分X＝岗位风险基数A×经手金额系数B×频率系数C×岗位系数D×风险导向系数E。通常一个岗位会涉及多个评价环节，在确定岗位分值时，取评分最高环节为该岗位定岗分值。确定敏感岗位评分后，与之相匹配的敏感岗位人员评分也随之确定。

（三）定期检查，不断改进（C——检查）

在构建和维护运行有效的廉洁风险防控体系时，定期检查和抽查至关重要。检查的目的不仅仅是为了确保各项政策和程序得到正确执行，更重要的是要通过检查及时发现体系运行过程中可能存在的漏洞和缺陷，并及时采取措进行改进和修复。

在实践中，云南物投将检查分为半年度系统检查、季度检查和日常检查。半年度检查中，云南物投会对所属各单位廉洁风险防控体系运行情况进行检查。在半年度系统检查过程中，检查重点将侧重于治理结构、机构设置、权责分配、业务流程等方面相互制约是否有效，不相容岗位是否分离、授权审批范围是否明确、审批程序与责任是否清晰等内容；季度检查侧重于检查各单位廉洁风险点动态管理情况、预警处置情况，检查中、高两类敏感岗位人员廉洁风险点知晓及防控措施执行情况。同时，在检查过程中发现的问题线索及时进行处置、问责；日常检查则以各单位自行开展为主，按照敏感登记对本单位关键敏感岗位人员进行管控。监督检查不是目的，为的是让防控职责落实到位、防控措施执行到位，保障体系运行。

（四）持续整改，巩固提高（A——处置）

构建完善的廉洁风险防控体系建设不是一朝一夕、一蹴而就的，前一阶段检查发现的各类问题，要采取必要的措施进行处置，行之有效的措施继续保持，效果不佳或未达到目的的措施进行整改。通过不断地分析问题、制定解决方案、实施改进等步骤推动廉洁风险防控体系的优化升级。

在实践过程中，云南物投会将半年度系统检查、季度检查发现的缺陷反馈各单位进行整改，对制度建设不完善、控制措施执行不到位等问题进行整改完善，对新排查出风险点及组织进行评估定级。坚持查控结合、动态管理，进一步健全完善工作程序和配套制度，推动岗位廉洁风险防控工作常态化。并在改进完善中不断总结提高，把成功的廉洁风险防控经验予以巩固、总结和推广，并将改进成果融入下一个循环中。

三、PDCA 理论在国有廉洁风险防控体系建设中运用的思考

国有企业廉洁风险的防范与化解是一个复杂而重要的课题，是国有企业健康稳定可持续发展的基础，需要建立有效的防控体系机制进行预防和应对。PDCA 理论从计划、执行、检查、处理等环节入手，为国有企业构建廉洁风险防控体系提供了可供参考的模式。

（一）运用 PDCA 理论推进廉洁风险防控体系建设，全员发力是基础

推动廉洁风险防控体系建设需构建由党委班子成员主导、跨部门协同的工作组。构建由各单位主要负责人抓具体，落实“一岗双责”的工作格局。同时，通过多种方式充分理解廉洁风险防控工作，调动每一位职工的积极性。在实践中，云南物投就每年度廉洁风险防控工作开展的要求给予员工相应的辅导，并通过培训、党课、案例通报等方式广泛开展思想教育，确保廉洁从业的要求深入人心，从而实现“要我防”到“我要防”的转变，进而为后续工作的有效开展提供保障。

（二）运用 PDCA 理论推进廉洁风险防控体系建设，查找风险是关键

构建廉洁风险防控体系、找准找全潜在的廉洁风险点是关键一步，也是制定廉洁风险防控措施的基础。通过搜集巡察、审计、监督检查、信访举报发现的，生产经营开展过程中接触到的，通过调研、问卷调查和座谈等方式收集到的廉洁风险信息，进行梳理和排查廉洁风险点，做到岗位、人员、制度、流程全覆盖，重点梳理有决策权、监督权和操作权的岗位。在各单位梳理完后工作组对分单位梳理情况进行集体审核，确保风险点排查得完整准确。

（三）运用 PDCA 理论推进廉洁风险防控体系建设，制定措施是根本

在构建廉洁风险防控体系的过程中，持续完善与动态调整是确保防控体系有效性的关键。要做到定期对现有的防控措施进行梳理和评估，做到动态调整，提升制度的有效性，防控体系的可行性；面对新业务、新领域，同样需要及时评估现有防控措施的适用性和有效性。这不仅是对现有措施的一种考验，也是对廉洁风险防控体系适应新环境能力的一次检验。一旦发现现有措施存在不足或缺口，通过完善制度、健全流程等方式填补风险防控措施。发现并弥补措施上的不足，进而提高整个防控体系的适应性和有效性。

（四）运用 PDCA 理论推进廉洁风险防控体系建设，与时俱进是手段

廉洁风险防控体系的迭代升级也要与时俱进，面对“隐形变异”的新问题，传统“人防”模式稍显乏力，因此需要将其迭代为“技防 + 人防”，提升防控效率和精准度。运用信息化手段推动廉洁风险防控嵌入系统，也有助于更好地利用大数据、人工

智能等技术手段，对风险进行及时提醒和智能预警。探索搭建由“预警 + 管理”两模块组成的廉洁风险防控一体化管控平台，通过“数据采集—信息比对—异常预警—解除预警”闭环流程，瞄定经营活动中的关键领域、重点环节，构建“数智化”廉洁风险防控网。

四、结语

综上所述，国有企业廉洁风险防控工作是一项长期而复杂的工程，它要求我们不断地进行自我革新和系统优化。将 PDCA 理论融入国有企业廉洁风险防控体系的建设之中，不仅能够确保防控措施的连续性和系统性，而且能够实现对廉洁风险的持续排查和评估。

通过这种循环往复的“计划—执行—检查—处置”过程，可以构建一个动态更新、运行有效的廉洁风险防控体系。这样的体系能够及时响应外部环境的变化，不断调整和完善防控策略，实现防控机制的常态化和动态化，不仅有助于提高国有企业的治理能力和风险管理水平，而且能够为国有企业的可持续发展提供坚实的保障。

试述国有企业实施二级单位纪检监督派驻制的优势

昆钢云南楚丰新材料集团有限公司纪委
马亚琦　郭志芳

一、引言

随着国有企业改革的不断深化，加强企业内部监督和管理已成为提升企业治理水平、保障国有资产安全的重要举措。派驻监督作为一种重要的监督模式，在国有企业纪检监督工作中发挥着越来越重要的作用。本文将通过对派驻监督的优势进行分析，以期为国有企业改善对二级单位的纪检监督质效，强化纪检监督管理工作提供有益的参考和借鉴。

二、国有企业二级单位派驻监督概述

派驻监督是指由上级单位或监督机构向被监督单位派驻专门的监督人员，对被监督单位的经营活动、财务管理、内部控制等方面进行实时、全面的监督和检查。在国有企业二级单位中，派驻监督的主要目的是化解二级单位纪检机构监督软化、弱化问题，确保企业依法合规经营、防范风险、提高经营效率，从而保障国有资产的保值增值。

三、国有企业二级单位纪检监督工作存在的关键问题

现行体制下，企业各级纪检监察组织是以同级党委领导为主的，在机构设置、人员配备、财务经费等方面的决定权均在同级党委和行政。这种实质性的上下级关系导致纪委的监督成了“奉命监督”，很难大胆地对同级党委、行政进行监督，特别是监督党政“一把手”更是困难。具体表现为以下五个方面。

（一）监督力量方面

一是人员配备不足，专职纪检监督人员一般仅配备1—2名，难以全面有效地开展各项监督工作；二是纪检监督人员知识结构相对单一，专业素养参差不齐，在复杂问题的监督处理上能力有限，特别是案件查办能力明显不足。

（二）体制机制方面

一是与上级纪委及本单位党委的关系协调有时存在困难，导致监督工作开展不顺畅；二是二级单位监督制度不全面、不完善，存在漏洞或模糊地带，缺乏明确的操作规范。

（三）监督对象方面

一是纪检人员在面对本单位同级或熟悉的人员，纪检人员与监督对象存在各种利益关系，往往碍于情面、不敢不愿不想较真碰硬监督的情况；二是单位内部可能存在复杂的人际关系网，对监督工作会形成各种阻碍。

（四）信息获取方面

一是基层职工群众对内部纪检部门信任度不足，不愿向二级单位纪检机构反映和提供相关信息，导致纪检部门难以全面、及时掌握单位内部各项事务的真实情况，信息渠道不够通畅；二是对一些隐蔽性问题或专业性较强领域的监督存在难度，缺乏有效手段获取准确信息。

（五）监督权威性方面

一是被监督对象不重视、不理解、不配合监督工作的情况较重，监督的权威性和威慑力不够；二是纪检部门缺乏有力的保障措施，在遇到阻力时难以有效推进监督工作。

四、国有企业二级单位派驻监督的优势分析

（一）提高监督效果

一是派驻监督人员直接隶属于上级纪检监察机关，具有较高的独立性和权威性。通过派驻监督，能够实现对二级单位工作的全面、深入了解，及时发现和解决问题。这有助于二级单位规范管理、提升工作效率，从而推动整个国有企业治理效能的提升。二是派驻监督人员常驻被监督单位，能够深入了解企业的运营情况和管理状况，及时发现和纠正存在的问题。相比于定期的巡视和检查，派驻监督具有更强的实时性和针对性，能够更加有效地发现和解决问题。三是派驻监督还能够对被监督单位进行持续、全面的监督，防止问题反复出现，从而提高监督效果。

（二）促进企业规范化运营

派驻监督通过加强对企业经营活动、财务管理等方面的监督和检查，推动企业建立健全的内部控制体系和管理制度。同时，派驻监督还能够督促企业严格按照法律法规和规章制度进行经营，规范企业的行为，防止违法违规行为的发生。这有助于企业

建立良好的形象和声誉，提升企业的市场竞争力。

（三）防范风险

一是派驻监督人员与二级单位员工长期共事，对于员工的思想动态、行为习惯等方面有着较为深入的了解。这使得派驻监督能够更好地发挥监督作用，及时发现和纠正员工的不规范行为，强化廉洁自律意识。同时，派驻监督的存在也对员工起到了震慑作用，有效减少了违纪违法行为的发生。二是派驻监督能够及时发现企业运营中存在的潜在风险和问题，通过提出预警和建议，帮助企业及时采取措施进行防范和化解。这有助于降低企业的风险水平，保障企业的稳定运营和持续发展。此外，派驻监督还能够对企业的决策和执行过程进行监督，防止因决策失误或执行不力而导致的风险。

（四）保障国有资产安全

一是派驻监督能够深入到二级单位的日常工作中，对各项决策、执行过程进行全面监督。通过监督，能够及时发现和纠正决策中的不合理之处，防止权力滥用和腐败现象的发生。此外，派驻监督还能够对二级单位的财务管理、项目招标等关键环节进行重点监督，确保资金使用的合规性和项目执行的公正性。二是派驻监督作为国有企业内部监督的重要组成部分，对于保障国有资产的安全具有重要作用。通过加强对企业财务、资产等方面的监督和检查，派驻监督能够确保国有资产的合规使用和管理，防止国有资产的流失和浪费。同时，派驻监督还能够对企业领导干部的履职情况进行监督，防止腐败行为的发生，保障企业的健康发展。

五、国有企业二级单位派驻监督的实践经验

国有企业二级单位的实践中，派驻监督有踪可循，比较典型的案例（包钢集团纪委纪检监察工作体制创新的实践）包头钢铁（集团）有限责任公司（简称包钢集团）在机构改革中取消了所属二级单位纪委。将二级单位的优秀纪检监察干部选调到包钢集团纪委，其余纪检监察干部由各单位妥善安置。并按照“业务相近、便于管理”的原则，把包钢集团所属68个单位和包钢集团机关部室划分为11片，分别派驻了11个纪检监察审计组，包钢集团纪委设纪检监察和审计监督6个专业室。纪检监察审计组受包钢集团纪委直接领导，工作对包钢集团纪委负责，在业务方面接受纪委各室的检查和指导。派驻纪检监察审计组由3—5人组成，组长由包钢集团任命，职级为公司中层正职或副职，组员配备科职纪检监察和审计干部。派驻人员不在被派驻单位任职，其组织、人事、工资关系和考核、培训均由包钢集团纪委管理和负责，与被派驻单位完全脱钩。包钢集团派驻人员的工资、年薪收入水平比照被派驻单位同职级人员平均水平测算，由包钢集团统一发放，派驻人员的收入水平高于包钢集团机关同职级管理岗位的水平。同时，建立了纪检监察审计组在被派驻单位轮流办公制度和纪检监察审计干部不定期岗位交流制度。在考核评价方面，除纪委的日常考核外，每年都由被派驻单位进行逆向考核，从德、能、勤、绩、廉等方面进行全面评价。根据考核评价，

对违规违纪或渎职的纪检监察审计人员严格执行问责制。通过一系列改革措施的运行，纪检监察机构垂直统一管理新的监督模式运行情况表明，新体制具有独特的优势和活力，主要表现为以下几个方面。

（一）纪检监察工作实现了同步监督

新体制下，派驻纪检组直接参与各单位的生产经营管理过程，成为企业管理的重要组成部分。各纪检组通过授权参加被派驻单位的重要会议，监督指导完善被派驻单位领导班子议事规则，建立与被派驻单位领导班子的定期沟通、规范重大决策事项的事前通报、制定对不主动接受监督行为的考核制度，规范了基层单位和领导的行为；通过对被派驻单位领导班子和领导干部贯彻落实包钢集团重大决策情况、落实党风廉政建设责任制和廉洁从业情况的检查考核，保证了党风廉政建设责任制全面落实；通过对重大工程项目和物资设备采购招投标的监督，对被派驻单位财务运行情况进行季度分析等，促进了领导人员的作风转变，提高了办事效率和企业的经济效益，实现了对权力运行的实时监督和制衡。

（二）提升了纪检监察组织的权威

新体制下，纪检监察干部直接代表了包钢集团纪委履行监督检查和审计监督职责，保持了工作的独立性，提高了监督的权威性。这种“上对下的监督”使各单位领导班子和领导干部普遍感到，在心理上威慑力更大，重视程度更高，落实起工作来更扎实到位。特别是统一管理后，包钢集团纪委在干部监督管理方面的权威，有力促进了审计决定和建议的落实。审计监督则为纪检监察组织提供了更有价值的线索和更专业的支持，纪委突破大案要案的能力大大增强，成案率大幅度提高。尤其是天津港保税区包钢工贸有限公司造成1000余万元国有资产损失案件等一批有影响的重大案件的查处，使包钢集团纪委威信倍增。

（三）整合了监督资源

企业纪检监督部门与党委巡察办、内部审计机构无缝衔接，拓展了纪检监察机构的工作职责，延伸了企业内部审计机构的监督链条，促进了审计结果的运用，增强了审计监督的权威。如在对重点工程的审计监督中，可充分发挥工程审计和合同审计的专业优势，对立项项目实施了全过程监督，使审计监督权威更强，效果更实。同时审计中发现的重点问题，立即转化为案件线索，使证据更充分。如纪检监察审计一组在审计中发现某单位财务对历年估算的材料备品料单做了坏账处理，涉及某材料员的料单比较集中，便立即进行调查，发现了该材料员的违纪事实，并移送司法机关。

（四）解决了企业纪检监察组织在现代企业制度中的定位问题

从包钢集团全面推行纪检监察机构垂直统一管理体制中可以看到，其将确保国有资产的安全和保值增值、确保企业领导人员的“安全”作为衡量纪检监察工作的基本标准。特别是纪检监察审计组具有的巡视职能和子公司监事会职能的设计，使企业纪检监察组织既代表党组织行使监督检查职责，又合理地代表出资人行使对国有资产的监督和管理职责，这样的职责定位符合社会主义市场经济条件下国有企业的管理体制要求，更加合理准确。

六、结论

国有企业实施二级单位纪检监督派驻制的实践成果充分彰显了其优势所在，有效整合了集团公司纪检监督力量，实现扁平化管理，从集团公司层面实现纪检系统多层级同步监督，使纪检监督更加富有活力，增强了二级单位监督的威慑力，从根本上解决了二级单位纪委监督同级党委及“一把手”虚化软化无力根源性问题，提高了集团公司的纪检监督整体效果，在促进企业规范化运营、防范风险以及保障国有资产安全等方面均彰显出显著的成效。通过实施纪检机构派驻监督改革，必将进一步提升国有企业的治理水平和市场竞争力，为建设廉洁企业、现代化企业提供有力的纪律保障。

浅析陕钢集团开展政治监督的问题与对策

陕西钢铁集团有限公司纪委
王　浩

一、当前陕钢集团开展政治监督存在的主要问题

（一）政治监督意识大大提高，但“首先从政治上看”的能力仍欠缺

一是思想认识不深。普遍对政治监督所蕴含的重大政治意义领会不够，没有抓住其实践要求，思想上行动上从纪检监察某项业务战术上看问题多，从全面从严治党战略上看问题不够。对“国之大者”认识不到位，对政治监督是什么、怎么干思考不深，缺乏闻令而动的高度自觉。

二是政治能力不强。不会监督、不善监督的问题较为普遍，特别是“首先从政治上看”的能力不够，不善于用政治视角看业务问题，看不到问题背后的政治隐患，看不清腐败现象背后的政治问题。对发现的问题，如何准确甄别认定其性质，区分其轻重程度，确定其处理尺度，也存在政策界限吃不准的问题。从陕西钢铁集团有限公司（简称陕钢集团）所属各单位2017年以来查办案件的数据看，没有查处违反政治纪律的案件，真正聚焦“七个有之”发现查处问题做得不够。

三是斗争精神不足。有的纪检干部认为，政治监督“人前不显功、背后得罪人”，加之履职环境“熟人社会”特征明显，工作上“拉不下脸、抹不开面”的现象较为突出；有的纪检机构“好人主义”较为严重，应由本级决定的事情，不敢做、不愿做，上交矛盾，坐等上级拿意见。2023年以来，陕钢集团所属4家单位未查处过第三、四种形态案件，仍有3家单位“零立案”，其中1家“零线索”，反映出斗争精神不足的问题。

（二）政治监督效能初步凸显，但重点不够聚焦、结合点不够紧密

一是监督对象靶向偏离。监督的关注点更多地放在普通党员干部身上，对“一把手”和领导班子等“关键少数”的监督不够有力，具体表现为监督本级班子有畏难情绪，对苗头性、倾向性问题不愿提醒、不予纠正，发现违纪行为不向上级纪委报告，认为讲监督不利于班子团结，不敢理直气壮履行监督职责；监督下级班子奉行“好人

主义”，离开信访举报和上级交办就不愿监督、不会监督，尤其是不敢监督“一把手”。

二是监督内容不够聚焦。从政治监督实践看，既有把不准边界、面面俱到的问题，也有抓不住重点、平均用力的问题，还有与企业改革发展融合不够、结合不紧的问题，导致政治监督虚化泛化，浮在面上，不接地气，效果不佳。比如，有的对贯彻落实党中央重大决策和陕西省委安排部署、两级集团党委工作要求盯得不紧，对贯彻落实中的温差、落差、偏差问题，不同程度把“改过了”当成“改好了”，大多没有形成“回头看”机制；有的简单照搬上级要求，监督工作游离于企业中心工作之外，没有突出企业性质和特点，围绕中心、服务大局不够有力；有的把党务检查或一般工作当作政治监督，查查会议记录、看看学习笔记等，未做到见人、见事、见责任。

三是监督存在错位现象。有的分不清“保障执行”和“包办代替”，代替业务部门冲在一线检查，参与物资采购、绩效考核、日常考勤等具体工作，没有把“监督的再监督”职责凸显出来。同时，随着陕钢集团发展规模、投资范围的扩大，合资合作越来越多，一些参股企业的人员打着陕钢集团的旗号却游离于监督之外，一些驻省外企业的人员、资金、资产长期失管失控，监督工作存在“模糊地带”。

（三）政治监督手段不断丰富，但距离精准监督要求还有很大差距

一是精准运用不够。虽然现在可用的方式方法很多，但是实践运用中普遍存在不准、不活、不足的问题。有的手段单一，不愿也不会打“组合拳”，该发现的问题未发现；有的处置问题线索不严肃、不规范，存在“一谈了之”“一函了之”现象；有的不仅查不了大案，还“大事小查”“小事不查”，最后“不了了之”；有的运用“四种形态”不够精准，定性量纪畸轻畸重。

二是发现问题不够。有的开展监督检查、专项检查次数不少，但发现的深层次普遍性问题很少，甚至有的组织一次检查“颗粒无收”，监督有数量无质效；有的把政治生态研判、建立廉政档案等当作单纯任务完成，仅仅实现了资料上的物理堆积，深入分析研判不够，达不到“精准画像”；有的离开问题线索难以发现问题，而且坐等问题线索上门，从2023年以来陕钢集团各级纪检机构受理的问题线索看，主动发现仅占3%，立案的线索来源于上级转办的占比较大，甚至有的离开转办移交就无案可查。

三是手段创新不够。一些所谓的新方式只是“新”在名称上，手段依然局限于座谈会、查资料等传统方式，针对性、实效性不强。比如，陕钢集团所属一些单位积极探索“大数据监督”等智慧监督方式，有助于提升监督质效，但从实践来看，这些探索还处在初步阶段，监督质效明显不足。

（四）政治监督体系日益完善，但存在监督协作不够、合力不足问题

一是主体责任和监督责任尚未实现贯通融合。陕钢集团所属一些企业党委对纪委工作支持不力，监督执纪宽松软，企业政治生态存在问题；有的企业党委在棘手问题处置、重大项目推进等方面，仍习惯让纪委“冲在一线”单打独斗；有的党委书记重

经营、轻党建，班子成员不抓分管范围内的党风廉政建设工作。

二是纪委与职能部门尚未实现贯通融合。在工作对接和配合中，有的存在靠“人情”而不是靠“制度”沟通联络的问题，有的存在不愿和纪委共享信息、联合监督的问题，监督合力尚未形成。

二、坐实陕钢集团政治监督的基本思路

（一）变被动监督为主动监督

坚决破除坐等信访举报和问题线索上门的路径依赖和惯性思维，变“守株待兔”为“主动出击”，变“在家坐诊”为“上门问诊”，多走出办公室，多到一线和职工群众中去，了解实情、发现问题，把监督实实在在地挺在前面、严在日常。

（二）变事后监督为全程监督

深刻把握党员干部犯错误由量变到质变、积小错为大错的规律，牢固树立“治未病”的理念，全周期管理，全过程构建防线，注重事前、事中、事后的全程监督，注重一体推进不敢腐、不能腐、不想腐，最大限度提升监督治理效能。

（三）变粗放监督为精准监督

树牢精准思维，养成严实深细的作风，通过监督精准发现问题，精准分析成因，精准提出对策，精准执纪问责。同时，通过收集、比对、分析企业相关数据信息，发现异常数据，挖掘问题线索，使监督指向更加精准。

（四）变关门监督为开门监督

推进纪检监督与组织、巡察、审计、财务、人事等各类监督贯通协同，紧紧依靠职工群众开展监督，把监督成效交由职工群众评判，畅通监督渠道，让监督无处不在、无时不有。

三、强化陕钢集团政治监督的对策

（一）坚持常学常新，增强政治监督意识

始终把习近平新时代中国特色社会主义思想作为履行监督基本职责、第一职责的根本遵循，着力在“常学常新、融会贯通、熟练运用”上下功夫、使长劲，不断提高政治判断力、政治领悟力、政治执行力，始终做到对“国之大者”了然于胸，经常同党中央精神对表对标，坚持用党中央精神分析形势、推动工作。深入开展全员实务培训，持续学习纪法规定和专业知识，培养见微知著的能力，善于从一般事务中发现政治问题，善于从倾向性、苗头性问题中发现政治端倪。深入学习领会中央、陕西省纪律检查委员会、监察委员会关于强化政治监督的部署要求，准确把握政治监督的关键环节和重点举措，更加科学、精准、高效地履行监督职责。

（二）坚持问题导向，聚焦政治监督重点

坚持把“两个维护”作为政治监督的根本任务，结合陕钢集团所属各单位的性质、特点和功能定位，每年年初研判确定政治监督重点内容，将政治监督嵌入企业治理全过程，跟进监督、精准监督、坐实监督。紧盯企业在政治生态、管党治党等方面存在的突出问题，将坚持党的领导、加强党的建设，贯彻落实习近平总书记重要指示批示精神、党中央重大决策部署和陕西省委、省国资委、陕西煤业化工集团有限责任公司党委重要工作安排，净化政治生态，落实企业政治责任，党建与业务融合发展等情况作为政治监督重点，及时发现和防止政治偏差、认识落差、责任温差、行动时差。紧盯腐败易发多发的重要领域、关键环节、关键岗位，结合权力运行轨迹，抓准“小切口”，抓早抓小抓苗头，见人见事见责任，不断提升监督的精准性、有效性。

（三）坚持有效管用，提升政治监督质效

贯通用好传统监督手段，对陕钢集团各级党组织贯彻落实党中央重大决策部署情况全面梳理，科学安排监督内容，实现监督事项有机融合；统筹运用会议、谈话、调研、走访、政治生态评价、问题线索处置、巡察监督等常规监督方式，打好“组合拳”，实现监督方式有机贯通。着力构建监督闭环，坚持“三不腐”一体推进，深入剖析巡察监督、日常监督、专项整治、审查调查发现问题背后的政治原因，把政治监督与严密制度、严格要求、严肃教育紧密结合，跟踪督促指导陕钢集团各级党组织结合政治生态情况，坐实以案促改、以案促治，适时开展“回头看”，不断提高监督效能。

（四）坚持系统观念，促进政治监督协同

充分发挥党委主体责任作用，推动陕钢集团各单位党委坚决贯彻落实习近平总书记“两个一以贯之”要求，深入推进全面从严治党，在政治监督中敢抓真管，明确党组织在公司治理结构中的法定地位，有效发挥把方向、管大局、保落实作用。加强纪检系统内部监督力量统筹衔接，采取听取汇报、调研指导、专项检查、谈话提醒、线索研判、提级监督等方式强化推动，构建上下贯通、左右衔接、内外联动、严密有序的监督格局。加强“两个责任”协同联动，强化企业纪委与党委日常沟通，运用集体会商、小范围会商以及制发整改工作提示函、纪检监察建议书等方式，提示党组织或“一把手”应当关注的工作、履行的职责、存在的问题、整改的任务。强化纪检机构监督的协助引导推动功能，督促落实纪检机构与组织、巡察、审计、财务等部门问题线索移交、联合检查等机制。

以案促改提升一体推进“三不腐”综治效能

济钢集团有限公司纪委
刘永军　王广海　孙　超　王法国　王　颖
邹　彤　于素云　葛　颢　韩龙生

党的十八大以来，党中央高度重视党的建设，在新的历史背景下将“从严治党”升级为“全面从严治党”。习近平总书记在十九届中央纪委第二次全体会议上强调，“要深化标本兼治，夺取反腐败斗争压倒性胜利。标本兼治，既要夯实治本的基础，又要敢于用治标的利器。”深化标本兼治，夯实治本基础，一体推进不敢腐、不能腐、不想腐。

强化以案促改，做深做实监督检查和审查调查“后半篇文章”，是一体推进不敢腐、不能腐、不想腐的有效载体，也是推进济钢集团有限公司（简称济钢集团）全面风险管理的有力抓手。将“三不腐”一体推进融入转型发展大局中，做深做实以案促改，把以案促改工作与全面深化改革、完善制度机制、促进治理成效贯通起来，把严惩腐败与严密制度、严格要求、严肃教育紧密结合起来，持续深化标本兼治、“三不腐”一体推进，不断净化济钢政治生态，推动全面从严治党、从严治企向纵深发展。

一、以案促改，一体推进“三不腐”的主要做法

为深化标本兼治，做好以案促改工作，进一步贯通从严“惩”、精准“治”、有效“防”，推动破解案例背后深层次矛盾问题，堵塞制度漏洞，防止责任缺位，把不敢腐的强大震慑效能、不能腐的刚性制度约束、不想腐的思想教育优势融于一体，提升纪检监察工作服务中心大局的质量和水平。济钢集团纪委立足“使监督更有制衡力、惩治更有威慑力、干事创业精气神更有动力和活力”的目标导向，将监督执纪问责融入企业生产、经营、管理、改革、发展、安全、稳定的全过程，发挥监督约束力、督促力、纠正力、推动力，实现清弊除障和赋能护航的高度融合，形成廉洁激发内生动力、监督促进改革发展的全新监督赋能模式，护航济钢集团高质量发展。为高质量转型发展稳步向前提供了坚强有力的纪律保障和监督促进。

（一）加大惩戒力度，增强不敢腐的震慑力

一是贯通协同各类监督，增加线索来源。强化问题线索管理，畅通信访举报渠道，

规范受理办理信访举报，建立动态管理台账。深化纪检监督、巡察监督、审计监督、财务监督、监事会监督等监督有机融合，不断建立完善问题线索通报移送、信息沟通、人才协作、措施配合、成果共享、保障落实6项贯通协同机制，着力构建互联互通、系统集成、协同高效的大纪检格局，增加问题线索来源，提升综合监督质效。

二是强化室地企合作，增强办案力量。深入运用“1+3+N”联合办案新思维，变“单兵作战”为“集团作战”，形成监督检查和审查调查的强大合力，实现办案力量统筹联动、审查调查协作配合的叠加效应。加强“信息化+大数据”在问题线索处置、案件查办过程中的运用，更加高效地锁定关键证据，找到案件突破口，助力监督执纪执法工作提质增效。

三是聚焦重要环节领域，严肃查办案件。紧盯济钢集团权力集中、资金密集、资源富集的领域和岗位，严肃查处贸易、销售、财务等领域以权谋私、以岗谋私违纪违法行为；聚焦济钢集团经营管理26项禁令、混改10项严禁、营销领域12条纪律等禁戒律实施精准监督，严查快处“质量变革”过程中各种违纪违法行为，真正让铁规发力、让禁令生威；严肃查处党员领导干部违规插手干预企业改革改制、项目建设、产权交易、资产处置、招标采购等问题，清除影响济钢集团健康肌体的病毒病灶。

（二）以案促改，强化不能腐的约束力

一是聚焦责任贯通，压紧压实责任。将主体责任、监督责任、监管责任贯通协同，党委负责牵头抓总，扛起主体责任，统筹推进以案促改各项工作；总部主管职能部门认真履行监管责任，既主动查找自身问题，与案发单位同步改，又举一反三，开展专项治理工作、系统施治；两级纪检组织在严肃查办案件的基础上，积极协助同级党组织谋划部署和推进以案促改工作；强化四责协同，压实党组织书记“第一责任人”责任和其他班子成员的“一岗双责”，积极探索将以案促改纳入全面从严治党主体责任清单、纪检监察年度工作考核和述职述廉内容、专项巡察范围、政治监督活页建设内容等，形成齐抓共管的良好格局。

二是聚焦典型案件，做好剖析工作。做好监督检查和审查调查“后半篇文章”，不断完善边办案、边剖析、边警示、边整改的以案促改机制，用好“一案三报告一建议”“三必发四不发五同时”工作法，深挖典型案例反映出的思想教育、权力运行、监督制约、体制机制等方面存在的问题，做到对典型案例剖析查风险，重点领域剖析查症结，关键岗位剖析查漏洞，根据剖析结果制发针对性纪检监察建议，帮助有关党组织（单位）找准“病灶”，查明“病因”，督促其深化改革、完善机制、堵塞漏洞、优化治理，实现查处一点、教育一片、警示一面、治理一域的效果，提升纪检监察工作服务中心大局的质量和水平。

三是聚焦去根治理，做到标本兼治。案件涉及相关单位要根据纪检监察建议书和案件反映出的问题及原因，制定专项整改方案，实行清单化管理、项目化推进，建章立制，完善相关制度，堵塞漏洞。整改单位要严格按照《关于加强和规范纪检监察建议工作办法》要求，在规定时间内向纪检组织反馈整改落实情况，整改到位的按程序

予以了结；整改不到位的根据纪检组织反馈意见进一步进行整改。案件不涉及单位也要深刻吸取案件教训积极改、主动改，提升公司综合治理水平。

（三）强化以案示警，提高不想腐的感召力

一是开展案件警示教育，以案明纪释法说责。警钟长鸣，加大案件问题通报警示力度，挖掘典型案件中的警示元素，发挥典型案例“活教材”作用，用身边案警示教育身边人，强化震慑效应，做到以案明纪、以案释法、以案说责，教育党员干部以案为鉴、心有所畏、言有所戒、行有所止。分层分级分类开展警示教育，靶向释放高压信号，让党员干部真正把自己摆进去对照反思，实现惩治、震慑、教育效果最大化。

二是打造“淬廉济钢”品牌，强化正面引导。用廉洁文化滋养身心，落实好廉洁文化建设“七个纳入”的具体要求，深入挖掘济钢集团廉洁文化资源，打造有特色、有深度、有品位的“淬廉济钢”品牌；丰富载体形式，开展“创建‘淬廉济钢’品牌，护航高质量发展”主题宣教活动，组织廉洁征文、廉洁文化展，编发《新时代济钢廉洁文化手册》；加强阵地建设，打造廉洁文化示范阵地，提升廉洁文化标识度；把廉洁文化建设纳入企业改革发展总体布局，层层签订责任书；强化纪法教育，坚持“每周一题”案例警示，推动廉洁教育融入家庭日常生活，涵养廉洁齐家之风，充分发挥廉洁文化浸润的正向引导作用，持续巩固风清气正的良好政治生态。

三是做实关爱回访工作，做好厚爱和激励文章。加强对党员干部的严管厚爱，做好对受处分处理党员干部的关爱回访工作，按照“谁处分处理谁回访”的原则组织开展关爱回访工作，将其作为日常监督的重要内容，通过关爱回访，帮助受处分处理人员正视错误、吸取教训，唤醒其对组织的信任，消除顾虑，变“有错”干部为“有为”干部、“观望”干部为“担当”干部，突出关爱回访工作的教育、管理、监督、关爱作用，做实做细监督执纪“后半篇文章”，真正做到“惩前毖后，治病救人”，激励受处分处理人员卸下包袱、重拾初心、担当作为。

二、取得的效果

（一）构建形成“一案三报告一建议”工作机制

总结案件特点，剖析案发成因，是深入开展以案促改工作的基础，是推动实现标本兼治的重要措施，为将查办案件同提高公司治理水平贯通起来，全面加强和规范以案促改工作，印发《“一案三报告一建议”制度实施方案（试行）》，构建起“一案三报告一建议”工作机制，将以案促改工作与审查调查工作同研究、同部署、同落实，将审查调查与政治生态分析、查找制度漏洞等一体推进，形成“剖析—总结—整改”全链条闭环，全面加强和规范案件查办“后半篇文章”，一体推进不敢腐、不能腐、不想腐同时发力、同向发力、综合发力，不断释放审查调查、系统施治、标本兼治综合效应，促进济钢集团治理水平不断提升。

“一案”是处置的问题线索、查办的违纪违法案件，“三报告”是指《案件剖析报

告》《案件总结报告》《整改落实报告》，针对暴露出的问题进行剖析、对在处置问题线索、查办案件中的经验做法以及吸取的教训进行总结、问题线索或案件发生所在部门、单位在加强管理、健全制度、改革体制机制等方面进行整改落实情况形成的报告；“一建议”是指纪检组织向有关党组织或单位提出纪检监察建议。

（二）进一步加强和规范纪检监察建议

为做好监督检查和审查调查“后半篇文章”，为以案促改提供制度支撑，印发《加强和规范纪检监察建议工作办法》，主要是针对监督执纪问责中发现的共性问题和典型案件，围绕党组织全面从严治党以及单位廉洁从业和履职尽责，加强与有关党组织（单位）的沟通，深入剖析原因，查找制度漏洞，帮助有关党组织（单位）找准“病灶”，查明“病因”，督促其强化管理、健全机制，积极运用纪检监察建议推动问题整改、促进完善发展，着力在补齐制度短板、堵塞管理漏洞、规范权力运行、提升公司治理水平上下功夫，纪检监察建议包括《纪律检查建议》《监察建议》《纪检监察建议》。主题教育调研工作开展以来，根据办结的案件，先后印发《纪律检查建议》《监察建议》。

（三）建立了以案促改典型案例库

为加强以案促改，全面提升一体推进“三不腐”综合治理效能，推动全面风险管理，护航济钢集团高质量发展，组织开展了典型案例征集工作，主要包括违反济钢集团“六大攻坚战”军规、经营管理行为禁律、营销领域廉洁从业纪律、混合所有制改革禁律及招投标工作相关禁律等管理规定、禁令或违反党内法规、国家法律法规，给济钢集团造成潜在损失、实际损失或较大负面影响的案例；有关人员履职不力、履职不当、不正确履职或失职，给济钢集团造成潜在损失、实际损失或较大负面影响的案例；管理存在漏洞或制度流程不完善，给济钢集团造成潜在损失、实际损失或较大负面影响的案例。目前典型案例库初步建成，十多个案例涵盖隐瞒造假违反军规禁令、全面风险管理不到位、合同管理不规范、库存管理不到位、追求短期绩效忽视企业长远发展、项目建设问题、以权谋利以岗谋私问题等内容。

监督稽查在进厂原燃物料管理中的应用与研究

山钢集团日照有限公司纪委
宋长军

原燃物料作为企业生产的基石，其质量和成本直接关系到生产效率和经济效益，然而，企业在原燃物料的采购与管理过程中，又面临着前所未有的挑战和多重风险。这些风险包括但不限于价格波动的不透明性、品质控制的不确定性。在这样的背景下，纪检监督作为企业内部控制的核心力量，显得尤为重要。它不仅是预防腐败的利器，更是提升运营效率、确保产品质量的坚实保障。通过引入监督稽查机制，企业能够有效地预防、识别和降低这些潜在风险，从而为企业稳健发展筑起一道坚固防线。

一、原燃物料管理中的风险分析

（一）存在价格风险

原燃物料价格的波动是市场行为，不受控制。企业需要根据市场实际和自身生产能力精确规划采购量，以确保采购的物料量既能满足生产需要，又能避免库存的过度积累和资金的不必要占用，山钢集团日照有限公司（简称日照公司）曾查处过动力煤库存过高问题。人为风险也不容忽视，个别采购人员与供应商暗中勾结，制定偏向性采购策略，或是供应商运用策略性投标手段，导致企业高价采购，从而严重损害企业利益。这种不透明的行为不仅破坏了公平竞争，更对企业发展构成了严重威胁。

（二）存在质量风险

原燃物料的质量直接影响企业生产效率和产品质量。其质量成本涵盖使用成本、故障成本、鉴别成本和预防成本等多个方面。劣质的原燃物料不仅给企业带来直接的经济损失，还能拖慢生产节奏，降低生产效率。原燃物料质量问题的成因错综复杂，有的供应商出于利益驱动，故意掺杂使假、以次充好，试图通过不正当手段获取高额利润；有的供应商则因自身管理、技术水平有限，导致供应的原燃物料质量不达标。而这些问题，往往也与企业自身的采购管理密切相关。在采购过程中，如果企业未能建立完善的质量控制流程，比如缺乏严格的检验标准、检验方法不科学或检验人员专业能力不足等，这些都可能导致对原燃物料质量的误判或漏检，从而让劣质物料悄然进厂。随着市场需求的不断变化，企业可能需要采购不同规格、不同品质的原燃物料。如果企业对新的原燃物料品质缺乏足够了解，就容易产生严重的质量风险。如日照公司采购部门对热熔压块、铸余切割块、破碎料缺乏了解，使其成为掺杂使假的重灾区。

二、纪检监督机制的构建

（一）监督机构的设置

为强化日照公司的内部监管机制，查堵漏洞，提高效能，经研究，日照公司在巡察工作领导小组办公室内设监督稽查室，监督稽查室的工作范围广泛，覆盖了日照公司采购、销售、物资倒运等整个物流链条，包括物资的运输、存储、检化验、计量以及使用等各个环节。鉴于工作的专业性和复杂性，对人员的要求极高，不熟悉相关业务领域很难深入发现并解决问题。因此，在人员配置上，精心挑选了具备炼钢、炼铁、焦化等主要工艺知识，同时在物资采购、服务采购、计量、质量检验等领域拥有丰富工作经验的专业人才。通过构建这样一个专业互补、能力综合的团队，能够更加精准地识别问题，能够在复杂多变的工作环境中迅速应对，为日照公司的稳健运营提供坚实的保障。

（二）监督流程的设计

为了确保监督稽查工作全面、系统且高效进行，精心设计流程框架。首先，紧密围绕组织的目标、工作重点和特定需求，明确稽查的目标和范围。然后收集与稽查目标高度相关的所有信息，包括文件、数据、记录等关键资料。在此过程中，还应积极与相关部门或人员进行沟通，以便更全面地了解背景信息和数据。基于收集到的信息，制订详尽的稽查计划。计划中需明确稽查的时间节点、具体地点、参与人员以及使用的方法，确保整个稽查过程有序进行。随后，按照计划进行实地或在线稽查，对被稽查对象进行细致的检查、询问和记录。完成稽查后，对收集到的数据进行整理和分析，对比实际数据与目标、标准之间的差异，从而找出潜在问题。基于数据分析结果，撰写详尽的稽查报告，报告将提交给上级或相关部门进行审查，并根据反馈意见进行必要的修改和完善。随后，将根据问题的性质和严重程度，按照“两建议、两提示、一报告”工作机制，下发相应的意见。

为确保稽查报告中提出的问题和建议得到切实执行，将指定专人进行跟踪和监控，确保问题得到有效解决。最后，对所有与稽查工作相关的文件、数据、报告等进行归档管理，确保所有记录、文件的完整性和可追溯性。

三、纪检监督的实施

（一）采购环节的监督

对供应商的选择进行监督是确保采购活动顺利进行和保障企业利益的关键环节，

通过监督供应商准入机制、黑名单制度以及加强与供应商的沟通与合作等措施，确保选择到最符合企业需求的供应商，提高采购活动的效率和效果。

1. 价格监督

在采购流程中，价格监督发挥着举足轻重的作用，它不仅是保障采购活动经济性和公平性的关键步骤，更是确保采购部门遵循合理采购策略、维护市场竞争环境、实现采购价格合理化的重要保障。监督部门需要密切关注采购部门是否严格遵循既定规则，以确保竞争充分，价格公正。此外，对可能出现的围标、串标等不当行为，监督部门应进行日常甄别和防范，以维护采购环节的健康秩序。为了更准确地判断采购价格的合理性，监督稽查开展市场调研，深入了解市场上同类产品或服务的价格水平，通过对比分析，评估采购价格是否处于合理区间，从而避免采购价格过高导致的资源浪费，或价格过低可能引发的质量风险。

2. 供应商选择监督

实施严格的供应商准入审核监督机制，精准筛选能够满足企业需求的优质供应商。坚持公正、公平和透明的原则，严格监督选择流程，防止任何人为因素干扰选择结果，确保结果的客观性和公正性。监督选择过程的记录完整性，为后续的审计和追溯提供坚实基础。在供应商年度评价环节，实施严格的监督措施，确保任何违反《廉洁诚信协议》或存在违法行为的供应商不会被错误地评价为优秀。监督供应商黑名单制度落实，确保列入黑名单的供应商，将被严格禁止与日照公司进行任何业务往来。积极协助解决采购中出现的问题，促进企业与供应商之间的和谐关系，实现双赢的局面。

（二）验收环节的监督

验收环节作为企业运营的关键一步，其监督的重要性不言而喻。它不仅承载着确保产品质量的重任，更是降低成本、提升生产效率的关键所在。因此，企业应当给予原燃物料验收环节进行严密的监督，确保每一份原材料都符合企业的严格标准和要求。

1. 质量检验监督

对原燃辅料质量检验标准的制定、修改实施监督，确保验收标准符合国家标准，也确保其适应性和实用性。特意安排稽查人员深入学习检化验流程，从而确保监督效果，确保所有标准和规程得到严格执行。对原燃辅料的检验数据进行全面监督，并探索追溯机制，便于在出现问题时迅速定位问题源头。为了保障监督的针对性和有效性，制定了一系列措施。例如，对炼焦煤的监督，采取多部门联合取样，分开化验来比对监督结果。对于钼铁、铌铁等贵重合金，采用监督抽样的方法，委托兄弟单位化验对比分析。对外购冶金焦，采取委托第三方机构检验，确保监督权威性和公信力。

2. 备件材料验收监督

主要采取旁站式监督方式，确保验收工作的严谨性和规范性。监督整个验收程序，严格按照预定的验收流程执行，确保不漏项、不错项，保障备件材料的全面检验。特别关注备件材料的外观、规格、型号、尺寸精度以及数量的完备性，防止任何人为疏忽或故意放水的情况。监督备件合格证、质量证明书等必备资料的完整性。对于锅炉、压力容器等特殊备件，更是格外重视，确保特殊证明完备，以符合行业标准和安全要求。对于验收过程中发现的差异，监督其处理流程，确保合规性，并及时反馈给供应商和相关人员，监督整改。

四、监督过程中的挑战和应对策略

尽管稽查人员经过不断探索与实践，已经构建了一套相对完善的监督稽查方法论，但随着稽查工作的逐步深化，许多问题从“一目了然”逐渐转变为“深藏不露”，这使得当前的监督稽查工作面临着很大挑战。注定要在方法上不断创新，在策略上更加精细，以应对日益复杂多变的稽查环境。

（一）社会环境的影响

社会环境对原燃辅料质量监督影响深远，必须加强与社会各界的密切沟通，共同构建良性的发展环境。同时需要时刻关注社会环境的动态变化和发展趋势，灵活调整监督策略和方法，以应对不断涌现的新挑战。以炼焦煤和废钢行业为例，当前行业内普遍存在的混煤现象以及废钢供应商来源复杂、质量参差不齐的问题，给监督工作带来极大挑战。特别是炼焦煤和长协矿的检验，以对方检验结果为准，使得企业缺乏足够的话语权。而在铁路运输和港口存货方面，面临无选择余地的困境，特别是大宗原燃物料货物注水问题，其沟通协调的难度之大，都要求监督稽查人员具备更高的专业素养和应变能力。

（二）监督人员的专业能力挑战

监督人员须拥有深厚的专业知识，涵盖物料的性质、用途以及掌握合同要求和质量标准。例如，需要熟知从几十家供应商采购的气、肥、焦、瘦四大类炼焦煤的质量指标，以及二三十种矿粉的检验标准，近百种合金和辅料的质量参数，若不掌握则监督缺乏专业性。同时，供应商在掺杂使假的手法上不断“推陈出新”，让监督工作变得更为复杂。炼焦煤、铁矿粉、萤石、石灰石等原燃辅料，由于其天然属性，在开采过程中往往会混入一些杂质，这为掺杂使假的行为提供了天然的掩护。当矿粉中混入少量硫酸渣，或者炼焦煤中掺杂了少量的无烟煤时，现有的检测手段在发现这些问题时面临着巨大的挑战，因此，持续更新专业知识、开发监督手段，对于确保原燃辅料的质量安全至关重要。

（三）监督信息的透明度问题

由于业务人员担心信息公开会暴露自身潜在的问题。导致在搜集资料时，会故意隐瞒重要信息或采取“挤牙膏”的方式逐步透露，这使得监督稽查难以获取全面、准确且及时的监督信息。信息共享机制不完善，部分业务员为了省事，未将采购合同、定标报告等关键信息上传至系统，导致这些信息成为监督的盲区。废旧物资销售合同的签订，不录入系统削弱了监督的效力。更为复杂的是，采购部门与日照公司之间作为平级单位，在日常监督中需要不断进行沟通协调，这无疑降低了监督的效率和效果。为了保障原燃辅料的质量安全，必须正视并解决这些问题，构建一个更加透明、高效的信息共享和监督体系。

五、案例分析

（一）日照公司纪检监督实践

日照公司巡察办监督稽查室坚决以维护企业利益为己任，对大宗原燃料、废钢、合金辅料等关键物资重点监督，运用日常监督、专项稽查、突击检查及暗访调查等多重手段，积极构建符合新时期日照公司发展需求的监督稽查体系。

监督相关部门已修改并完善了多项管理制度，修订了石灰石、萤石等物料的采购合同，进一步明确了检化验各环节的责任与要求。监督成效，不仅体现在管理改进提升上，还表现在实际运营中的显著效果。如牵头成立了炼焦煤专项监督稽查组，以确保其质量稳步提升。在废钢验收环节，严查掺杂使假、以次充好及改装水箱等作弊手段。通过合金专项监督稽查，为企业避免和挽回了累计 100 多万元的经济损失。对港口矿粉倒运进行监督，成功揭露了铁矿粉注水问题。发现了运输工业垃圾车辆装车不实、不满等问题。发现了冷轧板头尾长期协议销售中的不充分竞争和长期低价销售问题。这些发现的问题广泛涉及采购、销售、检验、计量等多个业务领域，这些成果共同为企业带来了年经济效益达 1. 2 亿元的喜人成绩。

（二）经验总结与启示

监督稽查工作涉及范围广、领域多、专业性强，稽查人员必须坚持在查中学、在学中查，不断补充更新专业知识，成为业务“尖兵”。监督稽查要保持敏感性和好奇心，漫无目的地现场检查就像在看“风景”，要有“别人雾里看花，我却明察秋毫”的感觉。坚持“三现主义”，到现场、观察现物、掌握现实（实际情况）。加强对时间、空间的理解运用，挑平时不去的时间段，如夜班，挑些平时不去的场所，如仓库、废弃品摆放处等监督。要增强预见性和针对性，制定长效机制，避免监督和被监督者之间的对立。

六、结论

纪检监督在进厂原燃物料管理中发挥着不可替代的作用。通过建立健全监督机制，可以有效预防和减少原燃物料管理中的风险，提高企业的整体运营效率和市场竞争力。未来，企业应继续加强监督人员的专业培训，提高监督信息的透明度，不断完善监督机制，创新监督方法，以适应市场的变化和企业的发展需求，为企业发展保驾护航。

构建采购特色监督体系
扎实推进国有企业高质量发展

河钢集团采购总公司纪委
艾　岩　王亚冰　李志江

习近平总书记在二十届中央纪委第三次全体会议上指出，持续发力、纵深推进反腐败斗争，一体推进不敢腐、不能腐、不想腐，强化高压态势，继续紧盯重点问题、重点领域、重点对象、新型腐败和隐性腐败，把严惩政商勾连的腐败作为攻坚战重中之重，深化整治金融、国企、能源、烟草、医药、基建工程和招投标等领域腐败问题，坚决惩治群众身边腐败，集中整治跨境腐败问题。强化以案促改、以案促治，推动重点领域体制机制改革。

全面建设社会主义现代化国家、全面推进中华民族伟大复兴，关键在党，在党要管党、全面从严治党。我们要落实新时代党的建设总要求，健全全面从严治党体系，全面推进党的自我净化、自我完善、自我革新、自我提高，使我们党坚守初心使命，始终成为中国特色社会主义事业的坚强领导核心。健全党统一领导、全面覆盖、权威高效的监督体系，完善权力监督制约机制，以党内监督为主导，促进各类监督贯通协调，让权力在阳光下运行。推进政治监督具体化、精准化、常态化，增强对“一把手”和领导班子监督实效。

一、健全完善国有企业监督体系具有重要现实意义

国有企业作为中国特色社会主义的重要物质基础和政治基础，是党执政兴国的重要支柱和依靠力量。坚持和完善党和国家监督体系、强化对权力运行的制约和监督，是党中央将监督工作、反腐败工作纳入国家制度和国家治理体系的战略考量。监督是国家治理体系的重要内容，也是权力规范运行的根本性保障。实现这一目标，要求健全党统一领导、全面覆盖、权威高效的监督体系，形成决策科学、执行坚决、监督有力的权力运行机制，确保权力规范正确行使。

当前，国有钢铁企业特别是河钢集团有限公司（简称河钢集团）正处于深化改革、转型升级、推进高质量发展的关键时期，持续强化国有企业纪检工作，健全完善纪检监督体系，强化干部职工廉政教育，强化企业效能监督，不仅能消除腐败和预防职务犯罪，更能规范企业管理、堵塞短板漏洞、防范化解风险，营造出风清气正、廉洁高

效的企业发展环境，为推进国有企业健康发展、促进国有资产保值增值提供坚实的保障。

作为河钢集团负责大宗原燃料采购的专业子公司，河钢集团采购总公司（简称河钢采购）只有建立健全符合采购业务实际的监督体系，才能形成有效的监督闭环管控，才能确保企业健康运行，才能完成河钢集团下达的各项经营目标，才能实现“优质保供、系统降本、增值创效”三大重点任务，全方位满足河钢集团生产单位对资源的多元化和个性化需求，为河钢集团加快转型升级和高质量发展做出更大的贡献。

二、建设具有采购特色的纪检监督体系举措与实践

（一）结合采购经营实际工作，强化开展政治监督

（1）监督贯彻落实中央大政方针。河钢采购把贯彻落实习近平总书记视察河北时重要讲话精神，特别是对河钢集团重要指示精神、对河钢集团斯梅代雷沃钢厂复信精神的学习贯彻执行重点监督，参加党委会、总经理办公会等重要会议，督办重点工作落实，推进督导各单位紧紧围绕采购降成本、降费用、创效益核心工作，扎实推进探索最优原料成本、开发高性价比优质资源、“两个结构优化”、低成本刚性保供等采购重点工作围绕党中央、河北省委新发展理念战略部署和河钢集团工作要求具体落地，助力企业高质量发展。

（2）扎实推进党纪学习教育。河钢采购深入学习习近平总书记关于党纪学习教育的重要讲话精神，第一时间组建工作专班，制定工作方案。创新开展周二党纪学习教育“每周一课”，组织党员干部分享学习体会，增强危机意识和责任担当。用好鲜活事例以案促学，选取地域相近、行业相近、岗位类似的鲜活案例，针对性地开展警示教育，与共建单位河钢材料技术研究院（简称河钢材料院）、河钢数字技术股份有限公司（简称河钢数字）共同组织参观廉洁教育基地，以现场教学强化警示震慑。将党纪学习教育同加强干部作风相结合，把讲政治、强思想、严作风、守纪律统一起来，细化提出“在保障集团生产上做表率，优质保供创一流；在落实上级部署上争先锋，团队作风创一流；在突破经营指标上当标杆，降本降费创一流；在创新采购模式上强示范，经营业绩创一流”，并以每月重点指标和业绩提升情况检验党纪学习教育成果。同时，将党纪学习教育与合规管理相结合，建立“廉洁合同 + 互保协议”制度，前移监督关口，在签订采购合同时，签订廉洁互保协议，进一步强化制度执行，规避经营风险。

（3）强化整改整治发现的问题。2023 年，河钢采购持续对标党中央和河北省委要求，聚焦以效益为中心的采购降本关键问题，将开展主题教育与加快推进采购重点工作、建设最具竞争力采购供应链任务目标相结合，把理论学习、调查研究、推动发展、检视整改等有机贯通融合一体推进，切实把问题整改整治的各项工作抓牢抓实抓到位。聚焦采购经营发展任务要求，梳理具体问题 10 条，制定整改措施 22 项，强化问题整改措施落实，召开专题民主生活会、组织生活会，实现整改完成率 100%。巩固整改成果，推动出台《强化全面预算管理优化结构性成本管理办法》等工作制度 10 项，修订

完善工作机制104项，切实把主题教育成果转化为引领和保障高质量发展的强大动力。

（4）强化监督企业政治生态。河钢采购通过进行公司政治生态和发展环境研判分析，对领导班子成员进行“画像”评价，参加领导班子民主生活会、参与年度考核评议，多举措研判分析政治生态，防范政治风险，持续增强监督的针对性和实效性。

（二）聚焦采购重点环节，强化采购专业效能监督

（1）聚焦招投标开展效能监督。根据河钢采购经营工作实际，结合自身业务特点，河钢采购要求除战略长协外，所有品种参加招标。煤炭、焦炭、合金等大宗原燃料采购，由河钢股份有限公司（简称河钢股份）经营财务部组织，以视频形式开展，实施现场电话报价机制，营造公平竞争氛围；招标的评标环节，采取评标会现场电话议标、现场回复跟标结果的模式，有效杜绝了供应商拖延待涨、私下串标等暗箱操作的漏洞。根据采购工作实际情况，在河钢集团供应链平台进行网上招标比价，以各供应商报价作为参考，与供应商开展博弈，积极实施降价采购；分采类耐材辅料，在全部招标的基础上，明确了联采招标模式，实现了联采联动和河钢集团内优质供应商共享，通过期现分析、避峰就谷、钢厂联动、多方比价联动等方式，有效消除地方垄断资源的多年沉寂价格，多次引领了价格市场，实现降本创效。各品种物料招标结果直接自动进入河钢集团营销管理平台系统，线上签订合同，最大化去掉人为因素。各项监督措施的执行，强化了招标程序的规范、公开与透明，实现从源头防范违规违纪行为。

（2）聚焦供应商引入开展效能监督。河钢采购在重点工作内审开展过程中，成立供应商管理专项监督检查工作小组，通过逐项梳理，推动河钢采购《供应商管理办法》《供应商准入标准》等制度文件进行了修订升级，对供应商评价认证小组成员组成和新增供应商考察流程进一步规范和优化，并严格执行，提高了供应商准入门槛。在供应商评价方面，要求专业公司每月跟踪供应商计划兑现、质量检化验等核心指标，每季度对供应商进行综合量化评价，经采购端优化专题会研究，根据评价结果动态调整供应商级别。通过数据支撑、集体研究、集体决策、环环审批，最大限度降低个人在供应商引入与管理中的随意性。

（3）聚焦资金支付管理加强监督。为防止资金支付人为化风险，河钢采购执行资金平衡会议集体研究机制，解决供应商结算周期，同类供应商付款比例以及付款结构支付等问题。每月召开资金平衡会，确定当月采购资金付款计划，防止某个人说了算；同类供应商按照同等比例付款，防止厚此薄彼，出现廉政风险；财务处供应商余额表数据在领导班子和采购相关管理部门平台共享，方便监督检查；预付款必须经河钢采购党委会、经理办公会研究执行，防止出现资金风险。

（三）强化以信息化助力监督，为采购经营管理阳光化提供支撑

为实现采购工作全流程的信息化、阳光化和可追溯化，以采购业务全流程管控为目标，河钢采购与河钢数字、河钢集团供应链管理有限公司（简称河钢供应链）合作，实现了采购计划管理、价政管理、网上招标、电子合同等信息化系统覆盖。同时，选

取原燃料重点品种，实现了在招标第一时间将物料品种、质量指标、价格及同比降幅等关键信息发送至相关人员，不仅方便了相关领导和单位及时掌握一手采购信息，更强化了监督，强化了高效管控。

（四）强化制度执行，完善长效机制

通过全系统效能监督检查，结合河钢采购“三重一大”决策制度，河钢采购纪委对采购重点权力进行了认真梳理，制定了河钢采购《重点权力廉政风险及防控措施》，确定了重点权力廉政风险点16项，具体防控措施32项，并印发河钢采购各专业公司、分公司进行逐条学习与贯彻执行。作为加强源头治理、堵塞管理漏洞、防控职业风险的有力抓手，河钢采购纪委通过采购全业务流程8大方面的效能监察，督导梳理修订完善采购管理制度42项，进一步从制度上织密不能腐的笼子。

（五）强化全面监督，筑牢企业廉政建设防火墙

（1）构建内外监督网，助力采购发展行稳致远。密织“内部监督网”，严格落实党委主体责任，纪委监督责任，党委书记“第一责任人”责任，党委副书记、纪委书记主抓主管责任，明确采购管理部、财务部等部门业务管理责任，通过专业公司内审、财务审计、配置法律顾问严把合规风控，结合特约监督员专业监督、普通党员党内监督，广大职工普遍监督，织密了各主体联动、齐抓共管的内部监督网。外筑“协作预防网”，与战略供应商山西焦煤集团煤焦销售有限公司等单位开展党风廉政共建活动，双方互聘党风廉政监督员，共同签订廉洁互保协议，互通信息、相互监督，拓展了纪检监察工作外延。

（2）坚持抓早抓小，加强领导干部廉政预警监督。严格落实领导人员廉洁从业承诺制度，在新提职干部中开展“七个一”活动，督促党员干部忠于职守、廉洁从业。制定《干部廉政档案管理暂行办法》，做好干部廉情分析、给干部精准“画像”。组织开展河钢采购科级以上干部党纪政纪法规知识考试，签订《廉洁从业承诺书》，建立领导干部廉政档案，充分发挥教育在预防腐败中的基础性作用，持续提高各级领导干部廉政意识，筑牢廉洁从业拒腐防变思想防线。

（3）充分激发职工监督。河钢采购纪委始终将发挥党员、职工民主监督作用作为补充纪检监督空隙的重要手段，持续激发党员、职工民主监督活力。公开举报邮箱、电话，加强元旦、春节、中秋、国庆等重要节点监督检查，两级纪检干部走访、电话慰问职工，为党员、职工发挥民主监督提供便利。拓展监督渠道，在基层先进中选聘党风党纪特邀监督员，更加便捷、更加深入地开展党风党纪监督。构建良好氛围，为广大职工监督创造良好环境。2022年以来，河钢采购广泛开展全员廉政教育。结合自身实际，创办《清采之窗》廉政教育电子期刊，组织参观廉政教育基地，开展知识答题，特别是积极组织全体干部职工参与创作“清廉河钢”各项作品征集展示活动，职工创作热情高涨，多篇作品获一、二、三等奖，广大职工廉政和廉洁从业意识大大增强，在采购系统达到了良好的宣传教育效果。

三、河钢采购纪检监督体系取得的成效

在河钢集团的坚强领导下，河钢采购坚持以习近平新时代中国特色社会主义思想为指引，坚持健全完善监督体系建设，坚持靶向治疗持续强化不敢腐的震慑，坚持健全制度建设扎紧扎牢不能腐的笼子，坚持涵养正气有效增强不想腐的自觉，不断加强纪检监督与采购中心工作有机融合，进一步做到责任“明确化”、工作“规范化”、任务“中心化”、管理“平台化”、素质提升“持续化”的“五化”标准，有力地推进了河钢采购整体工作的有效提升。当前，河钢采购党员干部认真按照河钢集团发展任务和重点工作具体要求，以党纪学习教育为契机，带头遵党纪、带头勇担当，认真梳理问题清单，制定措施清单，以扎实工作有力推进了采购经营各项重点指标的持续提升。截至 2024 年 5 月，大宗原燃料“采购价格跑赢市场额”指标完成 2. 62 亿元，主要品种中炼焦煤采购成本低于中国钢铁工业协会平均水平 181 元/吨，喷吹煤采购成本低于中国钢铁工业协会平均水平 193 元/吨。结合产线需求，积极拓展高性价比资源供应渠道，2024 年前 5 个月，高性价比原燃料累计进厂 65. 8 万吨，占比 35. 59%，较 2023 年同期增加 12. 37 个百分点，降低采购成本 5362 万元。此外，通过围绕河钢采购全年采购价格跑赢市场、长协煤兑现率、焦化与生铁成本降低额等关键经营指标完善制度、优化流程，在采购业务管理上体现严谨和规范，在供应商的开发与评价中体现科学和公平，在大宗原燃料询比价管理中体现定力和担当，在合规及风险管理中体现预防和控制，为实现河钢采购各子分公司生产用料低成本刚性保供和完成“降成本、降费用、创效益”中心工作奠定了坚实基础，为河钢集团转型升级高质量发展贡献了采购力量。

“示范点 + 阵地建设”
助推廉洁文化建设走深走实

山钢股份莱芜分公司纪委

陈显著　姜兴辰　张百庆　王少振

习近平总书记在党的二十届中央纪委第二次全体会议上指出：“要在不想腐上巩固提升，更加注重正本清源、固本培元，加强新时代廉洁文化建设，涵养求真务实、团结奋斗的时代新风。”加强新时代廉洁文化建设，是建设廉洁政治、培育风清气正的政治生态的内在要求，是营造和弘扬崇尚廉洁、抵制腐败良好风尚的重要工程。山钢股份莱芜分公司炼钢厂（简称炼钢厂）坚持将廉洁文化建设作为“三不腐”一体推进的基础性工程来抓，按照“一单位一特色一品牌”要求，大力开展“廉洁示范点 + 廉洁文化阵地”建设，持续提升廉洁文化影响力、传播力、穿透力。通过廉洁文化建设，炼钢厂全体党员干部职工清正廉洁思想根基得到夯实，理论武装得到强化，抵腐定力得到增强。不断坚定了信仰信念信心，筑牢了拒腐防变思想防线，淬炼了公而忘私、甘于奉献的高尚品格，培育了秉公用权、清廉自守的精神境界，弘扬了廉荣贪耻的新风正气，推动了“三不腐”落地落实，为持续打造风清气正政治生态和阳光高效运营生态提供坚强保障。炼钢厂党委获得山东省国资委和山东钢铁集团有限公司“先进基层党组织”荣誉称号，炼钢厂纪委连续多年获得莱芜分公司“党风廉政建设先进单位”称号。

一、具体做法

（一）廉洁建设示范点推进廉洁文化建设落地生根

炼钢厂针对大宗原材物料验收把关、权力集中、资产聚集、腐败问题易发的部门和关键岗位，以实现“三个廉洁”（即廉洁修身、廉洁从业、廉洁防控）为目标，按照“分级管控、重点突破”的原则，突出“形式 + 内容”，持续推进廉洁示范点创建。目前，炼钢厂获得莱芜分公司三星级廉洁建设示范点 3 个，二星级廉洁建设示范点 1 个，一星级廉洁建设示范点 1 个，三星级廉洁建设示范点在莱芜分公司内是最多的。

一是文化先行实现廉洁修身。炼钢厂坚持将廉洁文化建设作为“三不腐”一体推进的基础性工程来抓，持续深化廉洁文化建设，着力提升廉洁文化影响力、传播力、穿透力，各个示范点也形成了独具特色的廉洁文化阵地，利用会议室、操作室等固定场所，展示了各具特色的廉洁文化愿景、廉洁宣言、廉洁理念等。对关键重点岗位人员开展"守初心、知敬畏、勇担当"现场廉洁教育活动，相继到监狱、廉洁教育基地10多次，参加人数500多人。举行"从家到家，感恩有你"廉洁家属开放日活动中，大力推进家庭助廉。同钢城区人民法院、钢城区人民检察院等司法部门开展"清风相伴、廉洁同行"廉洁教育等活动。拍摄了《清风炼钢》《数智监督》《六必治教育专题片》《最是清风传家远》等视频，通过示范点配置的计算机进行循环播放。在炼钢厂内部网络炼钢信息港开通了廉政视窗栏目，实时发布党员干部职工上传的廉洁小故事、廉洁动态、廉洁心得等内容。汇编《炼廉看》《典型案例》《清廉锦囊》《廉洁故事集》《不良作风二十五条》《重点监督事项80条》《行政监督手册》等书籍放在示范点读书角，做到以书带人、以文化人。各个示范点还定期开展廉洁文化作品展评活动，征集的漫画、绘画、书法、剪纸、手工作品等在炼钢厂厂区进行展览，积极参加莱芜分公司廉洁文化作品展评。充分发挥示范点在廉洁文化建设方面的示范带动效应，组织其他车间、室学习观摩，有力促进了廉洁文化整体提升，营造了全面推进廉洁文化建设的良好氛围。

二是制度落地实现廉洁从业。炼钢厂按照"六个必须"推进廉洁示范点建设，即廉洁示范点必须有健全的组织、制度，必须能经常性开展廉洁文化创建活动，必须严格落实廉洁从业规定，必须没有违法犯罪，必须有显著的创建成效，必须有良好的经营业绩。大力推进"廉洁从业从心开始"的人偶心理培训，对重点岗位180多人进行了专题培训，让重点岗位人员从心里自觉接受廉洁从业的要求。各重点岗位定期修订完善各类规章制度，并在炼钢厂智慧办公系统进行公示，先后梳理完善《炼钢厂原材物料质量验收手册》《炼钢厂原材物料验收把关检查规定》《外购废钢、铁块入厂管理规定》《废旧物资管理规定》《备品备件管理规定》等21项制度，成为廉洁从业的重要依据。把廉洁文化建设和大监督体系建设相结合，依托信息化技术、大数据分析，把"党内监督、行政监督、群众监督、社会监督和舆论监督"五大监督功能模块全部上线，实现信息化技术与监督责任充分融合，使各项监督更加直观透明、更加聚焦高效。各岗位建立行政监督清单，以行政监督流程卡的方式，不断监督各级管理人员、技术人员、班组长的现场监督情况，形成"监督的再监督"。推进"阳光验收、阳光监督、阳光管理"，不断营造廉洁从业的生态环境。

三是风险辨识实现廉洁防控。炼钢厂对关键重点岗位重新开展了廉洁风险辨识，共排查廉洁风险点共计161条，其中，高风险40条、中风险57条、低风险64条，按照风险类型制定了防控措施。二星级示范点原料一车间针对贵重金属较多的现状，为防止工作人员盗窃贵重金属，采用下班时使用金属探测仪检查、互相监督等方法；建设废钢破碎料集中验收的熔清室，从取样、封存、二维码扫描、熔清、二维码结果读取等过程，消除人为操作因素，从本质化上消除了廉洁风险。三星级示范点机动设备室实施"钉钉线上办公+数智监控平台监督"，推进科技防腐，全覆盖监控网因需增设，织网补洞；落实协同清廉，把施工项目中的相关方纳入廉洁管控范围，使廉洁从业横到边、竖到底，营造共建共享廉洁从业氛围。三星级示范点生产技术室通过定期召开客户廉洁共建座谈会等方式培育职工与客户“亲清”廉洁文化，共同营造廉洁环境；开展现场廉洁风险诊断，加大关键岗位、关键原材料检查力度，严抓重点环节，提高拒腐防变能力。三星级示范点废钢监督班不断构建家庭助廉，岗位人员签订廉洁承诺书，家属签订“廉内助”责任书；建立“职工家属廉洁监督群”，实现“八小时内外”全过程监督；采取佩戴“记录仪器”、科学“计量算法”、人员“合理轮换”、规范“电子台账”等方式通过拒腐防变能力。

（二）廉洁文化阵地让廉洁文化建设有载体更有实效

一是建立独具特色的厂级和车间级的廉洁文化阵地。充分利用炼钢厂新动区现有的工作、办公环境，系统设计，合理布置，围绕阳光管理、阳光验收、阳光监督等工作建设廉洁文化阵地。廉洁文化阵地围绕“一厅两区三室”展开，“一厅”是指利用集控中心办公楼大厅内的大屏幕滚动播放《清风炼钢》等廉洁教育专题片，利用大厅周围的小屏幕滚动播放党风廉政先进人物事迹等内容，在大厅周围进行廉洁书法、漫画、剪纸等作品展示。“两区”是指建立新动区备品备件验收区以及原料一车间废钢验收区，做到“阳光验收”，杜绝暗箱操作。“三室”是指在阳光会谈室、会议室、办公室营造廉洁从业氛围，做到“阳光会谈”“案例警示”“誓言提醒”。各单位建立车间级各具特色的文化阵地，做到阵地建设“八有”：有规划、有计划、有组织、有制度、有场所、有载体、有活动、有氛围。

二是廉洁文化阵地建设与党建工作做到“三个融合”。与星级党支部建设相融合，把廉洁文化建设纳入党支部月度考核，利用“三会一课”、主题党日、红色教育、“六必治”专项治理，推动廉洁文化落地生根；与党员作用发挥相融合，不断锤炼钢铁作风建设，坚定不移强“七力”、破“七风”，全面发扬“极致精神”，打造忠诚干净担当的党员队伍，进一步增强“高”的意识，践行“严细实快”的工作作风，让廉洁文化开花结果，营造风清气正干事创业的环境，为实现“争创全国最优秀智慧钢厂”新愿景提供扎实作风保障；与党纪专题教育相融合，党支部通过“三会一课”、主题党日等方式，原原本本学《中国共产党纪律处分条例》（简称《条例》），紧扣六大纪律进行研讨，准确掌握主旨要义和规定要求。加强警示教育，让党员、干部受警醒、明底线、知敬畏。开展以案说德、以案说纪、以案说法、以案说责，引导党员、干部遵纪守法、自省自律。抓好对照检查，推动党纪学习教育走深走实。紧密联系个人思想、工作和生活实际，对照《条例》各项规定检视问题和不足，用党规党纪校正思想和行动，真正使学习党纪的过程成为增强纪律意识、提高党性修养的过程。利用阵地开展治酒驾“扫雷”专项行动，深化作风建设专项整治，以过硬作风和铁的纪律保证完成各项任务目标。

三是围绕中心工作推进廉洁文化阵地建设。把大监督体系建设纳入廉洁文化阵地建设过程中不断培育监督文化，“监督是关爱，被监督是幸福”“有管理就要有监督，没有监督就没有管理”等一批监督理念深入人心。炼钢厂持续推进完善“12345”立体监督管理体系，在坚持党委对大监督体系的统一领导下，构建"线上+线下"双线监督管控模式；围绕政治、思想、组织、作风、纪律、制度建设等重点工作，执行"党委管面、科室管片、车间管点"的"三级监督"组织体系；提升信息互通机制、问题处理机制、问责机制、考核评价机制等"四个机制"的监督运行实效；落实了"党内监督、行政监督、群众监督、社会监督和舆论监督"五大监督融合措施，实现了炼钢厂领导履职、室主任履职、车间主任履职、稽核组履职监督的具体化和网络化。《构建数智化立体监督管理格局，推动全面从严治党向纵深发展》在莱芜分公司内得到推广。落实莱芜分公司纪委"四严四促"要求，严明政治纪律和政治规矩，将监督融入日常、做在经常。坚持文化阵地做到"融入中心、进入管理"。各单位文化阵地结合岗位定期开展风险辨识、专项治理、督查稽核，形成发现问题、分析问题、辨识风险、优化流程、完善制度、追责问责、"回头看"的闭环管理，让廉洁工作更好地服务于职工、服务于生产、服务于企业。持续推进对原燃料采购及检化验领域、机动设备领域、物流运输领域、招投标领域、废钢领域的专项治理。注重从制度机制上找准症结、研究对策，着力堵漏洞、补短板、强弱项，从体制机制层面堵塞管理漏洞，以极严管理、极严监督、极密防范，构筑不能腐的生态环境。

二、存在的问题

炼钢厂多年来持续推进廉洁文化建设，取得了良好成效，但是，在建设过程中还存在一些问题，主要表现在以下三个方面。

（一）廉洁文化建设持续创新不够

廉洁文化建设活动在理论研究方面还不成熟，还有一些问题亟待研究解决需进一步探索，廉洁文化建设宣传形式缺乏创新，缺乏多样性，致使廉洁文化建设吸引力不强，职工群众参与意识不强。

（二）廉洁文化建设各单位发展还不够平衡

个别单位对廉洁文化重要性的认识不足，不愿在廉洁文化建设中投入过多的精力和资源，重业务轻廉洁文化建设的现象还存在，没有将业务工作与廉洁文化建设有机融合，有的只上墙、不落地，廉洁文化不能入脑入心，没有成为员工自身精神追求，创新推进廉洁文化建设的途径和方法不多，制约了廉洁文化建设向纵深推进。

（三）廉洁文化建设作用发挥与工作实际需求有差距

廉洁文化建设还未形成完善的长期运行机制，活动不能持久深入，缺乏必要的激励及制约制度，未完全结合企业发展及党风廉政建设新要求创新性开展工作，对职工吸引力不够，作用发挥还需进一步增强。

三、关于今后加强廉洁文化建设的几点思考

作为新时代国有企业进一步加强廉洁文化建设，既是企业培根铸魂的基础性工程，

也是提升国有企业治理能力和治理水平的必由之路。把新时代廉洁文化建设抓紧抓实抓好，要教育引导党员、干部筑牢理想信念根基，自觉做习近平新时代中国特色社会主义思想的坚定信仰者和忠实实践者，永葆清正廉洁的政治本色。加强廉洁文化建设，要坚持在丰富载体、创新方式，探索搭建受众面广、有影响力的廉洁文化平台上下功夫，构建反映时代特征和发展要求的廉洁文化建设工作体系。

（一）遵循规律创新开展廉洁文化建设

遵循廉洁文化建设规律，紧密联系企业生产经营管理实际，促进企业高质量发展。服务企业改革发展和稳定是企业廉洁文化建设的出发点和落脚点。加强国有企业廉洁文化建设必须处理好“务虚”与“务实”的关系，要坚持实事求是的态度，科学谋划企业廉洁文化建设行动规划，立足企业生产经营管理实际，贯穿企业生产经营管理全过程，开展具有企业自身特色、符合职工思想实际、与周边文化环境相协调的企业廉洁文化建设活动，循序渐进做好培育、总结、提升工作，确保企业廉洁从业理念、价值导向、行为规范，体现时代特征要求、契合企业发展需要、得到职工普遍认同，实现廉洁效应和经济效益高度统一。坚持将廉洁文化建设作为“三不腐”一体推进的基础性工程来抓。传播崇廉尚廉的正能量，形成“廉洁也是生产力，廉洁才有竞争力和生命力”的价值共识，让廉洁文化沁润人心。

（二）多措并举助推廉洁文化建设取得实效

一是舆论引导营造企业廉洁文化氛围。继续通过廉洁示范点和廉洁文化阵地建设，不定期举办廉洁成果展、举行员工座谈等多种形式，营造有效的警示氛围，积极开展广大员工喜闻乐见、易于参与、丰富多彩的廉洁文化创建活动；通过多渠道、全方位的舆论宣传，营造浓厚的廉洁文化氛围，倡导崇廉尚洁的风尚，真正使员工对廉洁文化入耳、入脑、入心，并落实到实际行动中。二是完善制度做到事事有章可循。坚持以制度来保证廉洁文化建设的顺利开展，制定具有自身特色的廉洁文化建设实施方案，明确指导思想、目标任务、具体要求以及具体的措施，确保廉洁文化建设取得实效。三是强化“清风炼钢”廉洁品牌引领。结合实际，以各单位创建星级廉洁建设示范点为载体，打造各单位特色鲜明、内涵丰富的廉洁文化品牌，强力开展思廉、警廉、育廉、守廉、传廉“五项行动”，以廉洁文化警示人、带动人、培养人。

（三）建立廉洁文化建设长效机制

廉洁文化建设是一项长期的系统工程，不可能一蹴而就、一劳永逸，需要坚持不懈、持之以恒。开展廉洁文化示范点、示范班等创建活动，进一步制定完善考评标准，加强线上廉洁阵地建设，充分整合微信公众平台、在线学习平台、视频展播平台等各类网上平台，展示廉洁动态、发布廉洁提醒、开展廉洁测试、讲述廉洁故事，营造廉洁从业浓厚氛围。坚持长期教育，把廉洁文化建设与企业文化建设和精神文明建设紧密结合起来，建立党员干部长期受教育的机制、定期参加廉洁文化建设和党史党纪教育活动。建立奖惩机制，进一步修订炼钢厂党风廉政建设绩效考核办法，把廉洁文化建设的各项活动与干部职工的切身利益挂钩，充分调动大家参与廉洁文化建设的积极性和自觉性，进一步强化“八小时以外”管理，防止重形式、轻效果的现象，不断巩固和扩大廉洁文化建设的成果。

内强素质修“四心” 外树形象创“四型”锻造高素质专业化纪检监察队伍的探索与运用

酒泉钢铁（集团）有限责任公司纪委
郭 昊

党的十八大以来，各级国有企业纪检监察机关围绕党中央新要求、新部署，大力推进纪检机构转职能、转方式、转作风，推动党风廉政建设和反腐败工作深入开展，取得明显成效。特别是党的十九大以来，以习近平同志为核心的党中央一以贯之、坚定不移推进全面从严治党，党内政治生态展现新气象，反腐败斗争取得压倒性胜利，全面从严治党取得重大成果。在二十届中央纪委第三次全体会议上，习近平总书记对纪检监察干部队伍寄予殷切期望、提出明确要求，强调“努力做自我革命的表率、遵规守纪的标杆，打造一支让党中央放心、让人民群众满意的纪检监察铁军”。酒泉钢铁（集团）有限责任公司（简称酒钢集团公司）纪委牢记习近平总书记的教诲和嘱托，持续巩固拓展主题教育和教育整顿成果，结合党纪学习教育，以内强素质修“四心”、外树形象创“四型”为努力方向，发扬自我革命精神，着力锻造高素质专业化纪检监察队伍。

一、深刻认识加强纪检监察干部队伍自身建设的重大意义

（一）加强政治建设，铸就政治忠诚

习近平总书记强调：“纪检监察机关是党和国家监督专责机关，要忠诚于党、忠于人民，带头增强‘四个意识’、坚定‘四个自信’、做到‘两个维护’。”忠诚是纪检监察机关与生俱来的政治基因，是纪检监察干部最鲜明的政治品格。要带头加强党的政治建设，把对党绝对忠诚、政治上绝对可靠作为第一位的要求，不断提高政治判断力、政治领悟力、政治执行力。

（二）抓实能力建设，增强斗争本领

纪检监察工作具有很强的政治性、政策性、专业性，新时代新征程对纪检监察干

部的精神状态、能力素质、作风形象提出了新的更高要求。要强化斗争精神，坚定斗争意志，增强斗争本领，在党风廉政建设和反腐败斗争一线砥砺品格操守，在围绕中心、服务大局中彰显担当作为，在各种风险挑战中筑牢坚强屏障。

（三）强化廉洁建设，坚持严的基调

纪检监察机关是党的“纪律部队”，在推进中国式现代化进程中肩负重要使命、发挥重要作用。执纪者必先守纪，律人者必先律己。要把一体推进“三不腐”理念贯穿自身建设，严惩队伍里的腐败分子，防治“灯下黑”。要自觉接受最严格的约束和监督，在强化自我监督、自我约束上作表率，坚守政治红线、纪律高压线、廉洁底线。

二、内强素质，修炼“四心”，锻造保障酒钢集团公司高质量发展的忠诚卫士

（一）忠诚坚定守“初心”，锻造政治过硬的忠诚卫士

忠诚是纪检监察机关与生俱来的政治基因，是纪检监察干部最鲜明的政治品格。酒钢集团公司纪委始终把学习贯彻习近平新时代中国特色社会主义思想作为首要政治任务，持续淬炼思想、夯实根基。一是坚持用习近平新时代中国特色社会主义思想凝心铸魂，深入学习贯彻习近平总书记关于党的自我革命的重要思想，努力做自我革命的表率、遵规守纪的标杆。坚持把党的政治建设摆在首位，督促各级党组织严格落实“第一议题”制度，围绕习近平总书记重要指示批示精神和党中央决策部署开展专题研讨，自觉增强“四个意识”、坚定“四个自信”、做到“两个维护”，在学思践悟中坚定正确政治方向。二是突出“两个维护”深化政治监督，用履职尽责的实际行动践行初心使命。聚焦实施“四强”行动、新一轮国有企业改革深化提升行动、创建世界一流企业等重点任务，主动靠前监督，常态化开展“回头看”。制定《加强对“一把手”和领导班子监督的实施方案》，让“关键少数”时刻感受到用权受监督。开展酒钢集团公司政治生态评估研判，对酒钢集团公司“一把手”和领导班子成员开展政治“画像”，以严明政治纪律政治规矩凝聚奋进合力。三是围绕全面从严治党主体责任、第一责任人责任、监督责任和“一岗双责”，探索清单化明责、规范化履责、常态化督责、实效化考责的“四责贯通”工作机制。协助酒钢集团公司党委召开全面从严治党工作会，对全面从严治党工作进行全面安排部署，签订《全面从严治党责任书》。每年年底对各部门各单位责任落实情况进行系统考核评价，考核结果作为领导班子和领导干部年度政治素质和经营业绩考核评价的重要依据。

（二）业务专精铸“匠心”，锻造本领高强的忠诚卫士

立足酒钢集团公司全年重点工作任务，完善掌握情况、分析研判、改进提升工作思路，做实做细日常监督。一是制定《日常监督实施方案》、建立《日常监督工作清单》，明确专项检查监督、线索排查监督、蹲点联系监督、提醒约谈监督等 8 种具体监

督方式及适用要求，为日常监督“明路径”“划重点”“列标准”“划红线”，消除监督空白和盲区，推动监督工作始终在系统化、具体化、规范化轨道上运行。二是扎实开展高质量发展督察。紧盯企业改革发展中的短板和弱项，每季度挑选3—5个重点项目进行督察，督促建章立制、堵塞漏洞。同时，围绕违规经营投资责任追究、境外腐败治理、防范和化解重大金融风险、“硬骨头”项目推进、安全津贴发放等重大课题，“解剖麻雀”找症结，“对症下药”补短板，及时提出意见建议，推动企业依法依规管理。三是围绕重大工程项目建设加强监督。结合酒钢集团公司“十四五”项目建设多、投资强度大、廉洁风险高等特点，每年制定项目建设监督工作方案，统筹各类监督资源和力量，聚焦项目实施进展、项目负责人履职尽责、项目管理人员廉洁自律等情况，采取提出整改建议、约谈责任人、谈心谈话等措施，坚持做到工程项目建设和防范廉洁风险“两手抓、两手硬，两结合、两促进”。四是把住节点关，开展重要节点、重要节日纠“四风”树新风提醒。采取教育引导、警示提醒、监督检查等方式，对节日期间各基层单位落实中央八项规定精神、值班值守、廉洁过节等情况开展明察暗访。开展违规吃喝违规旅游专项整治，制定专项工作方案。五是严格执行选人用人制度。制定《中层干部选拔任用管理办法》和《选拔任用纪实工作管理办法》，持续规范选人程序，确保选任过程可追溯、可倒查、可追责。制定《党风廉政意见回复工作实施办法》，动态更新领导干部廉政档案，防止带病提拔使用，拦住“自带增量”的干部，确保“上游来水清澈”。

（三）求真务实立“诚心”，锻造作风优良的忠诚卫士

坚持严的基调、严的措施、严的氛围，旗帜鲜明正风肃纪，坚定不移一体推进不敢腐、不能腐、不想腐，持续筑牢集团廉洁底色。一是构建“大监督”体系。建立了党委统一领导、纪委牵头主抓，监事会、财务、审计、法务、巡察、工会等六大监督主体协同联动的监督委员会，每季度召开会议，听取相关部门监督工作情况，针对监督工作中存在的重点难点问题，加快推进解决。促进各类监督贯通融合，不断增强监督治理效能，推动党内监督和其他各类监督贯通协同落地见效，保障酒钢集团公司各项决策部署落地见效。二是保持“严”的震慑。坚持“严”的主基调，严肃查处违纪违规行为，力戒贯彻落实重大决策部署中的形式主义、官僚主义，以严厉惩处促政治监督落到实处。聚焦制约酒钢集团公司高质量发展突出问题，以作风突出问题专项整治为抓手，大力开展党员领导干部作风突出问题专项整治、基层“微腐败”及作风建设专项整治，推动解决工作落实中的作风顽疾和基层存在的“微腐败”和不正之风。三是用好“宽”的策略。落实“三个区分开来”，用好“四种形态”，把思想政治工作贯穿政治监督始终，制定《失实检举控告澄清工作实施办法》《鼓励改革创新干事创业担当作为实施容错纠错实施办法》《尽职合规免责事项清单》等系列制度，引导党员干部轻装上阵、干事创业。强化“治”的功能。深化以案明纪、以案促教，通过常态化开展警示教育、向新提拔领导干部赠送“廉洁礼物”、组织“一把手”携配偶参加“助廉主题座谈会”等方式，强化以身边案教育身边人的警醒震慑。注重以案促改、以

案促治，坚持“当下改”和“长久立”相结合，围绕甘肃省委巡视、审计以及内部巡察等发现问题，既大力整改具体问题，又注重加强建章立制。近年来，酒钢集团公司先后制定修订各类制度261部，废止与管理要求不相适应的制度84部。四是培育“廉”的风尚。制定《关于加强新时代廉洁文化建设的实施方案》，召开廉洁文化建设推进会，着力推动崇廉尚洁“进机关、进支部、进班组、进项目、进培训、进家庭”，努力打造“政治生态清明、干事风气清朗、权力运行清廉、干部队伍清正”的浓厚氛围，切实把“廉”字“融入现代企业治理体系、融入企业愿景使命和价值理念、融入企业合规管理和职工行为规范”，形成以“六进四清三融入”为主体架构的新时代酒钢集团公司廉洁文化体系。

（四）清正廉洁存“正心”，锻造行为有度的忠诚卫士

始终牢记习近平总书记“监督者，自己要接受监督；执纪者，自己要严守纪律；反腐者，自身要廉洁不腐”的谆谆教诲，不断加强规范化、法治化、正规化建设。一是对照《中国共产党纪律检查机关监督执纪工作规则》，设计制作包括监督检查、监督执纪、线索处置、谈话函询、初步核实、审查调查、案件审理、线索了结各工作环节共8个方面的流程图，建立了谈话函询、初步核实、立案审查、案件审理4类案卷材料清单目录，制定了70余种统一文书格式的《酒钢集团公司问题线索办理业务指南》。二是制定《酒钢集团公司纪检监察干部监督工作办法》，明确监督主体和责任、监督对象和内容、监督途径和措施以及相关工作机制、责任追究办法等内容，进一步加强和规范各级纪检监察干部监督工作。通过定期报告、明察暗访等形式，督促广大纪检监察干部认真抓好学习贯彻执行。三是持续用好用活警示教育，组织酒钢集团公司纪委常委、基层纪委书记及纪检专干、特约监察员代表等100余人参加纪律警示教育大会，观看专题警示教育片，教育广大纪检监察干部从中吸取深刻教训，深入检视纠治问题。

三、外树形象，创建“四型”纪检监察组织，推动酒钢集团公司纪检监察工作高质量发展

（一）创建“学习型”组织，打造成长成才的“大学校”

以锻炼过硬本领为目标，坚持“干什么学什么、缺什么补什么”，学党的创新理论、学纪检监察业务，在持续学习中不断优化知识体系、拓宽思维边界、提高能力和本领。坚持把学习贯彻党的创新理论贯穿始终。严格执行“第一议题”制度，用好“三学联动”机制，及时跟进学习习近平总书记最新重要讲话和重要指示批示精神，用以统领纪检监察一切工作。定期开展专题学习和交流研讨，引导纪检监察干部深刻认识纪检监察机关在坚持和加强党的全面领导、全面从严治党、推进党的自我革命中肩负的重要职责使命，增强做到自身正、自身硬、自身廉的使命担当。统筹制订酒钢集团公司各级纪委上下一体学习计划，每年制订《集团公司纪检监察干部学习教育培训计划》，精选中共中央纪律检查委员会、中华人民共和国国家监察委员会、国务院国有

资产监督管理委员会年度培训课程视频，组织各级纪检干部集中学习；选派纪检业务骨干分别参加中国钢铁工业协会纪委、甘肃省纪委监委、酒钢集团公司纪委“以干代训”“以案代训”和业务培训。

（二）创建“实干型”组织，打造干事创业的“大舞台”

凝练形成谋划好、落实好、总结好的工作推进机制。纪委常委及各室负责人定期到基层单位调查研究，了解掌握联系单位生产经营、党的建设、作风建设和反腐倡廉建设情况，找准突出问题，深入研究分析，提出有前瞻性、针对性、可行性的对策建议。依托“党建+铁军”党建特色品牌，按照“一年一个目标、一年一次提升”的目标，为每名党员制定学习“登高”计划，定期组织检查考评和成果交流。为新入职纪检人员量身定制“导师带徒”计划，推行“全流程”和“实战化”教学指导，围绕审查调查、执纪监督、信访办理和文字写作等专项业务，实现点对点“滴灌式”传帮带，为纪检监察“新兵”起好步、开好局、履好职、尽好责，奠定坚实基础。形成常态化复盘“回头看”工作机制，逐项销号各项重点工作任务，及时提炼经验做法，推动形成决策、部署、执行、督办、反馈、总结的规范化闭环运行模式。

（三）创建“团结型”组织，打造温馨和谐的“大家庭”

常态化做实严管厚爱，通过组织关怀促进干部成长成才，通过正向激励促进干部实干担当，通过协作共促队伍团结和谐，全力营造积极向上、心情舒畅的良好氛围。结合支部“三会一课”、年底考核评价、关键节点常态化开展谈心谈话，及时掌握人员思想动态和工作生活状态，对存在思想困惑、家庭变故党员干部针对性做好疏导帮扶。利用主题党日、工会活动等深入开展团队建设，组织重温入党志愿书、集体过“政治生日”、家庭助廉、观看红色电影、健步走等特色活动，前往西路军烈士纪念馆和玉门铁人干部学院开展革命传统教育，通过实地参观，重温入党誓词，教育引导纪检监察干部牢记“三个务必”、坚持“三严三实”，坚守对党绝对忠诚的政治底色。

（四）创建“廉洁型”组织，打造风清气正的“大阵地”

执纪者必先守纪，律人者必先律己。习近平总书记多次在中央纪委全体会议上对纪检监察机关作出重要指示，提出要解决“谁来监督纪委”的问题，并明确指出纪检监察机关要接受最严格的约束和监督。用好反面典型案例，强化警示震慑功效，组织学习反面典型案例，召开警示教育会议，组织观看《永远吹冲锋号》《零容忍》《国有企业反腐警示录》等专题片，发放《中央企业靠企吃企违纪警示录》等书籍，分层级、分批次现场旁听职务犯罪案件庭审。定期开展谈心谈话10余次。对照“六个是否”深入开展自查自纠。建立中层领导干部廉政档案管理办法，充分发挥廉政档案“在线监督”作用，让廉情“记录仪”转起来、廉洁“身份证”亮起来。

四、结束语

作为党的“纪律部队”，要牢记打铁必须自身硬，始终坚持严的基调不动摇，永不止步地纯洁思想、铸牢忠诚，赓续对党绝对忠诚的基因血脉。永不止步地纯洁组织、整肃队伍，引导干部强化纪律规矩意识，增强遵规守纪的自觉。永不止步地敢斗善斗、担当尽责，练就善于斗争的硬脊梁、铁肩膀、真本事，为以中国式现代化全面推进强国建设、民族复兴伟业提供坚强保障。

发扬自我革命精神　蓄势赋能监督专责在服务保障企业高质量发展大局中践行使命担当

河钢集团有限公司纪委

董士党　李文彬　李　嘉　车明浩　冯新玲　王志国

习近平总书记关于党的自我革命重要思想揭示了百年大党永葆生机活力的成功密码，“九个以”的实践要求为新征程上开创党的自我革命新局面指明了方向、规划了路径、提供了方法。国有企业具有国有和企业双重属性，要发挥好中国特色社会主义经济“顶梁柱”的作用，既要注重生产经营，更要把讲政治放在突出位置，确保成为坚决贯彻落实党中央决策部署的重要力量。作为国有钢铁企业纪检监察机关，面对行业进入深度调整期的新挑战，必须认真贯彻落实习近平总书记关于党的自我革命重要思想，紧紧围绕企业改革发展大局，充分发挥监督保障执行、促进完善发展作用，才能有力促进河钢集团有限公司（简称河钢集团）高质量发展，为进一步打造中国式现代化河北场景贡献河钢力量。

一、发扬党的自我革命精神对国有企业纪检监察工作的重要意义

（一）巩固国有企业重要地位的现实需要

国有企业是关系国家安全和国民经济命脉的“国家队”，在以中国式现代化全面推进强国建设、民族复兴伟业中发挥着“国之重器”作用。国有企业的政治属性，决定了国有企业必须加强党的领导，这就要求国有企业纪检监察机构必须深刻认识并认真履行所肩负的政治责任和历史使命，发扬党的自我革命精神，既要坚决贯彻落实新时代党的建设总要求，围绕“国之大者”做好政治监督，也要围绕企业中心工作，履行监督执纪问责职责，推动在构建新发展格局、促进高质量发展中担当作为、实干争先。

（二）推进新征程反腐败斗争的迫切需要

党的二十大吹响了新时代全面从严治党的冲锋号角，二十届中央纪委第三次全体会议对党风廉政建设工作做出新部署、新要求，突出强调党的自我革命“九个以”的

实践要求。河北省纪委十届第四次全体会议明确提出“重点查处金融、国企、能源、烟草、医药、基建工程和招投标等领域腐败问题，统筹推进跨境腐败治理”。这些会议均对国有企业深化全面从严治党提出更高要求，彰显了惩治国有企业腐败的强大决心，而纪检监察机构作为党内监督和国家监察的专门力量，必然要在推进从严管党治党的主战场发挥中坚作用。

（三）提高纪检监察干部队伍战斗力的实际需要

国有企业纪检监察机构既是党的纪律检查机关，又属企业管理序列的内设监督部门，必须准确把握管党治党职责要求，为国有企业经营创效和改革发展保驾护航。特别是面对国有钢铁企业深化改革的新形势，纪检监察干部必须立足职责，正视不足，发扬党的自我革命精神，提高业务素质能力，强化落地执行能力，才能推动监督有效融入企业治理体系，把党要管党、全面从严治党落到实处，更好地推动国有企业健康发展。

二、背景研究及现状分析

河钢集团是世界最大的钢铁材料制造和综合服务商之一，在岗职工（国内）8.8万人，资产总额5396亿元，营业收入4007亿元，也是我国国际化程度最高的钢铁企业，拥有海外员工1.2万人，业务涉及110多个国家和地区，2023年世界500强企业排名第229位。当前，河钢集团自觉与党中央、河北省委省政府战略部署同频共振，主动适应行业深度调整形势，积极推进“钢铁向材料、制造向服务”转变。河钢集团纪委始终坚持以习近平新时代中国特色社会主义思想为指导，发扬自我革命精神，运用“小切口大纵深”，努力找准监督与业务的融合点，不断在监督服务保障企业高质量发展上下功夫、出实招、求突破、见成效。

（一）落实新时代新任务新要求，必须坚持以严的基调强化正风肃纪

在贯彻落实二十届中央纪委第三次全体会议、河北省纪委十届第四次全体会议精神，准确把握全面从严治党与集团经营发展的内在关系，以党的自我革命推动企业改革发展上，需要进一步健全建强党内监督体系，谋划完善工作思路和重点举措，以更高的要求、更实的举措、更严的氛围坚定不移把党风廉政建设和反腐败斗争推向深入。

（二）围绕关键领域和关键环节，监督融入中心服务大局愈发重要

当前，河钢集团正处于加快释放区位调整潜能和优势、全面提升核心竞争力的关键时期，监督范围涵盖了钢铁、矿产、物流、金融等领域，辐射至生产工艺、市场开发、技术研发、成本管控、资金管理、资源整合、生态环保等各环节，对监督检查的全面性、专业性、精准性提出更高要求。

（三）面对新兴产业培育和发展，需要更加强大的监督力量做保障

河钢集团积极融入现代化经济体系，推进钢铁向材料延伸，制造向服务拓展，聚

焦新材料、新能源、新技术，加快培育和发展工程技术、数字技术、工业贸易等战略性新兴产业和现代工业服务产业，布局广、任务重，党组织、党员干部和监察对象数量多，对纪检监察工作提出了更高要求，需要一支强有力的监督队伍。

（四）贯彻上级新精神新部署，境外企业廉洁风险防范任务日趋艰巨

河钢集团目前在境外拥有河钢集团塞尔维亚钢铁有限公司（简称河钢塞钢）、河钢集团南非矿业公司（简称河钢南非矿业）、河钢集团德高公司（简称河钢德高）等21家企业，形成了资源、制造、营销全产业链的海外布局。落实中共中央纪律检查委员会（简称中央纪委）、中华人民共和国国家监察委员会（简称国家监委）和河北省委、中共河北省纪律检查委员会（简称河北省纪委）、河北省监察委员会（简称河北省监委）关于跨境腐败治理工作部署要求，持续加强全方位监督管理，深化跨境腐败治理工作任务艰巨。

三、主要方法及工作成效

结合新时代全面从严治党新形势新任务新要求，河钢集团纪委立足集团战略部署和重点任务，深化"五抓五强五进"工作思路，坚决将党的自我革命精神融入纪检监察工作各个方面，不断推动工作成果转化为促进企业转型升级、高质量发展的具体实效，为奋力谱写中国式现代化建设河北篇章贡献河钢纪检监察力量。

（一）以牢记"打铁必须自身硬"为准绳，始终抓好"五项建设"，不断强化体制机制，进一步推动纪检监察工作高质量发展

（1）配齐配强监督力量，队伍建设规范化。一个高效和谐的团队是组织成功的基石。聚焦河钢集团区位调整、业务整合、独立市场单元变革等重点工作，充实调整监督力量，逐层构建补全三级纪委，配备专兼职纪检干部440余名，选聘特约监督员51名，形成横向到边、纵向到底的监督体系，确保纪检监察组织的全覆盖、工作的规范化。

（2）把握政治机关属性，政治建设常态化。作为管党治党重要力量，首先政治必须过硬。河钢集团纪委始终把政治忠诚作为纪检监察干部最鲜明的政治品格，通过巩固拓展主题教育和教育整顿成果、建立"1+5"常态化学习机制（见图1），真正刀刃向内、彻底自我革命，始终做到绝对忠诚、绝对可靠、绝对纯洁，打造忠诚干净担当、敢于善于斗争的纪检监察铁军。

（3）抓好日常教育培训，能力建设系列化。结合党纪学习教育，组织纪检干部先学一步、深学一层，确保新旧《中国共产党纪律处分条例》（简称《条例》）无缝衔接，提升严格执纪能力；深化运用"四种形态"，落实"三个区分开来"，提升精准执纪能力；深入开展"砺剑讲堂""砺剑论坛"，发布成果、交流经验，提升业务素质能力；常态化推进"以干代训"，促进上下交流，取长补短，提升工作能力。

（4）认真学习党内法规，制度建设标准化。坚持打铁必须自身硬，把制度建设贯

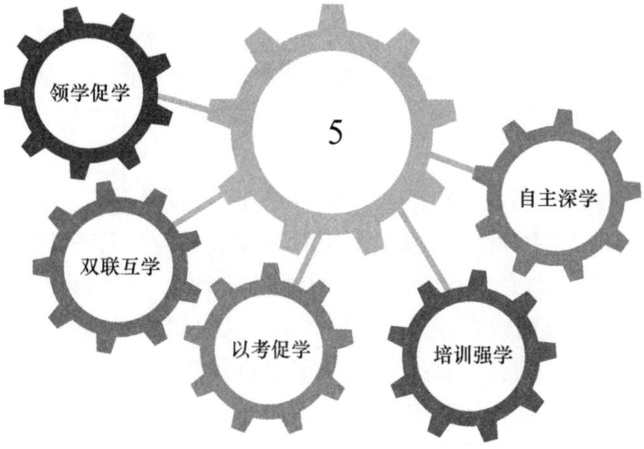

图1 “1+5”常态化学习机制

穿履职尽责全过程。以教育整顿为抓手，推进建章立制10项，补充完善基层内控制度84项，为依规依纪依法履职提供坚强支撑。立足国有企业纪检实际，把握重点内容，辑印《应知应会党内法规和国家法律汇编》，为开展监督工作提供重要参考。

（5）强化整体统筹协调，机制建设合理化。在人员管理上，制定基层纪委书记述责述廉制度，健全纪检干部进入转出调整备案、问题线索报备管理等机制，实现管理统筹；在机制建设上，完善监督工作联席会，形成“压一联二统三”模式，推进监督信息共享、资源共用，实现力量统筹；在监督方式上，发挥“室组”联动优势，创新实行片区化“双联”督导机制，推进集中联合交叉办案，实现工作统筹。

（二）以坚决做到“两个维护”为纲领，有力抓好“四个聚焦”，不断强化政治监督，进一步护航党中央、河北省委决策部署落实落地

（1）聚焦党的政治方向，坚决推动贯彻落实。以党的二十大精神为指引，紧盯贯彻落实习近平总书记关于河北工作、国有资产、国有企业工作等重要讲话及对河钢塞钢职工复信精神，通过跟踪“第一议题”落实、参加或者列席会议、制发“三书一函”等方式加强监督，严明政治纪律和政治规矩，坚决推动党中央、河北省委省政府决策部署落地落实。在主题教育期间，河钢集团纪委把整改整治作为保障工作成效的首要政治任务，监督推动两级党委检视问题140个、专项整治12个，整改销号率100%，整改整治典型事例“张宣科技氢冶金示范工程”被河北省委学习贯彻习近平新时代中国特色社会主义思想主题教育领导小组办公室（简称省教办）收录推广，主题教育评估结果为优秀。

（2）聚焦上级决策部署，坚决确保政令畅通。以打造中国式现代化河北场景贡献河钢力量为指引，紧盯河北省委省政府“三年上、五年强”工作部署和河钢集团区位布局调整、发展新质生产力等重点任务，制定26项任务清单，督促推动各级党组织和

全体党员干部始终在思想上、行动上同党中央保持高度一致，确保河钢集团上下政令畅通。唐山钢铁集团有限责任公司（简称唐钢）、邯郸钢铁集团有限责任公司（简称邯钢）、石家庄钢铁有限责任公司（简称石钢）顺利完成退城搬迁，区位调整后发优势加速释放；监督推动国有企业改革三年行动，45 项改革任务全面完成，107 项采集指标持续深化。

（3）聚焦企业政治生态，坚决落实“两个责任”。以推动全面从严治党向纵深发展为指引，通过协助制定主体责任清单、充实专责监督清单，进一步深化全面从严治党“四责协同”工作格局。监督 316 个基层党组织完成换届，组织召开党风廉政建设工作会议，逐级签订党风廉政建设责任书，层层传导压力。严格落实“一年两报告”制度，坚持党委季度例会、政工例会等常态机制，定期研判政治生态、梳理“两个责任”落实情况，坚决推动管党治党责任有效落实。

（4）聚焦各级党员干部，强化权力运行监督。以健全对“一把手”和领导班子监督配套制度为指引，通过参与修订党委“前置清单”和“三重一大”事项清单，定期听取基层单位汇报、深入产线走访调研、参加各级领导班子民主生活会、参与党建核查和班子年度考核等多矩阵，加强对“关键少数”的监督。同时，健全领导人员违规插手干预企业重要事项记录报告等制度，完善班子成员“信息收集—分析研判—结果运用”评价机制，系统性开展谈心谈话、督责考责，建立 140 余份“画像”报告，坚决确保政治监督的精准性和有效性。

（三）以围绕中心、服务大局为主线，全面抓好“三个深化”，不断强化日常监督，进一步推动监督优势更好地转化为企业治理效能

（1）深化重点领域，紧盯“中心任务”。以河北省纪委监委“室组”联动监督为依托，聚焦投资运营、招标采购、跨境腐败等权力集中、资金密集、资源富集重点领域，制定 14 个方面 61 项内容的《监督清单》，发挥各类监督主体贯通协调作用，形成“压一联二统三”的监督模式（见图 2），进一步促进监督融入企业治理体系释放经营发展效能。例如，在工程项目招投标方面，坚持事前介入、事中监督和事后检查原则，建立招投标报备制度和抽查制度，2021 年以来抽查比例分别完成 11.2%、15.4% 和 41.98%，有力营造了公平、公正、公开的招投标环境，进一步推动了招投标工作为河钢集团高质量发展高效服务。

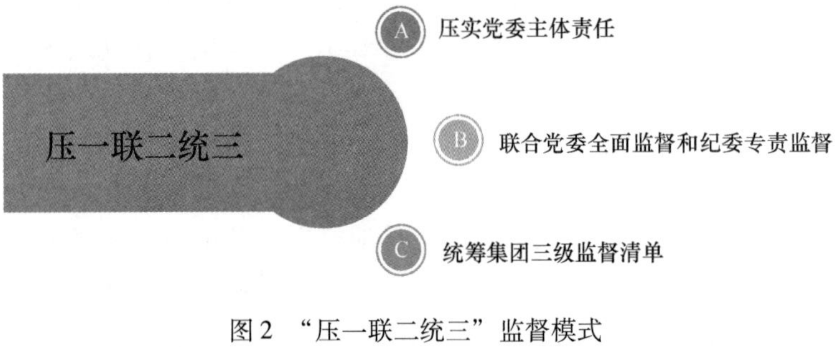

图 2 “压一联二统三”监督模式

（2）深化重点环节，紧盯“关键事项”。聚焦集团发展中心任务，紧盯权力运行的“关键点”、问题易发的“风险点”、监督管理的“薄弱点”等重点环节，深入开展效能立项监督，构建“点题、破题、解题”链条，形成发现问题、纠正偏差、推动整改的工作闭环，实现经济效益、管理效益和社会效益的有机统一。2023年，全集团立项489项，其中年度项目238项、季度项目204项、即时项目47项，全年提出监督建议622份，反馈整改措施1169项，完善制度381个，整改流程232个，增加和创造效益35975万元，降低成本45242.16万元，挽回和避免损失8097.4万元。

（3）深化重点对象，紧盯“关键少数”。坚持将“关键少数”履职用权的监督融入日常、抓在经常，督促以上率下，使铁的纪律转化为党员领导干部的日常习惯和自觉遵循。把运用“四种形态”作为加强对“关键少数”监督的有效抓手，特别是在用好第一种形态上下功夫，今年以来，通过加强谈话提醒、述责述廉、执纪审查，督导民主生活会99次，严把党风廉政意见回复关246件次，持续加强“关键少数”的监督。同时，落实对新提拔党员干部任前“七个一”廉洁教育，加强对200余名党员干部的廉政档案管理，从信访举报、监督检查、审查调查、巡视巡察等多方面汇集信息，构建党员领导干部综合评估体系，不断推动带头讲政治、强担当、守纪律。

（四）以做深做实党纪学习教育工作为导向，持续抓好“两个促进”，不断强化正风肃纪，进一步巩固干事创业、正气充盈的政治生态

（1）以钉钉子的精神纠“四风”树新风，促进党员干部担当作为的精气神再汇聚。一是在运用专项上纠“四风”，逐年制定专项整治方案，健全风腐同查机制，以建立“四个”清单、更新《问题整改台账》为杠杆，撬动党员干部作风不断好转。二是在紧盯节点上纠“四风”，制定常态化加强中央八项规定精神贯彻落实情况监督工作机制，详列公务接待、公务用车、违规吃喝等负面清单，深入开展明察暗访，严防“四风”问题反弹回潮。三是在廉洁教育上树新风，制定《加强新时代廉洁文化建设的责任清单》，通过开展漫画、视频、小说等“清廉河钢”主题系列活动10余项，建成廉洁文化示范园地50个，编发廉洁文化丛书10余份，12部微视频在河北省纪委、河北省人民政府国有资产监督管理委员会（简称河北省国资委）公众号展播，持续构建多元廉洁文化阵地。四是在党纪教育上树新风，围绕新修订的《中国共产党纪律处分条例》，推动各级党员干部加强学习，不断营造学纪、知纪、明纪、守纪的浓厚氛围。同时，深入剖析集团内部典型案例，辑印《典型案例汇编》，并通过观看警示教育片、召开警示教育大会等形式，不断提升党员干部的纪律规矩意识。

（2）以发挥纪律建设标本兼治利器作用推动执纪审查，不断实现政治效果、纪法效果、社会效果相统一。一是在线索处置上，始终把规范问题线索管理贯穿执纪监督和审查调查始终，实行集中归口管理，完善“台账式”管理机制，实施统一编号、逐件登记、分类建账、动态更新，有效推动问题线索闭环管理。二是在提升工作规范化水平上，认真学习上级文件精神，结合国有企业实际，编发《监督检查审查调查工作指引》，围绕问题线索处置、函询初核、立案审查调查、案件审理4个环节制定工作流

程图 7 个，各类文书模板 163 份，进一步规范工作程序、强化安全管理、提升案件质量，始终确保更加严谨更加高效地开展监督执纪工作。三是在做实监督执纪“后半篇文章”上，深化标本兼治，制定关于做好监督执纪和审查调查“后半篇文章”的管理方法，实施查结典型案件的通报、剖析、警示、建议、回访“五步工作法”，深化以案为鉴、以案促改，推动查处、整改、治理贯通融合。

（五）以加强巡视巡察整改和成果运用为契机，坚决抓好“三个统筹”，不断强化“政治体检”，进一步推动全面从严治党向纵深发展

（1）在推进巡视巡察整改“回头看”上进行统筹。提高政治站位，强化组织领导，认真开展河北省委上轮巡视整改和河钢集团上轮巡察整改的“回头看”，坚持问题导向，以查整改责任落实、整改措施落实、整改实际成效、整改成果运用、问题线索处置等“五项关键点”为抓手，督促各级党组织认真履行主体责任，深入自查自纠，着力补齐短板、堵塞漏洞、消除隐患，持续提升企业管理运营水平。

（2）在推进河钢集团党委新一轮巡察上统筹。加强与河北省委巡视上下联动，发挥巡视巡察系统优势，以省委巡视前的“回头看”、省委巡视后的“再回头”为重点，认真围绕河钢集团下属各单位开展巡察工作，提升综合监督效能；同时，立足河钢集团实际，坚持系统观念，优化巡察流程为 3 大阶段、12 个具体环节，创新应用“码上巡”和“边巡边改”，不断提高发现问题的能力和水平，增强巡察监督精准性和有效性。

（3）在推进巡视巡察整改成果运用上统筹。做好巡视巡察“后半篇文章”，把巡视巡察整改成效作为检验各级党组织和党员领导干部履行政治责任的重要标准，压实党委整改主体责任和纪检监察机构监督责任，探索建立覆盖巡察整改全周期的责任体系，既在横向上推动巡察与纪检、审计等监督发现问题集成整改、一体解决，又在纵向上推动本级与上下级联动整改、同题共答，确保整改整体性、协同性、实效性，始终确保在源头治理、推动改革、促进发展上务求取得实实在在成效。

四、实施效果及实践意义

一年来，河钢集团纪委认真贯彻落实习近平总书记关于党的自我革命重要思想，聚焦监督专责固本强基，主动刀刃向内深化改革，逐步构建了“五抓五强五进”工作模式，形成了力量充沛、制度健全、机制完善、监督精准、措施有力、实效显著的大监督格局，进一步保持了正风肃纪反腐的高压态势，提高了拒腐防变的免疫力；进一步维护了风清气正的良好政治生态，提振了干事创业的精气神；进一步推动了全面从严治党向基层延伸，有力确保了党中央、河北省委省政府各项决策部署的落实落地，坚决护航了河钢集团各项工作的高质量开展。

探索实践“五抓五强五进”工作模式以来，河钢集团纪委监督专责作用发挥更加充分，形成纪委坚持以习近平新时代中国特色社会主义思想为指导，深入贯彻落实党的二十大精神，发扬党的自我革命精神，围绕中心、服务大局，在赋能监督专责上发

力，在全面从严治党上发力，在维护良好政治生态上发力，在提振干事创业精神上发力，始终确保了伴随“五抓五强五进”工作模式的不断深入，河钢集团朝着“高端化、智能化、绿色化”发展目标，聚焦加快发展新质生产力、提速高质量发展，持续释放区位调整后发优势，全面提升经营效益和核心竞争力，进一步开创了改革发展的新局面。例如，主动深耕“氢冶金”绿色低碳转型，持续塑造了钢铁行业高质量发展的新优势；深入推动与大学、雄安新区共建未来材料产业创新研究院，持续协助了新区建设成为绿色发展城市典范；积极应对严峻复杂的市场形势，以“开局即决战、起步即冲刺”的决战姿态，大力降成本、降费用，提售价、提效益，实现了2024年上半年营业收入和利润的同比双增长。特别是2024年4月29日河钢塞钢职工收到习近平总书记的复信，这既是对河钢集团打造中塞高质量共建“一带一路”样板工程的莫大鼓舞，也是河钢集团治理体系不断完善、管理水平不断提升、发展脚步不断加快的生动体现。

聚焦国有企业贸易领域突出问题
探索“新质监督力”的初步思考和运用

包头钢铁（集团）有限责任公司矿业公司纪委
于建中　白　洁　安利莉

习近平总书记在二十届中央纪委第三次全体会议上指出，深化整治国企等权力集中、资金密集、资源富集领域的腐败，并强调：“要抓住定政策、作决策、审批监管等关键权力，聚焦重点领域深化体制机制改革，加快新兴领域治理机制建设，完善权力配置和运行制约机制，进一步堵塞制度漏洞，规范自由裁量权，减少设租寻租机会。”结合习近平总书记在2024年全国两会报告中首次提出的“新质生产力”及一系列深刻论述，体现出马克思主义理论中国化时代化的新发展和对国有企业纪检监察机关开展监督工作的新要求。

包头钢铁（集团）有限责任公司（简称包钢集团）党委第九届第二次全体会议上提出：“要持续开展虚假贸易专项整治，严格落实国务院国有资产监督管理委员会（简称国务院国资委）贸易业务‘十不准’原则。”纪委书记刘文辉同时也在2024年的工作任务部署中要求对贸易业务领域存在的违纪违法问题和重大决策投资失误背后的腐败问题深挖细查。包钢矿业有限责任公司（简称包钢矿业）纪委结合国有企业新发展阶段的现实要求和当前包钢矿业实现高质量发展的内在需要，探索性地将新质生产力的概念引入监督工作中，提出“新质监督力”的工作理念，初步在包钢矿业重点领域——贸易业务领域进行实践。经过深刻总结、实践、再总结，形成如下实践成果。

一、对国有企业“新质监督力”理论和实践背景

生产力是推动社会进步最活跃、最革命的要素。高质量发展需要新的生产力理论来指导。习近平总书记以高远的战略眼光和宏阔的前瞻思维，创新提出新质生产力，具有高科技、高效能、高质量的“三高”特征，其特点是创新，关键在质优，本质是先进生产力，是推动实现从“有没有”到“好不好”的高质量发展的内在要求和重要着力点。

将新质生产力在纪检监督工作中加以延伸运用，重点在于：

首先是以监督者、监督手段、监督对象及其优化组合的质变为基本内涵。监督的

主体是监督者，决定监督的最终成效。培育“新质监督力”，亟须集聚人才第一资源，根据新型腐败、隐性腐败等新形势和腐败分子反侦察意识的提高等，培养一批专业型、技能型、创新型、高素质的纪检监察人才。最终，通过创新监督手段、优化工作流程、形成系统高效监督体系，在突出重点的前提下更易发现堵点难点，不断深化体制机制改革，为国有企业贯彻新质生产力、催生新兴产业提供强有力支撑。

其次是关键突出质优。习近平总书记指出，高质量发展需要新的生产力理论来指导，而新质生产力已经在实践中形成并展示出对高质量发展的强劲推动力、支撑力。“新质监督力”的重要目标也应是实现高质量的监督。监督难，基层国有企业的监督更难，难在监督力量欠缺、监督方法有限、监督实效难以保证，进而导致全面从严治党的“神经末梢”乏力。强调“新质监督力”最重要的一点是突出对高质量监督的重视，监督如果无法发现问题、解决问题、发挥提醒警示的作用，“四种形态”的运用缺少最重要的第一环，那么“惩治震慑、治病救人”的功效将难以发挥。因此，高质量的监督是国有企业纪检监察干部最重要的本职工作，是实现健全体制机制、堵塞短板漏洞、挽救教育干部的重要途径。

最后是因地制宜开展监督。发展新质生产力是一项长期任务、系统工程，要实事求是，因地制宜，分类指导，有所为有所不为。“新质监督力”也同样需要因地制宜，不能忽视本单位生产经营中心任务和发展的实际情况。国有企业改革已经进入深水区，当前制约国有企业走向市场化、国际化的因素较多，主要的有企业内部因素，例如股份制改革步伐缓慢，公司治理不完善，企业经营机制还不能完全适应市场经济要求，市场化选人用人和激励约束机制还未完全形成，大量历史遗留问题尚未解决，外部不配套改革还不到位，等等。结合不同的制约因素，找准监督的着力点和主攻方向尤为重要，结合企业实际有的放矢地开展高质量监督，才能充分发挥监督保障执行、促进完善发展的作用。

二、结合实际对“新质监督力”的初步探索

习近平主持召开中央全面深化改革委员会第五次会议上指出，“要加强党对国有企业的全面领导，完善党领导国有企业的制度机制，推动国有企业严格落实责任，完善国有企业现代公司治理，加强对国有资本监督管理。”紧扣中国式现代化主题进一步全面深化改革，国有企业是重要的物质基础和政治基础。如何在新发展阶段贯彻新发展理念，结合实际以更有质效的监督打破制约国有企业实现现代化公司治理的短梗阻，包钢矿业纪委开展了一系列探索实践。

（一）包钢矿业贸易业务现状

包钢矿业成立于2006年，是包钢集团下属全资子公司。公司经营范围包括固体矿产资源的开发、利用；矿产品、钢材的进出口业务；煤炭批发经营业务等。资源项目遍布内蒙古自治区，拥有一批优质矿山，煤、铁、锡、钨、锌等资源量较大。在内蒙

古自治区境内拥有矿业权 43 个，已控制权益铁矿资源 2. 37 亿吨，权益有色金属量 87. 7 万吨，煤炭资源 1 亿吨。包钢矿业矿产资源的开采利用已经初具规模，但还有一些新的矿产资源开发需要经历较长的时间周期。为了全力支持包钢集团资源集中和利用产业的“突围打样”，包钢矿业积极寻找新的经济增长点，从 2017 年以来，成立贸易事业部，逐步开展公司经营范围内的贸易业务，多家子公司同时开展以煤炭、铁矿等贸易业务。2023 年，包钢矿业贸易单位收入 92. 69 亿元，贸易单位利润 285. 66 万元。贸易领域已经成为包钢矿业权力集中、资金密集、资源富集的重点经营环节和重要领域。

（二）对包钢矿业贸易业务开展监督调研的形势背景

2023 年 10 月，国务院国资委正式发布了《关于规范中央企业贸易管理严禁各类虚假贸易的通知》，明确虚假贸易“十不准”，严禁各类虚假贸易业务开展。在全球贸易市场瞬息变换的背景下，国有企业面临着包括市场、信用、货权、法律及操作等多种内外部风险。这些风险由于贸易业务的资金占用量大、价格波动大、货权管控难等特征而进一步加剧。因此，国务院国资委禁止虚假贸易，是对企业过度依赖“背对背”转嫁风险造成国有资产损失风险的有效管控，重点打破企业传统贸易过程中过于注重流水和规模，忽视贸易实质——商品和服务交换的虚假贸易模式。包钢矿业的传统产业和主营业务是矿产资源的开发利用，而主要的贸易经营活动集中在 2019 年之后，加之新冠疫情三年不同程度的影响，在多年的探索运营下，虽然已经形成一定贸易规模，但较国内先进贸易型企业缺乏系统完善的体制机制建设、风险内控机制、规范管理流程、专业技能人才等，存在“先天不足”的情况。在国家进一步加强对中央企业、国有企业贸易监管的前景下，解决好包钢矿业如何提高自身竞争力、依规依纪依法开展大宗商品贸易业务的问题急不可待。

（三）监督调研的方式方法

2023 年底，包钢矿业纪委按照包钢集团纪委《关于推广包钢股份采购领域“跑冒滴漏”专项整治工作的通知》要求，结合制约包钢矿业高质量发展、暴露问题较多的贸易业务领域开展专项整治。在明确工作目标、建立领导小组的基础上，从宣传动员到排查整治，总体分 4 个阶段开展了相关工作，如图 1 所示。

整治工作监督的重点是对照国务院国资委和上级有关规定、规章制度，梳理本单位贸易业务的风险隐患，并开展整治。以问题为导向，以各单位实际情况为基准，落实高质量监督。其中，辅以专业职能部门检查、把关，深度介入贸易全流程管理、“大监督格局”，以解决问题、堵塞漏洞、完善体制机制为目标，形成闭环整治流程，实施台账式推进、清单式整改销号。其间，包钢矿业纪委坚持现场实际监督调研，深入贸易单位及库存场地，通过谈话了解、调取资料、监督货权管理和运输情况等方式，发现经营管理类问题 3 个，重大风险隐患 4 个，反馈提醒相关单位、向企划部作《工作

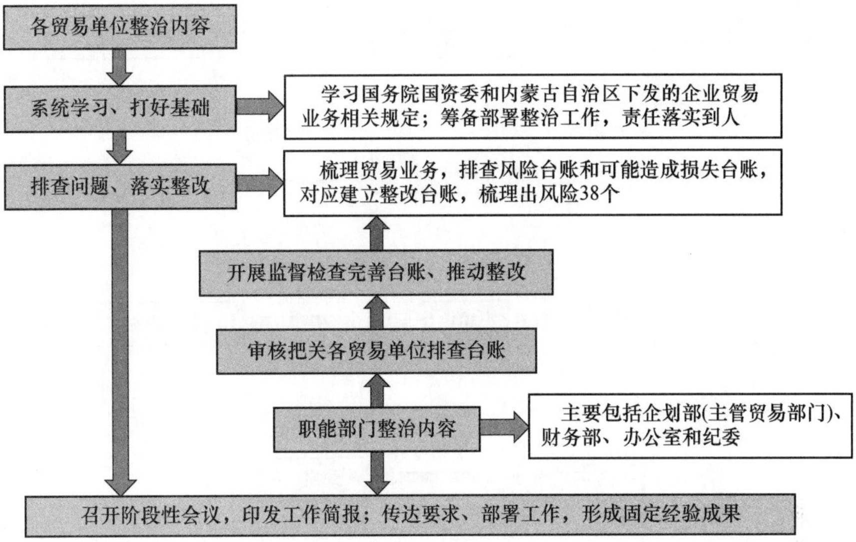

图 1　主要部门开展贸易整治具体操作图

提示函》的同时，向包钢矿业党委作专题报告。在此基础上，积极发挥监督保障执行作用，协助办理相关贸易业务造成经济损失问题 2 个，均已基本查清并作为问题线索上报。联合包钢矿业企划部、财务部对 4 家贸易单位进行深入监督检查，发现在决策、合同签订及执行、业务履行及过程单证、存货监管 4 个方面的共性问题和 4 家单位的个性问题，提出意见建议 6 条。整理并印制成册《包钢矿业贸易业务风险管理制度汇编》，覆盖全公司贸易单位、职能部门发放。

（四）监督调研发现贸易领域存在的问题

结合对相关国有企业贸易业务文献的参考和对包钢矿业的监督调研，总结国有企业贸易业务模式如图 2 所示。

一是以销定采，终端直供式贸易，如图 2（a）所示。

二是在国有企业仓库或各自仓库交割货物，如图 2（b）所示。

三是采购时在约定地点仅交割单据，销售时则将货物运往指定地点，如图 2（c）所示。

调研中发现国有企业贸易业务容易存在的主要问题如图 3 所示。

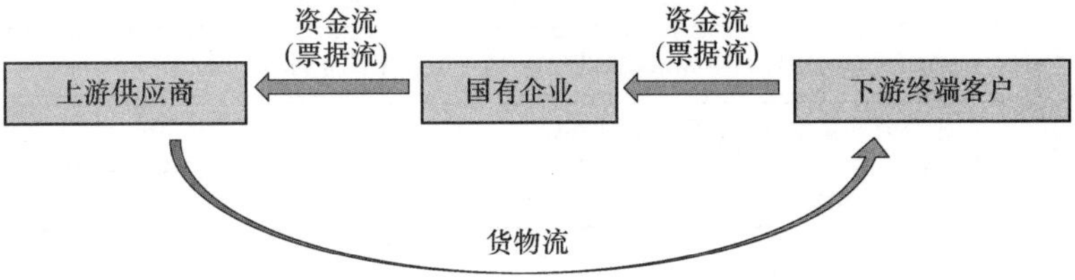

(a)

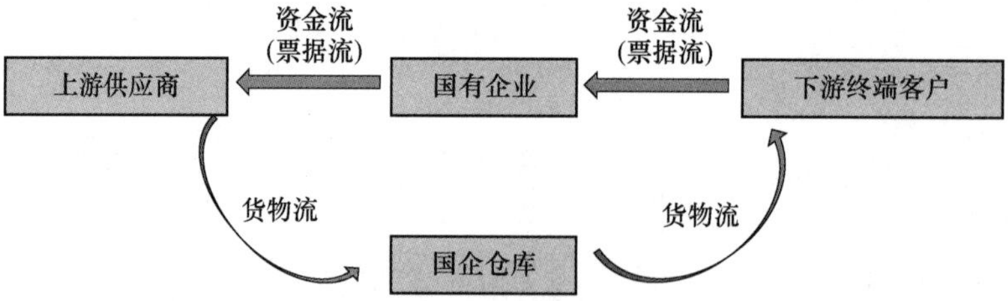

(b)

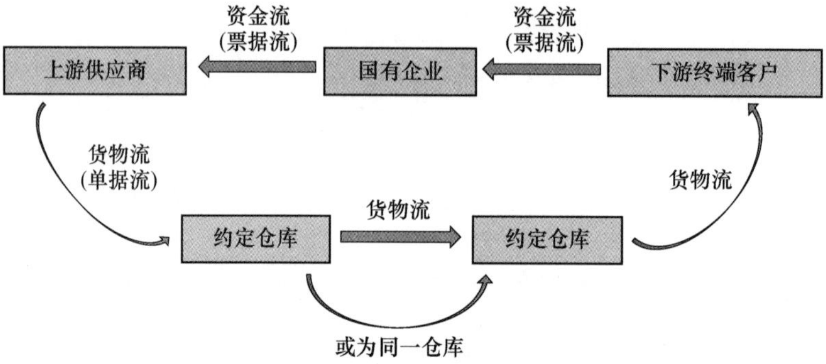

(c)

图 2　国有企业贸易业务模式

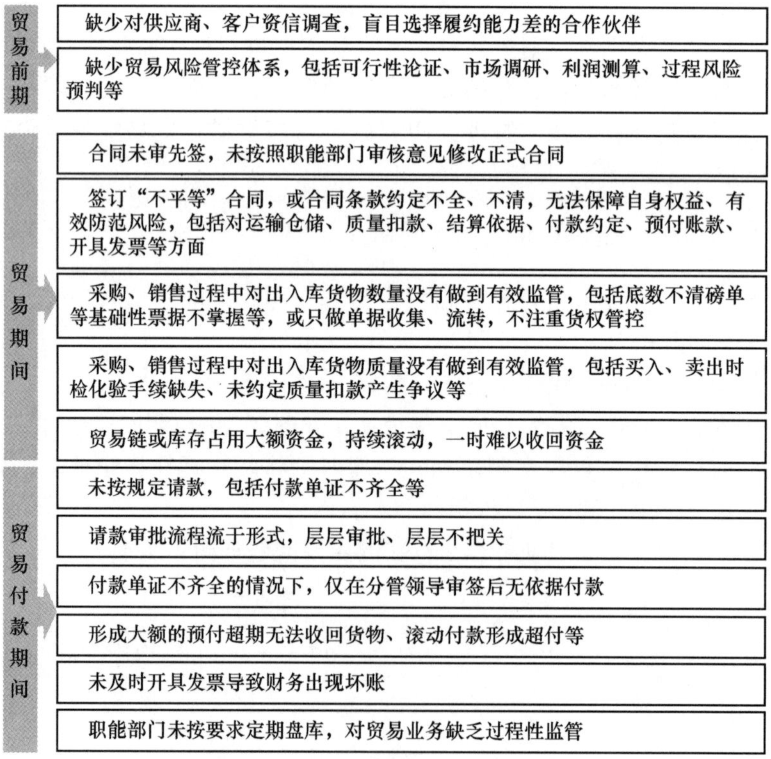

图 3　国有企业贸易业务问题例图

三、企业发现的“新质监督力”长效化的措施建议

（一）加强内部风险管理

一是做好对供应商和客户的资信调查。了解企业诚信、盈利能力、市场规模、资产负债情况等，从而了解履约能力，达成一致合作目标。二是做好利润测算工作。尽可能规避成本风险的出现，保证成本支出和预算要求相一致，在采购前做好市场调查、盈利测算、市场波动不良影响预防措施等。三是做好贸易资金管控。针对贸易活动中各类资金进行定期跟踪监控，加强应收账款管理，对预付、赊销与开具汇票、保证函、抵押证明等方式开展的业务资金进行全流程管控，监督资金的使用去向，同时针对大额资金的拨付进行严格审批，完善审批授权制度，提高资金管控效果。

（二）建立完善的风险管理制度

一是持续完善制度体系。梳理贸易业务全流程业务可能存在的风险并建立相应的预防机制，针对不同部门、不同业务岗位明确针对性的职能职责，落实考核评价，确保制度执行监督到位，建立相互制约的合同执行、资金使用、风险防范监管控制体系。二是审慎签订合同。必要时要求客户提供相应担保措施，担保物必须符合法律规定，确保担保的法律效力。制定货物处置应对预案，对因市场波动、客户逾期付款、弃货等违约风险提前制定预案，果断处理，及时止损。规范合同文本，有针对性制定本企业合同示范文本，非经合同评审机构评审，业务部门无权修改示范文本的合同条款。认真落实合同评审意见，业务部门不得未审先签、随意修改或拒不执行合同审核意见。三是制定风险防控体制机制。构建事前、事中、事后三个风险防控环节，形成全过程风险防控体系。定期核对业务进展和付款情况，严格货物检查验收制度，加强对仓储仓库和货物的实际监管，针对应收账款及时采取相应措施，极端情况下果断止损处置货物。

（三）提高业务人员综合素质

监督调研发现，业务人员的能力、水平和素养直接影响贸易业务的合规开展，不懂、不会是能力不足，但也有放着制度不执行、摆着规矩不守的情况。一是要通过不断完善廉洁从业风险排查工作。提升精细化管理水平，抓牢抓实贸易业务规范化操作，形成自我约束、自我规范、自我促进的格局。二是加强对贸易业务相关人员的教育培训。紧跟国家对国有企业开展贸易业务的相关要求、国内市场形势、廉洁从业相关要求，通过开展专业培训、廉洁培训、贸易领域典型案例剖析等，提高贸易业务相关人员严格执行制度和合同、主动防范风险和堵塞漏洞、廉洁从业和拒腐防变的能力。三是坚决执行经济损失责任追究制度。本着“谁经办、谁决策、谁负责”的原则，明确合同评审、执行和监管职责，确保业务流程完善、管理职责明确、奖惩制度到位。发现在签订、执行贸易合同时因失职失责、主观故意、损公肥私等原因导致给企业造成

经济损失的，应严肃追究相关人员责任。

综上，随着经济的不断加速发展，国有企业贸易业务规模不断扩大，在贸易活动中产生的风险事件类型也愈发复杂。在对国有企业和包钢矿业贸易业务进行监督调研过程中，包钢矿业纪委坚持深入现场调研、结合实际调研、盯着问题调研，发现了一些问题，提出了整改要求，分享了部分经验，完善了贸易管理制度，取得了一定成效。但是，对比“新质监督力”的构思和要求来看，仅是提出初步构想，在结合先进生产力开展高科技、高效能、高质量监督方面，在发挥创新主导作用方面、在贯彻新发展理念方面还有很大的探索空间。包钢矿业纪委将在今后的工作中不断进行深入的实践、思考、总结，以“新质监督力”为企业高质量发展提供强有力的支撑。

构建“1+3+3”监督机制 完善企业治理体系 提升企业治理效能的探索与实践

河钢集团唐山钢铁集团有限责任公司纪委

王 健 吴艳敏 高 强 户桂彬 强轶臣

习近平总书记指出，健全党统一领导、全面覆盖、权威高效的监督体系，是实现国家治理体系和治理能力现代化的重要标志。国有企业作为基本社会单元和市场主体，在国家治理体系和治理能力现代化进程中发挥着重要作用。把监督融入治理、以监督促进治理是国有企业纪检监察工作高质量发展的应有之义，也是实现企业治理体系有效运作、促进企业稳定健康发展的重要基础。

河钢集团唐山钢铁集团有限责任公司（简称唐钢公司）纪委站在推动公司高质量发展的高度，准确把握全面从严治党和国有企业经营发展的客观规律，深刻认识自身承担的政治使命和职责使命，充分发挥监督专责作用和协助引导推动功能，积极探索构建“1+3+3”监督机制，即紧扣“一条主线”，突出“三个结合”，抓牢“三个‘牛鼻子’”，自觉把监督工作嵌入唐钢公司生产经营和改革发展全过程，切实把监督制度优势转化为企业治理效能，为全方位推动唐钢公司高质量发展发挥保驾护航作用。

一、紧扣“讲政治”这一主线，奏响政治监督“最强音”，当好企业发展“护航员”

国有企业作为国民经济的“压舱石”和“顶梁柱”，必须旗帜鲜明讲政治，以保证企业正确的发展方向，促进形成强大的发展合力。唐钢公司纪委站在“讲政治”的高度，深学细悟习近平总书记关于坚持和完善党和国家监督体系的重要论述，把政治监督放在首位，贯穿企业监督全过程，引导公司上下把“讲政治”作为做好各项工作的根本遵循，自觉与党中央和上级决策部署对标对表，确保唐钢公司始终沿着建设世界一流钢铁企业总目标阔步前进。

（一）压紧压实“责任链条”，推动全面从严治党政治责任落地生根

把推动全面从严治党党委主体责任、纪委监督责任、党委书记第一责任和班子成

员“一岗双责”“四责协同”作为有力抓手，扣紧年初“签书知责”、全年“履职尽责”、年末“考评述责”的责任链条，构建起主体明晰、有机协同、问责有力的管党治党责任体系，确保有权必有责、用权受监督、失职要问责。唐钢公司坚持把党风廉政建设与生产经营工作同部署、同落实、同检查、同考核，将管党治党政治责任转化为看得见、摸得着、做得了的具体项目，两级纪委分别制定《领导班子成员党风廉政建设工作组织领导和责任分工》，组织签订《党风廉政建设责任书》，将监督责任量化到岗、明确到人、具体到事，实现党风廉政建设与企业高质量发展同向发力、同频共振。

（二）瞄准重点“挂图作战”，推动上级各项决策部署一贯到底

结合实际细化政治监督责任清单，紧紧围绕学习贯彻习近平新时代中国特色社会主义思想和党的二十大和二十届中央委员会历次全体会议精神、习近平总书记重要讲话精神、重要指示批示精神和党中央及上级决策部署、践行“两个维护”、落实“三重一大”决策制度等情况，以及唐钢公司2024年量化区位调整优势产能、加快转型升级和高质量发展等情况，确立了5个方面18项重点监督工作任务，从监督主体、监督对象、监督内容、监督方式方法等方面进行细化，明确责任人和完成时限。坚持紧扣中心，聚焦靶心，特别加强了学习贯彻习近平总书记对河钢集团斯梅戴雷沃钢厂塞尔维亚籍职工复信情况的政治监督，并配合唐钢公司党委建立完善了“第一议题”制度，采取列席党委会、听取汇报、调研座谈、专项监督等多种方式，以强有力监督保障上级重大决策部署不折不扣落实到位。

（三）开展政治生态“定期体检”，推动发展环境更加规范有序

政治生态是企业党风政风的综合反映，是政治发展环境的综合体现。唐钢公司纪委以政治生态报告和“画像”评价、全面从严治党“两个责任”以及“两报告”等制度为抓手，围绕维护党的领导、执行决策部署、遵守纪律规矩、落实主体责任、领导带头垂范等方面对政治生态进行具体研判分析，结合各单位责任落实、廉洁教育、廉政风险排查、信访举报、制度建设等实际，再综合评判，形成各单位“政治体检”报告单，并及时向唐钢公司党委汇报，与各单位交换意见。针对政治生态发现的6个薄弱环节和问题，向相关单位提出建议8条，并专门督导整改落实。在此基础上，坚持对民主生活会进行监督，推动党内政治生活严肃起来；建立一人一档、动态管理的党员领导干部廉政档案，重新设计档案内容，化繁为简，及时为监督对象精准“画像”，把监督结果纳入领导干部廉洁情况“活页夹”，并跟进党委绩效考核，督促各级党员干部找不足补短板强弱项，形成比学赶超、争先创优的浓厚氛围。

二、突出“三个结合”，弹好“协奏曲”，激发公司高质量发展“新动力”

（一）结合制度建设，强化监督制约，念好权力运行“紧箍咒”

唐钢公司纪委注重健全完善靠制度管权、管事、管人的长效机制，将制度措施和

要求融入公司生产经营核心业务流程、落实到重要岗位人员，避免权力运行的弹性和随意性，保证制度立得起、行得通、有实效，促进提升经营效益和管理水平。

（1）扎紧风险防控“篱笆墙”。以管人、管钱、管权、管事“四管”人员为重点，按照优化职权配置、完善内部控制、规范业务流程、实施过程监管的原则，对物资采购、合同签订、资金管理、产品销售、工程建设等廉政风险易发多发、易于滋生腐败的重点领域、关键岗位重点职权，及时排查廉政风险点，并将风险防控融入各项业务流程，确保每一个重点职权岗位职责清晰，岗位风险明确，化解风险措施有力。唐钢公司两级纪委结合生产机构和人员岗位职责等变化，动态梳理新增廉洁风险点275个，梳理重点职权69项，绘制权力运行流程图69个，提出廉洁风险防控措施328条，完善相关规章制度53个。如针对财务管理、物资采购、材料领用等关键领域，进一步建立网络系统管理平台，遏制和消除人为因素影响，形成对廉洁风险的有效监控。同时将风险管控思维全面融入产品质量管理体系、环境管理、职业健康安全等专业管理体系，与专业管理实现了有效融合。

（2）严防企业效益“跑冒滴漏”。牢固树立“避免违纪违规导致的损失，就是增加效益”的理念，与唐钢公司提质增效工作紧密配合，扎实开展效能立项监督，确保唐钢公司发展成果“颗粒归仓”。25家基层纪委围绕工程建设、招投标、精益运营、降低库存、扩大销售、资金管理等方面均确立了2—5个效能监督立项课题，预计2024年底全部完成。唐钢公司纪委成立工作专班，在完成2项公司级立项课题的同时，对基层课题全程跟进督导，按照项目责任、进度、目标、措施一览表，采取“清单式”督导压责任，调研式督导疏堵点，跟进式督导促整改，确保达到节支创效、完善管理、规范流程、促进廉洁的预期效果。以炼铁事业部完成的“强化铁前生产全流程立项监督，助推降低铁前成本”的立项监督课题为例，通过对技术方案、招投标、管理制度和规程、标准化作业、岗位履职等7方面的监督，发现未及时掌握焦炭入炉情况等管理问题以及员工降低能源成本意识不强等思想问题5项，制定了14项有针对性的改进措施，改进流程11项，下发监督建议6份，完善制度7项，避免和挽回损失124万元。

（3）强化联动协作“握指成拳”。监督是一项系统工程，涉及企业方方面面，不能仅靠纪委“单打独斗”，更需职能部门等联动配合。唐钢公司纪委坚持系统思维、创新工作机制，围绕工程建设、财务管理、招投标等政策性、专业性强的重点工作和关键环节，多维度整合监督资源，在开展“室组”联动监督的基础上，整合职能部门监督、审计监督、群众监督、舆论监督等多方监督力量，引导各类监督各展所长、优势互补，做到相关工作任务联查、相关制度体系联建、监督成果共享，构建多层次全方位的“监督矩阵”。如坚持落实招投标联席会议制度，共组织开展招投标等方面的联合监督15次，发现和整改各类问题23个，从根本上解决了监督合力不够、机制流程不畅、实践操作性不强等问题，促进了监督效果最大化。

（二）结合廉洁文化建设，强化“蓄能补钙”，打好拒腐防变“免疫针”

唐钢公司纪委坚持把“清廉企业”建设与企业文化建设相结合，把“清廉元素”

融入唐钢公司生产经营各环节，通过“润物细无声”的教育感化，促使廉洁理念入耳、入脑、入心、入行，进一步织密、织细廉洁思想防线，为营造风清气正的政治生态提供文化滋养，让企业清廉底色越擦越亮。

（1）廉洁文化阵地“有颜有料”。打造形成“网、微、报、廊、园、堂”等沉浸式、参与式文化阵地，推动廉洁之风进企业、进班组、进家庭，让廉洁文化更接地气、更聚人气、更有生气。唐钢公司纪委围绕宣传全面从严治党工作部署、廉洁文化典故、廉洁规范制度、廉政名言警句等内容，建立多个廉洁文化示范园地，园地特别设置了“廉洁书架”“廉洁微视频”专区，购置配备了习近平新时代中国特色社会主义思想、廉洁纪律、美德教育、法律法规、党规党纪等方面书籍，因地制宜建立了廉洁文化长廊。通过构筑廉洁文化矩阵，为党员干部提供了一个学习廉洁知识、接受廉洁教育、强化廉洁意识的良好平台，受教育党员干部达 2900 余人次，广大党员干部遵纪守法观念和拒腐防变能力不断增强。

（2）廉洁文化活动“有声有色”。唐钢公司纪委坚持守正创新，立足于让宣传载体活起来，引导党员干部讲出清廉好故事，传播清廉好声音，唱响廉洁奉公主旋律，先后开展以“发放一本警示教育书籍、制定一份廉政风险防控清单、组织一次廉政专题学习、开展一次任前廉政谈话、组织一堂廉政党课、推送一封廉洁过节倡议书”为主的“六个一”系列活动；积极组织职工参加河钢集团有限公司纪委开展的“讽刺鞭挞形式主义、官僚主义漫画和微视频作品征集”活动，认真开展砺剑讲堂、廉洁微党课等活动，组织 200 余名重点岗位党员干部参观李大钊纪念馆，接受红色教育，到唐山市警示教育基地接受现场警示和纪法教育，以清风浸润正党风，进一步夯实清正廉洁思想根基。

（3）党纪学习教育“有力有效”。唐钢公司纪委把开展党纪学习教育作为重要政治任务，坚持走在前、做表率，抓住学习重点、丰富学习形式，运用纪检监察网站系统转载、《唐钢报》专栏刊载、清风唐钢微信群定期推送、砺剑讲堂等平台宣传解读党纪条例，更新完善廉洁文化示范园地内容，建设警示教育“微基地”，进一步拓展“清廉河钢”文化品牌效应，并利用主题党日、“三会一课”、微课堂等载体，加强对党员干部纪律教育，党员干部受教育率达 100%，有力推动了党员干部学纪、知纪、明纪、守纪。

（三）结合作风建设，强化责任担当，激励党员干部吹响干事创业“冲锋号”

作风问题的本质是党性问题，是关系到企业生存发展的重大问题。唐钢公司纪委以“马不离鞍、缰不松手”的定力，以反复抓、抓反复的韧劲强化作风建设，激发党员干部的工作热情，提振党员干部干事创业的精气神。

（1）狠刹“四风”“寸步不让”。始终保持重要节日严查“四风”高压态势。先后在元旦、春节、五一、端午、国庆等重要节点，下发强化作风建设的通知，明确各项纪律要求，通过明察暗访、随机抽查、交叉互查等方式，有针对性地对公车私用、公款吃喝、公款送礼、违规发放津补贴、利用婚丧喜庆事宜敛财等问题进行专项监督检查。进一步延伸监督“触角”，强化对党员干部“八小时以外”监督管理，下发专门通知，明确党员领导干部“八小时以外”“三个严禁”的纪律要求，组织围绕16个具体方面开展自查自纠和专项督查，以钉钉子精神“钉”住党员干部身上的“小毛病”、单位风气上的“小苗头”、制度上的“小漏洞”。纪检部门先后开展明察暗访69次，持续释放越往后执纪越严的强烈信号，形成了有力震慑。

（2）整治顽疾“绝不姑息”。形式主义、官僚主义顽疾是实现各项工作任务的“拦路虎”，唐钢公司纪委坚持向顽瘴痼疾“亮剑开刀”，打出信访举报、专项整治、约谈问责三大“组合拳”。畅通网络、电话、邮箱等信访举报平台，进一步完善了作风问题线索举报、受理、处置、反馈机制，连续多年开展作风纪律专项整治，成立工作专班，认真组织专题调研，精准为形式主义、官僚主义“画像”，重点整治会风文风、作风浮夸，推诿扯皮、敷衍塞责、侵占集体和职工利益等职工群众身边的微腐败和作风问题，并扩展对党员干部的履职监督，严肃查处有令不行、有禁不止、不作为、乱作为问题，引导各级领导干部身体力行，以上率下，带头转变作风，真抓实干，形成“头雁效应”，真正把心思和精力用在“想事、谋事、干事”上，推动作风建设要求真正落地生根。

（3）弘扬新风“一以贯之”。将党纪学习教育、评优评先和宣传党员干部先进典型等活动作为推动作风建设的有力抓手，通过组织党员干部系统学习新修订的《中国共产党纪律处分条例》，观看警示教育片、撰写心得体会等，引导党员干部进一步用党规党纪校正自身思想和行动，从党纪学习教育中汲取奋进力量，增强纪律意识、提高党性修养，自觉做党的光荣传统和优良作风的传承者、弘扬者。与唐钢公司党委配合，评比表彰党风廉政建设先进个人、优秀共产党员等，用身边的先模事迹影响带动身边人，引导党员干部做新风正气的践行者和引领者，练就“铁肩膀”，挑起“硬担子”，做到为民、务实、清廉。

三、抓牢“三个牛鼻子”，按下“快进键”，跑出完善治理体系、提升治理效能“加速度”

唐钢公司在推动监督融入企业治理过程中，注重牵住“牛鼻子”，狠抓关键点，下大气力补短板、强弱项，持续优化监督质效，加快推动企业治理效能不断提升。

（一）抓合力，在凝聚监督力量上画出最大“同心圆”

唐钢公司通过有效的工作机制把各类监督力量结合起来，既坚持主动守位、各尽其责，又协作补位、取长补短，更加有利于从权力运行、管理流程和技术经济指标异常变化，以及生产、设备及管理事故中发现问题线索，及时有效打通监督工作各环节的痛点、堵点，促进监督全覆盖从有形向有效迈进，切实防范企业各种风险。

（二）抓落实，在督促制度建设和执行上“真刀实枪”

把制度建设和执行嵌入企业决策管理、生产经营全过程，持续强化“人、财、事、物”等重要环节制度执行和权力运行监督，根据日常监督检查、上级巡察等发现的突出问题，秉持“一竿子插到底”的精神，用好纪律检查建议书、监察建议书和“四种形态”，盯住责任单位和责任人全面落实整改，从而达到明确权责、优化流程、提高效率的目标。

（三）抓瓶颈，在推动解决短板弱项和顽疾性问题上“四两拨千斤”

唐钢公司在强监督，保执行、促发展过程中，坚持找准短板弱项，深挖企业管理的薄弱点和风险环节，找准制约生产经营指标完成的难点和重点，紧盯重大安全风险隐患，聚焦经济运行风险点等，有针对性地开展专项监督检查，督促相关部门整改整顿和完善提升，做到有的放矢，达到“四两拨千斤”的效果，有力保障了生产经营目标完成。

四、实践成果

唐钢公司纪委构建“1＋3＋3”监督机制，提升企业治理效能的探索与实践研究，有力促进了企业进一步规范管理，强化了企业内部自我监督约束机制，实现了发现问题、纠正偏差、堵塞漏洞，完善管理的良性循环，充分发挥了企业纪检监察系统监督保障执行、促进完善发展的作用，确保了上级各项决策部署严格贯彻执行，有效促进了唐钢公司政治生态不断净化，党风政风持续向上向善，干部队伍干事创业氛围更加浓厚，职工群众的幸福感、获得感成色更足。

随着“1＋3＋3”监督机制的实践探究不断深入，唐钢公司在绿色高质量转型发展之路上也迈出了更加坚实的步伐，位于渤海之滨的唐钢新区全面释放区位调整和产能优势。以能源环保指标为例，通过改进工艺技术，对生产全流程实施超低排放改造，颗粒物、二氧化硫单排放均低于国家超低排放标准，逐步构建起低碳、循环的绿色生产体系。2024 年 6 月 6 日，《人民日报》头版以《河钢唐钢加快绿色低碳转型发展》为题专门点赞唐钢公司，这是权威媒体对唐钢公司推进绿色高质量发展的充分肯定，也是唐钢公司治理体系不断完善、治理能力持续提升的生动体现。

打造廉洁文化单元
构建“159”一体化清廉格局

——杭钢集团二级单位纪检机构第三协作组开展一体化协作监督的探索与实践

杭州钢铁集团有限公司党委巡察办
逯建奇

党的二十大报告指出，要加强新时代廉洁文化建设，教育引导广大党员、干部增强不想腐的自觉，清清白白做人、干干净净做事。为贯彻落实好习近平总书记关于加强新时代廉洁文化建设要求，不断增强党员干部从思想上固本培元，提高党性觉悟，增强拒腐防变能力，杭州钢铁集团有限公司（简称杭钢集团）二级单位纪检机构第三协作组，以一体化协作监督为主要形式，结合组内6家协作单位产业性质和风险点情况，按照纪检监察高质量要求，积极探索以组内各协作单位为最小廉洁文化单元，建立廉洁文化建设工作监督协作模式和运行机制，突出监督重点，强化协同协作，构建起一个工作目标、五大实施路径、“九个一”协作活动的“159”一体化清廉格局，为杭钢集团纪检监察工作高质量发展贡献力量。

一、打造廉洁文化单元构建“159”一体化清廉格局的实施背景

（一）廉洁文化是抑制腐败滋生的有力武器

党中央高度重视廉洁文化建设，强调反对腐败、建设廉洁政治，是党中央一贯坚持的鲜明政治立场，是党自我革命必须长期抓好的重大政治任务。

（二）加强廉洁文化建设是落实全面从严治党的政治任务

全面从严治党，既要靠治标，猛药去疴，重典治乱；也要靠治本，正心修身，涵养文化，守住为政之本。必须站在勇于自我革命、保持党的先进性和纯洁性的高度，把加强廉洁文化建设作为一体推进不敢腐、不能腐、不想腐的基础性工程抓紧抓实抓好。

（三）加强廉洁文化建设是建设世界500强企业的有力支撑

杭钢集团2022年、2023年连续2年入选世界500强企业。在这一进程中，需要风清气正的政治生态、良好的生产经营环境、清正廉明的党员干部队伍做保障。这就要求杭钢集团通过加强廉洁文明建设，弘扬新风正气，助力杭钢集团高质量发展。

二、打造廉洁文化单元构建“159”一体化清廉格局的主要做法

杭钢集团二级单位纪检机构第三协作组，以习近平总书记关于加强新时代廉洁文化建设的重要指示精神为指导，以推动加强形成一体化清廉格局为目的，开展“159”协作监督活动，实现清廉格局“共性＋个性”一体化兼顾特色化，取长补短，为推进全面从严治党向纵深发展提供重要支撑。

“1”——一个工作目标：开展协作监督，构建一体化清廉格局。采取区域管理方式把杭钢集团下属半山管委会、亚通焊材公司、云计算、车检公司、职教集团、工业设计院六家单位设立成一个协作片区，通过开展廉洁文化建设工作监督协作，检查各协作单位是否牢固树立一个协作组“一盘棋”思想，下力气、下功夫抓好廉洁文化建设。

“5”——五大实施路径：实行五项推动机制，抓住重点提升监督质效。协作组成员单位围绕教育引导、文化熏陶、制度保障、实践养成、惩治震慑五项机制，加强廉洁文化建设，增强拒腐防变能力，一体推进“三不腐”。

“9”——九个一协作活动：开展协作活动，凝聚最小单元廉洁之力。协作组成员单位协作“建立一个基地、建成一个展馆、制作一本手册、开展一次教育、设计一个标牌、举办一次讲座、形成一个品牌、组织一次检查、完成一次提升”“九个一”廉洁文化协作活动，营造浓厚的清正廉洁的文化环境。

（一）突出教育引导

习近平总书记在第十九届中央纪委第六次全体会议上指出，领导干部特别是高级干部要带头落实关于加强新时代廉洁文化建设的意见，从思想上固本培无，提高党性觉悟，增强拒腐防变能力。

协作组突出教育引导，把理想信念教育、政治纪律、政治规矩履行情况等作为监督重点，凝聚廉洁之力，如图1所示。

（1）加强理想信念教育，严肃党内政治生活，把政治纪律和政治规矩挺在前面。各单位持续深化党委理论学习中心组学习，学习过程中严格按照中心组学习的规范和要求，做到专人领学、中心组成员交流发言全覆盖。按照杭钢集团党委“第一议题”执行要求，党委和各支部及时学习贯彻习近平总书记重要讲话、重要指示、重要批示精神以及党中央、浙江省委重大决策部署。利用企业公众号、外网、微信群、宣传公告栏、党课等平台，积极组织引导党员认真学习习近平总书记重要讲话精神、上级党委文件精神及党内法规等，引导广大党员干部讲政治、懂规矩、守纪律，进一步提升

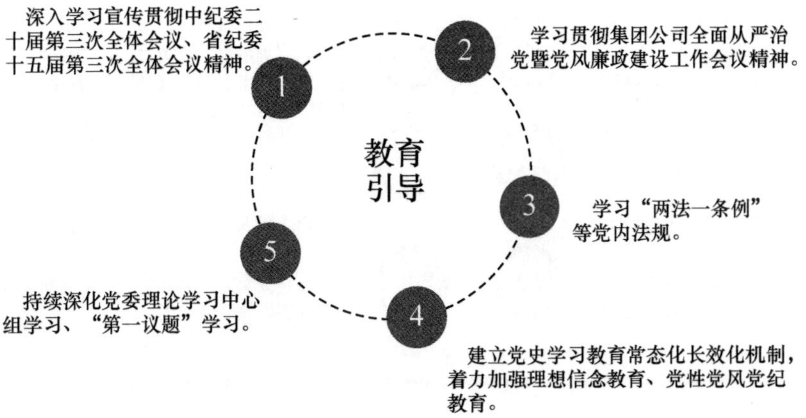

图1　教育引导

全体党员的政治素养。

（2）建立党史学习教育常态长效机制，着力加强理想信念教育、党性党风党纪教育。各单位党委、直属党支部通过主题党日、党课等形式，深入学习以党史为重点的“四史”故事，传承红色基因，赓续红色血脉。各单位纪检机关把开展教育整顿与学习贯彻习近平新时代中国特色社会主义思想主题教育紧密结合，坚持一严到底、动真碰硬，以更高标准、更严要求纯洁思想、纯洁组织，以彻底的自我革命精神打造忠诚干净担当、敢于善于斗争的纪检铁军，有效促进各项工作深化细化，有力推动纪检工作高质量发展取得新成效。

（3）抓好纪法教育。将新《中国共产党章程》《中国共产党廉洁自律准则》《国有企业领导人员廉洁从业若干规定》《中国共产党纪律处分条例》等党纪国法纳入专题干部培训，促进党员干部知纪懂法、遵纪守法。

（二）突出文化熏陶

习近平总书记强调，在全社会培育清正廉洁的价值理念，使清风正气得到弘扬。

协作组突出文化熏陶，引导广大党员自觉抵制庸俗腐朽思想，以廉洁文化弘扬廉洁之美，如图2所示。

（1）开展线上线下廉洁教育阵地建设，构建“互联网＋清廉文化”平台。浙江省工业设计院有限公司（简称工业设计院）推出《警示教育信息传递》电子简报10期，推出《清正廉洁过端午》《风清气正　欢度国庆》专题公众号2期；浙江杭钢职教集团有限公司打造“杭钢职教数智党建馆”，以VR技术为载体，运用VR全景漫游交互、热点可触交互、3D模型展示等形式，打破党建地域、空间工作束缚，数字赋能党建发展。

（2）开展读书思廉、谈话促廉、党课送廉活动。发动党支部开展读书思廉活动，浙江亚通焊材有限公司（简称亚通焊材公司）、工业设计院、杭州杭钢云计算数据中心有限公司（简称云数公司）、浙江杭钢机动车技术服务有限公司（简称车检公司）等

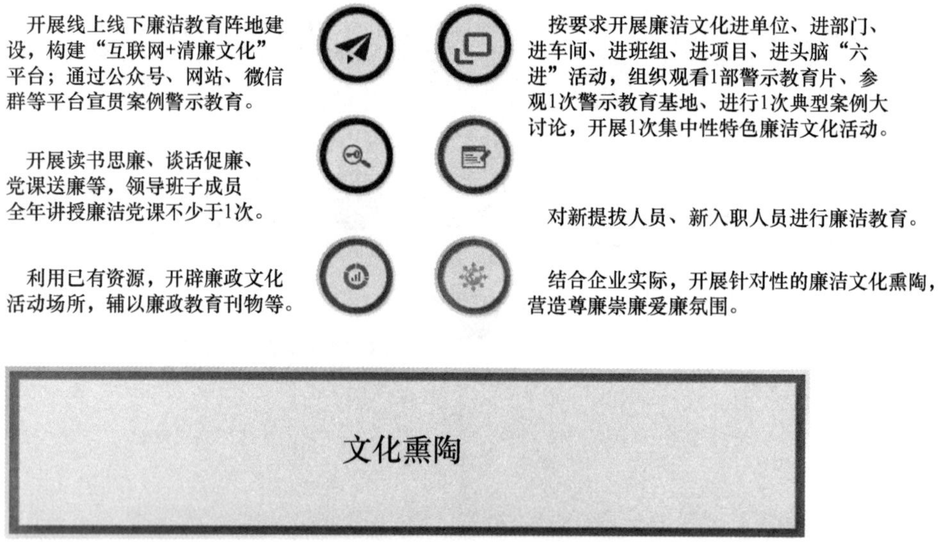

图 2　文化熏陶

单位党组织利用主题党日开展党风廉政建设基础测试活动。各单位党组织领导班子成员对关键岗位开展谈心谈话，到所在党支部讲授廉洁党课。亚通焊材公司、工业设计院、云数公司利用新员工培训机会，对新入职人员开展廉洁教育，不断提高员工的政治判断力、政治领悟力、政治执行力。

（3）加强廉洁文化阵地建设。车检公司在检测车间建设了“清廉车检”廉洁文化教育长廊；杭钢集团半山基地管委会（简称半山管委会）党委制作了“云清风”廉洁文化墙；亚通焊材公司党委在党员书吧中开辟了一个角落，制作了廉政文化墙，下属检测党支部制作了廉政文化宣传栏；云数公司开辟专门区域建成廉政文化墙，利用全省 IDC 运维工程师技能大赛契机，完善园区廉政文化视觉系统；工业设计院利用 6 楼会议室读书角，放置廉洁文化刊物，各单位充分利用现有资源，营造崇尚廉洁的浓厚氛围。

（4）强化廉洁教育引导。车检公司举办了“清风扬正气”廉洁书画作品展览；云数公司利用“班前十分钟”活动，增加廉政教育内容；亚通焊材公司党委组织开展“莲”摄影、“廉”书法作品征集及“书中自有好家风”读书分享会活动；工业设计院党委组织党员参观金维映史迹陈列馆，传承红色基因，提高党性修养。

（三）突出制度保障

习近平总书记强调，把权力关进制度的笼子里，形成不敢腐的惩戒机制、不能腐的防范机制、不易腐的保障机制。

协作组不仅注重通过监督发现问题，更注重规章制度建设，夯实廉洁之基，如图 3 所示。

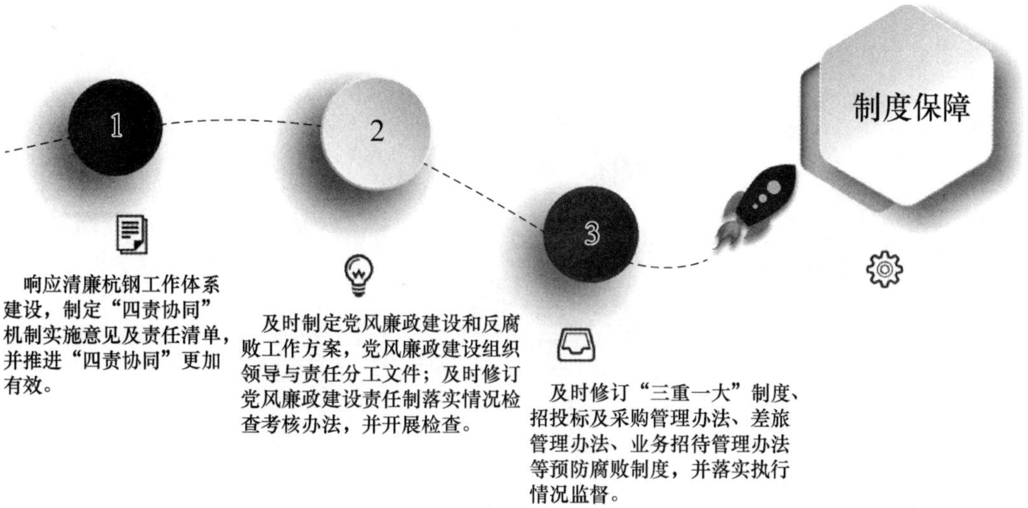

图3　制度保障

（1）持续推动全面从严治党“四责协同”机制。各单位党委根据杭钢集团党委要求制定下发《加强对“一把手”和领导班子监督“五张责任清单”的通知》，强化党委主体责任、党委书记第一责任人职责、领导班子其他成员“一岗双责”、纪检机构监督专责及组织人事职能监督责任。

（2）各单位根据杭钢集团文件要求及时修订党风廉政建设责任制落实情况考核办法等。车检公司制定了《礼金、礼品上交（退回）登记制度》《六条红线管理制度》等，并及时落实执行情况监督检查。

（四）突出实践养成

习近平总书记强调，要有效防止腐败滋长，把反腐防线前移，加强日常管理监督，精准运用“四种形态”，抓早抓小、防微杜渐、层层设防。

协作组始终聚焦纪检工作主责主业，突出实践养成，完善监督保障机制，紧绷廉洁之弦，如图4所示。

（1）强化政治建设，优化政治生态。按照加强对“一把手”和领导班子监督“五张责任清单”，各单位进一步建立健全相关工作机制。班子成员通过领导干部年度述职述廉、民主评议、组织生活会等形式，主动接受员工的监督。

（2）认真开展反腐倡廉全覆盖无盲区零容忍专项行动。根据《中共杭州钢铁集团有限公司委员会关于下发深入开展反腐倡廉全覆盖无盲区零容忍专项行动工作方案的通知》文件精神，各单位党组织迅速开展反腐倡廉全覆盖无盲区零容忍专项行动，围绕进一步把讲政治要求落到实处、进一步有效防范企业发展中的风险、进一步履行好全面从严治党主体责任、进一步在构建亲清政商关系中走在前作表率、进一步把党风廉政建设和反腐败工作推向深入等，统筹推进政治建设、思想建设、组织建设、作风

图 4　实践养成

建设、纪律建设、制度建设。

（3）围绕企业治理效能履行好监督职能。半山管委会纪委组织开展采购管理、“三单”管理、除险保安、防汛抗台等监督检查；工业设计院开展采购管理、应收款回笼、制度执行情况等监督检查，推动各级管理人员的责任落实。车检公司在服务大厅、车教案现场设立投诉、举报箱，为车主、员工畅通投诉、举报渠道；实行 A/B 主副岗（多岗位取证）重点人员、重点岗位轮换，大小车登录及技术管理岗集中，检测区与待检区隔离封闭等措施，并从一线中挑选作风过硬、党性强的党员为纪检监督员，有效降低了廉洁风险。

（五）突出惩治震慑

习近平总书记强调，要把纪律建设摆在更加突出位置。

协作组以零容忍的态度正风肃纪，突出惩治震慑，彰显廉洁之威，如图 5 所示。

（1）深入贯彻落实中央八项规定精神及实施细则有关要求，紧盯重大节假日，持续深化作风建设，营造风清气正过节氛围。各单位积极组织党员干部认真学习违反中央八项规定精神典型案例，通过打招呼、发信号、提要求等多种方式教育提醒广大党员干部讲纪律、守规矩、明底线、知敬畏。加强对节假日期间容易出现的违规吃喝、违规收送礼品礼金、有价证券、电子红包、公车私用、违规操办婚丧喜庆等问题的监督检查，加大对公款吃喝、餐饮浪费及其隐形变异问题的纠治力度，增强对经费审批、报销等重点部位和关键环节的精准监督，做到监督检查全方位，关键重点全覆盖。

（2）精准有效运用监督执纪“四种形态”，贯通规、纪、法，连接不敢腐、不能腐、不想腐，体现惩前毖后、治病救人的政策和策略。一方面，坚持实事求是，一切从实际出发，准确把握违纪、违法、犯罪的内涵，综合考虑错误性质、情节后果、主观态度等因素，依规依纪依法适用。另一方面，各单位纪检机构在果断稳妥用好第四

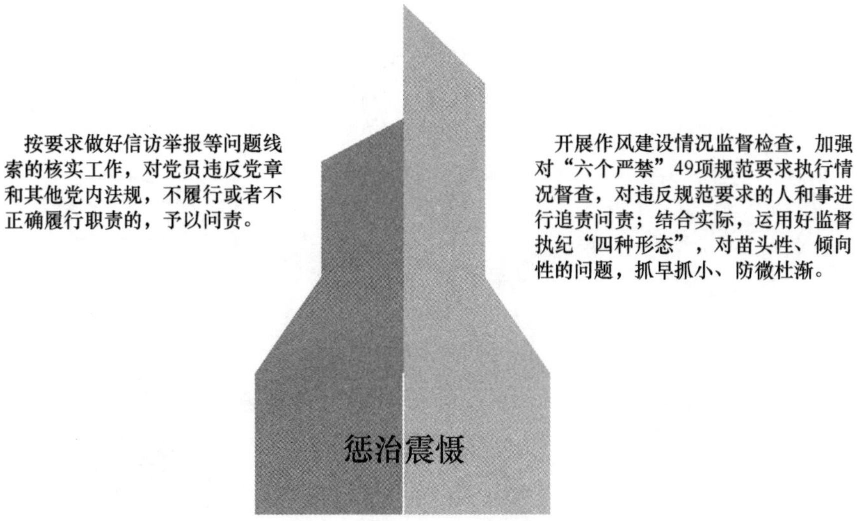

图5　惩治震慑

种形态、保持反腐败高压态势的同时，坚持把监督作为基本职责，防止把防线只设置在反腐败上，及时充分运用谈话提醒、批评教育、责令检查、诫勉等手段，做到抓早抓小、防微杜渐，不断促进“四种形态”运用的规范化、程序化、科学化。

三、打造廉洁文化单元构建“159”一体化清廉格局的主要成效

各单位把加强廉洁文化建设作为一体推进“三不腐”的基础性工程，坚持系统观念，发挥整体合力，找准实践落脚点，不断夯实清正廉洁思想根基，以“点”的突破，带动“线”上的提升，实现“面”上的联动，推动廉洁文化建设有形有效，在完成特色任务的同时，并形成了各具特色的廉洁文化品牌，如图6所示。

（1）工业设计院纪委完成汇编包含近几年浙江省查处的案例、杭钢集团风控案例及相关制度等内容的《员工廉洁从业手册》，并形成廉洁文化品牌——“匠心清风”。

（2）亚通焊材公司纪委完成了内含党章、纪律处分条例、廉洁文化等内容的测试题库，并形成廉洁文化品牌——“廉洁我在行动”。

（3）半山管委会设计制作廉洁文化标牌，并形成廉洁文化品牌——“云清风”。

（4）云数公司建立“数·新·风”廉心工作室，并形成廉洁文化品牌——“数·新·风”。

（5）职教集团建立杭钢职教数智党建馆，并形成廉洁文化品牌——“杭钢职教数智党建馆”。

（6）车检公司在打造清廉生产线的同时，形成廉洁文化品牌——“清廉车检”。

工业设计院、亚通焊材公司、半山管委会、云数公司、车检公司等单位廉洁文化建设工作经验在“今日杭钢”“杭钢微党建”公众号上刊登，有效促进了杭钢集团廉洁文化建设“线”“面”上的提升。

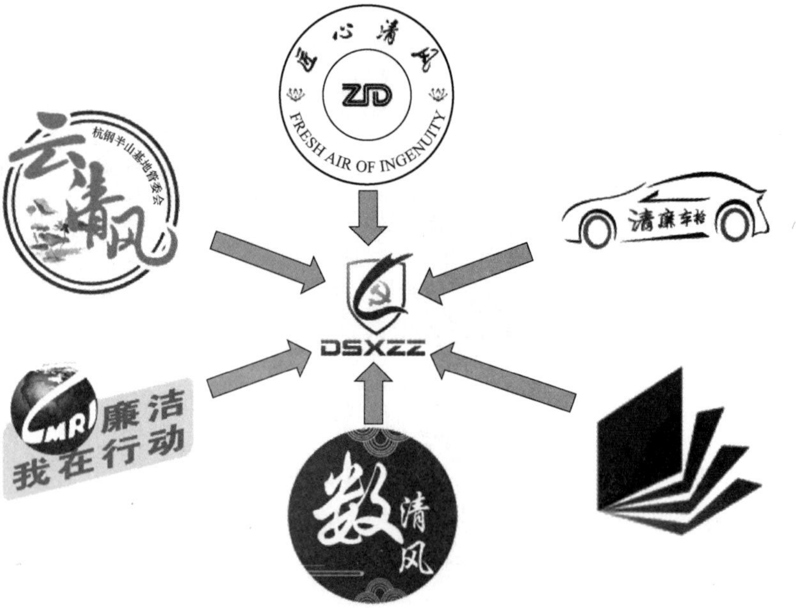

图 6　廉洁文化品牌

协作组单位之间沟通交流进一步加深，纪检工作“见贤思齐、取长补短”的学习氛围日渐浓厚，板块内部单位多方面合作更是不断加强。可以说通过协作课题不仅有力地提升了廉洁文化清廉格局建设，也更好促进了纪检工作融入中心工作。

国企基层纪委提升审查办案能力的实践探索

鞍钢集团鞍山钢铁集团有限公司纪委
贾廷晓　于松延　唐博震

一、引言

习近平总书记在二十届中央纪委第三次全体会议上强调，要深化整治金融、国企、能源、医药和基建工程等权力集中、资金密集、资源富集领域的腐败，清理风险隐患；惩治“蝇贪蚁腐”，让群众有更多获得感。国有企业是中国特色社会主义的重要物质基础和政治基础，提升国有企业基层纪委审查办案能力，是强化腐败治理、增强职工群众获得感、深入推进全面从严治党的必然要求，是维护国有资产安全、实现国有企业高质量发展的重要保障。本文拟结合鞍钢集团鞍山钢铁集团有限公司（简称鞍山钢铁）纪委实际情况和近年来的具体实践，对国有企业基层纪委审查办案工作存在的问题、提升审查办案能力的方法策略作探讨。

二、国有企业基层纪委审查办案工作存在的问题

当前，国有企业深入开展党风廉政建设和反腐败工作，纪委监督执纪工作受到高度重视并且呈现出良好的发展态势，企业政治生态、经营环境、制度建设和作风建设持续向好。基层纪委作为生产经营第一线的监督执纪部门，肩负着打通全面从严治党“最后一公里”的重要职责，从更高标准进行检视分析，基层纪委的监督执纪工作特别是审查办案方面仍存在一些显著问题，这些问题在一定程度上制约了国有企业党风廉政建设和反腐败工作。

（一）纪检人员配置存在短板

在国有企业纪委间的业务交流中，部分兄弟单位提出基层纪委存在纪检力量薄弱的问题。以鞍山钢铁纪委来说，下属 50 家基层单位纪委中，兼职纪检干部比例为 62%，多数人员兼任组织、宣传、干部管理、工会等一个甚至多个职务；有 21 家基层单位纪委没有配备专职纪检干部，15 家基层单位纪委仅配置 1 名专职纪检干部。基层纪委纪检人员在开展监督、专项治理、纪律检查、案件审理等本职工作的同时，还需

要兼顾其他业务，不能将全部时间精力投入本职工作中，客观上限制了纪检工作质量。

（二）审查办案工作水平不高

一方面，因基层纪委纪检干部兼职比例较高，在纪检工作上的精力投入不够，缺少对纪检专业知识的学习和研究，对法纪规条、职责程序的掌握不到位、不精通，导致业务水平参差不齐。另一方面，因基本功不够扎实、缺少实战经验，部分基层纪委在开展纪检工作特别是审查办案时，往往存在思路不清晰、程序不规范、逻辑不严谨等问题，在切入关键、把握核心、重点突破等方面缺乏成效。此外，少数基层纪委存在“躺平”心态，习惯于当“老好人”，缺乏动真碰硬和“揭盖子”的勇气，不会办案、不愿办案、不敢办案，连续多年“零立案”，影响了国有企业纪委审查办案工作的整体水平。

（三）审查办案手段条件有限

近年来“靠企吃企”“微腐败”的案件中，普遍存在供应商等企业外部人员参与到利益链条中，国有企业基层纪委不具备监察权，调查取证往往局限于企业内部，对供应商等外部人员缺乏制约手段，供应商配合审查的意愿和配合程度较低，案件查办容易陷入瓶颈。甚至曾经出现审查对象向纪委承认收受供应商好处，但因供应商拒绝配合而无法取证，最终不能定性量纪的情况。此外，基层纪委以“走读式”谈话为主要核实手段，因缺少专业的谈话场所，常在办公室、会议室、招待宾馆开展谈话，缺少严肃性和震慑效应，叠加基层纪委办案人员实战经验不足、专业能力有限，造成谈话突破的成功率不够高，深挖拓线的能力不足。

三、提升审查办案能力的方法策略和具体实践

纪委的主责是监督，而办案是最直接的监督，纪委不办案，就如同工人不做工、农民不种地。国有企业想使党风廉政建设取得更好成效，必须推动基层纪委发挥积极作用，切实提升审查办案工作质效。这就需要坚持问题导向，针对基层纪委存在的问题逐一加以解决。2023 年以来，鞍山钢铁纪委以“对内，强化队伍建设挖潜力；对外，开展企地协作聚合力”的思路，在解决基层纪委存在的上述问题、提高审查办案工作能力方面采取了一系列举措和实践探索，取得了一定成效。

（一）强化纪检干部队伍建设

一是建设纪委纪律审查中心。鞍山钢铁纪委参照中共中央纪律检查委员会、中华人民共和国国家监察委员会留置中心的标准，利用现有房产资源建设纪律审查中心，为全公司审查办案工作提供集中办公地点，以便于排除干扰因素、统筹办案力量、提升办案效率。同时，凭借系统完善的现代化设备补齐硬件短板，在更好地保障办案安全的基础上，增强审查办案的严肃性、规范性，强化震慑效应，有效提升“突破性谈话”的成功率。

二是加强业务指导和培训。注重系统梳理审查办案过程中存在的典型问题、共性问题，结合基层纪委提出的理论疑问、实操障碍，总结归纳形成工作指引和经验材料，通过业务培训会等方式下发、传达，做到业务指导常态长效、贴合实际。依托纪律审查中心，通过集中授课研讨、典型案例分析、谈话录像回放、谈话实战演练、协助案件查办等方式对基层纪检干部开展“以案代训”，帮助基层纪委纪检干部夯实基础、丰富经验、增强本领，让纪律审查中心成为审查办案的“讲武堂”，提升基层纪委办案能力。

三是建立纪律审查协作区。持续深化探索“区域协作制”工作模式，将数个基层纪委组成一个协作区，统筹调配纪检力量、遇到难题集体攻坚，推动协作区内基层纪委纪检人员相互学习、交流经验、共享力量，缓解部分基层纪委人力薄弱、专业能力不强、工作开展不平衡的问题。

四是强化考核评价。明确提出要把审查办案摆在纪检工作的突出位置，制定明确的考核标准并刚性执行。对审查办案工作不力的基层纪委加强检查指导，定期听取工作汇报；对相应基层纪委负责人定期约谈，传递“不换思想就换人”的明确信号，通过持续加压推动基层纪委强化履职、主动求变，促进纪检干部聚焦全责主业、主动作为。

（二）开展企地协作联合办案

得益于鞍钢集团有限公司（简称鞍钢集团）纪委精准赋予子企业纪委对外协作独立权，2023 年以来，鞍山钢铁纪委积极探索完善企地协作办案模式，与地方监委共同构建“五个机制”，深化协同联动、实现优势互补，共同查办了 3 件违纪违法和职务犯罪案件，涉案金额 1500 余万元，取得了企地协作推动腐败治理的新成效。

一是建立问题线索预先沟通机制，准确把握移送主体。鞍钢集团纪委充分发挥集中管控、统筹协调作用，促进企地“联合办案”顺畅对接。鞍山钢铁纪委在问题研判、调查取证、线索移送、案件移交上加强指导，确保基层纪委做实案件初核、固定关键证据。鞍山钢铁纪委与地方监委精准把握纪法边界，深入开展沟通研判，在确定相关人员涉嫌职务违法职务犯罪之后再进行线索移送和开展联合办案，实现办案资源的高效利用，让“好钢”用在“刀刃上”。

二是建立承办案件会议协商机制，有效汇聚办案合力。在案件查办过程中，鞍山钢铁纪委仔细研判主要目标所在的行业特点，指导基层纪委厘清思路、摸准底数、找准切入点；通过地方监委坚持合作换位、优势互补，通过定期开会研讨、充分沟通协商，统一查办方向、统一制定方案、统一工作策略、统筹办案力量，做到信息互通、资源共享、相互借鉴、同向发力，形成协同高效的办案体系，确保违纪违法同步研判、审查调查一体推进。

三是建立审查调查“双组长”机制，切实提升办案效率。鞍山钢铁纪委与地方监委共同商定联合办案组人员、明确职责分工，同时开展内部审查和外围调查工作并及时向双方组长汇报审查调查情况，双方人员相互督促，切实将纪法双施双守贯彻落实到查办案件全过程。在查办相关案件的过程中，基层纪委充分发挥熟悉企业内部生态和业务流程的优势，及时拓展问题线索、固定关键证据；地方监委充分发挥审查调查经验丰富和手段措施多样的优势，迅速打开外围、实现重点突破。通过开展企地协作，实现了内外贯通、一体联动，有效放大了案件查办的叠加效应。

四是建立涉案款物联合追缴机制，务求实现“颗粒归仓”。在“企地协作”相关案件中，涉案人员违纪所得与违法犯罪所得交织混杂，给定性和追缴造成极大困难。鞍山钢铁纪委与地方监委联合办案组坚持将违纪违法问题贯通考虑，做到“违纪违法一起查、受贿行贿一起查、涉案财物一并追”，对涉案款物进行联合追缴。经过细致调查，依规依纪依法对涉案人员违纪违法所得进行逐项定性，成功追缴巨额违纪违法所得，最大限度地挽回了经济损失。

五是建立审理、检察提前介入机制，科学精准定性量纪。针对违纪违法问题交织、情节复杂的案件，鞍山钢铁纪委与地方监委邀请审理和检察机关提前介入，对案件事实认定、情节逻辑、证据链条等要素提前把关，从源头上抓好案件质量，确保案件查深查透查实。通过各方协作联动，准确把握违纪和违法犯罪性质，以“纪律戒尺”和“法律戒尺”准确丈量违纪和违法犯罪行为，为追赃挽损、定性量纪提供坚实有力的依据，实现政治效果、纪法效果、社会效果有机统一。

鞍山钢铁纪委对内通过强化纪检干部队伍建设，挖掘内部潜力，使得基层纪委整体审查办案能力得到提高，在案件数量、案件质量、办案效率上有所提升；对外通过开展协作，丰富办案手段，在重大案件攻坚上取得突破，进一步强化了惩治震慑的高压态势、彰显严肃惩治“靠企吃企”“蝇贪蚁腐”的决心。在高压震慑下，已有十余名干部主动向纪委交代收受供应商钱款的违纪问题。通过2023年以来的实践探索，鞍山钢铁各级纪委审查办案工作的“质”与“量”均得到加强。

四、结语

健康的企业生态、清廉的企业氛围是国有企业高质量发展的重要前提，为此，必须切实发挥国有企业基层纪委的积极作用，推动审查执纪工作向纵深开展。在具体实践中，应当坚持实事求是和问题导向，密切结合实际，敢于直面问题、善于运用系统思维和创新思维解决问题，持续加强基层纪委纪检干部队伍建设，强化审查办案工作质效，为企业发展提供有力保障。

深化政治巡察 发挥“利剑”作用
以高质效巡察保障企业高质量发展

中信泰富特钢集团股份有限公司党委巡察办
魏 伟 耿丽丽 李 超 吴明飞

巡视是推进党的自我革命、全面从严治党的战略性制度安排，是党之利器、国之利器。党的二十大以来，习近平总书记和党中央对巡视工作作出一系列新部署，引领新时代巡视工作持续发力、纵深推进。二十届中央纪委第三次全体会议将“突出政治定位深化巡视巡察”作为2024年工作的一项重要任务，要求扎实推进巡视全覆盖，全面推动市县巡察向基层延伸，建立覆盖巡视整改全周期的责任体系和制度流程。2024年2月，中共中央印发修订后的《中国共产党巡视工作条例》，进一步健全巡视工作体制机制、责任体系，实现巡视巡察相关法规制度的有效贯通衔接，对推进巡视巡察工作高质量发展具有重要意义。

一、前言

2020年以来，中信泰富特钢集团股份有限公司（简称特钢）党委始终坚持以习近平新时代中国特色社会主义思想为指导，深入学习贯彻习近平总书记关于巡视工作的重要论述，全面贯彻巡视工作方针，充分发挥巡察利剑作用，促进被巡察党组织贯彻落实党的路线方针政策和上级党委重大决策部署，打通全面从严治党“最后一公里”。本文结合特钢党委近年来开展巡察工作的实践和探索，介绍经验做法，分析存在问题，研究下步举措，为今后提升巡察工作质效提供参考。

二、经验做法

（一）认真履行主体责任，持续强化政治引领

（1）党委履行主体责任。特钢党委始终把履行巡察主体责任与坚定拥护“两个确立”、坚决做到“两个维护”紧密结合起来，通过党委会、领导小组会、专题会等多种形式，认真学习习近平总书记关于巡视工作的重要论述和关于党的自我革命的重要思想，以及新修订的《中国共产党巡视工作条例》，精准落实政治巡察要求，准确把握政治巡察工作重点。特钢党委书记全面落实第一责任人责任，坚持重要工作亲自部署、

重大事项亲自过问、重要环节亲自协调、重要问题亲自督办，对巡察工作方案、巡察工作制度、巡察反馈报告等工作作出指示要求，以高站位、高标准推动巡察工作高质量发展。

（2）领导小组统筹实施。巡察工作领导小组认真履职、积极推进，特钢党委书记担任巡察工作领导小组组长，主持召开领导小组会，带头研究巡察工作规划、年度计划，在听取巡察组工作汇报、研究巡察成果运用等方面狠抓推动落实。特钢纪委书记协助党委书记深入推进巡察工作，抓实进驻动员、中期督导、整改落实等关键环节，审核巡察报告，出席被巡察党组织巡察反馈会。2023 年下半年，上级党委首次开展巡察工作，对特钢下属子公司党委开展提级专项巡察，特钢纪委书记担任巡察组组长，发现推动理论学习走深走实不充分、企业管控模式不清晰、防范化解风险意识淡薄等 4 大类 50 项具体问题，从充分发挥党委把方向、管大局、保落实作用，加快完善中国特色现代企业制度等方面提出 13 条整改意见，巡察成效得到上级党委充分肯定。

（3）巡察制度保障执行。特钢党委以《中国共产党巡视工作条例》为遵循，建立完善《巡察工作实施办法》《关于建立健全巡察工作协作配合机制的意见》等 14 项制度。通过细化巡察“四个落实”检查标准，形成 18 个方面 123 项巡察清单。制定现场巡察、被巡察党组织整改等 6 类工作流程，进一步细化巡察内容、规范巡察程序。特钢党委巡察五年工作规划（2023—2027 年），对坚定不移深化政治巡察、加强巡察整改和成果运用、深化巡察上下联动和贯通协调等 5 方面作出规划部署，全面落实新时代巡视巡察工作向深拓展、向专发力、向下延伸要求。

（二）聚焦政治巡察定位，突出巡察监督重点

（1）聚焦核心职责职能这项主任务。牢牢把握巡察政治监督属性，围绕贯彻落实党的二十大精神，突出抓好习近平总书记重要指示批示精神和党中央、上级党委决策部署的贯彻落实，聚焦“国之大者”，以高度的政治责任感和使命感，服务保障特钢高质量发展，推动“十四五”规划落地。督促各级党组织将特钢党委要求融入企业改革发展和治理效能全过程，在创建世界一流高韧性企业中找准定位、认真履责。将上级巡视巡察、审计检查等反馈的问题及整改落实情况纳入巡察监督检查重点，积极推动解决，对发现的典型性、普遍性、倾向性问题，加强分析研判，找准“病灶”“痛点”，完善制度机制，用好巡察成果。

（2）牢牢抓住发现问题这条生命线。特钢党委始终坚持问题导向，坚持精准发现问题，着力推动解决问题，深化整治群众身边不正之风和腐败问题，紧盯侵害群众利益的人和事，以严的基调强化正风肃纪。突出行业领域形势特点，围绕招标采购、工程项目、中央八项规定精神等多发易发风险点加大检查力度，切实增强巡察工作的针对性、有效性。对“一把手”履职用权、担当作为、廉洁自律等情况进行重点关注、深入了解，通过抓紧抓实“关键少数”，实现真正管住“绝大多数”，督促被巡察党组织种好“责任田”，扛起主体责任，有力突出巡察监督震慑效果。

（3）站稳推动解决问题这个落脚点。推动解决问题的过程，实际上是震慑作用进

一步彰显并产生长期效应的过程。各被巡察党组织按照特钢党委和巡察工作领导小组统一安排，扛起巡察整改主体责任，逐项研究整改措施，制定问题清单、任务清单和责任清单，积极推进问题整改，建立长效整改机制，促进标本兼治，解决好影响企业长远发展的体制机制等深层次问题，着力把巡察作为推动企业改革、完善治理体系、提升治理能力的重要推力，持续抓好巡察整改和成果运用，形成不断完备的制度体系、严格有效的监督体系，在以巡促改、以巡促建、以巡促治上取得一定成效。

（三）做实“后半篇文章”，推动整改落实见效

（1）压紧压实整改责任。贯彻落实上级党委《关于加强巡视整改和成果运用的实施意见》，对中央巡视等历年来上级巡视问题整改“回头看”，根据人员变动、分工调整、整改进展动态更新，补充优化支撑材料，常态化完善巡视整改台账；对被巡察党组织定期开展巡察整改“回头看”，全面检查巡察整改推进情况，释放从严信号，传递责任压力。制定被巡察党组织巡察整改工作清单，形成动员部署、实施整改、评估总结和长效整改4个阶段，细化专题研究整改、成立组织机构、制定整改方案、建立整改台账、实施整改措施等17项具体工作细则。每年将巡察整改落实情况纳入基层党组织党建考评，协同党委组织部，对被巡察党组织落实巡视巡察整改情况进行综合评价。

（2）深入开展联审联评。探索开展内部巡察整改评价标准和被巡察党组织整改评估标准，组织党委组织部/人力资源部、纪委办公室、审计部等部门成立联审联评小组，对2021年以来5家被巡察党组织开展联审联评，调阅资料1300余份，开展访谈50余人次，下沉5家子公司检查整改成效，找准问题症结，提出加强巡察整改及深化成果运用建议12条。对巡察反馈的127个问题，调降自评价结果54个，针对整改措施落实情况提出督导建议105条。

（3）持续加强成果运用。深化运用上级巡视成果，制定下发《落实上级巡视共性问题自纠自查通知》，对上级党委发现的行业、系统、领域中的共性问题纳入自我检视范围，推动举一反三、未巡先改。2021年以来，特钢党委根据上级巡视情况，开展了“三类费用、两种现象”“营销费用使用”“招投标管理”等多次专项治理，督促各企业对发现问题进行整改，同时建立常态长效化机制。2023年，开展领导干部作风建设专题调研，重点对“改进文风、会风”“提升服务意识”“推进干部能上能下”等方面进行检查，深入各企业现场访谈419人，调研资料1470份，调研问卷8198份，推动作风建设走深走实。

三、主要问题

特钢党委巡察工作在实践探索中取得了一定成效，但距离党中央、上级党委要求和企业高质量发展，还存在一些不足和差距，主要表现在：

一是政治巡察定位还需进一步强化。对监督对象认识不足，对“一把手”专项监督做得还不够，对履职用权、廉洁自律等方面查找还不够深入。对接受监督认识不足，个别被巡察党组织对巡察认识有偏差，认为巡察工作是走过场，形式大于内容、只会

找问题，会对企业的日常运营产生干扰。同时，存在一些党员干部职工不愿说情况，不敢说问题。

二是巡察制度程序还需进一步完善。在制定巡察监督重点时不能充分结合企业实际，存在监督内容不够具体、不够聚焦等问题。巡察干部抽调存在困难，考核评价体系和奖惩机制不够健全。巡察组日常管理中从严管理不够、压力传导不到位，有的巡察干部因所在单位工作需要，出现中途离开巡察组的情况，影响了巡察工作的权威性。

三是精准发现问题上还需进一步提高。对被巡察党组织领导干部的政治立场和责任意识缺乏足够关注，在检查过程中往往关注于业务管理层面的问题，而忽视了政治生态问题。对党组织应承担的职责和使命探讨不够深入，导致巡察计划未能充分贴合企业实际情况，巡察方法未得到充分运用，发现的问题缺乏深度。

四是加强巡察整改及成果运用上还需进一步发力。2023 年，特钢成立联审联评调研小组，对 2021 年以来内部巡察反馈问题整改成效进行评估，发现有的在集中整改期结束后没有做到持续性、常态化整改；有的对巡察反馈中指出的具体人、具体事追责问责偏轻偏软；有的巡察整改自评结果偏高、自我要求不严，针对深层次、系统性、反复多发问题，系统治理思维不够。

五是巡察监督与其他监督贯通协调上还需进一步畅通。当前巡察工作实践中还存在与审计、财务等各类监督力量统筹不够、贯通衔接运行不畅、协同联动合力不够，信息互通、线索移交、成果共享等机制不够健全，各监督主体的权责界限不够清晰等问题，还需进一步促进巡察监督与其他监督贯通，统筹推进各类监督力量整合、程序契合、工作融合，形成监督整体合力。

四、下一步举措

（一）把准政治巡察定位，切实贯彻巡视工作方针

本次新修订的《中国共产党巡视工作条例》对政治巡视定位和巡视工作方针作出规定，开宗明义指出巡视工作是上级党组织对下级党组织履行党的领导职能责任的政治监督，根本任务是坚决维护习近平总书记党中央的核心、全党的核心地位，坚决维护以习近平同志为核心的党中央权威和集中统一领导。围绕工作原则，精确理解政治巡察的实质、建立完善的领导体制和工作机制。一是牢牢把握巡察政治属性。高标准巡察关键在于贯彻习近平新时代中国特色社会主义思想，紧扣“两个维护”根本任务，胸怀“国之大者”，聚焦党中央关于国有企业改革、科技自强、绿色低碳、安全风险等重大决策部署，围绕上级党委所关心关切的，在特钢战略布局中所处的位置和所应发挥的作用，查找被巡察党组织政治上的偏差。二是切实加强组织领导。特钢党委专题研究部署巡察工作，制定巡察工作规划，统筹谋划巡察年度计划和阶段性任务安排，推动巡察整改和成果运用，坚持巡察工作与中心工作一体谋划、一体部署、一体落实。巡察工作领导小组对巡察中遇到的重点问题和实际困难及时探讨解决，确保巡察工作深入推进和有效实施。三是共同承担政治责任。党委巡察办发挥“统筹协调、指导督

导、服务保障”职能职责，协助领导小组统筹谋划、组织实施巡察工作，为巡察组提供必要的指导和帮助，确保整个巡察过程有序、有效。同时，巡察组和被巡察党组织共同致力于问题的发现和解决，合力完成巡察任务。

（二）加强统筹协调谋划，切实提升巡察规范化水平

特钢党委科学谋划推进巡察全覆盖任务和年度重点工作，综合运用常规巡察、专项巡察、巡察“回头看”、整改评估等方式提升巡察工作的实际效果和精准度，实现形式与实质的统一覆盖。围绕巡察“四个落实”定位，结合当前主要工作任务，具体化监督重点，重点检查贯彻落实党的理论和路线方针政策和上级党委重大决策部署情况，检查落实全面从严治党“两个责任”情况，检查落实新时代党的组织路线情况，检查巡视巡察发现问题整改落实和成果运用情况。特钢党委致力于提升巡察工作的规范化水平，重点形成一套科学合理、严格规范、完备配套、实效显著的制度机制，从巡察准备、现场巡察、巡察报告、巡察反馈、巡察移交、巡察整改6个环节进行细致优化，以保障巡察工作遵循统一标准。

（三）坚持以问题为导向，切实提高巡察工作能力

发现问题是巡察监督的根本职责，只有通过精准有力地发现问题，才能确保政治巡察利剑高悬、震慑常在。一是做足巡前准备功课。巡察进驻前，向组织人事、财务、审计等部门征集被巡察党组织存在的突出问题点和风险点，将日常检查监督等情况提供巡察组，提升发现问题效率。巡察组结合巡察任务和人员队伍特点，进一步优化巡察实施计划，确保巡察时间安排适宜、人员分工科学合理。二是提高发现问题质量。深入了解被巡察党组织的主要职责和核心任务，通过听取工作汇报、审阅文件资料、进行一对一谈话、开展信访调查等多种手段，紧盯权力集中、资金密集、资源富集的关键人和关键点，精准有效发现问题。三是提高巡察报告质量。要对发现的问题进行系统梳理、归纳、定性，提炼出真实、有效的信息，确保提出的观点具有坚实的依据，真实反映情况。同时，提出的巡察意见应与报告中的问题相对应，确保站位高远、科学合理、意见精准。

（四）深化巡察问题整改，切实抓好巡察成果的综合运用

习近平总书记指出，巡视发现问题的目的是解决问题，发现问题不解决，比不巡视的效果还坏，做好巡视“后半篇文章”关键要在整改上发力。巡察既要精准发现问题、精准分析问题，又要精准反映问题、精准推动解决问题。一是压紧压实整改责任。被巡察党组织认真履行整改主体责任，党组织书记扛起第一责任人职责，做到重要工作亲自部署、重大问题亲自过问、重点环节亲自协调、重要案件亲自督办，带头领办重点难点问题，健全完善巡察整改工作机制；领导班子其他成员落实“一岗双责”，把自己摆进去、把工作摆进去、把职责摆进去，落实好分管领域管党治党政治责任，推动职责范围内整改任务落到实处，防止层层推卸责任。二是强化整改监督责任。做好

巡察整改监督是推动巡察整改到位的重要保障。巡察机构加强对巡察整改工作的督导，推动被巡察党组织落实整改方案、履行整改责任、取得整改实效。纪检机构依规依纪依法做好巡察移交的问题线索处置，加强对巡察整改的日常监督和再监督；组织人事部门抓好移交选人用人问题处置，将巡察整改落实情况纳入党组织领导班子和领导干部年度考核重要内容。对矛盾集中、问题突出的单位，做到问题不解决不放手，成效不明显不收兵。三是实施综合治理与源头治理相结合。抓好巡察整改和成果运用是一个系统工程。建立巡察整改督办、评估、问责等机制，通过联审联评、调研督导、“回头看”等方式开展检查，与被巡察党组织年度党建工作考评相结合，倒逼整改责任落实到位。落实巡视巡察上下联动，将中央巡视等上级巡视反馈问题和审计问题有机结合，纳入巡察整改重点内容，推动其他企业党组织未巡先改、对照整改；落实问题线索移交机制，推动牵头单位开展专项整治，及时修补制度缺陷及管理薄弱环节，强化内部管理风险预防控制机制。

（五）提升巡察监督合力，切实增加巡察监督质效

在新修订的《中国共产党巡视工作条例》关于巡视准备、了解、报告、反馈、移交、整改等环节的规定中，把巡视与其他监督贯通协调的要求具体化，推动增强监督整体合力。一是构建“大监督”体系。特钢党委按照《关于构建大监督工作体系的具体措施（试行)》，持续构建以巡察监督等党内监督为主导，治理监督、职能监督、专项监督、舆论监督和群众监督等各类监督有机贯通、相互协调的“1+5”大监督体系。二是探索“纪巡审”监督。强化优势互补，打好监督“组合拳”，充分发挥“纪巡审”各方特有优势，把政治监督和经济监督结合起来，坚持用政治眼光研判审计监督发现的问题线索，通过分析经济问题、经济责任，发现并处理政治问题、政治责任，在日常沟通、工作协同中有力增强监督合力。

（六）强化巡察队伍建设，切实提高巡察干部能力素质

加强巡察队伍建设对于推动巡察工作的深入开展至关重要。必须构建起一套系统化、长效化的巡察干部甄别、应用、培养与管理机制，以确保巡察人才队伍的稳定与素质提升，为高效实施巡察任务提供坚实的人才支持。一是选好巡察干部。建立巡察“人才库”，与组织人事部门沟通抽调条件、推荐选拔情况，与被抽调单位了解其近期工作表现，确保“有人可抽、抽人能干”。二是育好巡察尖兵。将政治学习、思想教育和业务培训贯穿始终，加强纪律约束。通过以干代训、以巡代训、以老带新等方式，持续打造一支素质过硬、敢于斗争、善于斗争的巡察干部队伍。三是管好巡察队伍。加强对巡察组干部的日常教育和监管，通过问题底稿管理、工作鉴定等方式，增强巡察干部的责任感和自我约束力；建立对巡察组人员的考核评价和奖惩机制，考核结果与其当年评优评先挂钩。

五、结束语

党的二十大报告对加强巡视工作作出了全面深入的战略性布局，为新时代巡视巡

察工作的高质量发展提供了明确的方向和指引。特钢党委将持续深入学习习近平总书记关于巡视工作的重要论述和党中央关于巡视巡察工作的新部署、新要求，不断增强“四个意识”、坚定“四个自信”、做到“两个维护”，按照“发现问题、形成震慑，推动改革、促进发展”工作方针，充分发挥党内监督的作用，强化巡察整改及成果运用，不断适应新征程上的新形势、新任务、新挑战，以高质量巡察成效推动特钢全面从严治党持续向纵深发展。

加强国有企业廉洁文化建设的探索与实践

鞍钢集团攀钢集团有限公司纪委

王　欣　罗　斌　王　鹏　李明祥　辛佳恒　包海龙

习近平总书记在党的二十大报告中强调指出“加强新时代廉洁文化建设，教育引导广大党员、干部增强不想腐的自觉”，在二十届中央纪委第二次、第三次全体会议上，习近平总书记均强调“加强新时代廉洁文化建设”。构建不敢腐、不能腐、不想腐的有效机制，是习近平总书记一以贯之的重要思想，是新时代全面从严治党、加强党风廉政建设和反腐败斗争的理念、思路和工作方向。加强廉洁文化建设作为一体推进“三不腐”的一项基础性工作，为推进全面从严治党向纵深发展提供重要支撑。“十四五”以来，鞍钢集团攀钢集团有限公司（简称攀钢）作为全球第一产钒企业、我国最大的钛原料和产业链最为完整的钛加工企业、国内第一世界顶级的重轨生产基地、我国重要的汽车家用电器和特殊军工钢生产基地的跨区域、跨行业特大型钒钛钢铁企业集团，深入贯彻习近平总书记关于廉洁文化建设的重要论述，通过创新“七个第一课”教育、打造“点线面”阵地、推进“六项工程”等，持续发挥廉洁文化在攀钢党风廉政建设和反腐败工作中的教育、示范、导向和激励作用，为加快建设世界一流新金属材料企业提供坚强保障。

一、加强国有企业廉洁文化的实施背景

（一）加强廉洁文化建设，是以马克思主义政党鲜明底色深化全面从严治党的政治任务

党的十八大以来，经过坚决斗争，全面从严治党的政治引领和政治保障作用充分发挥，反腐败斗争取得压倒性胜利并全面巩固，党员干部廉洁自律意识明显增强，全党全社会廉洁价值理念进一步树立。同时，以习近平同志为核心的党中央高度重视廉洁文化建设；中共中央办公厅印发《关于加强新时代廉洁文化建设的意见》，强调把加强廉洁文化建设作为一体推进“三不腐”的基础性工程抓紧抓实抓好。攀钢积极落实一体推进“三不腐”各项要求，把加强廉洁文化建设作为落实全面从严治党的一项政治任务，全面规划、分步落实，确保取得实效。

（二）加强廉洁文化建设，是以勇于自我革命高度实现“三不腐”一体推进的必要举措

党的十九大以来，攀钢坚持惩治震慑、制度约束、提高觉悟一体发力。严肃查处腐败和作风问题，立案708件，给予党纪处分、政纪处罚677人，强化不敢腐的震慑；强化对权力运行的制约和监督，通过开展“清风工程”专项行动、建设“清风预警系统”大数据监督平台、构建相关方约束机制等，扎紧不能腐制度笼子；开展警示教育、强化廉洁阵地建设等，提高不想腐的思想觉悟。针对廉洁文化建设中思想认识不足、系统规划不够、教育针对性不强、教育形式缺乏创新等问题，攀钢把加强廉洁文化建设作为推进不想腐的基础工作，深入谋划廉洁文化建设的路径方法，积极构建廉洁文化建设矩阵，培育清正廉洁的价值理念，推动攀钢政治生态和经营环境不断向好。

（三）加强廉洁文化建设，是以坚定文化自信丰富完善攀钢文化的重要内容

廉洁文化的内核应该根植国有企业文化之中，是国有企业反腐倡廉工作在文化层面的延伸，是企业文化的重要组成部分。鞍钢集团有限公司（简称鞍钢集团）是共和国钢铁工业的摇篮，诞生了“鞍钢宪法”，形成了“创新、求实、拼争、奉献”的核心价值观以及遵章守纪、爱岗敬业、崇德向善、文明健康的行为规范，其中就蕴含了崇廉尚廉的价值取向。攀钢在长期发展中形成了“艰苦奋斗，勇攀高峰”的攀钢精神。加强廉洁文化建设是对攀钢企业文化的进一步丰富和完善，有助于增强党员干部员工的责任担当意识，对于教育引导广大干部职工、凝聚发展合力有着至关重要的作用。

（四）加强廉洁文化建设，是以央企“国之大者”的担当力推动新攀钢建设的有力保障

廉洁文化建设作为国有企业全面从严治党一项基础性工作，是建立惩治和预防腐败体系的重要组成部分，是一体推进“三不腐”的重要一环，是监督关口前移的重要表现。自2022年以来，受国际形势复杂严峻、原燃料价格高位、产业链供应链运行不畅等因素影响，钢铁市场呈现供给减量、成本上升、价格下跌、需求偏弱、收入减少、利润下滑供给减量、钢材价格持续下行等运行态势，攀钢生产经营和改革发展面临巨大挑战，持续推进攀钢高质量发展就更加需要风清气正的政治生态、和谐稳定的生产经营环境、廉洁从业的党员干部队伍做保障。攀钢坚持加强廉洁文化建设，引导广大干部职工尊崇廉洁、自觉抵制歪风邪气、弘扬新风正气，自觉捍卫企业利益、助力企业发展。

二、国有企业廉洁文化建设现状与问题分析

（一）对廉洁文化建设思想认识不足，层层推进抓落实上缺力度

近年来，国有企业持续加强廉洁文化建设取得了一定成效，但仍然有部分企业干部职工、部门单位对国有企业廉洁文化建设的重要性认识不够，忽视了廉洁文化建设

与企业健康发展的关系，认为廉洁文化建设主要是纪检部门推进，不是自己的职责，对廉洁文化建设合力不足，主动参与不够。此外，另有部分干部职工虽然意识到贪污腐败的危害性，但对身边的不当行为视而不见，抱着“多一事不如少一事”的心态，不利于廉洁文化建设。

（二）廉洁文化建设系统性还需提升，缺乏深层次规划

个别单位廉洁文化建设工作局限于应付完成“规定动作”，缺少“自选动作”，完成质量有待提高；有的单位对廉洁文化工作计划性、预见性不足，没有把廉洁警示教育作为一项系统工作来抓。有的对教育的内容、时间、方法、要求等没有系统规划，导致廉洁教育效果不明显。对教育缺乏过程性的监督，对教育的效果缺乏评估标准。

（三）廉洁文化建设创新不够，缺少针对性思考

对开展警示教育、廉洁文化作品创作和征集等思考少，层层推进抓落实上缺少思考，在督促所属单位高质量推进廉洁文化建设上还缺乏奖惩力度，基层单位只是按照上级的要求开展，做好规定动作，在廉洁教育创新上方法单一，个别单位没有结合实际情况和廉洁教育的自身特点和时代要求，采取行之有效的教育方法，而是一味地采用“一言堂”等的教育方法，缺少活力和吸引力，难以引起受教育者的思想共鸣。

三、推进攀钢新时代廉洁文化建设具体实践

（一）创新“七个第一课”教育，构建全覆盖、多层次的廉洁文化教育体系

围绕增强廉洁教育、警示教育、纪法教育的针对性、有效性、覆盖面和穿透力，打造“七个第一课”教育品牌，构建分层分类、全覆盖的反腐倡廉教育体系。

1. 开年第一课

坚持开展“廉洁反思日”专题党课活动，党委书记结合典型案例，对“关键少数”讲廉洁从业开年第一课。

攀钢党委书记每年年初坚持为直管单位党政主要领导、部门相关负责人讲“廉洁反思日”专题党课；各级党组织结合党风廉政建设和反腐败工作实际，组织“关键少数”签订《廉洁承诺书》《一岗双责承诺书》，对党员领导干部进行廉洁警示教育。2021 年以来，共开展开年第一课警示教育 478 场、1.65 万余人次接受教育，促使廉洁自律意识入脑入心。

2. 入职第一课

为扣好员工职业生涯的“第一粒扣子”，行政负责人（厂长、经理）结合企业规章制度、员工守则、典型案例，上好入职第一课。

攀钢党委认真贯彻总书记重要讲话精神，组织新入职大学生集中培训，攀钢主要领导对新入职员工提遵章守纪、遵规守法要求；攀钢纪委、法律事务部安排专题课程和交流分享，同时逐次签订了《合规承诺书》，扣好新入职员工职业生涯“第一粒扣

子”；攀钢各级单位行政主要负责人结合企业规章制度、职工罚则、典型案例等。2021年以来，各级对新员工进行入职（入厂）纪律和规矩教育238场次、2350人次接受教育，引导新员工树牢廉洁、合规意识。

3. 提职第一课

对新提职、重用领导人员，由纪委书记围绕坚守初心、牢记使命、廉洁从业、守信践诺，上好提职第一课。

为切实引导年轻干部对党忠诚老实，坚定理想信念，牢记初心使命，正确对待权力，时刻自重自省，严守纪法规矩。攀钢纪委每年对新提职领导人员及其家属开展警示教育，通报近年来副处级及以上领导人员违纪违法典型案例，告诫领导人员过好“六道关”、算清“七笔账”、担当“八大责”，叮嘱领导人员家属当好家庭“纪委书记”。2021年至今，各级纪委开展提职第一课239场，对新提职、重用领导人员1368人次由纪委书记进行廉洁从业、履职尽责教育。

4. 入党第一课

对入党积极分子、发展对象、新党员，由攀钢党校、各级党组织书记围绕坚定理想信念、遵守纪律规矩，上好入党第一课。

严格党员日常教育和管理，使广大党员平常时候看得出来、关键时刻站得出来、危急关头豁得出来，充分发挥先锋模范作用，是习近平总书记和党中央对党员干部的要求。攀钢党校、各级党组织对入党积极分子、发展对象、新党员等，通过开展“学习党章、尊崇党章、维护党章”、解读《中国共产党纪律处分条例》、解读攀钢《职工罚则（试行）》和《劳动用工管理办法》等培训，强化理想信念、党规党纪教育。2021年以来，各级党组织结合实际，开展入党第一课157场、3646人次接受教育。

5. 处分第一课

为落实以案促教、以案促改，在召开会议宣布处分决定的同时，受处分人检讨警示、党组织反思整改，用身边案例教育身边人，上好处分第一课。

攀钢党委坚持用身边事警示教育身边人，将宣布处分决定、违纪人员检讨、党组织反思制定整改措施、上级提出要求统一起来，把处分决定宣布“一张纸”延伸为警示教育“一堂课”，扎实做好案件查办“后半篇文章”，切实为广大党员干部敲响廉洁警钟，推动达到“查处一案、警示一批、教育一片、规范一方”的综合效果。2021年以来，各级纪委开展处分第一课177场、5777人次接受警示教育。

6. 生活第一课

发挥党支部的教育管理作用，利用党支部“三会一课”、作业区班前会等，开展法纪教育和案例警示，上好生活第一课。

坚持充分发挥党支部对党员的教育管理监督作用，引导基层党支部认真开展法纪教育和案例警示教育，教育引导党员干部职工知敬畏、存戒惧、守底线。2021年以来，攀钢纪委编发6期生活第一课案例警示材料，下发节假日廉洁教育材料、基层违规违纪案例材料等29个；基层党支部（作业区）通过“三会一课”、班前会等，组织开展典型违纪案例和党纪法规学习。2021 年以来，开展生活第一课 3151 场，18.5 万余人次接受教育。

7. “亲”“清” 第一课

与业务相关方建立“亲”“清”合作关系，按照“谁相关、谁负责”的原则，由单位行政负责人向相关方宣传攀钢经营理念，引导相关方恪守商德、诚信经营，上好“亲”“清”第一课。

切实贯彻习近平总书记在企业家座谈会上的重要讲话精神，联合各业务相关方，开展“亲”“清”第一课，由各单位行政负责人向相关方宣传攀钢及本单位经营理念，宣讲“正派经营不容妥协”的理念，对双方企业打交道划出底线、拓展空间，引导相关方恪守商德、诚信经营。2021 年以来，与各相关方共同开展廉洁教育 518 场、1.1 万人次接受教育，签订廉洁共建协议 3400 余份；建立相关方约束机制和“灰名单”制度，累计将 246 家相关方、285 人纳入“灰名单”，向违规相关方追赔 5000 余万元。

在攀钢“七个第一课”教育体系下，各级党委、纪委积极拓展创新，如在备品备件、工程建设、薪酬财务等重点领域针对从业人员开展本领域范围内的违规违纪违法典型案例学习的“系统第一课”教育，共计开展 256 场、1 万余人次接受警示教育。

2021 年至今，已有 31.23 万人次接受各类警示教育，实现了“人人知廉、人人倡廉、人人行廉”的廉洁文化氛围，推动攀钢各层级、各领域人员在不想腐的思想自觉上巩固提升。

（二）持续丰富内容、载体、形式和阵地，打造立体式廉洁文化矩阵

通过打造“点线面”文化阵地、培育廉洁文化内涵、强化“正反”教育、推进“六项工程”等，持续丰富国有企业廉洁文化建设的教育内容和文化载体，增强廉洁文化的传播力、吸引力、感染力。

1. 强化涵养培育，丰富廉洁文化内涵

一是注重涵养廉洁文化理念。传承弘扬优秀传统文化、革命文化、社会主义先进文化，将“诚信守法创世界品牌，廉洁从业建和谐鞍钢”“干事·干净”等廉洁文化理念内化于思想、固化于制度、外化于行为、转化于素质、物化于产品、美化于形象；开设“增强合规意识·培育合规文化”宣传专栏，大力宣传“企业重视合规、全员主动合规、合规创造价值”的理念，教育引导党员干部和全体职工积极践行“恪尽职守勤勉奉献，忠诚攀钢奋斗进取，敬廉崇洁修身律己，抵御诱惑清白干事”的深刻内涵。二是注重培育廉洁文化土壤。利用内外部媒体平台，刊发践行社会主义核心价值观及攀钢廉洁文化建设等相关稿件 300 余篇，将社会主义先进文化、鞍钢集团和攀钢企业文化、廉洁文化教育抓在日常。持续做好攀钢精神文明创建工作，持续丰富攀钢廉洁文化内容，与党内政治生活、政治文化、社会主义法治文化相融相通，成为党员干部和全体职工的思想共识和价值追求，着力培育具有新时代攀钢特色的廉洁从业、廉洁用权、廉洁修身、廉洁齐家文化土壤。三是注重养成廉洁文化风尚。组织召开领导班子民主生活会引导领导干部主动接受监督，各级党委组织开展“廉洁反思日”专题党

课活动等，充分发挥党内政治生活对党员干部的教育、管理、监督作用，教育引导党员干部树立“廉洁是忠诚之基、廉洁是规范之本、廉洁是生产动力、廉洁是全家幸福”的思想观念，真正做到“想干事、会干事、干成事、不出事”。下发节假日警示案例通报、生活第一课案例等廉洁警示教育材料30余个，基层单位通过党支部“三会一课”、作业区工作会议、班前会等持续开展廉洁教育，教育引导广大职工传承忠诚老实、公道正派、艰苦奋斗、清正廉洁的文化基因。

2. 打造“点线面”教育阵地，提升廉洁文化影响力

一是以打造攀钢反腐倡廉教育展览馆，用好红色教育阵地为“面”。打造攀钢反腐倡廉教育展览馆，建立“电子忏悔录”“电子案例库”，制作“廉洁微视频”，实现教育资源多元化、数字化，建成攀西地区一流廉洁文化教育基地，2023年以来组织参观104场、3423人次受教育，发挥廉洁教育的主阵地作用。充分发挥攀枝花中国三线建设博物馆、攀枝花开发建设纪念馆、大田会议旧址和各区域、各单位红色阵地作用，创新开展“课堂+基地”实训模式，讲好三线建设史和攀钢故事，引导大家在潜移默化的红色教育中传承廉洁基因。二是以创新开展“纪法故事会”宣讲，丰富主题活动为“线”。连续2年分别以“纪法故事会—清廉工程”“纪法故事会—清廉家书”为主题，深入基层开展巡讲20场、2000余人次接受教育，引导党员干部及亲属增强廉洁意识，身临其境接受廉洁、警示教育。各级党委以多种形式强化廉洁主题活动，开展“赓续红色血脉　建设廉洁文化”主题读书活动133场、2590人次参与；开展“重温两书　坚守初心”党性教育活动139场、2470余人次参与；开展“以案为鉴　警钟长鸣”读书警示教育活动125场、1040余人次参与，在潜移默化的主题活动中传承廉洁基因，引导党员干部进一步涵养清廉自守的精神境界。三是以打造基层“廉洁示范区”，丰富基层活动为“点”。在钢铁板块，打造“党风正、家风好、钢厂兴”廉洁文化长廊；在矿业板块，建设攀枝花原点博物馆，让基层干部职工在“家门口”就能沐浴清风，接受廉洁文化浸润，以“文”化人，以“廉”赋能。开展廉洁文化作品征集活动，征集书法、漫画、歌曲等作品350余件。基层党组织通过廉洁征文、廉洁知识竞赛等多样的活动，引导基层党员干部职工养成廉荣贪耻、守信践诺的道德观念。

3. 强化“正反”教育，推动廉洁文化入脑入心

一是抓好形势任务教育。召开警示教育大会、党委会、中心组学习等，及时学习传达习近平总书记的重要指示批示，及时讲清全面从严治党的形势任务，深刻认识党风廉政建设和反腐败斗争的严峻性、复杂性、长期性，教育党员干部始终保持廉洁本色、守住廉洁底线。二是做好正面典型教育。挖掘鞍钢集团和攀钢英模人物、先进典型的先进事迹、廉洁故事、优良家风，以及各级党组织廉洁工作动态，在《攀钢日报》《中国冶金报》等内外部媒体进行宣传报道；依托《攀钢日报》刊发廉洁优秀文章等、转发鞍钢集团纪委“每月一鉴”，引导教育广大干部职工严守纪律规矩、筑牢思想防线，弘扬正能量。三是强化反面警示教育。拍摄警示教育片《清“蝗”记》《两面人生》《库存浪费猛于虎》《强高压　长震慑》《迟来的悔悟》等，编发、通报典型案例《工程建设领域典型案例剖析》《基层典型案例通报》等材料，编发《加油卡岂能成为“揩

油卡”》《管住“微权力”惩治“微腐败”》等案例材料6期，下发基层利用警示教育会、党支部“三会一课”等持续强化警示教育；督促发案单位按规定召开专题民主生活会、组织生活会等，相关人员“揭疤问短”、以案为鉴；组织职工旁听案件庭审、参观攀西监狱；积极落实中央八项规定精神，加强节假日廉洁警示教育和“四风”监督检查。通过抓实多种形式的反面典型警示教育，引导各级党员干部职工心有所畏、行有所止，守住底线，不踩红线。

4. 深化“六项工程”建设，拓展廉洁文化领域

一是深化“领导树廉”工程。以党员领导干部为重点对象，严格党内政治生活，严格落实年度党组织书记抓党建工作述职评议、党委班子成员抓党建工作定期报告制度，各级党组织开展党风廉政建设和反腐败工作会议，强化领导人员个人有关事项说明，引导党员领导干部严以修身、严以用权、严以律己，谋事要实、创业要实、做人要实，在廉洁文化建设中发挥示范导向作用。二是深化“学习促廉”工程。把学习贯彻习近平总书记关于全面从严治党重要论述、《中国共产党章程》《中国共产党纪律处分条例》、职工罚则等作为入党积极分子和预备党员培训、“万名党员进党校”培训等重要内容；常态化通过微信公众号、报刊、电视台及“班组五分钟”等载体开展法律合规文化宣传教育，开展法律合规网络培训；组织各级领导人员和关键敏感岗位人员观看警示教育片。通过强化党员的党规党纪教育、针对全体职工开展纪法培训和合规培训等，促进党员干部和全体职工知纪懂法、遵纪守法。三是深化“文艺颂廉”工程。发动文艺骨干深入基层一线，开展主题鲜明、导向正确、艺术感染力强的廉洁文艺作品创作；鼓励干部职工创作“小而美”的廉洁文艺作品，征集和展示书法、美术、小小说、古诗词、对联、歌曲等廉洁文化作品，选取职工优秀颂廉作品在微信平台推送，进一步提高廉洁文化活动的开放度和职工群众的参与度，增强廉洁文化的吸引力和感染力。四是深化“家庭助廉”工程。每年邀请领导人员的家属与其一起参加提职第一课，共同接受警示教育；开展“清风寄语　家书话廉”清廉家书宣讲。各级党委开展各类家庭助廉活动，教育引导党员干部带头树立良好家风，注重家庭、注重家教、注重家风；倡导父母示范家风、夫妻掌舵家风、子女继承家风；引导党员干部爱护家庭声誉，珍惜家庭幸福，带头建设廉洁家风。五是深化“媒体督廉”工程。聚焦攀钢三项制度改革、物流专业化整合、普钢板块一体化整合等重点任务，强化职工思想研判和引导，通过“班组五分钟”等宣传载体，加强改革宣传，及时答复职工关心关注的问题，释疑解惑，引导职工积极支持、参与改革。充分利用媒体资源，准确发布党风廉政建设和反腐败权威信息，及时回应广大职工和社会关切，加大舆论监督力度。六是深化“制度保廉”工程。以“清风工程”专项行动为抓手，围绕工程建设、招标采购、资源资金等领域开展专项治理，持续治理“自由裁量权过大、监管缺失、不当惯例”，强化建章立制，积极将廉洁要求嵌入制度机制中，持续加强攀钢廉洁风险防控。攀钢各级单位积极把较成熟、可践行的廉洁要求与管理制度相结合，将廉洁文化“固化于制”，渗透到职工思想中，落实到职工行动上，增强制度的约束力。

四、攀钢持续推进廉洁文化建设的主要成效

攀钢将廉洁文化主动融入企业生产经营和改革发展中，在潜移默化、润物无声中彰显教育成果，党员干部职工拒腐防变的思想防线进一步筑牢，职工群众干事创业的氛围进一步夯实，企业风清气正的良好政治生态进一步显现。

（一）推动企业全面从严治党持久深入

通过加强廉洁文化建设，发挥廉洁教育基础作用，从思想上固本培元，强化了国有企业严的氛围，促进了各类监督贯通融合、协调协同，形成了强大合力。攀钢自2021年以来查办的违规违纪违法案件数量逐年上升、质量持续提高，追赃挽损取得突破性成效，企业政治生态持续向好。

（二）推动企业形成持续有效的内控体系

对照巡视巡察、纪律审查、审计等监督发现和揭示的问题，深入分析查找问题产生的体制机制性根源，持续完善内控制度体系。2021年以来，聚焦招标采购、资源处置、工程建设、财务资金等权力集中、资金密集、资源富集的关键领域，各相关单位制定修订《废旧资源综合利用管理办法》《备件管理办法》《工会经费收支管理办法》等制度300余项，及时防范自由裁量不规范、监督管控不严格、制度机制不健全、责任落实不到位等问题，确保企业内部管控有章可循、有据可依和有效执行。

（三）推动企业崇廉尚廉的理念逐渐形成气候

通过持续推进廉洁文化建设，攀钢全体党员干部职工廉洁意识不断增强。近年来，反映领导人员问题线索转立案数量持续下降；职工酒驾醉驾、偷盗、吃拿卡要等违纪违法行为明显减少；2021年以来，累计336人主动向党组织报告相关问题，主动报告问题逐渐变为“常态”，企业清风正气得到弘扬、崇德尚廉蔚然成风。

（四）推动企业干事创业氛围进一步夯实

通过持续推进廉洁文化建设，为攀钢生产经营和改革发展提供坚强保障。2022年以来，顺利完成物流板块一体化管控、普钢板块一体化整合等重大改革任务，成效显著。2021年，攀钢实现经营利润70.53亿元，创历史最高水平；2022年，实现经营利润10.36亿元，跑赢大盘；2023年，全面承接落实鞍钢集团应对严峻形势的十项举措，全年实现营业收入708亿元、经营利润10.06亿元，销售利润率1.42%，完成鞍钢集团考核目标。

以理念为引导　以制度作支撑　以方式求突破　创新驱动纪检监察工作高质量发展

河钢集团舞阳钢铁有限责任公司纪委
张华军　王世云　张　宁

党的十八大以来在党中央坚强领导下，在习近平新时代中国特色社会主义思想的科学指引下，全面从严治党取得了举世瞩目的伟大成就。在坚持和加强党的全面领导、全面从严治党新征程上，如何坚持以党的创新理论为指导，把学习习近平新时代中国特色社会主义思想成果，尤其是习近平总书记关于推进党的自我革命、健全全面从严治党体系、全面加强党的纪律建设等重要论述转化为推动党风廉政建设和反腐败斗争，以及纪检监察工作理论和实践创新的内生驱动力，不断健全完善全面企业全面从严治党责任体系和监督体系，具有重要的现实和历史意义。

一、思想理念创新推进监督执纪工作理念变革

“思想一变天地宽”。思想是行动的先导，在深化全面从严治党过程中，纪检监察工作者必须不断学习管党治党、兴党强党的新理念新思想新战略，坚持理念超前、敢为人先的进取意识，在思想观念上找差距、找出路，以思想变革引领工作变革，才能不断地推进纪检监察工作高质量发展。

（一）通过加强政治理论学习促进认知的变化

长期以来，企业的管理者们习惯性地认为其最重要的工作就是搞好生产经营，通过生产具有强大竞争力的产品，创造更多的经济效益，导致个别企业出现了重生产经营轻党建工作情况，造成党的领导和党的建设弱化、虚化、淡化、边缘化的问题。但国有企业是中国特色社会主义的重要物质基础和政治基础，是我们党执政兴国的重要支柱和依靠力量，是党领导的国家治理体系的重要组成部分，必须坚持党的领导、加强党的建设。纪检监察机关作为推进全面从严治党的重要力量，必须以高素质的队伍为纵深推进全面从严治党提供坚实保障，这就要求纪检监察工作者必须不断深化对管党治党规律、反腐败斗争规律的认识，积极学习理论知识和提升监督执纪水平。日常

中，要坚持学习习近平总书记关于全面从严治党、党风廉政建设和反腐败斗争系列重要论述，在学懂弄通做实上下苦功夫，把习近平新时代中国特色社会主义思想落实到纪检监察工作全过程各方面，在深化认识中提高认知。河钢集团舞阳钢铁有限责任公司（简称舞钢公司）纪委建立了每周学习例会制度，坚持领导领学、个人诵读、专题讲座相结合，认真学习习近平新时代中国特色社会主义思想和党的重大方针、政策、党规党纪等，集中学习纪检监察业务知识，把自己的思想摆进去、把工作摆进去、把职责摆进去，不断提高把握政策、监督执纪、统筹谋划工作等能力。

（二）通过工作对标学习促进工作思维的变化

企业要生存、要发展，要在激烈的市场竞争中立于不败之地，会经常性地向同行进行各种各样的对标学习。企业纪检监察工作要想更好地发挥监督保障执行、促进完善发展作用，也需要不断地开展对标学习，让每一个纪检监察工作者通过岗位和业务对标，进一步拓宽视野，接触和学习同行更多的优秀经验和做法，拓展工作思维，推动工作理念创新，进而推动工作方式创新，更好地厘清工作思路，全面提升工作质量和效率。舞钢公司通过学习集团内部兄弟单位先进工作理念，结合自身企业特点，提出了“单一管理监督向监督创效转变、单一部门监督向全系统全员监督转变、单一执纪问责向做好案件‘后半篇文章’转变”监督理念，引导推进监督方式创新、监督力量贯通创新、监督效果转化创新，全面提升监督治理效能。通过对标学习，探索了实施了纪检监察干部下沉一线“包片联点”制度，包片干部每周下基层一次，听取被包片单位落实上级纪委关于开展党风廉政建设和反腐败工作重要部署，协助其厘清思路，明确工作方向，指导开展同级监督和推进公司月度纪检监察重点工作等，全员全方位提升基层纪检监察机关工作质量。

（三）通过机构改革促进监督执纪工作体系的变化

长期以来，国有企业纪检监察机构改革同党中央加强党风廉政建设和反腐败工作的新形势新要求存在一定差距，相关内设机构缺失或者职责定位混乱，导致监督的广度、深度、力度不够，在执纪办案工作中不同程度地存在材料不够完整、定性不够精准、文书不够规范、程序不够严密等问题，影响了监督执纪权力的规范运行和纪检监察工作的质量。基于以上问题，舞钢公司纪委结合自身实际，立足职责定位，广泛收集意见建议，围绕监督不到位、覆盖面不够广、办案力量薄弱等问题，不断做实专责监督，搭建监督平台，织密监督网络，协助舞钢公司党委建设高效运转的监督体系。在原有监察室和纪检审理室的基础上，结合企业自身监督执纪审查工作特点，进一步理清部门职责和岗位职责，规范内设机构名称和职责，重新设立了信访监督室、监督监察室、案件审查室、案件审理室和原辅材料稽查室，人员编制由原来的 5 人扩展到 14 人。内设结构名称改变和数额增加的背后，是持续深化“三转”要求和监督执纪问责基本职能进一步强化的效果，既给想干事、能干事、会干事的优秀干部创造施展才华的平台，进一步激发了工作活力和内生动力，同时也为培养纪检监察后备人才奠定了基础，有效解决了监督力量不足、执纪审查人员缺乏的问题，使日常监督更加精准有力，案件查办程序执行更加规范、执纪审查监督更加有效、案管数据管理更加科学。

二、制度建设创新推进监督执纪工作规范有序

习近平总书记强调，“推进全面从严治党，既要解决思想问题，也要解决制度问题，二者一柔一刚、刚柔并济，同向发力、同时发力。”“全方位扎紧制度笼子，更多用制度治党、管权、治吏。”制度能够使管理工作更加规范化、系统化和科学化，避免在实践中目标模糊、效率低下，从而减少工作失误。这要求我们建立和完善全面从严治党的各项制度，并严格执行这些制度，树立制度权威。

（一）通过制定制度创新工作机制

新的工作机制通过有力制度支撑，明确工作目的、规范流程、制定标准，促进提高管理效率和效能，确保达到预期目的取得工作成效。舞钢公司制发了《舞钢公司各单位纪委向公司纪委报告工作实施办法（试行）》，规范报告内容和程序，督促各单位纪委书记增强监督责任政治意识。建立了《月度工作量化考核评价制度》，每月针对重点工作完成情况对二级单位党风廉政建设工作开展情况进行考核评价，推行先进和末位单位表态发言，促进各级党组织和各级领导干部自觉担当起管党治党政治责任，使考核成为促进“两个责任”落实的有效抓手。建立了廉政监督员聘任制度，两级纪委聘任党风廉政监督员 240 名，进一步延伸党内监督触角，实现监督全覆盖、无盲区。制发《舞钢公司纪检监察干部队伍暂行管理办法》，把对纪检监察干部的严管严治融入日常、抓在经常。制发了《舞钢公司基层纪委书记监督执纪工作办法（试行）》，明确了基层纪委书记的工作原则、监督对象、监督内容、监督方式，使基层纪检监察工作责任压得实、工作抓得牢、任务盯得紧，确保了基层纪检监察工作实效。制定出台《纪检监察系统责任体系实施办法》，规范了舞钢公司纪检监察系统责任体系，推动两级纪委精准履行监督职责，正确行使党和国家赋予的权力。舞钢制定《二级单位纪委向公司纪委报告工作实施办法》，建立了工作沟通汇报机制，便于舞钢公司纪委及时了解基层纪委工作动态，能够加强对基层纪检监察工作的指导。通过制定新制度，推动建立了比较完善责任体系和工作机制，规范工作流程，为推进纪检监察工作高质量发展提供了有力支撑。

（二）通过修订完善制度深化工作效果

修订制度是为了确保制度同企业发展实际相适应和有效性，是企业管理工作正常有序开展和企业改革发展的基础。舞钢公司根据《中国共产党章程》《中国共产党纪律检查机关监督执纪工作规则》等规定和上级纪委、公司党委的有关要求，及时完善有关议事原则、议事范围、议事规则等。根据上级文件制度精神，及时修订《舞钢公司纪律检查委员会委员议事制度》，持续加强纪律检查委员会自身建设，充分发挥纪委在党风廉政建设和反腐败斗争中的重要作用。根据舞钢公司领导班子调整后的工作分工

情况，第一时间修订《公司领导党风廉政建设责任分工》，督促领导班子成员认真落实“一岗双责”，认真抓好分管部门和分管工作领域的党风廉政建设和反腐败工作。修订《党风廉政意见办理工作规定》，对征求事项、回复口径、办理程序进行了细化和严格，针对干部选拔任用、个人事项报告、干部档案、人员招聘遴选等方面问题同组织部门建立完善了舞钢公司党委管理干部信息通报机制，保证了党风廉政意见回复的及时性、准确性、科学性。在深入贯彻落实全面治党“两个责任”清单基础上，根据舞钢公司纪检监察工作实际，制发《落实全面从严治党监督责任清单》，在落实全面从严治党“两个责任”的基础上，结合企业实际，总结工作经验，突出政治监督为引领，贯通各种监督力量为手段，对舞钢公司纪检监察监督任务和监督内容细化，进一步推进监督的具体化和精准化。

（三）严格制度执行保证工作落实

健全完善的制度机制如何有效发挥作用，需要执行者在企业管理和实践操作中严格程序执行、认真按规矩办事，对制度落实和执行情况进行监督检查是保证制度刚性约束的最直接也是最有效的手段。舞钢公司坚持每半年对各单位落实全面从严治党“两个责任”情况检查一次，通过列出具体问题清单，逐项检查工作落实的具体内容，进一步压实管党治党责任。每年年底撰写企业政治生态报告，对领导班子成员对照问题进行“画像”评价，向上级纪委上报备案。组织对“四个不直接分管”执行情况开展检查，通过对各单位主要领导工作分工情况检查，查看具体分管工作范围是否按照规定落实，进一步严格制度执行，严肃工作纪律，加强权力制衡监督。开展落实“三重一大”制度情况自查，舞钢公司纪委召开专题会议，要求相关职能部室从源头上认真履职，对照制度逐项自查是否严格按照决策制度履行相关决策程序，确保议事程序规范，决策内容科学，切实做到防范决策风险，促进廉洁从业的良好效果。两级纪委定期同基层党风廉政监督员沟通联系，召开廉政监督员座谈会反映基层监督情况，重点关注二级单位奖金发放、评优评先、干部选拔等执行制度情况监督检查，实现职工群众监督“零距离”。

三、工作方式创新推进监督执纪工作精准有效

随着全面从严治党进入新时代，党风廉政建设和反腐败斗争形势依然严峻复杂，纪检监察工作也将面临许多新的挑战和问题。为了适应党中央关于新形势下党风廉政建设和反腐败工作的新要求，进一步提高纪检监察工作的针对性、实效性，需要不断创新工作方式方法，精准地发现问题、解决问题，提高整个纪检监察工作的效率和效能，实现真正意义上的高质量发展。

（一）监督方式创新

坚持边学习、边调研、边工作、边总结，把党的创新理论运用于监督检查工作实践，深入基层一线、倾听群众呼声，明确监督重点，找准问题症结，制定切实可行的

监督方案，破解监督难题。舞钢公司纪检系统推行“四不两直”监督检查法，即不打招呼，不在办公室等线索、看资料，不是只到基层站站看看、听听汇报，不是面面俱到等，而是针对某一问题或某类监督项目直接到基层与职工面对面的谈话和闲聊漫谈中捕捉信息，直接到基层一线走走问问、查看资料，确保监督真、实、细，坚决避免监督虚化虚夸问题，促进各类监督活动扎实深入开展。针对到货原辅料质量波动影响生产顺行，以及造成舞钢公司经济损失问题，牵头组织开展原辅材料品质监督，舞钢公司纪委主要领导带队开展现场调研，结合实际制发监督文件，成立了监督队伍，每月定期对到厂原辅料品质检验进行抽查监督，实现35个品种监督全覆盖，督促采购部门同供应商签订《供采双方廉洁承诺书》，以强化廉洁风险防控助推公司堵塞管理漏洞，促进降本增效。运用“室组”联动监督机制加强政治监督，把贯彻习近平总书记重要讲话精神特别是对河北省工作的重要指示批示情况、党章党规党纪和宪法法律法规执行情况等纳入监督清单，确保政治监督目标有形有效。创新开展党员领导干部“八小时以外”活动监督，明确纪律要求，实施定期报告，贯通“八小时以内”和“八小时以外”监督，及时分析排查廉洁风险，及时发现处置干部队伍中存在的苗头性倾向性问题，通过实施全方位管理和常态化监督，推动遵规守纪内化为党员干部思想自觉和行动自觉。

（二）推进教育方式创新

习近平总书记在十九届中央纪委第二次全体会议上指出，要全面加强纪律建设，用严明的纪律管全党治全党。要加强纪律教育，使铁的纪律转化为党员、干部的日常习惯和自觉遵循。廉政教育注重从源头上宣传贯彻党中央和上级党委、纪委关于党风廉政建设的重要决策部署、方针和决议等，在整个全面从严治党体系中发挥基础性“治本”作用。舞钢公司立足于企业实际，建立了纪检系统“三级”廉政微信群，每日推送廉政信息，中层干部群每日推送格言警句及党纪释义；设置7个专题版块，每月定期编辑“廉政手机报”，全方位打造“指尖上的廉洁课堂”。强化对“关键少数”特别是“一把手”廉政教育，纪委书记每半年对各单位“一把手”进行廉洁从业集体谈话或“面对面”“一对一”的个人谈话，促其牢固树立起责任担当意识和纪律规矩意识。在舞钢公司“80后”“90后”科、处两级年轻干部中开展“坚定理想信念、牢记初心使命、正确对待权力、严守纪法规矩”专项纪律教育和纪律监督工作，组织全公司年轻干部开展了“我的廉洁格言”“我的廉洁偶像”“学习读书”活动，汇编廉洁格言成册，荐书读书活动以来已推荐《知行八谈》《何为国之大者》《年轻干部廉洁教育案例读本》《给年轻干部提个醒》《画访谈——违纪违法年轻干部案例警示录》《纪律通识》《锻造——新时代全面从严治党》《从政提醒》《给年轻干部的一封信》9本，并写出读后感，年轻干部教育监督和管理进一步加强。

（三）敏感岗位监督创新

敏感岗位是企业容易滋生腐败现象的危险环节，该岗位人员违规违纪的根源，除了自身思想意识薄弱和自我约束不严问题，根本的在于权力运行缺少制度的制约和机制制衡。舞钢公司纪委制发了《廉洁风险防控管理办法》，强化对关键岗位人员权力运行的廉洁风险防控和制约监督，结合实际从高向低明确了A、B、C三级岗位风险等级，按照管理职责梳理和识别A和B两个级别风险等级人员信息708人，确保风险防范目标精准、措施有力。强化招投标抽查监督，坚持每季度按照公开招标、邀请招标、议标不同比例抽查招投标项目，针对发现不规范问题，下发监督建议书督促管理部门认真落实整改，切实做到规范操作，依法依规招标。建立廉洁风险岗位“十二必调”工作机制，针对岗位人员发生渎职失职问题、利用职务便利以权谋私、不正确履职给公司造成影响、同一岗位长期任职超过规定年限等情形提出必调建议，有力加强了对重点人员、重点岗位、重点领域等权力的监督和制约。深化同级监督建立廉情抄报机制，舞钢公司纪委将日常监督检查、审查调查中发现涉及分管部门和单位的突出问题，采取点对点书面抄报同级分管领导班子成员，以便于其全面掌握相关单位党风廉政建设情况、了解分管领域党员干部廉洁履职情况，督促其充分落实管党治党政治责任，认真履行“一岗双责”，做到严于律己、严负其责、严管所辖。

舞钢公司纪检监察机构不断推进“以理念为引导、以制度作支撑、以方式求突破”工作思路，在实践中深化运用党的创新理论，全方位提升了监督执纪工作成效，全系统提升了监督执纪工作水平和质量，纪检监察干部精神面貌和工作状态焕然一新，创新驱动纪检监察工作高质量发展。

健全公司监督体系、深化协同监督机制

江苏沙钢集团有限公司董事局纪检审计法务部
陈　晶

一、引言

在现代公司治理中，监督体系在维护公司运营的公平性、保护股东利益、预防和减少风险及提高公司治理水平等方面发挥着至关重要的作用，而协同监督机制的深化更是适应复杂多变的市场环境和公司发展需求的关键。随着经济的发展和钢铁行业市场竞争的加剧，各公司都面临着日益复杂的内外部环境，为了确保公司的稳定运营和可持续发展，健全的监督机制显得至关重要。同时，单一的监督模式往往存在局限性，需要深化协同监督机制，整合各种监督资源，形成监督合力，以更好地发挥监督效能。然而，在实际操作中，许多公司在监督机制方面存在着不完善、不协同等问题，影响了公司的治理水平和发展前景。因此，深入研究如何健全公司监督机制并深化协同监督机制具有重要的现实意义。

二、在当前公司监督体系中存在的问题

（一）监督主体分散，缺乏统一协调

公司监督体系中纪检、审计、法务、财务等各项监督隶属于不同的部门，不同监督部门之间的职责界限模糊，存在交叉或空白，内部监督力量之间缺乏紧密协作，未能形成信息共享、优势互补的良好局面，导致监督工作存在重复或遗漏，难以发挥整体监督合力，难以应对复杂多变的风险形势。

（二）信息沟通不畅，外部监督衔接需加强

监督部门与业务部门之间信息共享不及时、不全面，影响监督的及时性和准确性；同时与政府监管部门等外部监督力量的沟通协调机制不健全，不能有效借助外部监督资源。

（三）监督形式单一，监督方法滞后

许多公司的监督形式主要依赖于事后审计和信访检查，缺乏对公司运营过程的实

时监控和预警，具有一定滞后性，难以在问题发生之前及时发现和解决；且监督方法仍主要依赖传统手段为主，对大数据、人工智能等新技术运用不足，新业务模式下的监督创新不足，难以适应公司发展的新要求。

（四）监督制度不完善，重点不突出，结果运用不充分

缺乏系统、全面的监督制度体系，对监督的职责、权限、程序等规定不明确，使得监督工作缺乏规范性和可操作性；未能明确界定关键监督领域和风险点，使得监督资源不能合理分配，不能有效防控重大风险；发现问题后整改跟踪不到位，对相关责任人的问责不严格，未能有效发挥警示作用。

三、建立健全监督体系并深化协同监督机制的意义

首先，建立健全的监督体系有助于整合和优化监督资源，实现资源的有效配置和高效利用。这不仅可以避免监督工作的重复和浪费，还能提升监督工作的效率和效果。通过协同监督机制，不同部门、不同层级的监督机构可以形成合力，共同推动公司监督工作的深入开展。

其次，深化协同监督机制有利于防止“监管盲区”的出现。在复杂的公司运营环境中，单一部门的监督往往难以覆盖所有领域和环节。通过协同监督机制，不同部门之间可以实现信息共享和交流，及时发现和解决问题，确保公司运营的全面性和规范性。

再次，建立健全的监督体系并深化协同监督机制还有助于形成有效的风险防范和应对机制。通过对公司运营过程中可能出现的风险进行预测、评估和控制，可以及时发现并消除潜在的风险隐患，确保公司的稳健运营。

最后，这种体系还有利于提升公司的整体形象和信誉度。一个拥有完善监督体系和协同监督机制的公司，往往能够赢得股东、投资者和公众的信任和认可，从而提升公司的市场竞争力和品牌价值。

四、沙钢集团建立健全监督体系及深化协同监督机制的探索

（一）健全公司监督体系的策略

1. 进一步明确及完善监督职能

在原有已设立独立纪检监察及内部审计体系的基础上，2023 年，江苏沙钢集团有限公司（简称沙钢集团）董事局根据公司发展和外部环境变化，不断优化和完善监督体系，设立集团合规与风险管理委员会，并明确委员会的具体职能职责；并在集团合规与风险管理委员会的统一领导下，各成员企业结合企业生产经营实际，以“强合规、防风险”为主线，不断建立健全合规与风险管理体系建设，设立成员企业业务部门、集团风险管理专业小组等及集团纪检审计法务条线三道风险防线，明确监督管理职责，建立健全内部控制制度，涵盖公司各个方面和环节，确保公司运营的合规性和有效性。

2. 利用信息技术提升监督效能

利用信息技术，打造一体化的监督信息共享平台，便于各监督主体及时上传和获取信息，实现信息的实时共享和动态监控，提高监督效率和效果。沙钢集团 2023 年开始实施纪检审计法务信息化平台建设，一方面整合各类监督资源，包括人员、信息、技术等，规范协同监督流程，明确各环节的责任主体和工作要求；同时通过各种管控模型提供数据分析和决策支持功能，对海量监督数据进行挖掘和分析，发现潜在风险和问题，帮助监督主体做出科学合理的判断和决策。

3. 多元化监督主体

（1）引入外部审计机构。外部审计人员的工作独立于企业的所有者和经营者，且具有较强的审计专业知识和技能，在审计实践方面经验丰富。近年来，鉴于公司外部环境影响及自身业务开展所带来的监督任务繁重及审计业务质量要求越来越高，沙钢集团引入普华永道等专业审计机构对项目建设等重点领域开展独立审计，提供客观公正的审计意见。

（2）鼓励员工、业务单位及第三方人员参与监督。健全信访举报渠道，建立举报奖励机制，鼓励员工和外部人士向沙钢集团报告生产经营过程中的不正当行为，确保问题及时反馈，沙钢集团及各成员企业在涉外场所公开信访举报电话、邮箱、微信二维码，对信访线索登记台账、实行销项的工作机制，确保问题查深、查细、查实、查到位。

（二）深化协同监督机制的措施

1. 加强企业内部协同

（1）整合公司现有监督资源，加强各监督主体间的协同。沙钢集团及各成员企业纪检、审计、法务机构合并、合署办公，建立了联合工作机制，明确了信息传递、问题反馈、联合行动等环节的具体要求。在共享监督成果和信息方面，通过内部例会或定期报告等形式确保各方及时掌握相关情况；在针对重点项目或领域监督方面，能有效抽调各条线人员开展联合监督检查；同时通过内部培训与交流，能提升彼此对其他条线业务的熟悉程度和协同能力，进一步提高协同工作效率。

在具体工作中，纪检条线明确监督重点和纪律要求，为审计和法务工作提供纪律指引，同时对审计和法务发现的涉及违反党纪政纪的线索进行深入调查和处置；审计条线开展全面细致的审计工作，将审计发现的可能涉及违规违纪或法律风险的事项及时通报给纪检和法务，为纪检和法务提供审计证据支持；法务条线负责对公司各项业务活动进行法律审核和合规风险评估，协助纪检和审计部门理解和运用相关法律法规，对违规行为进行法律定性，为纪检和审计部门在调查处理过程中提供法律建议和指导。

（2）构建全方位兼职监督体系，加强不同层级间的协同。为了应对专职监督部门在人力和覆盖范围方面存在的局限性，以及拓展公司现有监督体系覆盖广度和监督深度的需要，沙钢集团在原有专职监督体系基础上，建立涵盖各业务部门、职能管理部门的全方位多层级兼职监督体系。利用他们更熟悉具体业务、流程、制度的优势，并通过对兼职监督体系进行有效管理与考评，可以更及时、全面地发现风险及苗头隐患，及时采取应对措施化解、控制或转移风险，使兼职监督体系成为专职监督的有效补充，促进企业健康运行，实现企业的可持续、高质量发展。

目前兼职监督网络共有工作组 32 个，覆盖了供应、销售、财务、招标、项目建设、生产、质量、设备等各个专业条线，以及烧结、焦化、炼铁、炼钢、轧钢等各生产分厂。每个工作组下设二级管理网络，使沙钢集团的兼职监督体系横向到边、纵向到底。各工作组主要职责包括：对本部门、本条线业务涉及的作业文件、规章制度的执行情况进行内部审计或专项检查；对本部门发生的干部职工违规违纪事件进行初步调查，根据事件性质报相关职能部门；协调、配合各类涉法事务的处理，督促相关人员及时上报异常合同，检查跟踪后续处理进展等。各工作组实施工作计划管理，明确工作目标及考评标准，将工作实绩纳入经济责任制考核，促进工作绩效的提升。

2. 强化企业外部协同

（1）加强与政府监管部门的协同。当前经济社会环境下，企业与政府部门之间的关系日益密切，其中监督协同是两者互动的重要方面。沙钢集团重视与政府部门间的协同监督，纪检、审计、法务等主要监管条线与政府纪委监委、检察院、法院、公安等部门不定期开展交流活动，除了积极配合落实政府部门各项监管活动，如应张家港市合规监管委员会的要求启动合规管理体系建设工作等，以及了解政策动向和监管要求、主动配合监督检查及相关问题整改外，同时企业也发挥自身优势，为政府部门提供专业意见和建议，提升政策的科学性和可行性。

（2）加强与行业协会的协同。各钢铁企业加强与钢铁行业协会的监督协同是推动行业持续发展的必然要求，通过与行业协会的沟通与合作，充分发挥各自优势，能够有效提升行业监督水平。沙钢集团作为中国钢铁工业协会的一员，除了能积极配合对企业生产、安全、环保等各方面的协同监督，确保合规外，也能积极参加协会组织的各项监督检查交流活动，积极反馈监督实践经验，保障行业可持续发展。

五、结论

建立健全公司监督体系并深化协同监督机制是一个系统性、长期性的工程。需要公司管理层高度重视，各部门密切配合，全体员工积极参与。通过不断完善制度、加强协同、创新手段等方式，形成全方位、多层次的监督格局，持续提升监督效能，为公司的可持续发展奠定坚实基础。同时，要结合公司实际情况，不断探索和实践，总结经验教训，推动监督体系和协同监督机制的不断优化和升级。只有这样不断适应市场环境和自身发展的变化，确保公司始终保持良好的运营状态和竞争优势，才能真正实现公司的有效监督和健康发展。

陕钢集团龙钢公司构建“大监督”体系的探索与实践

陕钢集团陕西龙门钢铁有限责任公司纪委

位于秦晋交界、黄河龙门古渡、司马故里韩城市的陕钢集团陕西龙门钢铁有限责任公司（简称龙钢公司）是陕西钢铁集团有限公司下属的全资子公司，在岗员工9000余人。近年来，龙钢公司紧紧围绕“国内一流、行业领先”总目标，根据上级构建“大监督”格局的总体部署，坚持问题导向、目标导向、效果导向，聚焦构建高质量“大监督”体系，深入剖析监督中的问题，不断创新监督工作体制机制，形成“职责统一行使、资源集中调度、内容全面覆盖、成果开放共享”的大监督协同机制，助推企业高质量发展，企业综合竞争力不断增强。

一、实施背景

龙钢公司始建于1958年，半个多世纪以来，经过不断地发展，一代代龙钢人在党的领导下，发扬艰苦奋斗、自力更生、不屈不挠、开拓进取的奋斗精神，把一个“五小”企业发展成为一个具有年产钢近千万吨规模的钢铁联合企业。

党的十八大以来，中国特色社会主义进入了新时代。随着全面从严治党的深入推进，以及企业加快改革发展和转型升级，部分职能部门和干部职工身上表现出来的一些不好苗头引起了龙钢公司党委的高度重视，诸如一些职能部门职责交叉边界不清、企业内部监督机制运行状态不佳、队伍风险隐患触角不灵、从严管党治企责任不实等。为此，针对企业发展过程中出现的新问题，龙钢公司党委明确提出，要切实以党内监督为主导，促进各类监督贯通协调，构建完善监督体系，进一步防范业务领域违规违纪风险，规范党员干部及各级管理人员行为，确保企业持续稳定健康发展。

二、推动构建“大监督”体系的重要意义

（1）构建“大监督”体系是严峻的生产经营形势下防范化解各类风险的需要。自钢铁行业再次进入行业寒冬以来，阶段性亏损、长期低盈利，过紧日子成为常态。深化改革、转型升级、扭亏脱困成为最为迫切的任务。在生产实践中面临着经营决策、选人用人、资金管理、采购销售、外委外协等各种风险，任何一个环节中出现问题，都会将风险转变为损失。因此，完善内部控制体系，建立有效的内控监督机制，是企

业面临的一个难题，企业能否抵御“寒冬”，持续健康发展，均需要及时有效的监督做保证。

（2）构建“大监督”体系是破除纪检监察监督“局限性”的有效途径。企业内部管理流程复杂，涉及生产、经营、财务、人力、项目、采购、销售等各个方面，每个环节都有可能产生漏洞和风险，纪检部门不可能全面监督到位。实施“大监督”体系，赋予专业部门专业监督的职能，可以有效弥补，纠正“监督是纪检部门一家的事”的误区，改变孤军奋战的现状，从而充分发挥企业内部监督资源的作用。

（3）构建“大监督”体系是解决公司内部监督体系“孤立性”、整合监督资源的有效方法。由于企业内部各职能部室相对独立开展工作，监督信息、经营信息更多地局限于部分领域，阻碍监督工作的高效开展，导致监督不聚焦、不精准，也容易产生监督盲区，使得监督重点发散、靶向偏离，不利于龙钢公司提升内部管理水平。通过监督资源的整合，可以形成互补效应，形成监督合力，提升监督效能。

三、构建“大监督”体系

（1）建立党委牵头抓总、纪委协调督办的组织机构。在龙钢公司党委统一领导下，由龙钢公司纪委牵头，建立“大监督”组织机构，将龙钢公司审计、法务、计财、民主、信访、舆论等各种监督力量有效整合贯通起来。通过纪委督导推动各职能部门履行好监督职责，实现监督横向到边；通过各职能部门自上而下的监督监管，实现监督纵向到底；通过逐级压实监督责任，层层织密监督网络，形成一级监督一级、各级监督互联互通、衔接有序的大监督组织体系。

（2）建立职责界面明晰、程序严谨规范的工作机制。通过组织各业务主体单位、职能部门和纪检部门充分开展研讨，建立了联席会议、信息报告通报、问题线索移交、联合监督、跟踪督办、协调配合、责任追究等工作机制，整合了监督力量和资源，强化监督效能，形成强有力的“大监督”格局。

（3）建立全方位联动、成果共享运用的协同体系。以“大监督”为依托，盘活各类监督力量，形成纪委专责监督，职能部门各负其责，依靠干部职工支持和参与的“多位”协同机制。同时，坚持将监督与生产经营工作相结合，紧盯经济技术指标，强化“人、财、事、物”等重要环节制度执行和权力运行审计监督，发挥“大监督”统筹协同、集成共享作用，打好监督工作“组合拳”。

四、“大监督”的做法与成效

近两年来，龙钢公司党委、纪委紧密围绕企业改革发展大局，统筹推进“大监督”体系建设，经过探索和实践，龙钢公司全区域监督工作基础不断夯实，监督体系更加健全完善，多层面、多样化、立体式监督格局稳步推进，“大监督”的优势和作用持续彰显。

（1）扛牢政治责任，强化政治监督。龙钢公司纪委始终心怀“国之大者”，聚焦“企之要务”，持续推动政治监督融入日常、做在经常。一是把握监督方向，推进政治监督具体化。聚焦政治与生产经营业务相结合，透过业务看政治、透过表象抓根本，把准政治方向，严明政治纪律和政治规矩，保障党委决策部署落实见效。二是锚定监督靶向，推进政治监督精准化。注重从事关企业重大决策部署落实上发现问题，精准分析问题，提出具体应对措施，构建“发现问题—督促整改—验证检查”的闭环管理，把政治监督成效转化为服务企业高质量发展的实际成果。三是夯实监督责任，推进政治监督常态化。一方面强化党委主体责任，及时更新全面从严治党主体责任清单，通过开展约谈提醒等方式，层层传导责任压力；另一方面强化纪委监督责任，将管业务与管监督有机统一，把握区域性、行业性政治监督特点，紧盯关键环节、关键节点、关键岗位，形成横向联动、纵向贯通的监督局面。

（2）做实日常监督，增强监督质效。龙钢公司党委、纪委不断强化监督职能，把日常监督做深、做实、做细。一是聚焦作风建设、安全生产、小微权力等重点工作，建立周梳理、月督促、季汇报工作机制，通过专项检查、实地调研、个别访谈、列席会议等方式，把握整体情况、发现薄弱环节、纠治突出问题，从不同着重点入手，以点带面推进工作。二是聚焦“一把手”及班子成员履职尽责、履职用权、廉洁自律等情况加强监督检查。尤其在选人用人上进行全过程监督，紧盯选拔任用动议、民主推荐、考察、公示等关键环节，坚决防止“带病提拔”。三是聚焦“靶向治疗”，用监督建议实时纠偏。加大节日期间监督检查力度，重要节点前夕，协同有关职能管理部门赴重点单位进行督导检查，着力督办重点线索，对群众举报、明察暗访发现、巡视移交和相关部门转来线索进行统筹梳理，坚决惩治。

（3）加强联动协同，提升治理成效。在龙钢公司党委集中统一领导下，以政治监督为统领，不断加大联合监督检查力度。一是龙钢公司纪委立足“监督的再监督，管理的再管理”，督促协调各职能部门履行好各自监督职责，并结合监督检查龙钢公司党委的重大决策部署贯彻落实情况，将专项整治工作与推进重点任务相结合，与业务工作同研究同部署同落实，推动廉洁风险与业务风险同防同控，提升协同并进的叠加效果。二是党群联合财务、人力、审计、品牌、项目建设等部门，深入开展党建领航机制落实的监督检查，重点检查是否存在制度落实不到位、重点领域和关键环节工作落实不力等情况，在监督检查中及时提出整改意见或建议，形成齐抓共管的工作局面。

（4）聚焦关键环节，强化风险防控。紧盯资金管理、项目建设、备品备件管理、采购招标等重点领域和关键环节，多维度整合监督资源，综合施策推动，针对重点开展监督检查，尽可能减少频次，为基层减负赋能。紧盯权力运行各个环节，让权力在阳光下运行，加强源头防控，把职能监督贯穿始终。积极组织各部门和所属单位按照业务谁主管、监督谁负责的原则，梳理业务工作中的关键环节和廉洁风险点，制定风险防范措施，明确监督事项、监督内容、工作标准、监督路径和方法、监督频次，逐项逐条落实责任人，形成监督清单，筑牢监督防线，确保稳步推进。

（5）服务中心大局，力求监督实效。根据构建“大监督”体系，龙钢公司党委履行主体责任，牵头建立“大监督”工作领导小组，统筹党群、纪检监察、行政、工会、审计、财务、法务、安全环保、项目建设等职能监督资源和监督力量，围绕责任落实、权力运行等重点环节，持续深化监督责任，努力把事后监督向事前、事中延伸，切实将各级权力置于有效监督之下。采取定期听取工作汇报、组织专项监督检查等形式，统一行使党内监督和对生产经营管理的监督职能，担负起全面监督的职责，统筹协调各类监督管理工作，实现党内监督、业务监督、经营监督的全覆盖，提高监督效率，形成监督合力。

五、存在的问题

（1）思想认识仍有偏差。一些职能部门思想重视不够，重业务轻党建思想仍较普遍，认为没有什么实际效益，只要不出问题就可以了，重管理轻监督，当出现问题才要求纪检部门参与。事前监督、事中管理弱化，日常监督重视不够。

（2）合力还未完全形成。一些业务部门在经营过程中过度依赖纪委、审计、民主评价等部门进行监督，还有一些单位认为监督只是纪检部门的事情，对自身潜在的问题认识不到位。这些都是影响监督合力形成的原因。

（3）监督效果还不明显。各监督主体工作存在纵向交叉重复，缺乏统筹协调。如审计负责经营和财务监督，人力资源负责干部监督，审计、法务负责合规性监督，这些监督内容存在交叉，力量分散。上级监督远、同级监督软、下级监督难的现象仍然存在。

（4）监督力量还比较薄弱。伴随着纪检监察体制改革的逐渐深化，必须对龙钢公司生产经营进行全方位的监督，才能实现真正抓住关键，但在过去很长一段时间内监督手段、方法单一有限，监督力量不强、监督人员专业知识欠缺，在腐败手段隐形变异、翻新升级等问题方面，发现和解决的能力不强，不能很好适应实际监督需要。

六、进一步完善“大监督”体系的建议

（1）统筹谋划工作。加强联动贯通机制创新，协同做好监督检查工作。聚焦职能职责，进一步细化各监督部门监督职责分工和协作机制，充分发挥以党内监督为主导，有效发挥纪检专责监督、审计经济监督和相关部门职能监督作用，持续加强对所属各单位的监督力度，不断延伸监督触角，提高监督实效，切实把大监督建设与党中央决策部署以及企业中心工作和战略目标任务有机结合，一体推动解决改革发展及业务建设与经营管理方面存在的突出问题。

（2）统筹组织实施。坚持“上下一盘棋”，同部署同联动同落实，常态化召开大监督联席会，研究推进重点工作事项，定期及时通报各自工作中发现的重要情况，沟通协调多方资源统筹和协作配合事宜，研究解决案件线索查处过程中遇到的难点和问题。加强跟踪规划计划落实和工作进展情况，跟进监督、动态监督，形成监督工作有机闭环，确保监督作用得到有效发挥。

（3）统筹运用机制。建立健全大监督配套制度，尤其是成果运用和评估机制。着力补短板、强弱项、堵漏洞、防风险，做到有形覆盖和有效覆盖相统一，不断增强大监督工作的系统性、实效性。加大信息化管控力度，灵活采取线上和线下相结合的工

作方式，对发现的问题和整改意见建议，结合职能职责认真研判分析、深究原因、解疑破题、精准施策，将大监督成果转化为推动改革发展的具体成果，打造监督、整改、治理有机衔接，推动制度机制建设质量和企业治理能力不断提高。

（4）统筹集成合力。坚持稳中求进、实事求是、依规依纪依法，加强重点风险管控和重大事项监督，对龙钢公司重点工作开展实地调研，进一步完善风险管控任务清单和监督事项清单。充分发挥各类监督的专业优势，提高“大监督”和管理监督检查双向发现问题的准度和深度，增强日常监督针对性、实效性，避免各类监督交叉并行、增加基层单位工作负担，着力形成资源共享、优势互补、有效联动的监督工作局面。

七、结束语

构建“大监督”体系是创建具有核心竞争力国有企业的有效方法和途径。新征程上，应不断总结大监督体系建设的宝贵经验，不断思考、探索和创新，努力打造和培育“积极主动监督、形成合力监督”的文化氛围，丰富和完善“大监督”机制，保持驰而不息的永续发展动力，为企业健康持续高质量发展保驾护航。

以“室组”联动为载体
优化纪检监察量化考核评价体系

河钢集团承德钒钛新材料有限公司纪委
宋江涛　刘春玉　李占军　刘　欣

为深入贯彻落实党的二十大对坚定不移全面从严治党作出的战略部署，持续深化推进党的纪律检查体制改革和国家监察体制改革，中共河北省纪律检查委员会、河北省监察委员会（简称河北省纪委监委）组织开展“室组”联动监督工作。河钢集团承德钒钛新材料有限公司（简称承德钒钛公司）纪委立足企业实际，为加强纪检监察工作精细化管理，促进纪检监察工作效率和质量的提高，确保纪检监察各项工作任务的完成，以“室组”联动为管理手段，优化完善了纪检监察量化评价体系，充分发挥考核评价引导鞭策作用，有力提升了纪检监察工作质量，切实发挥了监督保障执行、促进完善发展作用。

纪检监察工作量化考核评价作为纪检监察工作的“指挥棒”，是纪检监察管理工作的基础环节。作为纪检监察机关全面落实监督执纪问责工作的有力着手点，开展科学化、规范化、标准化的纪检监察量化考核评价工作，是全面提升纪检监察工作高质量发展的切入点和突破口。在国有企业深化纪检监察工作改革的背景下，作为“中国北方钒都”的“先锋队”成员，承德钒钛公司纪委充分发挥监督保障执行、促进完善发展作用，着力推动纪检监察工作与生产经营深度融合，坚持纪检监察工作与企业中心工作“结伴同行”，实施制定纪检监察工作量化考核方案，充分利用“室组”联动监督“清单式”机制，对原有的量化考核评价方法进行了完善优化，建立横向＋纵向的“两级考核”模式，创新建立纪检监察责任人 KPI 考核指标，发挥了量化考核评价鞭策作用，“像抓岗位标准化作业和安全生产责任制一样抓纪检监察工作落实”，形成了以目标为导向、以结果为导向、以问题为导向的管理机制，助力提升纪检监察工作质量。

一、承德钒钛公司纪检监察机构现状

承德钒钛公司前身始建于 1954 年，是中国钒钛磁铁矿高炉冶炼和钒提取加工技术的发祥地，钒钛资源综合开发利用产业化技术处于世界领先水平，被誉为“中国北方钒都”。“鸡冠山牌”系列钒产品享誉全球，被墨西哥国际市场研究会评为“国际质量钻石星奖”。“燕山牌”含钒建材是国内唯一一家具备全规格、全等级建材产品生产能力的企业，产品全部荣获“全国冶金产品实物质量金杯奖”。

近年来，承德钒钛公司持续深化纪检监察体制改革，已构建“两级四层”组织架构，并建立权责清晰的纪律检查责任体系。承德钒钛公司及13个单位的党委均设有纪委，组织机构健全，运行机制完善。承德钒钛公司纪委（监察部）按照监督检查和审查调查职能分离、部门分设的要求，规范设置6个科室。按照“重点单位设纪检监督室、剩余单位聘任专职纪检干部、机关部室发挥纪检委员作用”的改革思路，设立了8个纪检监督室，聘任16名纪检干部，打通了监督“最后一公里”。目前纪检队伍人员结构趋于年轻化，“70后”占比21.4%、“80后”占比64.3%、“90后”占比14.3%，大部分接受过高等教育，大专学历占4%、本科占89%、研究生占7%。

二、优化纪检监察量化考核体系建设方式

目前，在建设服务型机关、打造模范机关的氛围下，原有的基层纪检监察工作量化考核评价方式不够科学、不够完善、不够深入、不够具体。从实际情况来看，目前纪检监察量化考核评价工作采取的方法主要是查看资料、听取汇报等形式。从效果来看，只要被考核单位的资料全面、有数字支撑、工作按照月度纪检监察要点开展，在量化考评结果中会得到理想成绩。这导致了实际中不少基层纪检监察机构存在唱功好做功差、虚功多实功少，重检查轻平时、重材料轻实绩的现象。为有效解决考核指标体系不科学、考核方法制式化、考核结果不明确等问题，承德钒钛公司纪委立足量化考核的系统性、公平性、传导性，对原有的纪检监察量化考核评价方式方法进行了完善，助力纪检监察工作走实、走细。

（一）建立横向+纵向的“两级考核”模式

参照“室组”联动监督工作中建立的《监督清单》，优化量化考核内容，重点围绕执行党的理论和路线方针、党章党规党纪和宪法法律法规情况；学习贯彻习近平总书记重要讲话精神特别是对河北省工作的重要指示批示；贯彻落实党中央、国务院决策部署和河北省委、河北省人民政府重点工作安排情况；落实全面从严治党主体责任和监督责任情况；落实“三定”规定、履行职能职责情况；加强作风建设，落实中央八项规定及其实施细则精神情况；执行制度，用制度规范履职、约束用权、惩处失范情况；依法履职、秉公用权、廉洁从政从业以及恪守社会道德规范情况；贯彻落实党中央、中共中央纪律检查委员会、中华人民共和国国家监察委员会和河北省委、河北省人民政府专项部署要求，围绕重点领域开展专项整治工作情况；问题整改工作情况；规范监督执纪执法权力情况；深化纪检监察体制改革情况；严格监督管理情况等13个方面进行量化评价。先由承德钒钛公司纪委机关各室人员按照量化考核内容对各基层纪委进行量化打分，再组织各基层纪委之间按照量化考核内容进行联查互查。

（二）建立纪检监察责任人KPI考核指标

各基层纪检监察负责人和直接责任人依据本单位实际，每月自行拟定一项纪检监

察自主工作为个人的 KPI 考核指标。KPI 指标完成情况评定分为三部分：第一部分为申报人自评；第二部分为承德钒钛公司纪委机关各室对各责任人的 KPI 指标完成情况进行评价；第三部分为承德钒钛公司纪委领导班子对各责任人的 KPI 指标完成情况进行评价。

三、完善纪检监察量化考核体系建设策略

习近平总书记在二十届中央纪委第二次全体会议上强调：“健全党统一领导、全面覆盖、权威高效的监督体系，是实现国家治理体系和治理能力现代化的重要标志。党委（党组）要发挥主导作用，统筹推进各类监督力量整合、程序契合、工作融合。要持续深化纪检监察体制改革，做实专责监督，搭建监督平台，织密监督网络，协助党委推动监督体系高效运转。”河北省纪委监委坚决贯彻十九届中央纪委第六次全体会议作出的健全“室组”联动监督机制部署要求，高标准、高要求组织此项工作，通过发挥“派”的权威和“驻”的优势，实现监督从有形覆盖到有效覆盖具有重要意义。承德钒钛公司纪委因地制宜，以量化考核为抓手，在优化量化考核方法、拓展考核主体、完善考核方式和强化结果运用上下功夫，不断将量化考核治理效能转化为企业的管理效能。

（一）优化考核内容，突出内容的实效性

围绕承德钒钛产业高质量发展目标，全面梳理完善考核内容，在原有的考核内容评价标准下，对不同内容赋予不同的权重比例和侧重点，注重考核内容的时效性、注重考核指标的标准化、注重考核重点的动态化，确保基层纪检监察工作考核方向的正确性和评价结果的真实性。

（二）完善评价程序，倒逼责任人担当作为

在评价方式上，突出日常考核与集中考核相结合，组织考核和群众评议相结合，基础考核和特色亮点相结合，不定期随机抽查、落实民主评测、做实基层纪委书记述职述廉，发挥评价工作对基层纪检监察工作的导向、激励和监督作用。

（三）组织联查互查，拓宽参与范围

联查小组由承德钒钛公司二级单位纪检监督室主任组成，随机抽调其他人员 4 名为成员。联查小组联查覆盖所有单位，小组长组织本组成员按照联查检查细则进行逐项打分，小组所有成员对联查单位打分之和为被联查单位总得分（要求每名成员都要进行打分，小组成员对本单位不进行打分）。在查找问题的同时，也互相学习，实现互促互进的目的。

（四）强化结果运用，增强量化考核评价的实用性

充分发挥基层纪检监察工作量化考核的结果引导作用，利用每月纪检监察例会对

考核结果进行“三通报”，即通报量化结果、通报存在问题、通报特色亮点。同时将量化考核结果与评优评先相结合、与干部管理使用相结合、与促进问题整改相结合、与“第一种形态”相结合，以高质量纪检监察工作为企业的高质量发展保驾护航。

四、实施纪检监察量化考核评价体系意义

作为钢铁企业，肩负着民族复兴、国家强大的历史使命。承德钒钛公司纪委充分发挥纪检监察工作在企业高质量发展进程中监督保障执行、促进完善发展作用，抓住纪检监察工作考核关键点，重点聚焦量化考核评价结果的导向性，深入验证纪检监察工作发力点准不准，作用力强不强、实效性好不好，打好基层纪检监察工作根基。

（一）包片联点，活动强“基”

承德钒钛公司纪委持续推进全面从严治党向基层延伸的要求，立足纪委机关和基层纪委工作实际，深入贯彻落实承德钒钛公司《“两讲两增强”干部作风提升工作方案》，以进一步转变机关工作作风，建联系、共建设为出发点，创新提出了“包片联点”两级纪委共建的概念。承德钒钛公司纪委机关每名成员大概包联基层纪委 2 家，紧密联系开展纪检监察工作，按照月度纪检监察要点，制定切合本单位实际的纪检监察要点，并按照要点开展工作。创新开展“三个一”活动，即一个季度组织承德钒钛公司纪检监察干部与包联单位纪检监察人员开展一次集中学习，开展一项专项监督，开展一项廉洁文化活动，拉近纪委机关与基层纪委的距离，实现承德钒钛公司纪委机关、基层纪委优势互补，增强纪委机关干部聚焦现场谋发展的意识，提高其强化执行抓落实的工作态度，建设模范机关。

（二）建立标杆，树立典“型”

承德钒钛公司纪委十分注重发挥好纪检监察量化考核评价作为纪检监察工作“指挥棒”的作用，把“优秀廉洁文化基地”“标准化谈话室”作为量化考核的“加分项”，积极破解基层纪委工作中存在的“不想、不敢、不会”的问题，在做好规定动作的同时，各基层纪委对标“量化考核内容”，深入查找本单位纪检监察工作中存在的短板，按照 PDCA 循环管理模式进行分析、整改、定责、验证；提炼好的方式方法，拓宽思维方式，夯实纪检监察工作基础，提升纪检监察工作质量；基层纪检监察工作监督责任落实到位，实现人人善监督、人人会监督、人人敢监督的目的。

（三）融入中心，互促共“进”

不断将纪检监督工作体现到企业的生产经营中去。在实际工作中，承德钒钛公司纪委在生产经营各个领域，坚持纪检监察工作融入中心工作。在客观、公平、公正的前提下，突出纪检监察工作量化考核评价的实用性，针对不同时期、不同工作重心、不同任务重点，制定有针对性的考核内容，切实提高工作的时效性。基层纪委充分利用效能立项监督管理工作的方式方法，以“两提一促”为目标，聚焦生产经营的难点、

领导关注的重点、职工关心的热点，紧盯经营管理的“薄弱点”、资金使用的“支出点”、创新创效的“关键点”、技术升级的“突破点”，以及“四风”和职工群众身边违规违纪问题等，准确把握新形势新任务新要求，围绕钒钛产业高质量发展，技术升级这条主线，在突出“四个更加关注”、持续推进“两个结构”优化、提升“两个高端”，努力提高核心产品的市场竞争力和盈利能力，全面提升环境水平，奋力实现A级绩效目标等各项年度重点工作中找准切入点，不断将纪检监察工作融入到企业的重点工作当中，以强有力的监督保障企业高质量发展。

以有力政治监督推动实现采购管理变革为突围打样、重振雄风、做强包钢提供坚强保障

内蒙古包钢钢联股份有限公司纪委
陈 松 杨光顺 李海燕 史 悦 崔志军

2023年4月21日，习近平总书记主持召开二十届中央全面深化改革委员会第一次会议时强调，深化国有企业改革，着力补短板、强弱项、固底板、扬优势，构建顶层统筹、权责明确、运行高效、监管有力的国有经济管理体系。为深入落实党的二十大关于推动国有资本和国有企业做强做优做大和习近平总书记关于深化国有企业改革相关工作要求，内蒙古包钢钢联股份有限公司（简称包钢股份）纪委紧盯关键环节、重要岗位，围绕权力运行、制度执行，持续加强政治监督，精准发力推动包钢股份实现采购管理变革，为突围打样、重振雄风、做强包钢提供坚强保障。

一、调研选题背景

2022年12月，习近平总书记出席中央经济工作会议并发表重要讲话，指出我国经营性国有资产规模大，一些企业资产收益率不高、创新能力不足，同国有资本和国有企业做强做优做大、发挥国有经济战略支撑作用的要求不相适应。2023年2月，内蒙古自治区党委副书记、自治区人民政府主席、政府党组书记王莉霞到包头钢铁（集团）有限责任公司（简称包钢集团）调研并现场办公，在推进包钢集团高质量发展座谈会上对加强管理创新工作提出要求。随后召开的包钢集团党委八届八次全会中也指出，以创新解决高质量发展瓶颈问题的能力还不够强，“跑冒滴漏”问题还一定程度存在。

采购管理作为企业运营中的重要环节，是企业成本控制的重要手段，也对企业质量控制和风险控制、企业形象树立有着重要影响。通过优化采购流程、加强合同管理、选择优质供应商等各类强化采购管理措施，提高采购效率，降低采购成本，提高产品质量，降低采购风险，从而提升企业管理水平和市场竞争力。因此，不论是从落实党中央关于国有企业改革发展，还是内蒙古自治区党委政府的工作要求，或是包钢集团自身发展的必然要求，以采购管理重塑性变革为突破，打破利益藩篱、杜绝利益输送，

彻底杜绝采购领域的“跑冒滴漏”问题势在必行。

二、调研实施过程

包钢股份党委、纪委着眼整治采购领域突出问题、实现采购领域管理提升，由包钢股份纪委起草印发了《包钢股份采购领域“跑冒滴漏”问题专项治理工作方案》，对以采购中心为基点，以点带面辐射到物资采购、质检化验、制度建设等15个相关部门、单位开展一次集中专项治理。

一是通过动员部署，树立责任导向，加强整体谋划，凝聚思想共识，根据各单位业务特点细化任务分工，推动形成各负其责、统筹推进的“一盘棋”工作格局。

二是通过问题查摆，坚持问题导向，深入开展调查研究，通过开展“四项行动”，即问题隐患“大排查”、问题线索“大起底”、问题整改“回头看”、问题线索“大征集”，深入发现体制机制、监督制约、思想教育等各方面问题。

三是通过整改提升，坚持目标导向，聚焦实现“五个成果”，即教育一批干部、完善一批制度、整改一批问题、查办一批案件、惩戒一批“黑名单”供应商，建立问题台账、制定整改措施、明确销号标准，确保问题整改到位。

三、调研发现的主要问题

专项治理工作期间，通过赴相关部门、单位现场调研，组织召开专项治理工作推进会，以有力监督推动任务细化到点、责任明确到人，多渠道、多层次、多角度精准发现问题、督促问题整改、促进系统治理。

通过问题隐患“大排查”，以领导干部点题、相关单位自查等形式，全方位审查、评估和梳理现有制度规定、工作流程，排查整改问题198项，制定修订制度153个，完善优化工作流程232个。

通过问题线索“大起底”，纪委梳理近2年来涉及采购领域问题线索36件，办结的30件中处理处分5人次，另外6件问题线索经查证属实立案4件，处理处分8人次。排查不良供应商法人、股东、关联企业等信息，对3家“换马甲”公司列入限制交易名单。

通过问题整改“回头看”，对30项巡视巡察反馈问题、20项纪检监察建议的整改落实情况开展了“回头看”。审计发现问题35项并督促整改。

通过问题线索“大征集”，纪委积极利用《包钢日报》和微信公众号等平台，共征集、起底相关问题线索20件，经核实对相关问题责任人组织处理、处分14人次，制发纪律检查建议书2份。

从以上情况来看，采购领域较为突出的问题主要有以下几方面。

一是制度制定还存在不够系统严密的情况，因界限不清导致出现业务重叠或业务盲区，也存在创新力度不够、更新不够及时，应对新形势新问题作出前瞻性调整，推动改进工作方式、促进加强工作作风等方面还有欠缺。

二是制度执行刚性不足，督查督办、检查考核、闭环检阅手段还不够完善。

三是供应商管理有待加强，对供应商的溯源摸底、入围把关、过程管理、评价应用、退出机制还不够严格有效。

四是干部职工履职尽责还有不足，对制度规定的学习掌握运用不够到位，工作水平与岗位需要还有差距，甚至心存侥幸，发生违规违纪问题。

四、管理提升成果成效

结合调研监督发现的问题，包钢股份纪委对15个相关部门、单位提出“77条重点工作提示”，以有效监督、有力举措督促推动各单位结合自身实际，坚持边查边改、即查即改，突出加强制度体系、供应商管理、质量验收、作风建设等各方面工作规范，打出靶向治理、系统施治“组合拳”。

（一）优化管理制度和管理体系

印发《关于进一步规范包钢股份规章制度有序运行的通知》，组织各单位围绕采购活动全过程全面梳理排查相关制度。印发《包钢股份合规管理三年行动实施方案（2023—2025年）》，推动合规管理体系的建设与实施，对境内外所有业务领域合规风险和违法违规问题开展全级次、全领域、全方位排查，编制合规管理“四张清单”，将合规要求落实到重点岗位，实现合规管理与经营业务融合。

（二）完善供应商管理考核、评价退出机制

修订大宗原燃料质量溯源管理办法，加强供应商源头管控，从实物质量、质量保证能力、质量控制、质量检验4个维度对供应商进行评价，增加客观评价因素，减少主观评价影响，规范供应商准入条件，提高物资保供能力。完善供应商评价机制，实现供应商动态管理，按供货量、合同履约率、化检验合格率、万吨到货时间、停供次数、合同结算扣款6个维度对供应商进行综合绩效评价。梳理限制交易供应商、涉诉供应商及其股东、实际控制人、关联方等信息，将3家“换马甲”供应商列入限制交易名单。

（三）加强质量验收管理

完善大宗原燃料质量检查验收、溯源及抽查、联检等管理办法，提升质量管理水平；推进原燃料自动取样机的升级改造，提升质量验收水平。配合推进烟煤、动力煤直采工作，制定《包钢股份用直采烟煤》《包钢股份用直采电煤》企业验收标准，优化验收流程。制定供应商废钢降级改判管理制度，明确不同改判率对应警告、处罚力度，督促供应商严格按照招标料型供货，降低废钢降级改判比率。制定优化物资验收执行标准、备件资材供应商追责考核标准、溯源标准等19项标准，进一步加强过程评价考核。完成对废钢智能验质系统硬件的升级，使系统运行更加稳定，优化升级智能判级系统软件，增加卸车后车底全景拍照功能，提高判质识别精准度。

（四）运用信息化手段提升管理水平

借助 PSCS 系统、ERP 系统及 EP 招标采购平台系统，对采购计划、采购招标、合同签订等流程进行信息化约束，实现采购物料数据的全流程自动流转。自主开发化检验“抽样软件”“派工软件”，细化抽样、派工流程管理，同步修订相关制度和作业指导书。自主开发“电缆检测管理平台”“备件验收管理系统”线上管理平台，用信息化手段管控流程，实现线上业务角色权限管理功能。实现线上完成入库全流程操作，不再出具纸质版单据和人工加盖公章，提高工作效率，减少人为干预，确保入库工作及时准确。

（五）防范化解财务贸易风险

加强应收账款管理，推进“一把手”负责制，设立“应收营收比”指标作为跟踪指标，有序推进对标提升专项改进项目，避免大额应收账款的产生。将“应收账款周转次数”作为“契约化考核指标”内容，以加快包钢股份资金回笼，提高资金周转率。强化贸易业务风险把控，对制定贸易业务方案、开展贸易过程、贸易后评价全流程的审核把关、分析评价，提高贸易业务质量。全面实施资金集中管理，通过分子公司资金归集，防控资金管理风险。

（六）有效解决遗留问题和风险隐患

排查处置长库龄物资，对长期积压的、不能再上线使用的长库龄备件进行全面梳理、核对及报废状态认定。加强备品备件一级库和二级库统筹管理，上线库房一体化管理系统，达到及时更新备品备件所处状态，及时确认闲置报废资产并处置，盘活不良资产，减少资金占用目的。解决了近年来汽车、火车、皮带自动采样机及其控制软件、远程系统，以及各类制样设备等重点设备日常维护检修均由外部单位负责的风险隐患，由公司内部单位接手承揽维保工作。

（七）抓紧抓实干部队伍作风建设

推动落实重点岗位人员定期轮岗交流制度，梳理环节管理人员以及重要管理岗位人员任职情况，按照交流制度调整科职干部 43 人。开展接待工作专项检查及费用核销业务培训，强化发文计划管理、内容审核、督办落实，加强会议管理，严肃会风会纪。对发现的公车使用不规范、登记不全面、使用效率低等问题进行“回头看”，推动问题整改到位。

五、工作启示

2024 年 6 月 11 日，习近平总书记主持召开中央全面深化改革委员会第五次会议时强调，完善中国特色现代企业制度，必须着眼于发挥中国特色社会主义制度优势，加强党的领导，完善公司治理，推动企业建立健全产权清晰、权责明确、政企分开、管理科学的现代企业制度，培育更多世界一流企业。包钢集团第九次党代会指出，要突出采购和营销管理，巩固深化采购领域“跑冒滴漏”问题专项治理。通过开展采购领域“跑冒滴漏”问题专项治理工作，充分发挥好职能部门监管责任和业务相关单位主体责任，形成各负其责、统一协调的发展合力，实现了堵塞风险漏洞，完善规章制度，破解改革难题，促进管理提升。

（一）突出“关键少数”，强化组织领导作用

采购领域“跑冒滴漏”问题给企业造成经济损失和不良影响，是领导干部失察失管、失职失责的集中体现。作为领导者、决策者的“关键少数”，应该充分发挥以上率下作用，立足使命感积极务实作为、立足责任感主动探索创新、立足引领性提升思维眼界，做到上下联动、左右协调、整体发力，形成全面覆盖、全员参与、步调一致的工作格局。同时，作为推动者和执行者，应该发挥压力传导作用，避免重部署轻落实、重使用轻管理、重权力轻制约，推动形成职责清晰、各负其责、合力推进的责任体系，以每个环节模块的衔接配合、不同部门层级的支撑配合，提升集体管理效力，推动工作有序运行。

（二）加强制度建设，完善采购管理机制

制度是治理体系和治理能力的重要基础，要加强制度建设，结合实际加强精细化管理。相关部门、单位应该提高站位、扩大视野，从全局与战略高度进行顶层设计，构建横向到边、纵向到底、条块清晰、职责明确的制度体系，下更大功夫做好制度的衔接、配合，做到不缺位、不越位。制度的生命在于贯彻执行，制度不仅要挂在网上，更要落在地上。做好制度的制定、执行、检查、考核闭环，防止象征性、选择性、低水平执行，以好的制度设计规范、约束、支撑工作流程，以好的流程设计促进制度落实不打折、不变形、不走样。

（三）促进担当作为，激发干事创业活力

成事之要，关键在人，要树立鲜明导向，引导干部职工想干事、能干事、干成事。建立正确目标追求、价值取向、行为标准，用积极作为、创新行为发挥示范效应、产生协调效应，持续解决能力素质欠缺、实干劲头不高、队伍活力不足问题。涵养务实、求实、扎实的作风，力戒形式主义、官僚主义，不搞“作秀式”“盆景式”业绩，真正集中精力谋发展、勠力同心干事业，切实营造心齐气顺、求真务实的良好氛围。

（四）狠抓跟踪问效，突出奖优罚劣导向

抓好落实既是工作方法、工作能力、工作作风、精神状态的体现，也是责任心、纪律性和原则性的具体体现。以钉钉子精神“过筛子”“堵漏洞”，把制约公司发展的痛点、难点、堵点、焦点问题作为推进工作的“风向标”，持续深化改革发展、完善管理制度、建立长效机制。完善落实容错纠错、能上能下、追责问责激励约束机制，切

实推动解决议而不决、效率低下、推诿扯皮、拖延塞责、纪律松散、作风漂浮等问题，坚决纠正“情有可原”“法不责众”“下不为例”等错误思想，以精准问责打消侥幸心理、倒逼责任落实，以突出问题、典型案例的调查处置、考核追责，实现警示一片、治理一域的效果。持续推动规范权力运行、改进工作作风、提高工作效能、优化营商环境，助力公司高质量发展。

国有企业纪检监察组织监督保障子公司高质量发展的实践与运用

福建省三钢（集团）有限责任公司纪委
陈榕年　陈中华　郑长龙　谢志华

随着国有企业改革的不断深入，子公司作为国有企业的重要组成部分，其高质量发展对于整体战略目标的实现至关重要。纪检监察部门作为国有企业内部监督机构，不仅要履行好监督执纪问责的职责，还要在促进子公司高质量发展方面发挥积极作用。因此，福建省三钢（集团）有限责任公司（简称三钢集团）纪委监察室（简称纪委监察室）统筹协调有关职能部门发挥监督合力，督促六大板块相关子公司优化流程、完善管理、堵塞漏洞、提升效率，提高拒腐防变能力的同时，把监督力切实转化为治理效能，保障集团公司构建“1+6”产业格局目标的顺利实现。

一、实施背景

相对钢铁主业而言，六大板块属于新兴产业，历史经验欠缺，基础管理存在较多薄弱环节，福建省冶金控股有限责任公司等上级单位在检查过程中也揭示出不少风险。为了协助相关子公司起好步、开好局，三钢集团纪检、监察、审计等监督部门有必要加强监督，优化服务与指导，合力构建合规管理体系，降低六大板块的经营风险和廉洁风险。

二、主要措施

纪委监察室坚持系统观念，围绕发现问题、推动整改、促进治理的监督思路，发挥牵头抓总作用，从明确监督重点、创新监督方法、筑牢监督基础、提高监督质效等方面，通过建立一个机制、八项指南及开展五类专项监督、五项廉洁教育，推动六大板块加强制度建设，补齐短板，堵塞管理漏洞，进一步完善廉洁风险防控体系。监督保障子公司高质量发展主要措施如图1所示。

（一）构建一个联络机制，同向发力促提升

为提高监督服务水平，纪委监察室成立六大板块监督小组，安排专人联系各大板块，畅通信息反馈渠道，六大板块相关单位及时向监督小组或联系人发送单位总结、

例会纪要、重大决策、经营管理等相关材料，监督小组及时跟踪了解所负责板块的经营管理、业务开展情况和廉洁风险点，掌握增量问题和变量问题，并协调相关业务部门共同分析研判处理，有效监督服务。

一年来，监督小组充分发挥监督保障执行、促进完善发展作用。一是与六大板块交流廉洁风险防控优秀经验，督促六大板块找准廉洁风险防控监察项目选题，做好立项和成果申报工作，每个板块至少完成申报一个项目。二是指导某子公司查处空压机维保项目围标串标和轧机轴承采购招投标异议，不予返还 2 家单位投标保证金 4 万元。三是对福建福多邦科技有限责任公司（简称福多邦公司）加强制度建设、开展监督检查及问题处置等方面工作进行指导，提供相关模板，并在福多邦公司选聘第三方机构为萤石矿浮选厂改建项目编制使用林地可行性报告、办理采伐证的询价过程中，提醒福多邦公司、基建技改部明确职责分工，规范询价过程。四是推动福建三钢冶金建设有限公司施工材料、机加工件通过云通平台进行运输，降低运输成本。

（二）发挥八项“指南”作用，靶向发力提实效

纪委监察室立足不同板块特点，多措并举选好题，切实找准监督“小切口”，再发挥“指南”作用，激活监督“末梢”，引导六大板块加强自我监督，及早发现并纠治苗头性、倾向性问题。

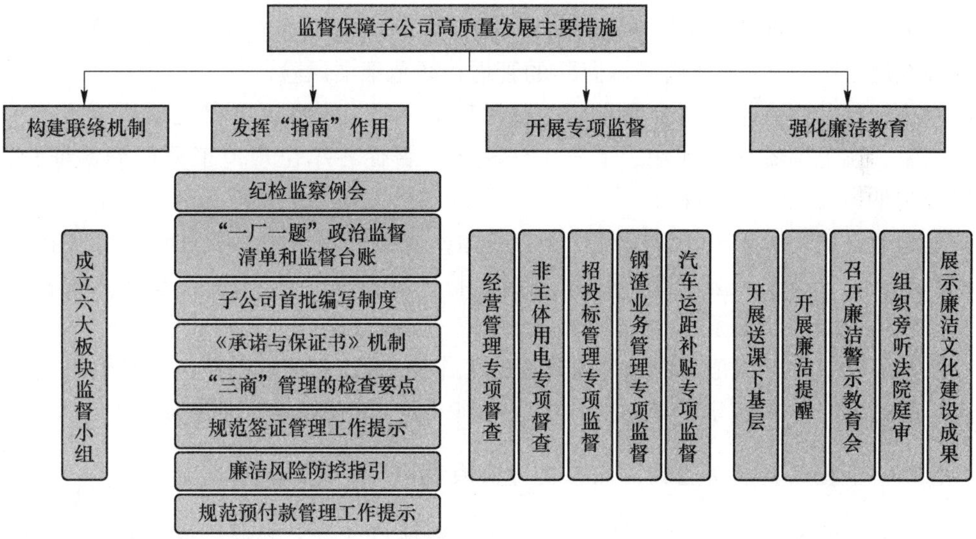

图1 监督保障子公司高质量发展主要措施

一是每月召开纪检监察例会，对工程项目、招投标、物资采购等方面的再监督工作进行部署，要求各级纪检监察组织加强监督，避免因暗箱操作等违法违规行为造成国有资产损失。

二是建立公司系统四项监督工作机制，督促各级纪委围绕监督重点找准政治监督

选题，三钢集团纪委全程跟踪督办，精准发现和纠正政治偏差。2023 年，三钢集团下属的二级单位纪委全部建立了“一厂一题”政治监督清单和监督台账。

三是与企管、法务、证券、审计、党工等部门集中讨论确定新设立子公司首批编写制度 31 项，并对照检查，发现六大板块部分子公司的个别制度制定或更新不够及时、个别制度的条款设置不规范等问题，督促相关子公司建立健全《元福公司落实“三重一大”决策制度的实施办法》《元福公司交易活动管理办法》等管理制度 11 项。

四是起草推行《承诺与保证书》机制，要求从 2023 年 1 月 1 日起，各单位将《承诺与保证书》作为合同附件，应用于三钢集团及权属企业单项合同金额大于 5 万元或年累计金额 10 万元以上的所有交易活动，督促六大板块自查《承诺与保证书》签订情况，并对福建省闽光文化旅游发展有限公司、福建福多邦元福科技有限公司、福建闽光云商有限公司等公司《承诺与保证书》签订情况进行抽查。此外，在开展供应商管理专项监督中还发现，部分供应商严重违反其与三钢集团签订的《承诺与保证书》中的廉洁经营相关条款，且情节恶劣，依据《承诺与保证书》中的违约责任约定，下发 4 份通知将 6 人及其关联公司列入三钢集团交易活动“黑名单”，并督促各单位仔细排查，禁止 6 人及其关联公司参与一切交易活动，净化企业营商氛围。

五是下发《关于开展经销商、供应商、服务商廉洁风险防控检查的通知》，督促各单位组织梳理经销商、供应商、服务商（简称“三商”）管理的检查要点，并参照检查要点进行自查，推动六大板块问题整改 8 项，小蕉实业公司新制定《经营部“三商”管理补充规定》，进一步规范“三商”的管理，防范廉洁风险。

六是开展工程签证管理专项监督，发现某子公司工程签认单存在签认不规范、填写不完整、超范围签认等问题，下发工作提示，督促各单位规范工程现场签证管理，对照问题举一反三，自查自纠。

七是通过梳理历年来各级检查发现的问题，协助三钢集团党委重新修订《福建省三钢（集团）有限责任公司廉洁风险防控指引》，供各单位参考使用，促进六大板块规范开展廉洁风险防控工作。

八是下发《关于规范工程预付款管理的工作提示》，督促各单位工程预付款比例原则上不超过 10%，并制定管理细则，规范管理，进一步降低企业资金成本。

（三）开展五类专项监督，综合发力出成效

纪委监察室紧盯生产、跟进监督，围绕工程项目、大宗物资、备件辅材、招标投标、贸易领域、新成立公司等重点领域存在的薄弱环节，综合运用整改通知、廉洁风险防控督查建议等手段，以专项监督促进专项治理。开展专项监督情况如图 2 所示。

一是组织抽调纪委、监察、审计等部门骨干力量，成立专项督查组，通过实地调研生产情况、抽查现场物料质量、查看制度及交易活动等资料等方式开展六大板块经营管理专项督查。针对检查发现的生产经营风险和廉洁风险，及时向被检查单位反馈，并结合被检查单位实际，提出合理合规、行之有效的整改意见。2023 年已对元福科技

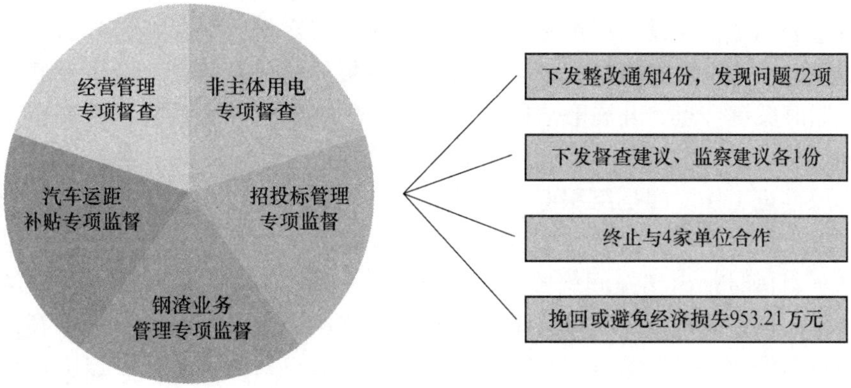

图2　开展专项监督情况

有限公司、福建台明铸管科技股份有限公司、福建三钢小蕉实业发展有限公司、福建省闽光文化旅游发展有限公司、福建三钢冶金建设有限公司等公司开展专项监督，下发整改通知 4 份，推动问题整改 72 项。

二是开展非主体用电专项督查，发现某子公司承接的工程未按合同约定装表付费使用，直接接电使用，下发廉洁风险防控督查建议，督促责任单位制定了《施工用电管理办法》，追缴施工单位未付费用 98. 2146 万元，并对 4 名责任人员进行经济责任考核 600 元。

三是开展招投标管理专项监督，将某子公司生产线续建工程中标价格明细与一期 PC 工程中标价格对比，发现部分设备价格大幅涨价，涨价幅度平均高达 60%，而不在续建工程承包范围内的设备价格涨幅只有 6%。鉴于上述调查情况，由审计部对中标价格的合理性进行专项审计，查实了中标价格虚高的问题，为公司降低建设成本 818 万元。此外，还发现某子公司建设项目存在投标报价差异大，督促其降低招标控制价，为公司降低建设成本 37 万元。

四是开展钢渣业务管理专项监督，发现某子公司在钢渣业务管理中存在物料监管缺失、劳务外包管理缺位、领导不够重视等问题，出现厂内渣钢、中间包余钢、废旧渣盘、磁性渣等有价值的物资顶替支援政府渣出厂，下发监察建议，督促责任单位终止与 4 家涉案单位的合作，并对 6 名责任人员进行经济责任考核 19000 元。

五是开展汽车运距补贴专项监督，针对委托闽光云商销售的台明球磨铸管，如果客户要求汽车自提，销售结算价格下浮 70 元/吨（三明区域除外），省内自提车辆应委托云通平台运输，省外自提车辆必须配备车载监控视频系统以及定位系统供闽光云商进行流向监管。2024 年对省外经销商广西翔特铸管科技有限公司和省内经销商福建权城建材有限公司汽车自提车辆轨迹、销售结算价格进行抽查，未发现异常。

（四）强化五项廉洁教育，筑牢廉洁思想根基

纪委监察室通过形式多样的警示教育，不断提升六大板块关键敏感岗位人员廉洁

自律意识，为六大板块发展注入“廉动力”。一是坚持开展“送课下基层”活动，梳理汇总各子公司工程建设、招投标、采购等方面典型案例，通过授课的方式，以身边事教育身边人。二是做好廉洁提醒，深入了解各板块的经营管理、业务开展及廉洁风险情况，紧盯关键节点，开展廉洁提醒 5 次。三是组织召开廉洁警示教育会，观看警示教育片《铲除国企之蠹》，要求党员干部以案为鉴、警钟长鸣，做到“五个管住”，以清廉作风推进工作。四是组织旁听法院庭审，通过现场旁听某施工单位负责人向建设单位管理人员行贿串标的真实案例，起到了良好的教育和震慑作用。五是在“钢城方圆”微信订阅号推出“廉润钢城”“镜鉴钢城”专栏，每月展示二级单位廉洁文化建设成果，每周推送国有企业腐败警示小课堂、纪法小课堂、漫画说纪等专题，强化正面引导和反面警示，以廉赋能。2023 年，纪委监察室已对六大板块开展廉洁警示授课 7 场次，共有 992 人参加学习。

三、实施效果

2023 年，纪委监察室以加强监督优化服务，促进六大板块高质量发展为导向，努力创新，完善管理，取得了以下成效。监督保障子公司高质量发展实施效果如图 3 所示。

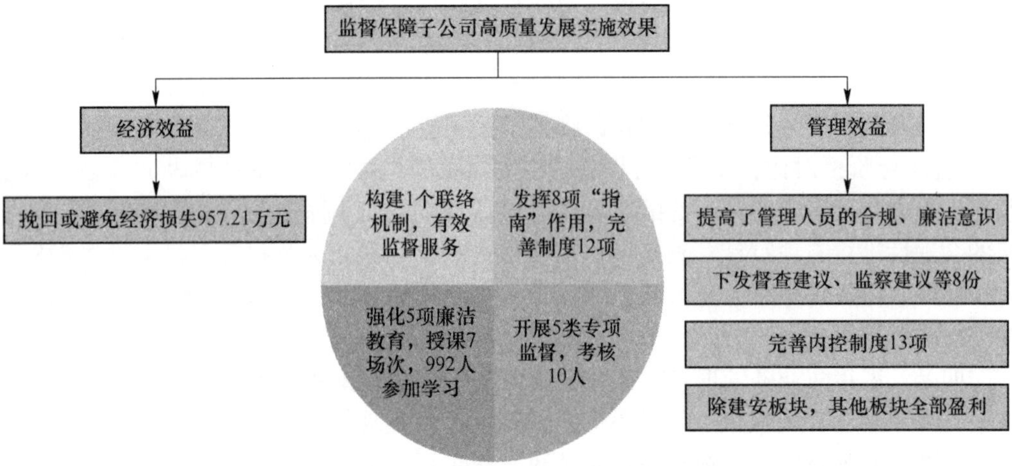

图 3　监督保障子公司高质量发展实施效果

（一）监督服务，护航企业发展

纪委监察室不断强化监督刚性，突出见人见事见效果，在一年的不懈努力下，健全联络员机制，制定 8 项“指南”，开展 5 类专项，下发监察建议 1 份、廉洁风险防控督查建议 1 份、工作提示 2 份、整改通知 4 份，推动问题整改 80 项，10 名责任人员受到经济责任考核 19600 元，并为六大板块挽回经济损失 957. 2146 万元。2023 年，六大板块除了建安板块因历史原因亏损外，其他板块全部实现盈利。

（二）建章立制，促进合规管理

针对六大板块经营管理专项督查、非主体用电专项督查及“三商”廉洁风险防控检查等发现的问题，督促六大板块完善《元福公司落实“三重一大”决策制度的实施办法》《小蕉实业公司经营部“三商”管理补充规定》《施工用电管理办法》等13项管理制度，不断扎紧扎牢制度的笼子。

（三）丰富载体，强化警示教育

通过开展“送课下基层”活动、做好廉洁提醒、组织召开廉洁警示教育会、组织旁听法院庭审、推出“廉润钢城”“镜鉴钢城”专栏等方式，已对六大板块开展廉洁警示授课7场次，提升关键敏感岗位人员合规管理意识以及廉洁自律意识，推动廉洁文化蔚然成风。

推行“两域三组三模式”办案工作机制的实践与思考

鞍钢集团攀钢矿业有限公司纪委
顾智忠　高　勇　孙　帆　雷文凯

鞍钢集团攀钢矿业有限公司（简称攀钢矿业公司）纪委认真落实党中央部署和鞍钢集团有限公司（简称鞍钢集团）纪委、攀钢集团有限公司（简称攀钢）纪委工作要求，紧扣本单位纪检干部专职人员数量不足、流动性大、能力素质与新时代纪检工作高质量发展要求还有差距等实际，主动适应发展需要，基于纪检工作一体化建设思路，探索推行“两域三组三模式”办案工作机制，整合优化内部纪检资源力量，让执纪力量从“单枪出战”转变为“抱团组合”，提升办案质效，有效应对各种案件查办新问题、新挑战，提升纪检能动履职的工作能力，探索出一条具有单位特色，适应形势要求、符合企业实际、有效管用的案件查办工作新路子。同时，针对案件审理存在的困难和不足，推动“两域三组三模式”办案工作机制内涵拓展，提出促进案件审理水平提升，保障案件质量的思路对策。

一、推行“两域三组三模式”办案工作机制的主要做法

近年来，攀钢矿业公司纪委坚持以习近平新时代中国特色社会主义思想为指导，认真学习贯彻党的十九大、党的二十大以及十九届、二十届中央纪委历次全会精神，严格按照鞍钢集团、攀钢党风廉政建设和反腐败工作安排部署，围绕大局，突出重点，破难创新，探索推行“两域三组三模式”办案工作机制，有力地推动了攀钢矿业公司案件查办工作的深入开展。2021—2023 年，受理信访举报 111 件，主动监督转问题线索 16 件，初核 105 件，立案 83 件，成案率 65. 4%，党政纪处分（处罚）83 人（副处级及以上领导干部 4 人、科级干部 17 人、一般干部 21 人、职工 41 人），移送留置 7 人，挽回经济损失共计 2900 余万元。攀钢矿业公司纪委查办案件工作整体上呈现出“破零一降四增长一提高”的明显特点：即 8 家子分公司纪委三年立案数全部实现破零；受理信访举报总量逐年下降；主动监督发现问题线索数增长，立案数量增长，查处发生在职工群众身边的腐败案件数比重增长，移送留置人数增长；自办案件增幅提高。

（一）统筹“两个区域”，织牢案件查办“联动网”

充分借鉴“室组地”联动办案经验，紧扣单位实际，树牢“一盘棋”思想，着力打破区域条块分割现状，解决各自为战导致的信息不对称、资源浪费、力量不平衡等问题，统筹本级纪委与下级纪委两个区域，遵循“纵横联动和补位协同”的原则，构建案件查办高效联动工作机制，织牢案件查办“联动网”，形成“问题线索一体统筹、人员力量一体调配、重点难点一体攻关”集成联动的作战格局，实现队伍技能重塑、管理机制重塑，有效整合执纪力量，实现了高效联动、一呼百应。比如，针对可利用资源外委加工和销售领域腐败问题“重灾区”，攀钢矿业公司纪委统筹8家子分公司纪委，集全系统纪检资源和力量，以典型个案为突破口，既深挖个案，从“点”上查清具体问题，又举一反三，从“面”上推动类案查办。通过区域联动办案，严肃查处了一批该领域腐败问题，立案查处19人，移送留置7人。

（二）组建“三个小组”，打好案件查办“组合拳”

在对重要问题线索进行办理时，由攀钢矿业公司纪委进行统筹，综合考虑各子分公司纪委纪检干部的人员配备数、业务能力水平以及现有工作量等因素进行科学合理安排和组合，通过组建专家组、攻坚组、保障组，对每个重要问题线索和案件逐案落实办案指导（研判分析、办案导向等）、办案攻坚（运用技巧、谈话突破等）、办案保障（调取资料、现场走访等）。建立健全集体会商、信息沟通等工作机制，推动“三个组”发挥各自优势，放大叠加效应。通过在实践中不断积累，现已形成应对不同的重要案件相对匹配的“三个组”搭配模型，动态调配、持续完善，逐步探索出一套“重要问题线索和案件‘三组’联动办”的高效运转体系。比如：在办理某移送留置案中，“三个组”在攀钢矿业公司纪委的统一调配下，专业化分工协作、强化沟通协调，及时高效协助初核组完成了留置案件的快核快移。保障组将资料调取、现场走访等分别交给具有不同业务技能优势的组员协同推进，短时间内完成调取资料1000余份，走访10余家规格矿外委加工相关方。专家组高效完成资料审核，紧扣问题研判分析，为初核组提供专业的意见和建议。针对初核谈话中，被谈话人敷衍应付、拒不承认，案件办理遇到难题和瓶颈，攻坚组第一时间寻找新的解决方法，协助制定新的谈话方案，为初核组谈话突破给予了积极的支持。

（三）推行“三种模式”，实现案件查办“双提升”

考虑基层纪检干部能力素质、办案力量实际差距以及担心“地方小、熟人多”的情况，攀钢矿业公司纪委精准施策、对症下药，采取提级办案、交叉办案、协同办案“三种模式”共同推进。其中，重要问题线索和案件，原则上采取提级办案；通过采取“办案影响、风险分析”研判机制，对案发单位办案可能存在干扰的案件，原则上由攀钢矿业公司纪委统筹指定进行交叉办案；涉及面广、调查取证工作量大，超出案发单位办案能力范围的案件，原则上采取协同办案。通过推行“三种模式”办案方式，既有效破除了人情干扰，使一些难度较大、问题复杂的案件能够在短期内得到查处，又推动了办案从“单兵作战”到“协同会战”。比如，攀钢矿业公司一下属单位，通过主动监督发现个别有价值的问题线索，但受困于办案力量不足的问题，在案件查办个别环节中显得较为“吃力”，攀钢矿业公司纪委及时商议、指派区域内其他单位纪委纪检干部进行协同办理，加快推进案件查办工作，提高问题线索件办结时效，立案7人，党政纪处分（处罚）7人。同时，在推行提级办案、交叉办案、协同办案过程中，攀钢矿业公司纪委注重以案代训、以干代训，采取“骨干＋熟手＋新手”的混搭模式，整合力量、优势互补、实战练兵，使基层纪检干部在案件查办中得到锻炼，3年来以案代训、以干代训参与纪检干部90余人次，实现业务能力和办案质效双提升。

此外，在探索推行“两域三组三模式”办案工作机制过程中，攀钢矿业公司纪委注重发挥反腐败协调工作小组作用，在推动职能部门移交问题线索、协助案件办理的同时，探索试行监督信息共享机制，进一步深化“纪检＋业务”联动监督，有力推动反腐败工作机制不断健全完善。2023年“清廉矿业”专项整治中，通过试行监督信息共享机制，纪检聚焦业务问题开展复核，深挖问题线索1件，立案5人。

二、基于案件审理存在的困难和不足，推动“两域三组三模式”办案工作机制内涵拓展

（一）案件审理存在的困难和不足

近年来，通过探索推行“两域三组三模式”办案工作机制，攀钢矿业公司反腐败斗争不断向纵深推进，案件查处的力度进一步加大，案件数量增长，随之也反映出案件审理方面的一些困难和不足，导致案件质量也相应受到一定影响。一是审理人员少与案件数量多，审理力量相对薄弱的困难。案件数量多，而目前基层单位纪检干部人员少，普遍只有1—2名，兼职的占绝大部分，还要参与到“两域三组三模式”办案工作机制运行中。二是专业化水平与案件审理不相适应的问题。由于案件审理工作程序多、逻辑思维强、公文制作严、熟悉纪条规要求高，能够较全面满足审理工作要求的纪检干部不多。

（二）推动“两域三组三模式”办案工作机制内涵拓展

案件怎么审理？案件质量如何保障？攀钢矿业公司纪委致力于推动“两域三组三模式”办案工作机制内涵拓展，运用到案件审理工作中，明确推行“两域三关三模式”案件审理工作机制的思路，通过一段时间的实践探索，建立并持续完善适应实际发展需求的案件审理工作机制，不断探索案件审理工作的方式方法，多措并举提升案件审理质效，保障和提高案件质量。

三、推行“两域三关三模式”案件审理工作机制的思考

（一）强化对审理工作的领导

牢固树立质量是案件生命线的理念，坚持时间服从质量，筑牢审查组、审理组共

同为案件质量负责的思想。坚持把重视和支持案件审理工作真正落实到实际行动中，与案件审查工作同部署、同检查、同落实、同考核，杜绝发生重查轻审、以查代审、先定后审的问题，保证案件审理工作的独立性。注重倾听案件审理工作意见，注重协调解决案件审理过程中的突出问题，严把案件质量关，确保案件经得起历史和实践的检验。

（二）强化对审理队伍的培养

注重选配政策水平高、专业技能精、实战经验强的人员，加强审理后备力量建设，保证审理队伍的持续性和稳定性。开展多种形式的培训，对新入职的纪检干部，注重从基本的审理程序、审理文书学起，从简单的案件审起，打好审理基础；充分考虑纪检干部的实际情况和工作需求，对审理业务骨干多争取参加高层次的专业培训；结合理论和实践，梳理具体的、操作性较强的审理标准，用于指导审理工作实践，有效解决不会审、审不好的问题。

（三）推动形成“两域三关三模式”案件审理工作机制

1. 统筹“两个区域”，形成全员参审工作格局

树牢案件审理“一盘棋”思想，统筹本级纪委与下级纪委两个区域，建立健全审理人才库，在“查审分离”的基本原则下，综合考虑案件难易、业务领域、能力特长、新老搭配等因素，统筹选派纪检干部参与自办案件审核处理等工作，合理安排工作任务，充分保障工作时间，确保案件有人审、能审好，发挥骨干传帮带作用，推动形成区域内全员参审、与案件查办互不干扰又协同配合的良好工作格局。同时，坚持紧盯制度运行、工作实效，靶向发力、精准施治，推动形成不断了解工作实情、解决实际问题、提升工作质效的整改提高机制。

2. 严把“三个关口”，提升案件审理工作质效

严把程序手续关、事实证据关、定性处理关“三关”，着力解决案件审理工作的堵点难题。严把程序手续关。在案件正式移送审理前，重点对线索处置、案件初核、立案审批、审查取证等办案程序的规范性、完整性进行形式审核，对不符合要求的，补充完善材料，确保案卷程序完全、材料齐全。严把事实证据关。对案件证据材料做到全面审查、认真梳理、反复推敲，对案件存在证据材料不全、链条不完整、不能达到证明要求等问题的，及时提出翔实且操作性强的补证意见，确保事实清晰、证据充分。严把定性处理关。通过集体讨论、与审查人员会商研判等方式，结合被审查人认错悔错态度、一贯表现等情况进行综合评判，确保案件定性准确、处理恰当，实现政治效果、纪法效果和社会效果的有机统一。

3. 推行“三种模式”，提升案件审理工作水平

探索推行“交叉式”协作审理、“跟班式”带案培训、“专班式”联合审理“三种模式”，多种形式提升案件审理工作水平，全面把好案件整体质量关。“交叉式”协作审理模式，由攀钢矿业公司纪委统筹各子分公司立案审查的案件，按照“一案一指定，

隔组审理”原则，从审理人才库中选取 2—3 人组成审理组，负责审理子分公司自办案件，攀钢矿业公司纪委派人进行全程把关。“跟班式”带案培训模式，安排纪检干部围绕案件审理各环节亲历式、沉浸式、示范式开展实战培训，全面提升学员的业务水平和实战水平，有效破解“本领恐慌”问题。“专班式”联合审理模式，对不宜开展交叉审理的，由攀钢矿业公司纪委选取审理业务骨干组建审理组进行集中审理，以点带面助推案件审理工作提档升级，提质增效。

国有企业物资采购
廉洁风险防控机制的探索与实践

酒钢集团供应链管理分公司纪委
常　明

近年来，酒泉钢铁（集团）有限责任公司（简称酒钢集团）供应链管理分公司认真贯彻落实上级决策部署，在发挥集中采购优势的同时，坚持加强以“算好人生七笔账”“采购人员十不准”等为代表的廉洁阵地建设，在廉洁风险防控机制建设上开展了一系列有益的探索，为各项事业高质量发展奠定了良好基础。

一、深刻认识国企物资采购领域廉洁风险防控的重要意义

党的十八大以来，习近平总书记围绕党风廉政建设和反腐败工作发表了一系列重要讲话，并针对国有企业领域全面从严治党作出了一系列重要论述。2024 年 1 月，在二十届中央纪委第三次全会上，习近平总书记强调，经过新时代十年坚持不懈强力反腐，反腐败斗争取得压倒性胜利并全面巩固，但形势依然严峻复杂。我们对反腐败斗争的新情况新动向要有清醒认识，对腐败问题产生的土壤和条件要有清醒认识，以永远在路上的坚韧和执着，精准发力、持续发力，坚决打赢反腐败斗争攻坚战持久战。

国有企业是党执政兴国的重要支柱和依靠力量，是中国特色社会主义的重要政治基础和物质基础。在国有企业各项经营管理事项中，物资采购工作具有品类多、数量大、牵涉面广、资金密集、权力交织性强等特点，容易滋生诱发腐败及不正之风，不仅严重污染企业政治生态，而且蚕食国有资产和人民财富，扰乱市场经济规则和营商环境，侵蚀党的执政基础和社会对国有企业体制的信心，危害性和破坏性极强。因此，国有企业物资采购领域廉洁风险防控机制建设，事关改革开放全局，更对中国特色社会主义制度这一重大政治问题具有深刻而长远的重要意义。

二、当前国有企业物资采购领域廉洁风险防控面临的挑战

从现实情况看，国有企业领域权力寻租、靠企吃企、利益输送等问题尚未杜绝，反腐败工作仍然任重而道远，一些干部把国有企业当成私人领地、家族企业，大搞裙带关系，大搞损公肥私，特别是新型腐败和隐性腐败高发、多发，呈现出腐败行为间接化、腐败主体圈子化、权力变现隐蔽化、风腐交织一体化等新的特点，被发现的难

度更大、危险性更深，成为新时代反腐败斗争面临的重要课题。对国有企业物资采购领域而言，面临的挑战更为明显。

从外部风险来说，采购领域从业人员业务处置权力较大，与外部单位和人员接触面广，是一些别有用心之人围猎堵截的重点，有的以小恩小惠开道，有的以借钱送礼为名，还有的做渐进式感情投资，目的就是打通权力和金钱之间的变现通道，换取公权力带来的巨大利益。

从内部环境来说，有油水的地方最容易滑倒，权力集中、资金密集、资源富集的行业和领域最容易滋生硕鼠，一些企业领导干部党的观念淡漠、失职渎职，基层党组织管理松散，全面从严治党主体责任落空；一些人员利用经营特点，用看似正常合规的业务程序为违法犯罪行为穿上“马甲”，手法迭代更新；一些人员成立“影子公司”，内外勾结、欺上瞒下，形成隐蔽稳定的利益链条；另外制度体系建设上存在漏洞，监督制约各类重点人员和关键岗位的制度不健全或在实践中被架空，内外监督虚化缺位，导致任性滥权、为所欲为。

纵观历史，廉洁问题关系到国家的长治久安，再深刻点说，关系到国家的生存问题。腐败犹在，改革艰难，经济的稳定蓬勃发展是很难实现的，同样对于一个企业，如果廉洁问题不解决，就无法为企业提供一个健康良好的发展环境。国有资产资源来之不易，是全国人民的共同财富，绝不能成为任人宰割的“唐僧肉”。

三、廉洁风险防控机制的探索与实践

近年来，酒钢集团将原来分散在各成员单位的物资采购事权进行集中管理，成立了物资采购专责机构——供应链管理分公司，实现了全集团范围内全品类物资集中采购，其目的之一，就是从顶层设计上加强对物资采购廉洁风险的管控。供应链管理分公司自成立以来，围绕廉洁风险防控机制建设的重要课题，开展了一系列探索与实践，推动全面从严治党和党风廉政建设向好发展。

（一）加强科学理论武装，为廉洁风险防控机制筑牢根基

以习近平新时代中国特色社会主义思想为指导，贯彻落实党的二十大及二十届二中全会精神，深刻领悟“两个确立”的决定性意义，增强“四个意识”、坚定“四个自信”、做到“两个维护”。深入学习习近平总书记关于党的自我革命的重要思想，以及全面从严治党和党风廉政建设的重要论述，时刻保持解决大党独有难题的清醒和坚定，始终坚持严的基调、严的措施、严的氛围，推动两级党组织全面进步、全面过硬，使全体党员干部不断清除思想之垢，做到忠诚干净担当。

（二）明确议事决策规则，为廉洁风险防控机制建立指引

制定党委会、总经理办公会议事规则，严格落实“三重一大”决策、民主集中制和末位发言制等制度；在此基础上研究出台了重大决策事项清单，进一步明确了党委会决策的21类事项、前置研究的24类事项，总经理办公会决策的31类事项，专题会

研究的9类事项、决定的4类事项，纪委书记列席总经理办公会，监督“一把手”和其他经营班子成员经营决策的规范性，有效防范个人或少数人专断行为。印发支委会议事规则和党支部议事决策清单，除例行党务工作外，将提交公司专题会审议的采购业务类议案以及采购业务中出现的异常、重大事件纳入党支部议事范畴，推动党的基层组织在日常工作中充分发挥战斗堡垒作用。

（三）科学设置机构职位，为廉洁风险防控机制创造条件

遵照精干高效原则进行机构设置，根据管理要求，党群部门将党务、纪检、风控、合规、法务及制度建设纳入一体管理，为各类监督贯通协调创造条件，赋予管理部门“策划、组织、协调、服务、保障、监督、考评”七大职能职责，促进各类监督力量整合、程序契合、工作融合；在采购业务整合过程中将部门设置与党支部设置同研究、同部署、同推进，按照物资品类特性设置业务部门，对业务存在互补联动关系的部门合并设置党支部，对业务相对独立的部门单独设置党支部，实现党的领导全覆盖。按照业务不相容原则进行职位设置，实现职责分离、权限分离、流程分离，授权开展和具体执行的职务独立，各项工作业务均经由两个及以上职位完成，杜绝发生一人包办情形。

（四）强化制度体系建设，为廉洁风险防控机制提供保障

加强制度废改立释工作，制度数量从成立之初的35部，拓展丰富至现有的100部，其间坚持排查梳理制度空白漏洞和不适用内容，先后修订制度90次、废止制度6部，现行制度体系覆盖了公司党政工团、经营管理各领域各方面，促进事权运行更为规范、采购行为更加透明。在持续健全完善制度体系的同时，加强制度执行力建设，建立制度台账，汇编电子版制度手册向公司全员发放，并根据制度变化情况及时更新完善；在年度培训计划中设置制度学习专题，促进全员熟悉制度、落实制度，同时抓住责任分解、责任考核、责任追究等关键环节，对执行制度走捷径、打折扣等行为切实做到责任明确、考核到位、追究有力。

（五）树牢红线底线思维，为廉洁风险防控机制营造氛围

编制采购领域红线底线清单，聚焦资信调查、招投标管理、商务谈判、廉洁管理、合同管理、付款结算、供方管理等12个方面，排查重大风险3项、中等风险12项、一般风险3项，制定防控措施33条。强化法治意识，制定学法学规通用清单，收集整理《中华人民共和国宪法》《中华人民共和国民法典》《中华人民共和国招标投标法》《中华人民共和国对外贸易法》《中华人民共和国资源税法》等履职相关法律法规61部，在此基础上组织各部门根据实际需要制定学法学规个性化清单，两类清单共计纳入法律法规100余部，有力促进供应链管理分公司全体干部职工形成“遇事找法、办事依法、解决问题用法、化解矛盾靠法”的工作习惯。成立风险防控委员会、合规管理委员会，将廉洁风险纳入经营管理风险管控中一体研究，坚持廉洁与合规并举，初步形成了以

合规促廉洁、以廉洁保合规的工作机制。

（六）发挥监督主体责任，为廉洁风险防控机制提升质效

以政治监督为主导，各类监督全面发力，切实增强全体党员干部的廉洁履职能力。持续强化重大决策部署监督，围绕党的建设、党风廉政建设、资源保障、降本增效等中心工作开展监督，定期听取进度报告，协调解决存在的问题，确保重点工作落细落实落地；加强巡视巡察、审计整改监督，狠抓责任落实、时间进度、整改成效，督促按质按期完成整改任务，以整改成效作为纠治作风、检验党性的试金石。制定高质量发展督察管理办法，统筹纪委季度、党支部月度两级高质量督察，围绕供方资质审查、开标评标过程、合同签订履约、质量异议处置等重要流程加大监督检查力度，对上次督察问题整改情况进行“回头看”，不定期对关键环节进行穿透式全覆盖督察，针对发现的问题提出督察建议，落实整改措施，强化考核问责，形成闭环管理，仅 2023 年内通过高质量督察提出涉及制度优化、行为纠偏等方面的督察建议 98 项，不断促进采购业务“流程、绩效双符合”水平提升。抓好日常监督，出台物资采购业务监督办法，紧盯合同合规管理等关键环节，夯实各部门主体责任、党支部监督责任、管理部门监管责任，助推完成目标任务。开展专项监督，组织管理部门围绕合同管理、供方管理、费用管理等实施定期检查，持续矫正工作行为，把解决问题和建章立制统一起来，保障制度“长牙带电”。

（七）涵养廉洁文化体系，为廉洁风险防控机制厚植土壤

精心打造廉洁文化墙、廉洁文化走廊，为全员配发具有廉洁元素的鼠标垫，办公电脑设置廉洁电脑壁纸，以润物无声的方式，让干部职工时时、处处、事事都能感受到廉洁文化的浸润。加强教育引领警示，后备人才代表领学公司廉洁从业制度、党支部书记开展廉政工作交流、纪委书记进行廉政警示教育已成为月度职工大会“规定动作”。丰富教育方式方法，精选采购领域典型案例开展剖析，播放反腐教育视频举一反三，赴廉政教育基地实地观摩，借助红色寻访契机涵养正气，从多方面多角度推动干部职工时刻绷紧思想之弦。坚持节前“三必须”，每逢重大节假日必开廉洁警示会议、必发廉洁提示短信、必学廉洁自律文件，紧盯关键节点开展党性党风党纪教育。规范差旅接待行为，先后建立接待审批、差旅审批信息化流程并将出差前的廉洁谈话嵌入差旅审批流程，未经廉洁告知谈话、未上传告知谈话记录的出差申请一律不予批准，未经审批发生接待的一律不予核销。

（八）多措并举发挥合力，为廉洁风险防控机制共建防线

与 1400 余家物资类供应商签订廉洁诚信承诺书，明确列出九类不廉洁、不诚信行为，保障采购活动中各方的合法权益。制作《供应商廉洁诚信告知书》，明晰举报方式，向供应商及社会各方敞开监督举报通道。定期回访供方企业，了解采购人员在合同签订、合同履行、违约处罚等工作中的廉洁从业情况，确保采购人员廉洁公正、高

效履行工作职责。及时处置供应商质疑，与交易平台成立联合调查小组，核实质疑内容并书面回复，共同营造公平、公开、公正的采购环境。定期评价供应商，一旦发现供应商弄虚作假、“围猎”采购人员等不廉洁不诚信的行为，坚决“拉黑”，取消合作。持续开展丰富多彩的“家庭助廉”活动，通过组织开展清廉家风座谈会、廉洁故事分享会、签订“家庭助廉”承诺书、发放“家庭助廉”倡议书、廉政家访等，充分发挥家庭在反腐倡廉中不可或缺的助推作用。

四、结束语

防范化解廉洁风险，内靠自觉自律，外靠机制约束。供应链管理分公司作为酒钢集团范围内全品类物资采购的专责机构，深知使命光荣、责任重大，聚焦“内外兼修防范廉洁风险”主线，锚定“形成叠加效应和综合效能”目标，从思想、作风、运行等各类“软硬件”建设上多点发力，初步形成了具有一定特色的廉洁风险防控机制。

新征程催人奋进，新使命重任在肩，供应链管理分公司将坚持以习近平新时代中国特色社会主义思想为根本遵循，保持永远在路上的清醒和坚定，运用好党的自我革命这个强大思想武器，深化标本兼治、系统治理，坚持不敢腐、不能腐、不想腐一体推进，打通三者内在联系，同时发力、同向发力、综合发力，以廉洁风险防控机制建设为抓手，不断取得更多制度性成果和更大治理效能，为酒钢集团高质量发展和创建一流企业做出新的更大贡献。

对于加强总承包项目纪检监督工作的探索与思考

中国宝武马钢集团设计研究院有限责任公司纪委
罗　娟　赵　文

习近平总书记在二十届中央纪委第三次全体会议上发表重要讲话强调："深化整治金融、国企、能源、医药和基建工程等权力集中、资金密集、资源富集领域的腐败，清理风险隐患。"目前，我国工程总承包模式应用非常普遍，特别是设计单位，逐步由传统的单一设计模式向总承包模式拓展。在此背景下，设计企业与施工方、设备和专项工程供应商之间的合作增多、商务交往频繁，重大项目、重点领域、关键环节的廉洁风险随之增加，反腐败工作面临的形势更趋复杂，任务更加艰巨。加强对总承包项目纪检监督，确保工程优质、效益优良，是贯彻落实党的二十大精神、把握新时代国有企业纪检监督工作的新要求，更是持续深化一体推进"三不腐"的新使命。

一、加强对总承包项目纪检监督工作的重要意义

（一）加强对总承包项目纪检监督工作是工程技术公司推进全面从严治党向基层延伸的具体举措

总承包项目部是工程技术公司的一线生产经营单元，总承包项目具有点多线长、供应商多、采购量大等特点，持续加强对总承包项目的纪检监督，对企业健康发展具有重要意义，更是工程技术公司推进全面从严治党向基层延伸的一项重要举措。以廉洁工程项目建设为牵引，围绕项目经理党风廉政建设"一岗双责"和规范总承包项目权力运行情况开展监督，全面加强基层项目部的党风廉政建设，强化项目成员的思想政治工作，坚持源头预防，注重管理与监督相结合，对于工程技术公司打通全面从严治党"最后一公里"，推动管党治党责任全面覆盖、层层传导，实现企业发展环境风清气正具有重要意义。

（二）加强对总承包项目纪检监督工作是工程技术公司提升项目管理水平的必然要求

随着市场竞争日益激烈，要实现工程质量和效益双提升，提高项目管理水平是关

键，而做好纪检监督工作就是提升项目管理水平的有效方式。开展总承包项目监督的主要目的之一是推动廉洁风险防控与企业发展、企业治理深入融合，为企业健康发展保驾护航。纪委主动融入生产经营开展监督工作，对发现的问题分类处置，督促整改整治，督促责任部门从制度机制上深挖根源，不断完善制度建设，优化管理流程，以监督推动解决项目管理的突出问题，在强化总承包项目廉洁风险防控的同时，有效提高了项目管理效能，促进了企业管理水平的提升。

（三）加强对总承包项目纪检监督工作是工程技术公司打造高素质项目管理团队的重要保障

加强总承包项目纪检监督工作，推动廉洁项目建设的同时，也为培养高素质项目管理队伍奠定基础。工程项目管理人员是工程技术公司高质量发展的重要力量，他们的廉洁从业示范对整个工程项目营造风清气正氛围具有重大的推动作用。严肃开展总承包项目监督检查，以党规党纪和制度规范为标尺，全方位验收廉洁工程项目，严查违规违纪问题，持续释放高压震慑，对发现的项目管理人员苗头性、倾向性问题及时提醒纠正，最大限度地去除他们“亚健康”状态，一方面能够强化项目管理人员的纪律和规范意识，提升项目团队的规范管理水平，另一方面促使项目团队养成了在受监督和约束的环境中工作生活的习惯，把心思和精力集中到干事创业上来，共同筑牢廉洁防线，用清廉力量武装清廉工程。

二、目前存在的问题及分析

（一）思想认识有偏差，责任链条拧得不紧

随着全面从严治党不断向纵深推进，专项监督在推动领导干部落实“一岗双责”、推进重点领域廉洁风险防控等方面发挥的作用越来越明显。在实际工作中，总承包项目部具有临时性的特点，项目部成员一定程度上在党风廉政学习方面存在弱化的情况，对相关制度的认识还不够深入，项目部在落实党风廉政建设责任制方面还存在短板。个别项目经理没有将党风廉政建设工作放到更加突出的位置，对“一岗双责”的认识模糊，抓廉洁教育、过程监管和风险防控存在一定不足。同时，部分参与监督的管理人员对监督的内涵、职责把握不到位，把监督看作是临时性工作、阶段性任务，是配合纪检监督部门开展工作，主动分析研究、发现问题、推进整改的意识还不强，造成监督效果大打折扣。

（二）未能找准监督切入点，监督质效提升不明显

总承包项目规模大、周期长、涉及利益相关方多，项目全过程的管理比较复杂。在总承包项目监督过程中，如果缺乏具体的方法技巧，找不准监督的切入点和着力点，势必会造成监督质效大打折扣。尤其在项目的设计、采购、分包、施工管理、安全管理等重点环节中，如果没能找准关键风险点，就会存在“胡子眉毛一把抓”的现象。

这样既无法突出对“关键少数”的监督，又无法突出对管人管钱管物管项目、权力集中、廉洁风险高的重点岗位的监督。同时，在推进监督的实践中还存在“重专项监督，轻日常监督”的现象，因为在项目推进过程中缺少深入了解，未能掌握项目实际，使得监督浮于表面，导致发现不了问题，形成不了震慑，监督的重点很难聚焦。

（三）监督会商机制不够健全，监督合力发挥不充分

总承包项目的廉洁风险管理工作贯穿于设计、采购、施工、试运行全过程，各个阶段的廉洁风险管控重点不同，彼此之间具有一定关联性和耦合性，聚合多要素力量才能保障监督有效覆盖。按照职责分工，项目管理、采购、造价等职能部门负责日常监督工作，纪检机关承担总承包项目专项监督的安排部署和综合协调工作。两个监督主体在协调联动过程中，因缺乏有效的信息传递与沟通机制，常导致信息堵塞而产生问题。一方面，双方对协同点与共通之处把握不准，继而难以实现协同监督的闭环管理；另一方面，纪检机关统筹专项监督力量不足，组织协调作用未有效发挥，同时，职能部门因其专业性，习惯于单打独干，没有从思想和行动上真正融于监督体系。

三、加强对总承包项目纪检监督的具体举措

（一）提高政治站位，压紧压实监督责任

1. 认识上再深化

一是强化日常教育，着力固本培元。在学习内容上，紧紧围绕深化党规党纪教育，把学习贯彻习近平总书记关于党的自我革命的重要思想作为首要政治任务。在学习形式上，既要用好传统的宣传工具，也要用网络、视频等新媒体，强化项目管理人员参与度。二是用好廉洁提醒，前移控制关口。要在关键环节进行提醒，项目管理部门要在聘任项目经理时，与项目经理签订《廉洁从业责任书》，进行廉洁谈话。三是廉洁教育进项目，开展专题宣传。纪检机关要经常走进项目部，为项目管理人员上专题廉洁党课，讲述系统内发生在身边的违规违纪违法典型案例，深刻剖析违犯根源，警示项目管理人员严以律己，防微杜渐。

2. 责任上再压紧

一是进一步完善党风廉政建设责任制体系，在现有“一岗双责”履职清单的基础上，建立总承包项目经理党风廉政建设履职清单，强化项目经理党风廉政建设责任意识，明确履职内容。二是建立并强化对总承包项目的监督检查责任体系，表单化厘清主体、监管、监督的任务范围和内容，建立权责明晰的监督工作考核机制，同步编制专项监督工作方案和监督责任清单，推动监督责任明确到岗，具体到人。通过严格的责任制考核倒逼各项责任的落实，督促领导干部守土尽责，切实解决不能监督不愿监督的问题；对履行监督检查责任不力、碌碌无为、监督责任缺位的纪检干部坚决问责。

3. 作风上再转变

监督检查人员要严格对标“严、细、深、实、准”的作风要求，运用科学合理的

工作方法，聚焦主责主业和职能职责，紧盯供应商管理、采购管理、签证管理等关键环节做实做细各项工作，避免监督虚化、泛化。工作中，牢牢把握监督工作的任务要求，凝聚专业力量，坚持专注态度，突出在“专”字上抓监督。牢牢抓住权力运行这个关键点，做细做实监督专项计划；推动监督力量整合、程序契合、工作融合，做深做强专业合作；进一步提升监督报告价值，做到有数据有分析有建议，做精做优专题报告。

（二）坚持问题导向，找准监督切口

1. 推进与日常监督有机衔接

廉洁工程项目建设应当实行事前、事中、事后监督，坚持日常监督和专项监督相结合，力求实现监督全覆盖、全天候。要把专项监督作为强化日常监督的重要途径，善于运用日常监督积累的成果，发挥专项监督时间集中、力量集中、攥指成拳的优势，积极开展“打深井”监督。要针对日常监督检查发现的疑点数据信息，进行更加准确的梳理排查复核；要针对日常监督检查发现的问题，进一步深挖问题根源，对相关领域进行系统、全面整改治理。

2. 校准监督时点和监督对象

一是把握监督时机方面，建立重点项目专项监督标准体系，紧扣项目工程验收时间节点及时嵌入专项监督。开展工程合同和廉洁合同同步签订、技术交底与廉洁交底同步开展、质量监督和廉洁监督同步进行、项目工程和廉洁工程同步验收“四个同步”监督。二是确定监督对象方面，做到对合同总额大的项目必查，对结算价大幅度超预算的项目必查，对设备采购占比大的项目必查，对与分包商现场签证频繁、变更量大的项目必查等“四个必查”，让专项监督更聚焦、更有力。

3. 聚焦重点找准监督着力点

以廉洁风险防控手册为牵引，做好前期调研摸底，调阅相关审计、检查报告，了解整体情况，掌握第一手资料，着力重点精准发力。围绕项目关键领域的决策链，重点监督项目管理决策是否遵循依法、科学、民主的原则，是否按照制度规定执行，是否存在项目管理人员利用职务便利与分包商、供应商等管理服务对象内外勾结、利益输送、泄露招标信息等违规行为。要聚焦供应商选择、招标采购、分包签证、资金拨付等问题易发环节，编制监督重点事项清单，做到“三查三看”，即：查项目经理“一岗双责”履职情况，看是否结合廉洁风险防控措施，有效开展项目部教育管理监督；查制度规范刚性落实情况，看采购策划、全成本管理计划、现场签证等的制、签是否合规；查权力运行公开情况，看供应商准入、招标采购等信息是否及时、准确、充分和公开，特别是被邀请投标的供应商是否具备同等竞争性。

（三）凝聚监督合力，提升监督质效

1. 纪检机关强化协调联动

纪检机关进一步强化统筹协调，发挥纪检监督的协助引导推动功能，将推动总承

包项目廉洁建设工作放在公司高质量发展大局中去谋划、推进，紧盯“一岗双责”落实，着力发现和纠正执行有偏差等突出问题；紧盯权力运行关键环节，着力发现和查处“靠企吃企”、假公济私等贪腐问题，突出铲除土壤条件，助力深化反腐败斗争取得实效，助力全面从严治党向纵深发展。着眼于各类监督协同发力，推动构建长效工作联动机制，在同步定目标、措施、进度的基础上，跟进工作落实，督促压实责任。

2. 职能部门发挥专业优势

职能部门充分发挥项目管理、采购、造价、财务、信息化等专业优势，积极查找影响廉洁工程项目建设和总承包业务发展的消极因素和薄弱环节。克服总承包项目接口多，采购种类繁杂、供应链复杂、施工特点多样等因素，注重从“小切口”破题开展监督检查，把日常管理工作中遇到的难点、疑点作为重中之重，带着问题展开深入细查。调配政治和业务素质相对高的专业人员，通过联合监督加强实践锻炼，增强精准发现问题的能力，在保持自身独特优势资源的基础上发挥专业协同优势。

3. 有效运用监督会商工作机制

建立统筹监督衔接的例会制度，明确专项监督成果报备、汇总、共享等工作内容，理顺信息沟通、线索移交、措施配合、成果共享等工作流程，消除贯通协调的盲区和堵点，努力实现在力量统筹上互助互补，在成果运用上共通共享，在工作衔接上接续接力。围绕监督成果运用，加强职能部门内部的协作配合，在衔接管理、完善流程、健全制度等整改、治理工作中相互支撑，达到“以点引线、以线扩面”的效果，推动监督工作有机贯通、相互协调。

要推进全面从严治党在总承包项目落实落地，就必须加强全体项目成员廉洁意识和责任意识，强化在项目关键领域和环节的全周期监督，严防廉洁风险。在基层的实践中，可能会面临各种各样的问题和矛盾，如何处理和解决问题，保证监督真正落地，提升监督的质效，还需要在实践中不断探索和破解。

昆钢公司纪委查处质检系统腐败窝案的“三促”成效

昆明钢铁集团有限责任公司纪委
张春华　王必周　王天俊

2021 年 4 月，中共云南省纪律检查委员会（简称云南省纪委）和云南省监察委员会（简称云南省监委）对昆明钢铁集团有限责任公司（简称昆钢公司）“4·9”系列腐败案件采取霹雳行动进行查处，揭露出“靠钢吃钢”、设租寻租、利益输送、内外勾结、损公肥私等损害企业利益、侵吞国有资产的腐败问题和不正之风。营销、采购、质检、验收等重点领域、关键环节成为重灾区，昆钢公司由此展开了对这些重点领域的全面起底彻查。2022—2023 年，昆钢公司纪委对所属原红河钢铁有限公司（简称红钢公司）质检系统腐败问题进行挖掘，经过不懈努力，一群“靠检吃检”的“蝼蚁”浮出水面，贪腐时间之长、涉案人数之多、贪欲之害令人瞠目结舌。本文对这起损害企业形象，给企业带来巨大经济损失的质检系统腐败案进行整理剖析，对以案促改、促治、促教成效进行总结，旨在给钢铁企业敲响警钟，给同行予教育和警醒。

一、基本案情

2021 年底，云南省纪委和云南省监委在“4·9”系列案件查办中，向昆钢公司纪委移交了反映红钢公司质量计量检测中心铁前检验室工长唐某某等 3 人有关问题的线索。2022 年上半年，昆钢公司纪委组织力量对问题线索进行初步核实。经核实，3 人涉嫌职务违法犯罪，遂将该问题线索报请云南省纪委和云南省监委协调移送监察机关办理。至 2023 年 3 月，红河州河口县监委按指定管辖陆续对 3 人采取留置措施；同时，在案件查办中又发现了红钢公司质量计量检测中心 4 名职工的问题线索，当地监委均采取了留置措施。

经查，从 2010 年至 2021 年，红钢公司质量计量检测中心铁前检验室工长唐某某共 7 人利用职务便利，采取篡改检测数据、不到取样现场监督取样、不按规定进行抽检、放任取样工取好不取差、调换样品等方式，为多家不法煤焦供货商谋取不正当利益提供帮助，共同非法收受多家不法煤焦供货商送的钱款共计 1300 余万元人民币。这 7 人均被判决犯受贿罪，同时，唐某某还被判决犯国有公职人员滥用职权罪，其他人分别被判行贿罪，判处有期徒刑三年至十一年不等的刑期，以及开除党籍、政务开除等处分。

二、案例特点

质量检测是保障产品质量非常重要的环节，而原燃料是钢铁企业生产中非常重要的组成部分，原燃料就占了进厂物资的80%以上，其质量的优劣对企业效益影响巨大，采购质次价高的原燃料不仅会造成企业资产流失，对效益积聚更如沙池蓄水，匿于无形。因此，原燃料质量检测的数据支撑尤为重要，而行业的敏感性和特殊性，也使得质检系统始终处于案件高发“地带”，在市场竞争白热化、经济持续下行，钢铁行业面临转型升级的关键时期，质检系统腐败案也呈现出一些新的特点，从红钢公司这起腐败窝案来看可窥见一斑。

（一）行为群体化

质检系统核心成员为强化自身利益，认为“翻过这座山就没这座庙”，疯狂扩大利益圈，尤其抓住普通职工从众心理，以各种方式灌输目前形势下，“大环境”如此的思想，使他们腐化堕落，委身以求。

（二）渗透广泛化

第一次收受好处费后没被发现，便认为监管不是很严格，到处都有漏洞可钻，于是有了第二次、第三次，渐渐产生麻痹心理，其他煤焦供货商纷纷效仿，展开“围猎”，质检人员被内外联合侵蚀，最终破坏整个质检生态系统。

（三）利益网络化

质检核心成员借助地缘、人情的优势，尤其是长期与供货商接触形成紧密关系，编织了一张牢固的利益网，与商人老板配合默契、双向奔赴，双方共同谋取私利，形成一条“灰色吸金链”，严重侵害公司利益。

（四）公权个人化

由于长期缺乏制度规范和有效的监督执行，质检的权力又掌握在丧失正确的权力观和责任感，私欲膨胀的“领头羊”手中，在体制机制不健全、人员素质低、外部监管不力的情况下，贪腐的思想由上而下滋生蔓延，最终侵蚀了质检事业的健康发展。

三、案件剖析

从红钢公司质检系统腐败窝案可以看出，涉案人员都是普普通通的小职位，但却掌握着极具“含金量”的质检权利，小官、非官也形成了巨贪。因此，制度的笼子需要关住的不仅是猖狂的“老虎”，还有无孔不入的“蝼蚁”。只要是权力，无论是主干、支脉甚至细枝末节，都应该纳入制度监管的笼子；放养权力的后果，就是在红利丰厚的风险环节造就“腐败巨蠹”，导致红钢公司被污染的程度深、范围大、时间久，政治生态、经营生态遭到严重破坏，教训深刻、发人深省。

（一）主体责任落实不力，政治生态严重恶化

腐败问题多发，业务违规与腐败问题相互交织，违规违纪问题从上到下均有发生，都与红钢公司相当一段时间里管党治党责任“虚空转”密切相关。党的领导未能深度融入公司治理，党的建设未能内嵌到治理结构，党的观念淡薄，党建与经营“两张皮”的现象不同程度存在；重业务业绩，轻日常教育管理，没有把党风廉政建设融入具体业务工作和流程管理，班子成员履行“一岗双责”不到位，领导责任、监督责任、监管责任层层递减，直至失守。

（二）“领头羊”腐败带坏队伍，上行下效腐败成风

唐某某进入红钢公司质检工作后，与业务相关方吃吃喝喝、称兄道弟，当手中有了权力后，在向往“吃香的喝辣的”、羡慕老板出手阔绰的心理驱使下，开始接受请吃、收受礼品礼金，最终演变为权钱交易。这起窝案形成之初，就是以个别领导干部为中心，形成以质检系统关键核心岗位、骨干、各流程操作工等为链条的利益“圈子”；“圈子”里的人互相荫蔽提携、结党营私，大搞不正之风，罔顾纪律规矩，视制度为摆设，一些本来清正廉洁的人，为了生存也陷入了“委曲求全”的境地，就这样，“塌方式腐败”形成了。

（三）制度执行不严，笼子形同虚设

红钢公司在改革发展和生产经营过程中，制定了很多制度，但一些制度制定后却得不到严格落实，出现打折扣、搞变通、选择性执行、不执行等问题。制度执行宣贯不力，制度一发了之，对制度执行情况检查落实不力；有的制度上下一般粗，是否具有针对性和实效性，无人问津；有些写在纸上、挂在墙上，束之高阁，制度成为摆设，成为“稻草人”。

质计中心涉案人员中，有的10多年没有进行过轮岗交流，他们在工作中建立了丰富的人脉关系，成为权力寻租人可长期利用和“围猎”的目标。煤焦进入红钢公司厂区大门、堆场卸货、取制样、化验、抽检、烧结厂使用、质量异议处理等，上下道工序、不同岗位之间应互相制约，但是各个环节之间不仅没有形成制约，相反互相联手当“内鬼”，充当不法供货商的“马前卒”，导致长期以来管理松懈、作风涣散、纪律松弛。

（四）监督监管缺位，专责专业监督弃责失守

红钢公司对权力运行的“关键点”、内部管理的“薄弱点”、问题易发的“风险点”监督制约防控不到位，查处问责宽松软。纪委专责监督缺位，对采购、质检、验收等重点领域、关键环节监督不严，监督存在盲点和“空白”地带，且监督人员不熟悉生产工艺流程，监督的深度和精准度不够，嵌入生产经营全流程，与业务监督深度融合不够，在一些“内鬼”的欺蒙哄骗下，专责监督成了“走马观花”，发现不了根

本问题。同时，纪委对同级党委和领导班子、下级党组织及职能管理部门的监督责任未压实，致使监督责任层层递减，监管流于形式，对制度的执行监督、评价和追责机制未贯通联动。

四、对策研究

贪如溃堤，不遏则滔天。剖析红钢公司质检系统干部职工腐化堕落案例，不难看出其由量的积累引发质的变化过程。从个人的腐化堕落，到带动群体的理想信念在不正之风的侵蚀下动摇；由起始阶段的偶然为之发展到蓄意而为，再到铤而走险、顶风而上，这其中有违纪违法者思想道德滑坡、行为失控的主观因素，更有教育不扎实、制度不完善、监督不到位以及体制机制存在的外部问题，只有将这些关键点有力地结合起来，才能为和谐质检、健康质检提供良好的政治环境。

（一）立足教育，筑牢拒腐防变思想道德防线

作为行业分工的产物，质检员职业道德具有特殊重要性，它承担着对整个企业产品质量的管理职责，是企业精神文明建设的一个重点。因此，必须从关系到企业生产经营成败的高度来认识质检员职业道德建设和廉洁教育的特殊性，使其“修身为廉”，保证权力运用和职责履行规范有序。

（1）加强教育的针对性，突出教育的重点。对于质检系统而言，更要加强对党员干部特别是领导干部的教育，督促树立正确的世界观、人生观、价值观，深刻认识到自己工作的特殊性，而不是利用特殊性，借助手中的权力吃拿卡要，为所欲为。

（2）区别教育的层次性。针对不同的岗位采用不同的方法，例如：针对检验岗人员，要侧重加强检验法律法规的学习；对领导干部，要加强权力意识、理想信念等方面的教育等。

（二）健全完善制度体系，推进体制机制改革

（1）科学分配权利，适当分解领导干部和关键操作岗的行使权，把“一把手”的角色由具体做事的主管变为总领全局的监管，防止权力过于集中、自由裁量权过大的问题，压缩权力寻租空间。

（2）科学设计制度，推进质检职能和操作流程规范化、可控化，完善责任考核和责任追究制度。

（3）建立健全公开制度，公开质检服务项目、工作程序、流程标准等，利用智能化、信息化手段，推进“阳光质检”建设。

（三）加强对党员领导干部的日常监督管理

（1）以领导干部特别是“一把手”等主要负责人为重点，紧紧抓住质检领域易于滋生腐败的重点环节和重点岗位，加强对权力运行的监督，有效防止权力失控、决策失控和行为失控。

（2）加强廉洁文化建设，创造良好的干部监督环境，用好群众监督、社会监督、舆论监督利器，充分发挥巡察、审计、媒体等部门的监督作用，更好地统一干部职工思想，加强自身建设。

（3）创新监督办法，努力实现同步监督和事前监督，做好工作时间内及“八小时以外”干部职工活动的监督，消除监督的“盲点”“死角”。

（四）建立责任追究制度，及时惩处违规违纪行为

针对质检系统廉洁风险点，建立起权责一致的责任追究制度，树立有多大权利就要承担多大责任的意识，责任不落实就应受到相应的处罚，对任何岗位的违规违纪行为都不姑息养奸，要充分利用批评教育、书面检查、诫勉谈话、通报批评、纪律处分等手段，及时处理违规违纪涉及的党员干部、职工群众，对出现的问题不掩盖、不庇护，做到有贪必惩。

五、整治成效

虽然红钢公司现已停产，但几年来，昆钢公司纪委持续加大“刮骨疗毒”力度，聚焦各生产单元质检系统，贯通办案、整改、治理、警示全过程，通过“举一反三”，对其他相关领域施以精确打击，坚决铲除“靠检吃检”、以“检”谋私腐败土壤，一体推进质检人员“不敢腐、不能腐、不想腐”。两年来，质检系统政治生态持续向好，权力运行得到制约和监督，廉洁风险防控逐步深化，追责机制有效运行。

（一）开展风险排查，完善体制机制

昆钢公司纪委从案件查办一开始就树立“改”和“治”的理念意识，依托案件查办过程中发现的线索，督促全司质检系统开展集中排查、全面追溯检视。重点开展化验、制样、取样等领域专项监督检查，全链条倒查体制机制上的漏洞，并逐项制定管控防范措施，对标准作业流程图、标准化作业视频等13个岗位规程进行修编，并组织质检系统干部职工全面学习，对制度执行情况进行检查，提升监督体系的支撑能力，有效压缩权力任性空间。

（二）贯彻人防、物防、技防、制度防

人防：全员签订廉洁承诺，按照“红、黄、蓝”敏感度开展敏感岗位轮岗，组织多形式廉洁提醒，在所有质检岗位营造现场目视廉洁提醒氛围；物防：抓牢“四个管控”，即设备管控、门禁管控、记录管控、印章管控；技防：从视频管控、抽查比对、标准化作业、数据审核等8个方面入手；制度防：除了修编管理制度、岗位规程、流程图等，还制作标准作业视频进行示范，督促每位质检人员守牢“标准线”意识，杜绝“绕道走”，确保制度刚性。

（三）筑牢“防火墙”，斩断“围猎”利益链

（1）重点开展职工违规经商办企业排查、违规借贷专项整治工作，明确告知违规

行为、了解职工现状、提醒监督防范风险。

（2）联合相关单位开展“废钢寻源”廉洁风险、业务风险专项监督检查整治，明确问题整改措施、责任人、整改时限，并作为例行工作加以巩固。

（3）协同采购中心开展原燃辅料、废钢加工毛料外出寻源、验收等专项整治。

（4）把好质检中心敏感岗位带班小组长等人员选用“第一关”，系好选用“廉洁扣”。

（四）持续开展警示教育，全面筑牢思想防线

（1）时刻敲响“不敢腐”的警钟。依据法律法规、昆钢公司相关管理制度及质检岗廉洁从业禁令、岗位风险等要点，专门对全体质检敏感岗位人员设计了谈话提纲，通过适时开展灵魂拷问，提醒每个人算好人生“七笔账”，让敏感岗位人员不敢触碰红线。

（2）牢固树立“不能腐”的意识。摄制专题警示教育片《蚁腐之祸》，再现贪腐场景，把表现形式、问题根源、突出危害及惨痛代价讲清说透，督促树立“不能腐”的意识。

（3）持续增强“不想腐”的自觉。强化家庭助廉的作用，每逢佳节组织座谈会，让家属观看警示教育片；向全体职工发送《家庭助廉倡议书》，并转达给家属，促进“廉由心生”。

六、结语

着眼发展鼓劲，推动重整行装、重塑形象，下一步，昆钢公司纪委将发挥全面从严治党的保障引领作用，督促相关单位以更加有力务实的管控措施，坚定不移、持之以恒推进质检岗位标准化作业，通过整改治理、堵塞漏洞，形成更多制度性成果，促进质检系统整体工作效能不断提升，为公司扭亏脱困、改革发展营造风清气正的政治生态。

加强“一把手”和领导班子监督的实践与思考

首钢集团通化钢铁集团股份有限公司纪委
张艳君　王志伟

首钢集团通化钢铁集团股份有限公司（简称通钢公司）纪委履行监督执纪问责职责，承担反腐倡廉建设领导小组办公室、监督工作联席会办公室职责。定员编制9人，内设监督审查室、案管审理室、综合室3个机构。为充分发挥纪委专责监督作用，牢牢抓住“一把手”和领导班子这个监督关键，不断提升对各层级“一把手”和领导班子的监督实效，通钢公司纪委以更加严格的约束，更加科学的监督，不断加强对各级“一把手”和领导班子的监督。

一、课题产生背景

加强对“一把手”和领导班子的监督，是新时代坚持和加强党的全面领导，提高党的建设质量，推动全面从严治党向纵深发展的必然要求，是习近平总书记关于坚持和完善党和国家监督体系重要论述的组成部分，是我党勇于自我革命、坚持不懈把全面从严治党向纵深推进的有力举措。党的二十大报告明确指出，推进政治监督具体化、精准化、常态化，增强对“一把手”和领导班子监督实效。2021年，《中共中央关于加强对“一把手”和领导班子监督的意见》公开发布。2021年11月，首钢集团有限公司（简称首钢集团）党委印发了《关于落实〈北京市关于加强对“一把手”和领导班子监督的若干措施〉的工作安排》，持续要求加强对“一把手”和领导班子的监督工作。

回顾通钢公司近几年发生的违纪违法案件，其中不乏“一把手”和领导班子成员违纪违法、违反中央八项规定精神的案例。为深刻吸取“一把手”和领导班子违纪违法案件教训，坚定不移深化正风肃纪反腐，切实把“一把手”和领导班子等“关键少数”管住用好，通钢公司纪委立足职责定位，积极探索加强对“一把手”和领导班子监督的方法与路径，建立完善监督工作体系，强化对权力运行制约和监督，不断净化企业政治生态和生产经营环境，提升企业管控体系和管理能力现代化水平。

二、加强对“一把手”和领导班子监督的必要性

《中共中央关于加强对“一把手”和领导班子监督的意见》强调，党的十八大以

来，以习近平同志为核心的党中央坚定不移推进全面从严治党，推动落实党委（党组）主体责任、书记第一责任人职责、领导班子其他成员“一岗双责”、纪检机关监督专责，形成了许多有效做法和经验。同时，必须清醒看到，对“一把手”监督仍是薄弱环节，完善党内监督体系、落实监督责任的任务依然十分紧迫。

（1）“一把手”和领导班子是贯彻中央大政方针、重大决策的关键环节。“一把手”是党政领导集体的“班长”，是一个地方、部门和单位贯彻中央大政方针、重大决策的第一责任人。领导班子是党员干部队伍的“领头雁”，是带领和组织干部群众干事创业的带头人。在治国理政、行使公权力的过程中，更是起着举足轻重的作用。党中央重大决策部署和习近平总书记重要指示批示精神能不能得到有效贯彻落实，关键在于“一把手”和领导班子的认识是否到位、工作是否到位、责任是否到位。

（2）“一把手”和领导班子对工作起着统领全局的关键作用。习近平总书记指出，各级领导班子一把手是“关键少数”中的“关键少数”。领导干部责任越重大、岗位越重要，就越要加强监督。“一把手”和领导班子对一个单位的工作起着统领全局的关键性作用，肩负着把方向、谋全局、抓大事的重任，处于发挥领导班子整体功能的主导地位。与普通群众、党员和一般干部相比，“一把手”和领导班子位高权重、责任重大，带领一个单位甚至一个地方行使国家权力，维护着一个单位或者一个地方的稳定团结，主导着这个单位或者这个地方的发展及未来走向。

（3）“一把手”和领导班子对一地一域的政治生态有着重要影响。“一把手”和领导班子的党性修养、思想觉悟、纪法意识，对一地一域的政治生态和干部队伍的作风面貌有着重要的示范引领作用。“一把手”和领导班子品行端正，能带动该地区、该单位营造纪律严明、风清气正的政治生态。好的“一把手”和领导班子会以自己的表率和模范作用影响整个单位甚至整个地区的政治生态不断向好，确保公权力在正确的轨道上运行。反之，则可能给政治生态带来消极影响甚至巨大伤害。

三、加强对“一把手”和领导班子监督的探索与实践

（一）加强思想政治教育，强化修身律己

思想是行动的先导，“一把手”和领导班子是一个企业、一个单位把方向、谋全局、抓关键、带队伍的“领头雁”，他们的思想觉悟对整个企业（单位）政治生态和管理状态起着决定性作用，因此对“一把手”和领导班子的思想政治教育一刻都不能松懈。通钢公司党委、纪委坚持把“一把手”和领导班子思想政治建设放在首位，不断加强“一把手”和领导班子党性修养和纪法意识，引导“一把手”和领导班子牢记党的宗旨，使其敬畏党纪法规、手中职权。一是加强对学习贯彻习近平新时代中国特色社会主义思想主题教育方案落实和专题民主生活会召开情况的监督，推进深入开展主题教育，筑牢思想之魂、补足精神之钙。二是坚持每季度为两级党委理论学习中心组集中学习提供警示教育片，不断提升“一把手”和领导班子拒腐防变意识。三是协助通钢公司党委召开“以案为鉴、以案促改”警示教育大会，对发生在身边的违纪违

法、干部履职不力等4方面典型案例进行深刻剖析；邀请中共吉林省纪律检查委员会和吉林省监察委员会领导作关于加强干部作风建设专题讲座，教育引导各级“一把手”和领导班子筑牢信仰之基、绷紧纪律之弦、落实应尽之责。四是坚持开展具有通钢特色的廉洁文化进班子、进机关、进岗位、进家庭、进项目、进餐桌、进网络的“七进”教育活动，组织各级领导人员50余人到通化市廉洁教育馆开展警示教育。组织开展倡廉书画摄影展，展出作品100幅，邀请通钢公司各级“一把手”和领导班子进行观看。坚持发放廉政书籍，累计向各级“一把手”和领导班子发放廉政书籍1000余册。

（二）不断强化政治监督，推动责任落实

加强对“一把手”和领导班子的监督是深化全面从严治党应有之义，是强化对权力运行制约和党内监督的必然要求。“一把手”和领导班子既是全面从严治党的对象，也是全面从严治党的重要主体，必须不断强化各级“一把手”和领导班子的政治担当。通钢公司纪委始终把政治监督摆在突出位置，抓牢抓实“一把手”和领导班子责任链条逐级延伸，进一步压紧压实政治责任。一是对照全面从严治党任务安排，对通钢公司各级“一把手”和领导班子层层签订责任清单工作进行监督，每季度对责任清单完成情况进行督导检查，切实压紧压实“两个责任”。二是制定下发《通钢公司全面从严治党考核方案》《通钢公司全面从严治党动态抽查和督查工作安排》，通过现场调研、谈心谈话的方式对各单位“一把手”和领导班子履行管党治党政治责任情况进行监督检查，对存在突出问题的单位党委、纪委主要负责人进行约谈，进一步督促“一把手”和领导班子履职尽责。三是对照“坚持党的全面领导、党的政治建设、党的思想建设”等10方面工作落实情况和存在的问题，对通钢公司党委及领导班子成员政治生态进行科学分析研判，精准把握“树木”和“森林”状况，涵养风清气正的政治生态。四是协助通钢公司党委召开党风廉政建设工作会议，对加强各级“一把手”和领导班子党内监督工作进行安排部署，督促落实“两个责任”。五是对通钢公司两级领导班子和领导人员“一报告两评议”、民主生活会、党委会进行监督，不断强化“一把手”和领导班子依规依法履职用权。

（三）发挥专责监督优势，切实提升监督实效

通钢公司纪委作为公司党内监督的主责部门，始终坚持忠诚履行党章赋予的职责，立足专责监督职能，聚焦“一把手”和领导班子监督，融会贯通各类监督方式，切实发挥纪检监察组织监督保障执行、促进完善发展作用。一是制定下发《首钢通钢公司党委关于加强对“一把手”和领导班子监督的若干措施》(以下简称《若干措施》)，并对照25条工作措施、77项具体任务，对通钢公司本级党委及下属单位党组织开展自检自查。2023年，共查出同级和下级领导班子监督问题5项，并督促其制定、落实整改措施。二是紧盯重要时间节点，防范“四风”问题反弹。一年来，先后组织开展对党政“一把手”节前约谈提醒4次、监督检查节日期间领导干部履职尽责情况27次。三是深入落实专项监督工作。先后组织开展了“重点领域关键环节‘靠企吃企’专项治

理”“综合治理工作专项监督”“安全生产和火灾隐患大排查大整治专项督查”等多个专项监督，促进各级“一把手”和领导班子干净担当，履职尽责。四是持续推进纪检监察体制改革。推行派驻纪检组长制，向廉政风险多、任务重的吉林通钢国际贸易有限公司、检测中心派驻纪检组组长，通过监督“三重一大”、民主集中制，开展谈话提醒、纪律教育等方式，督促派驻单位“一把手”和领导班子带头廉洁自律、落实责任。五是有针对性开展干部作风建设监督活动。先后对几起个别“一把手”和领导班子成员工作作风不实，缺乏责任意识、规矩意识问题开展监督检查，下发考核通报 8 次，问责考核 16 人次。

（四）健全完善监督制度，强化权力制约运行

没有规矩不成方圆，制度建设是监督“一把手”和领导班子最有效的途径之一，从长远和根本来说，必须切实扎紧制度的“笼子”，将决策、执行、监督等权力相对分离，形成相互制约、相互监督的工作规范和权力约束机制。通钢公司始终把健全完善制度放在重要位置，把纪律规矩挺在前面，把权力关进制度“笼子”。一是对建立完善同级党委“三重一大”事项决策制度体系开展监督，重新修订完善了通钢公司党委会、董事会、经理层工作规则，进一步明确决策程序。二是认真贯彻落实《首钢集团有限公司领导人员违规插手干预重大事项记录报告的规定（试行）》，利用节前约谈会，着重对相关要求进行解读。定期对各单位如实记录和报告“一把手”插手干预重大事项情况进行督导检查。三是提升党风廉政建设和反腐败工作科学化管理水平。制定下发《通化钢铁股份有限公司廉政档案管理办法》，进一步加强对“一把手”和领导班子的教育、监督和管理。四是严格落实《首钢集团有限公司廉政风险防控管理办法》，定期对通钢公司各级“一把手”和领导班子廉政风险点和防控措施进行排查梳理，严格审核廉政风险等级。2023 年，共排查梳理各级“一把手”和领导班子成员（职责）353 人，排查梳理廉政风险点 1000 余个、梳理业务流程 500 余条，制定防控措施 2000 余项。

四、加强对“一把手”和领导班子监督的启示与反思

从加强对“一把手”和领导班子监督的探索和实践看，通钢公司各级党组织能高度重视“一把手”和领导班子的监督工作，能够积极贯彻落实《若干措施》，明确监督重点，细化监督措施，压实监督责任，在对“一把手”和领导班子监督工作方面取得一定成效，但与中国钢铁工业协会纪委、首钢集团纪委要求还存在一定差距和不足，个别“一把手”和领导班子成员主动接受监督的意识还不够强、个别纪检监察组织监督创新能力还不足等问题依然存在，监督工作仍需精准施策，靶向发力，久久为功。

（一）切实履行主体责任，加强全面监督

落实好“一把手”和领导班子监督，各级党组织要把履行主体责任作为加强党的领导、做到“两个维护”的重大政治任务，牢牢把责任扛在肩上。党委书记作为第一

责任人，要敢抓敢管，定期与班子成员和下级“一把手”谈心谈话、提醒警示。班子成员要履行好分管范围内的“一岗双责”。对“一把手”来说，党组织自上而下的监督最直接、最权威，上级“一把手”对下级“一把手”的监督最管用、最有效，要把“一把手”抓“一把手”的责任链条逐级延伸、层层压实，让监督发力生威。

（二）严肃落实专责监督，提升监督实效

落实好“一把手”和领导班子监督工作，纪委必须贯通履行协助职责和监督责任，发现问题及时提醒，提出监督意见。要强化上级纪委对下级纪委的领导和监督，推动形成上下贯通的监督合力。同时，要处理好监督与支持的关系，既要通过有力有效的监督，推动党委“一把手”和领导班子对标对表、纠正偏差，又要积极主动争取各级党委对监督工作的支持，为监督工作撑腰鼓劲、增加底气。

（三）坚持标本兼治，健全监督机制

落实好“一把手”和领导班子监督工作，从长远和根本来说，必须依靠制度。要全面把握“惩、治、防”的辩证统一关系，不断完善各项监督制度。要把“三重一大”集体决策、党政“一把手”不直接分管人财物、干部末位淘汰、任职回避、定期轮岗、离任审计等制度坚持好，确保各项制度执行有力、落实到位。

古语言：“子帅以正，孰敢不正?”“一把手”和领导班子是“关键少数”中的关键，破解“一把手”和领导班子监督难题任重而道远，做实做深“一把手”和领导班子监督，贵在精准聚焦、重在长久施力。

首钢京唐公司纪委实施派驻监督的探索与实践

首钢集团京唐钢铁联合有限责任公司纪委

为深化纪检监察体制改革，在首钢集团有限公司（简称首钢集团）纪委、首钢京唐钢铁联合有限责任公司（简称首钢京唐公司）党委的坚强领导和大力支持下，首钢京唐公司纪委探索实施区域派驻监督机制，通过明确派驻监督的工作原则和职责定位，强化四个方面工作，推动形成四种工作成效，探索形成“四强化、四推动”工作法，切实提高了监督工作的质效，拓展了监督向基层延伸的有效途径，进一步完善了党内监督体系，构建了首钢京唐公司纪检工作新格局，充分发挥了监督保障执行、促进完善发展作用，为推动首钢京唐公司高质量发展提供了坚强保障。

一、实施派驻监督的背景

深化纪检监察体制改革，是以习近平同志为核心的党中央作出的重大决策部署，是新时代健全党和国家监督体系的重大战略举措。党的二十大对健全党统一领导、全面覆盖、权威高效的监督体系作出部署。在二十届中央纪委第二次全体会议上，习近平总书记进一步明确了改革的目标任务，强调要持续深化纪检监察体制改革，做实专责监督，搭建监督平台，织密监督网络，协助党委推动监督体系高效运转。首钢京唐公司作为首钢集团钢铁业的重要一员，工序全、规模大、业务广、廉政风险多。因此，深入推进纪检监察体制改革，是推进首钢京唐公司治理体系和治理能力现代化的客观需要，也是推动新时代纪检监察工作高质量发展的内在要求。首钢京唐公司纪委结合自身实际探索实施区域派驻监督，将全公司 16 个基层单位和 13 个职能管理部门分为铁前、炼钢、钢轧、职能部门 4 个区域，派驻 4 名纪检组长进行驻点监督。

二、派驻监督的工作原则和职责定位

派驻纪检组组长始终坚守“参与不干预、建议不决策、指导不代替、协同不对立”的二十字工作原则，在工作中坚持“一个导向，三个协同”，即：一切派驻工作以结合公司经营生产实际为导向，协同基层党委、协同基层纪委、协同公司纪检专业，共同营造风清气正的干事创业环境，涵养良好政治生态，促进公司经营生产工作任务完成。

坚持“横向到边”。派驻纪检组组长贴近驻在单位开展驻点监督，协同基层党委、基层纪委，实现监督全覆盖。通过近距离观察被监督单位"一把手"及领导班子成员履职尽责、权力运行等情况，了解掌握被监督单位的政治生态和重点涉廉领域业务推进情况，传导全面从严管党治党压力，推动加强关键环节管控。一是督促驻在单位党委强化主责意识，加强权责统一，做到"三个紧密结合"，即：开展党风廉政建设与经营生产紧密结合、与制度建设紧密结合、与人才队伍建设紧密结合，压紧压实主体责任。二是督促各级领导人员在落实经营生产工作职责的同时，认真履行党风廉政建设"一岗双责"，做到"三个融入"，即：抓党风廉政建设融入经营管理、融入业务管理、融入队伍管理，切实扛起政治责任。三是督促基层纪委落实管党治党监督责任，切实发挥监督保障执行作用，促进基层单位不断完善发展。

坚持"纵向到底"。派驻监督是首钢京唐公司纪委监督职能的延伸，是上级纪委对下级党委、纪委和领导干部的驻点监督。围绕首钢京唐公司纪委重点工作任务，派驻纪检组组长与公司纪检专业协同配合，公司纪检专业顶层设计，派驻纪检组组长推动实施，共同把纪检工作一贯到底。为进一步抓准派驻纪检组组长职责定位，首钢京唐公司纪委办公室制定出台《首钢京唐公司派驻纪检组组长管理办法（第一版）》，规定了派驻纪检组组长对驻在单位"一把手"和领导班子成员监督、推动促进经营生产重点工作任务落实、推动廉政风险防控一体化管控等 7 项责任内容，促进派驻监督工作有制可依、有规可守、有章可循。

三、派驻监督的主要做法及成效

在工作实践中，派驻纪检组组长紧紧围绕职责定位，把握工作原则，紧密结合首钢京唐公司经营生产实际和驻在单位特点开展工作，重点在"事前预防"和"事中纠偏"上下功夫，强化对驻在单位"一把手"和领导班子成员的政治监督，推动领导人员勤廉履职尽责，强化对重点廉政风险领域的监督检查，推动重点涉廉业务廉政风险降低，强化廉政风险防控系统谋划，推动"五位一体"廉政风险防控体系建设，强化对党员、领导人员和有业务处置权人员的廉政警示教育，推动拒腐防变思想防线筑牢，充分发挥了监督保障执行、促进完善发展作用。

（一）强化政治监督，推动勤廉履职尽责

派驻纪检组组长充分发挥"驻"的优势，探索会议监督、日常监督、谈话监督等嵌入式监督方式，近距离对驻在单位"一把手"和领导班子成员进行政治监督，推动领导人员勤政履职、廉政尽责，防范廉政风险，促进经营生产任务落实。一是开展会议监督，防范决策风险。派驻纪检组组长通过列席驻在单位党委会、部长办公会等，对生产经营计划安排、降本增效任务分解、职工薪酬分配、三支人才晋升、先模人物评选等重要决策事项进行监督，对有关问题及时提醒"叫停"，防范决策风险。二是开展日常监督，推动勤政履职。派驻纪检组组长通过列席驻在单位早调会、专题会、领导班子碰头会等，对驻在单位落实公司"两会"任务和党委重要决策部署进行监督，对重点难点进行跟踪督办，帮助协调解决疑难问题，保障公司"两会"任务和党委重

要决策部署落实。三是开展谈话监督，推动廉政尽责。派驻纪检组组长结合公司实际和形势任务变化，适时与驻在单位“一把手”和领导班子成员开展谈心谈话，“零距离”了解掌握“一把手”和领导班子成员的履职状态、思想动态，压实主体责任，讲清纪律规矩，指出廉政风险，提出工作建议，让“一把手”和领导班子成员知纪、明责、担当、作为，促进各项工作任务落实。实施派驻监督以来，派驻纪检组组长累计列席驻在单位重要事项决策会议350余次，列席驻在单位早调会、领导班子碰头会等400余次，与驻在单位“一把手”和领导班子成员开展谈心谈话100余次，督促各基层单位“一把手”和领导班子成员勤政履职、廉政尽责，有效促进了各项目标任务的完成。

（二）强化监督检查，推动廉政风险降低

派驻纪检组组长紧密围绕廉政风险较高的领域开展监督检查，加强与基层单位的工作协同，针对废钢、原辅料、机旁库等重点业务开展全流程梳理调研，辨识廉政风险，查找存在的问题，堵塞管理漏洞，推进固化提升，防范廉政风险。一是开展废钢监督检查，防范廉政风险。派驻纪检组组长之间密切配合，针对重点涉廉业务，协同基层纪委共同开展廉政风险防控，促进业务全流程管理提升。如，针对供料汽运废钢打包块存在的廉政风险，职能部门区域派驻纪检组组长和铁前区域派驻纪检组组长密切配合，协同制造部纪委和供料部纪委共同开展废钢质量管理提升专项监督检查，深入废钢现场调研座谈30余次，提出修改废钢质检随机程序、改进抽检方式增强随机性、推进现场“二检”等意见建议17条，有效防范了废钢质检廉政风险，同时进一步加严废钢质检扣罚，废钢质量明显提升，通过强化扣罚为公司避免经济损失900余万元。二是开展原辅料监督检查，防范廉政风险。针对膨润土质量问题，职能部门区域派驻纪检组组长和铁前区域派驻纪检组组长协同开展专项监督检查，推动膨润土质检取样从料场人工铁锹取样改为汽车取样机自动下钻取样，减少了人为干预，有效规避了廉政风险。同时，以萤石为切入点，实施原辅料管理流程风险识别与优化改善项目，对原辅料业务进行全流程业务梳理，查找存在的廉政风险点，通过优化抽包取样规则、修改随机抽包操作系统、改进取样工具、规范包号喷涂、推行联合监督抽检等，有效防范了廉政风险，原辅料质量显著提高。三是开展机旁库监督检查，防范廉政风险。职能部门区域派驻纪检组组长围绕机旁库降库利库开展专项监督检查，协同设备部到基层单位开展调研、监督检查30余次，推进开发机旁管理信息系统，实现了移动端设备对仓储物资自动盘点备件出库上机操作从5天缩短至1天，通用类物料全公司范围内共享，节省采购资金1000余万元，机旁库存降低了29%，做到了底数清楚、账物相符、系统管控，有效防范了廉政风险。

（三）强化系统谋划，推动防控体系建设

规范权力运行，探索建立“五位一体”廉政风险防控管理体系，派驻纪检组组长围绕重点领域和关键环节梳理业务流程，进行风险辨识，完善防控措施并开展专项监督检查，加强廉政风险源头防治，推动自主管理。一是探索“五位一体”廉政风险防控管理体系建设。探索建立“五位一体”廉政风险防控管理体系，统筹促进责任落实机制、教育引导机制、预警防控机制、监督联动机制及惩处管控机制有效集成耦合，构建全链条闭环管理体系。派驻纪检组组长以固定资产、合同、设备材料、工程项目管理4个模块为重点，结合现行制度和业务流程，在厘清岗位职责的基础上，对照制度机制、业务流程、外部环境，梳理、诊断制度规定和业务流程的合规性、廉洁性，识别业务流程管理过程潜在的廉政风险，督促建章立制，堵塞管理漏洞，防范廉政风险。二是开展廉政风险防控专项监督检查。坚持问题导向、风险导向，以制约和监督权力运行为核心，实现靠前监督、即时监督、嵌入式监督，紧盯重点领域、关键环节开展全流程廉政风险防控专项监督，加强重点岗位廉政风险防控。通过前移管控关口，查找管理漏洞，推进健全专业制度，推动自主管理。制定下发《首钢京唐公司纪委关于对各单位廉政风险防控措施落实情况开展监督检查的工作方案》，4名派驻纪检组组长分成两组开展监督检查，围绕生产外包、设备检修业务发现专业管理、廉政风险和合规风险问题3大类9项，提出成立生产外包价委会、建立定价机制、探索对生产外包单位整合降本等监督检查建议4条，围绕工程技改项目管理、钢材产品自销业务提出严把项目立项审批关、施工项量多方确认、多专业联合验收、强化带出品网上公开竞拍销售等监督检查建议，并督促整改落实，防范廉政风险。三是推动廉政风险全流程、自主化联防联控。派驻监督紧盯关键领域、薄弱环节，督促推动职能部门对重点涉廉业务流程进行全面梳理，加强事前防范及事中管控，实现多部门、跨专业、全流程、网格化联防联控。强化相关单位对风险隐患的自主管理，加大从源头上预防和治理风险力度，超前化解各种风险，降低涉廉问题的发生概率，提高廉政风险防范能力。四是推动岗位轮换防范廉政风险。围绕推进“三管六外”人员岗位轮换，派驻纪检组组长广泛走访驻在单位，了解岗位业务实际，收集意见建议，并及时反馈给首钢京唐公司纪检专业。收到纪检组组长的前端反馈，首钢京唐公司纪检专业积极与人力资源部沟通，针对有关岗位人员业务职责发生变化需要重新划定风险等级等问题，加强分析研判，进一步规范管理，推动有业务处置权人员岗位轮换278人，岗位职责调整360人，班次调整147人，规避廉政风险。

（四）强化警示教育，推动思想防线筑牢

围绕廉洁从业教育，派驻纪检组组长亲力亲为，开展节前教育和党规党纪巡讲，强化对党员、领导人员和有业务处置权人员的廉政警示教育和约谈提醒，深化“洁在心·廉在行”廉洁理念，筑牢拒腐防变思想防线。一是做好廉政工作谋划。派驻纪检组组长在每年年初参加驻在单位年度党风廉政建设工作会时，对驻在单位年度廉政工作存在的问题进行系统分析，对如何做好新一年廉政工作提出指导性意见建议，协同基层单位共同做好落实。二是做好节前廉政教育。每逢元旦、春节、清明、五一、端午、中秋、国庆节前，派驻纪检组组长均参加驻在单位的节前廉政警示教育会，针对部门实际和节日特点，结合案例解读“六大纪律”、中央八项规定精神和十个“严禁”

的内涵，深入开展纪律教育，对违规吃喝，收受红包、礼品、购物卡，违规操办婚丧喜庆事宜，违规经商办企业等进行重点提醒和警示教育，确保风清气正过节。三是做好党规党纪巡讲。按照纪律教育宣传月要求，4 位派驻纪检组组长亲自上讲台，以《守纪律讲规矩、清正廉洁作表率》《恪守党员廉洁初心、保持干部清廉本色》为题，深入开展"党规党纪巡讲"教育，围绕党的纪律规矩，对首钢集团和首钢京唐公司历史上发生的违规违纪违法典型案例进行解读，用身边事教育身边人，提高党员的廉洁自律意识。四是做好党员培训班党员纪律教育。按照对党员开展教育培训的要求，对驻在单位党员教育培训班党员开展廉政警示教育轮训，组织观看廉政警示教育片，结合形势任务要求和身边典型案例对党员进行廉政警示教育，切实提高党员的纪律意识和规矩意识，始终做24 小时合格党员。实施派驻监督以来，派驻纪检组组长累计参加驻在单位年度党风廉政建设工作会、节前廉政警示教育会等 150 余次，廉政警示教育和提醒谈话4500 余人次，开展党规党纪巡讲 30 余场，受众 1500 余人，大大增强了广大党员、领导人员和有业务处置权人员的廉洁自律意识，筑牢了拒腐防变的思想防线。

关于企业专项监督的探索和做法

南京钢铁集团有限公司纪委
王永瑞

专项监督是企业纪检机构围绕本单位生产经营管理各项业务事项或制度流程，监督检查相关经营管理者履行职责行为，发现失职失责问题和管理缺陷，从而使企业管理更加规范。本文浅谈南京钢铁集团有限公司（简称南钢集团）纪委在企业专项监督中开展的相关工作。

一、开展专项监督工作的重要意义

党的十九大以来，南钢集团纪委学习贯彻全面从严治党方针，按照上级纪委部署，健全完善企业监督体系，立足监督职责定位，始终坚持与企业生产经营深度融合。

当前，随着经济体制改革的全面深化，企业在生产经营、投资决策、工程建设、物资采购、市场营销等领域仍然存在着廉洁风险；企业重要部门和关键岗位很容易成为别有用心和投机者挖空心思寻租的“目标”，开展专项监督工作能够有效地聚焦企业发展短板瓶颈、专注于企业运行的难点、堵点和痛点，督促相关部门和单位明晰权责、优化制度、完善管理、堵塞漏洞、提升效率，提高企业拒腐防变能力，同时把监督力切实转化为企业治理效能。

南钢集团纪委守正创新主动作为，以高质量纪检引领保障企业高质量发展，着力构建企业监督体系，对企业规章制度执行情况、业务流程运行情况、重点岗位和关键人员履职尽责等情况进行专项监督检查，为企业高质量发展注入强有力的政治保障和监督保证，为南钢集团创建国际一流受尊重的企业智慧生命体提供坚强支撑。

二、深化组织迭代，建立系统协同高效监督体系

成立纪委组织，织密立体监督网。2022 年，南钢集团纪委在 4 个事业部及新产业投资集团成立 5 个纪工委，在机关片直属党委和生产厂党委所在单位成立 17 个纪委，同时各纪工委下设效能监察室。强化统筹协调，重点聚焦公司生产经营、改革创新、转型升级、风险管控等领域存在的问题，形成公司纪委和基层纪委上下联动协同开展专项监督机制。通过纪委办人员和招采与制造纪委每月协同对码头船运废钢质量进行监督检查，及时发现船运废钢内含有大量煤气仪表等密闭容器，避免了废钢在使用中

发生安全事故，同时按采购合同对供应商实施经济处罚。

实施廉政专员派驻机制，充分发挥廉政专员之间、廉政专员和纪检员之间、廉政专员和基层党委之间的联动优势，使专项监督从“各自为战”升级为“团体作战”。派驻在验收部门的廉政专员，充分发挥监督前哨作用，在原燃辅料日常验收监督检查工作中，发现 KR 脱硫剂因无检测手段和检验方法，导致 KR 脱硫剂验收时以供应商质保书指标进行验收结算，但实际供应的 KR 脱硫剂质量并未达到采购标准，造成 KR 脱硫剂实际消耗量明显高于正常消耗水平，针对原燃料辅料验收中存在以质保书验收结算的情况，廉政专员督促驻在单位党委完善相关验收管理制度流程，开发 KR 脱硫剂化验分析方法，堵塞了入厂物料质量验收的漏洞。

建立纪检联络员工作机制，进一步强化专项监督力量，纪委办纪检员兼职联络员，联络各事业部、核心子公司，推动监督层层下沉，实现主要领域专项监督全覆盖，构建全方位、无盲区的专项监督长效机制。1 名纪委联络员于 2023 年底正式上岗后，深入现场进行设备验收专项监督检查，发现一起设备供应商少供货问题，及时通知南钢集团纪委办进行取证并制定详细审查方案，组织现场实地核验。通过核查发现内部管理人员在验收环节存在失职问题，为企业挽回损失 10 余万元，同时南钢集团纪委对供应商作出相应处罚。

三、建立内部专项监督联动机制

（一）联合监督小组机制

为了加强监督力度，南钢集团纪委与基层党委共同组建了联合专项监督小组。这种跨部门的合作方式，集合了双方的专业优势和资源整合调配效率，增强了监督的广度、深度和震慑力。通过联合小组的形式，可以更全面、深入地对特定领域，如废钢验收、进厂原辅料物资验收、废旧物资处置等方面的管理进行监督检查，有效识别和堵塞管理漏洞。

（二）不定期监督检查机制

联合专项监督小组采取不定期的监督检查方式，这种随机性增加了监督检查的突然性，有助于发现日常管理中可能被忽视的问题。不定期检查可以有效防止因时间规律性而产生的应付检查行为，确保监督的真实性和有效性。

（三）强化整改与反馈机制

对于联合监督中发现的问题，南钢集团纪委和基层党委共同督促相关责任部门制定详细的整改方案，并跟踪整改进度直至问题得到有效解决。同时，建立反馈机制，确保整改过程的透明度和问题解决的效果，形成监督—反馈—改进的闭环管理。

（四）建立长效监督机制

在专项监督工作的基础上，南钢集团纪委和基层党委还致力于建立和完善长效的监督机制，包括但不限于定期培训、风险预警、合规文化建设等，从根本上提升企业的自我监督和管理能力。

通过建立内部专项监督联动机制，南钢集团不仅成功地构建了一个能够迅速响应并有效解决问题的监督体系，更重要的是在这一过程中逐渐培育了一种积极向上的监督文化。这种文化强调开放透明、主动合规，鼓励员工积极参与到监督活动中来，共同维护企业的良好秩序与长远利益。

四、企业专项监督具体做法和取得的成效

南钢集团纪委坚持以问题为导向，围绕领导关注的重点、生产经营中的管理难点、职工群众反映强烈的热点、容易发生问题的节点和企业关注的焦点问题分析研判，找准关键环节和关键人或关键事，采取“飞行检查”“明察暗访”等灵活多变的监督方式，强化监督持续形成震慑。

（一）企业专项监督具体做法

一是精准研判。精准研判作为专项监督的基石，其核心在于精准锁定问题、精确制导监督力量，从而极大提升监督工作的效率与权威性。这一过程遵循问题导向原则，深度融合精准思维技巧，通过多层次、多角度的系统剖析，实现对监督对象的深度透视与精确诊断。

二是依托日常监督管理，锁定区域范围。综合运用参加会议、深入调研、专项检查、督促整改、建章立制、警示教育等常态化、近距离、可视化的日常监督结果，从问题着眼和入手，根据一个领域、一个单位、一个环节的“树木”“森林”情况，判断企业管理薄弱环节，锁定要检查的单元或环节。

三是借助精准画像，锁定检查内容。根据信访举报、廉洁档案、问题线索、审查数据、审计报告、专项监督检查的成果等进行直观研判，确定检查或抽查内容和涉及范围。

四是将走访调研、企情民意、群众问题反映等内容作为重要的研判依据，及时开展相关专项检查。

（二）专项监督工作取得的成效

近年来，南钢集团纪委通过对安全事故、道路施工、工程项目、原燃辅料入厂验收、废钢采购等方面累计开展了 20 余次专项监督检查，查出了在招标项目、施工方案、项目管理、工程监理、物资验收等方面存在的问题和管理漏洞，并就如何提高施工质量、强化安全管理、改变验收方式等方面提出一系列监察建议，发现和揭露了企业在高质量发展过程中存在的一些舞弊问题，以及行业的长期痛点，惩处了一批不法供应商和违纪员工，直接挽损 1500 万元以上，间接堵漏近亿元，为构建风清气正的政治生态和诚信阳光的生产经营环境起到了保驾护航作用。

五、结束语

南钢集团纪委在企业专项监督工作中的实践，展现了创新与实效并重的现代监察理念，通过与基层党组织建立内部监督联动机制，进一步强化了监督合力，促进了信息的无缝对接与资源共享，为问题的快速响应与整改提供了坚实保障。这一系列举措不仅解决了眼前问题，更着眼于长效机制的构建，通过培训、预警及合规文化的培育，深化了企业内部的自我监督与合规管理意识，为南钢集团的长远发展筑起了坚实的风控屏障。

南钢集团纪委在专项监督上的积极探索与实践，不仅彰显了其在新时代背景下的监督智慧与决心，这一系列创新实践也是对“精准监督、管理再监督”理念的成功践行，更是推动企业治理体系和治理能力现代化的重要里程碑。

浅析柳钢集团年轻干部廉政建设方面存在的问题及对策

广西柳州钢铁集团有限公司纪委
文和贵　潘思竹　覃　慧

习近平总书记在2019年春季学期中央党校（国家行政学院）中青年干部培训班开班式上讲话指出："培养选拔优秀年轻干部是一件大事，关乎党的命运、国家的命运、民族的命运、人民的福祉，是百年大计。广大干部特别是年轻干部要在常学常新中加强理论修养，在真学真信中坚定理想信念，在学思践悟中牢记初心使命，在细照笃行中不断修炼自我，在知行合一中主动担当作为，保持对党的忠诚心、对人民的感恩心、对事业的进取心、对法纪的敬畏心，做到信念坚、政治强、本领高、作风硬。"

近年来，随着广西柳州钢铁集团有限公司（简称柳钢集团）"一体两翼"多基地发展，对人才的需求日益增加，柳钢集团持续加大对年轻干部的培养力度，通过公开竞聘等方式，采取多样化人才培养机制，一大批年轻干部通过工作历练走上管理岗位，逐渐成为柳钢集团生产经营管理的生力军。但是由于年轻干部处于事业、生活的起步期，对党性修养的认知、纪法意识和社会阅历不够，面对欲望和诱惑时，容易出现信念动摇、定力不足，极少数年轻干部荣辱观、价值观发生错位和偏差，出现一些违纪违法行为。加强对年轻干部的教育管理监督，教育引导年轻干部扣好人生"第一粒扣子"，成为各级党组织和纪检监察机构工作的重要课题。

一、认真审视柳钢年轻干部廉洁从业方面存在的问题

近年来，柳钢集团纪委查处的一批违纪违法案件中，年轻干部所占的比例较高，一些关键领域、重要岗位成为年轻干部违纪违规问题易发高发区域。这些突出问题主要体现在以下几个方面。

（1）内外勾结，损公肥私。比如，在厂内废钢回收等业务中，一些年轻干部利用手中职权，与供应商相互勾结，为投机者制造巨额"福利"，给区域造成经济损失。

（2）弄虚作假，以权谋私。有的年轻干部利用工作上的职务便利，为外部供应商提供内部信息、修改原始数据，甚至指使工作人员帮助供方调包换样，规避经济处罚，致使企业财产遭受重大损失。

（3）目无法纪，顶风作案。有的年轻干部无视党规党纪和法律法规，利用工作上

的便利擅自将公款挪为己用；有的与班子成员在单位私设“小金库”，瓜分国有资产；有的私自截留职工效益工资，拿来小团体搞聚会，侵害职工群众利益；有的违规接受他人宴请，违规收受他人礼品礼金或有价证券。

（4）为官不为，失职渎职。有的年轻干部履职不力、失职渎职、懒政庸政，从而给企业造成重大经济损失，让企业形象严重受损。一些年轻干部在未走上管理岗位时勤恳敬业，一旦当上领导干部后，就飘飘然起来，再也不思进取，只想着“平平安安占位子，舒舒服服领票子，庸庸碌碌混日子”，心不在焉得过且过，不求有功但求无过，当作为而不为，办事标准不高，工作态度消极。

（5）不守纪律，不讲规矩。有的年轻干部走上领导岗位后变得组织观念淡薄、纪律松弛涣散，不受监管不受约束，经常不按时上班，想来就来、想走就走，我行我素。有的年轻干部目无纪律，目无规矩，上班玩手机、炒股票、网上购物，晃晃悠悠一整天。极个别年轻干部拜金主义、享乐主义、奢靡之风等腐朽思想仍然存在，生活追求“高大上”，过度消费、超前消费，业余爱好不健康；有的年轻干部让私人老板请客吃饭，违规收受客户好处费，不知收敛。

深刻剖析这些年轻干部违纪违法问题发生的根源，主要体现在以下几个方面。

（1）理想信念动摇。当前年轻干部理想信念中，缺乏一定的理论知识，不能正确地运用新思想、新理论解决实际问题，从而产生理论模糊、理想信念不坚定，同时在理论联系实际过程中，指导性不够，遇到问题容易产生疑惑、立场不坚定等情况。由于放松了世界观改造，思想扭曲，意志蜕化，不能正确对待人民赋予的权力，忘记了党的为人民服务的宗旨，意志薄弱者在关键时刻挡不住诱惑滑向违法乱纪的泥道。

（2）各种利益驱动。俗话说：“人为财死，鸟为食亡。”由于人类这种原始的欲望和弱点，在强烈的利益驱动下，一些利欲熏心者便绞尽脑汁、挖空心思，寻找一切可乘之机攫取财富，腐败现象也就随之产生并不断发展。社会上出现的一些不正之风，如权钱交易、权色交易、钱色交易、贪污受贿、买官要官等现象是最好的例证。少数年轻干部由于面对金钱和权力的诱惑，无法很好地把持自己，置党纪国法于不顾，一步步腐化堕落。一些不法私营企业主为了牟取暴利，逃避法律惩罚，更是不择手段，不惜用重金、美色等方式拉拢腐蚀干部，时不时发生权钱交易、权色交易的腐败案件。

（3）侥幸心理作祟。一些年轻干部接受的廉洁教育不系统，纪法意识淡薄，对一些违纪违法行为产生的后果认知不足，对权力的把握和认识不到位，产生扭曲思想，存在侥幸心理，认为行贿受贿行为只有“天知地知你知我知”，反正没有其他人在场，收受人家钱财没有第三方知道，不会有事；还有些人认为只是收受他人一条烟、一瓶酒，够不上违法。在这些侥幸心理的驱动下，很多人铤而走险。

（4）监督手段不足。部分单位对年轻干部履行全面从严治党主体责任缺乏全面深刻的认识，忽视自己的责任，对年轻干部监督的第一关把得不牢。在监督的方式方法上，缺乏精准度，对不同监督对象特点，采用相应监督方式的研究探索不够，监督方式精细化、针对性不足；在监督的时效上，日常管理监督中主动发现隐患的不多，预防性的事前、事中监督薄弱；在监督的级别上，对敏感岗位进行重点监督提醒，对非敏感岗位的警示教育力度不够。一些单位对年轻干部缺乏系统性的廉洁教育，从任职初未建立系统的廉洁教育培训，从认识上和思想上树立坚守底线的思维和对廉洁从业重要性的认知不足，廉洁文化氛围不浓。

二、充分认识年轻干部廉政建设的重要意义

腐败是国有企业的最大风险。近年来国有企业腐败问题频发高发，其原因之一是企业领导干部权力集中，对企业领导干部的教育和监管不够到位。尤其是众多企业大胆起用年轻化、技术型和创新型人才担任领导职务，对促进企业改革发展发挥了重要作用，但年轻干部有一个成长成熟过程，由于缺乏系统的思想政治教育、党性锻炼和思想道德修养，极个别年轻干部大局意识、责任意识、群众观念和政策法律观念不强，增加了发生腐败行为的可能性、风险性。而广大年轻干部是柳钢集团建设和改革发展的中坚力量，对柳钢集团未来的发展有着至关重要的影响。加强年轻干部党风廉政建设，意义重大、责任重大，主要体现在以下几个方面。

（一）年轻干部岗位重要

年轻干部地位特殊，是单位的骨干和中坚力量，是柳钢集团高质量发展的生力军，是干部员工的“领头羊”，是谋事的主流、成事的精英，一些年轻干部还是某一领域的专业技术人才，情况熟悉、经验丰富。企业理思路、作决策，需要年轻干部发挥智囊作用，为单位领导提供决策参考；企业抢机遇抓落实，需要年轻干部发挥能力优势。年轻干部是职工的榜样单位的形象，年轻干部的精神状态、能力水平和工作作风，直接影响着单位职工，关系着单位干部梯队建设。

（二）年轻干部易出问题

年轻干部是政策、决策的具体执行者和落实者，掌握着相当的人、财、物等资源的分配权和重要事项的审批权，徇私舞弊、以权谋私的风险高，也是投机者攻击的重要目标，是腐败高危岗位。当前，柳钢集团一些领域仍存在“潜规则”，内外勾结、利益输送等问题时有发生；一些年轻干部责任缺失，不作为、慢作为、乱作为等作风问题未消除。近年来柳钢集团纪委查办的违纪案件，所涉及的年轻干部不少，他们有的因为在经营管理工作中失职渎职、懒政庸政，给企业造成重大经济损失；有的因为把持不住金钱和利益诱惑，与客商内外勾结、吃里爬外、弄虚作假、损公肥私等。由此看出，年轻干部在金钱利益面前，容易丧失理想信念，沦为权益的奴役。

（三）公司高度重视年轻干部队伍建设

一直以来，柳钢集团重视年轻干部队伍的建设和培养，尤其是一些专业技术型的年轻干部。年轻干部是柳钢集团重要的人才储备资源，只有把这支队伍抓住了、抓好了，才能形成加快发展的强大合力。当前，柳钢集团年轻干部队伍总体是好的，许多同志多年如一日，不讲条件、不计名利地战斗在工作一线，为柳钢集团改革发展大业

默默奉献着青春和热血，柳钢集团领导是充分肯定的，但也存在一些问题。柳钢集团在重视干部队伍技能培养的同时，更注重干部队伍的行为素养，只有政治品质好的干部才能让公司放心、放手委以重任去干事业。加强对年轻干部的教育管理监督，是柳钢集团对干部队伍高度重视和关心爱护的充分体现。

三、加强年轻干部廉政建设的思路建议

为深入贯彻落实习近平总书记关于加强年轻干部队伍建设的重要要求，柳钢集团党委2022年印发了《关于加强年轻干部教育管理监督的意见》(集团司党发〔2022〕46号)，提出把年轻干部教育管理监督作为全面从严治党重要任务，切实把年轻干部培养好、选拔好、管理好、使用好，促进年轻干部不断激发内生向上动力，在坚决捍卫“两个确立”、做到“两个维护”上锤炼政治品格，在奋进新征程、建功新时代中彰显担当作为，真正想干事、能干事、干成事、不出事，成为可堪大用、能担重任的栋梁之材，努力打造一支忠诚干净担当的年轻干部队伍，为柳钢集团高质量协同提供源源不断的力量支撑。帮助年轻干部加强党性修养，筑牢廉洁底线，扣好人生“第一粒扣子”，坚守初心，履职尽责，在企业改革发展中贡献青春力量，是各级党组织的职责所在。对于加强年轻干部党风廉政建设，有以下建议。

（1）坚持从严教育，筑牢年轻干部思想防线。习近平总书记强调，年轻干部是党和国家事业发展的希望，必须筑牢理想信念根基，守住拒腐防变防线。年轻干部有了坚定的理想信念，才能坚持正确政治方向和人生道路。各级党组织要把年轻干部理想信念教育作为一项战略任务常抓不懈，切实解决好年轻干部世界观、人生观、价值观这个“总开关”问题，筑牢廉洁从业思想防线。一方面，坚持用新时代党的创新理论武装年轻干部。深入实施“习近平新时代中国特色社会主义思想主题教育培训计划”，通过集中轮训、专题研讨、组织自学等形式，引导年轻干部真正在学懂、弄通、做实上下功夫，自觉做习近平新时代中国特色社会主义思想的坚定信仰者和忠实实践者，深刻领悟“两个确立”的决定性意义，增强“四个意识”、坚定“四个自信”、做到“两个维护”，不断提高政治判断力、政治领悟力、政治执行力。另一方面，加强信仰、信念、信心教育。信仰、信念、信心是最好的防腐剂。要落实推进党史学习教育常态化、长效化要求，将党史学习作为年轻干部教育培训的必修课，坚定他们对马克思主义的信仰，对中国特色社会主义的信念，对实现中华民族伟大复兴的信心。坚持把学党史与悟思想、强党性有机结合起来，加强对党忠诚教育、革命传统教育、爱国主义教育，使年轻干部真正做到学史明理、学史增信、学史崇德、学史力行。

（2）坚持从严管理，增强年轻干部纪律意识。好干部是选出来的，更是管出来的。各级党组织要认真履行主体责任，建立健全管理制度，将清廉建设融入年轻干部日常管理之中，强化纪律规矩意识和法治观念的培养，严格依法办事、依规行事、依法履职、秉公用权。要将廉洁教育贯穿到年轻干部的教育培训、实践锻炼、管理监督等各方面，常态化开展党风廉政教育、纪法教育、警示教育，加大年轻干部违纪违法案件通报曝光力度，使其闻警自省、检视整改。要经常性组织党风廉政教育集体谈话，对

年轻干部开展“一对一”谈心谈话，有针对性地提出要求。要加大对年轻干部作风问题的查纠力度，坚决纠治干事创业精气神不足、作风漂浮、形式主义、官僚主义等突出问题，坚决纠治贪图享乐、盲目攀比、追求低级趣味等不良风气，推动年轻干部重事功、唯实干、求实效。要严肃查处年轻干部违纪违法行为，重点查处政治问题和经济问题交织，胆大妄为、滥用职权、吃里爬外、弄虚作假、违规操作，“小官巨贪”“微腐败”等问题，强化不敢腐的震慑作用，促使年轻干部做到慎小、慎微、慎始，牢牢守住党纪国法底线。注重从年轻干部典型案件中查找管理监督的薄弱环节和制度漏洞，完善制度机制，从源头上根除隐患。

（3）坚持从严监督，强化年轻干部行为规范。监督是权力正确行使的根本保证，不受监督的权力将导致腐败。在制度预防和权力监管上加强对年轻干部的管理，保障其在制度的框架内依法充分行使权力，避免其越界犯错，是一种负责任的关爱。各级党组织要加强对年轻干部的监督，及时提醒纠治苗头性、倾向性问题，防止成长“黄金期”变成贪腐“危险期”。要强化政治监督。将贯彻落实习近平总书记重要讲话和重要指示批示精神、党中央重大决策部署作为监督内容，将年轻干部遵守纪律规矩情况作为监督重点。通过参加民主（组织）生活会、明察暗访、个别谈话、信访举报受理、线索处置等，着力发现和督促纠正年轻干部理想信念不牢、政治定力不够、宗旨意识淡薄、价值观走偏等问题，推动广大年轻干部增强捍卫“两个确立”、做到“两个维护”的政治自觉。要做实日常监督。建立日常监督机制，前移监督关口，坚持抓早抓小、预防在先，对年轻干部常态化开展谈心谈话，特别是在干部职务职级晋升、评先评优等重要节点，以及出现苗头性、倾向性问题等关键时刻，及时敲响廉洁警钟，让年轻干部习惯在监督下成长。要突出监督重点。在强化年轻干部日常管理监督的同时，认真排查岗位廉洁风险，尤其是针对权力集中、资金密集、资源富集等关键领域，制定权力运行规则和防控措施。对在廉洁风险重点领域、重要岗位工作的年轻干部，要重点监督、强化教育，堵住制度漏洞。

关于国有企业深入开展新时代廉洁文化建设的思考和实践

酒钢集团甘肃东兴铝业有限公司纪委
冀思尧

全面从严治党，既要靠治标、猛药去疴、重典治乱，也要靠治本、正心修身、涵养文化，守住为政之本。习近平总书记在二十届中央纪委第三次全体会议上明确提出，要加强新时代廉洁文化建设。深入开展党性党风党纪教育，传承党的光荣传统和优良作风，激发共产党员崇高理想追求，把以权谋私、贪污腐败看成是极大的耻辱。要注重家庭家教家风，督促领导干部从严管好亲属子女。积极宣传廉洁理念、廉洁典型，营造崇廉拒腐的良好风尚。新时代廉洁文化建设是国有企业深入推进党风廉政建设的内在需要，是建设廉洁政治、涵养风清气正的政治生态的内在要求，事关国有资产增值保值，事关国有企业干部职工队伍稳定，必须把加强新时代廉洁文化建设和经营管理等各项中心工作放在同等重要位置抓实、抓牢、抓出成效。酒钢集团甘肃东兴铝业有限公司（简称东兴铝业）纪委深入贯彻落实中央关于加强新时代廉洁文化建设要求，结合铝产业企业实际，形成了具有自身特色的廉洁文化建设工作机制。

一、国有企业深入开展新时代廉洁文化建设的重大意义

（一）开展新时代廉洁文化建设是加强和推进党风廉政教育、强化教育效果的必然要求

加强新时代廉洁文化建设是我们党推进自我革命的重要举措，也是新时代全面从严治党的重要方略，是必须长期抓好的重大政治任务，这要求我们要学思践悟，延展廉洁教育深度和广度，大力倡导和践行社会主义核心价值观，有利于培养党员干部参与廉洁教育的自觉，始终保持思想上的先进性和纯洁性，自觉抵制各种诱惑和不良思想的侵蚀，加深对党的理论和路线方针政策的理解，将党的优秀理论真正内化为立身处世的行为准则；有利于汇聚企业全体干部职工的发展共识，树立文化自信，将日常廉洁教育成果转化为助推公司实现高质量健康发展的强大动力。

（二）开展新时代廉洁文化建设是一体推进“三不腐”基础工程、净化政治生态的内在需要

中共中央办公厅下发了《关于加强新时代廉洁文化建设的意见》，这要求我们必须把加强新时代廉洁文化建设作为一体推进“三不腐”的基础性工程，强化系统思维，坚持立足实际、守正创新，从思想崇廉、文化养廉、教育促廉、阵地育廉、融合倡廉等方面把廉洁文化建设落实落细，不断增强廉洁文化感染力、穿透力、影响力，有利于构建起廉洁文化理念和廉洁文化制度内外结合、优势互补的防腐体系，营造春风化雨、润物无声的廉洁文化氛围；有利于深入落实好全面从严治党各项部署，严肃党内政治生活，净化国有企业政治生态，持续推进全面从严治党在国有企业取得新成效。

（三）开展新时代廉洁文化建设是改进和优化干事创业环境、营造和谐发展氛围的重要途径

深入开展新时代廉洁文化建设，是教育、引导企业干部职工，特别是党员干部的重要途径，是培养职工廉洁意识的重要手段，有利于巩固企业党风廉政建设和反腐败工作的群众基础，提高企业职工对身边腐败现象的鉴别力和抵制力，发挥群众监督的重要作用；有利于调动和发挥干部职工干事创业的积极性、主动性，增强企业职工认可度和归属感；有利于营造崇廉拒腐新风气，形成人人思廉、倡廉的浓厚文化氛围，为企业健康发展提供强力支撑。

二、对新时代廉洁文化建设的思考和开展的具体实践

东兴铝业纪委聚焦新时代廉洁文化推广对象、推广路径、传播方式三个方面思考探索，初步形成“两培育＋三转化＋四结合”的廉洁文化建设工作机制，为东兴铝业高质量发展提供了坚强保障。

（一）坚持“两培育”

（1）培育群众基础。开展新时代廉洁文化建设涉及东兴铝业全体干部职工，涉及东兴铝业长远发展，必须充分调动职工群众参与企业文化建设的积极性。通过每年从基层单位聘请纪律作风监督员参与民主监督和纪律监督，每季度深入基层班组开展廉洁“大讲堂”以身边事教育身边人，制作廉洁文化手册并以二维码的方式附在廉洁文化海报上在基层班组内进行广泛宣传，秉承“小书屋、大廉洁”的精神与东兴铝业工会建设职工书屋，不断向职工沁润廉洁文化等方式，不断增强职工队伍的凝聚力，让职工有归属感，为东兴铝业廉洁文化的建设提供最广泛的群众基础。

（2）培育廉洁家风。东兴铝业党委高度重视新时代廉洁文化建设工作，专题研究部署，要求发挥好“关键少数”的示范带动作用，通过党委先行、班子垂范，一级做给一级看，一级带着一级干，自上而下营造廉洁家风。深入挖掘利用好家风家规等传统廉洁文化资源，向东兴铝业干部家属发放助廉信、廉洁倡议书以及《习近平关于注

重家庭家教家风建设论述摘编》《清风传家》等，将良好家风融入东兴铝业廉洁文化建设和党员干部的日常工作、学习、生活，通过润物细无声的引导，培育良好的家风。

（二）实现“三转化”

（1）外化于行，将廉洁文化转化为东兴铝业现代企业治理的实践成果。东兴铝业纪委加强环境熏陶，深入推进廉洁文化进机关、进支部、进班组、进项目、进培训、进家庭，通过举办“清风东铝”书画摄影作品展、张贴悬挂廉洁标语和廉洁理念、召开项目廉洁专题会议、发放廉洁监督联系卡、签订项目管理廉洁责任书、开展廉洁风险防控调研等，广泛营造廉洁文化氛围，增强廉洁文化的感染力和渗透力。加强阵地教育，借助兰州市公安局在清廉建设方面丰富的经验积累和资源优势共建警示教育基地，同时在东兴铝业内部建设具有企业特色的廉洁教育阵地，为东兴铝业干部职工提供固定的新时代廉洁文化建设警示教育场所。充分运用东兴铝业及酒泉钢铁（集团）有限责任公司（简称酒钢集团）内刊宣传廉洁故事，总结廉洁经验，弘扬廉洁事迹，加强思想引导和灵魂共振。加强标杆示范，加大宣传力度，开展正面引导，注重宣传典型事迹，发挥示范带动作用，对东兴铝业内设机构负责人建立廉政档案，实时掌握党员干部“政治健康状况”，激励党员干部见贤思齐、勤廉从业，进一步推动新时代国企廉洁文化建设实起来、强起来，为东兴铝业高质量发展、创建世界一流铝企业营造良好环境、提供坚强保障。

（2）内化于心，将廉洁文化转化为职工立身处世的行为自觉。东兴铝业纪委坚持用优秀传统文化引导人，深入总结运用中国传统文化教育党员干部和普通职工，发挥传统文化精神纽带作用，从而使其对东兴铝业廉洁文化产生思想共鸣。坚持逢节必开、每季度必开党风廉政建设警示教育，适时开展“以案促改、以案促治”专题警示教育，用身边典型案例警示人，注意运用反面案例，身边人、身边事，以“小案例”剖析“大问题”、以“小切口”揭示“大道理”，让党员干部真正把自己摆进去，反躬自省，警钟长鸣，其间制作了廉洁微视频，把反面的教训变为记在心里的敬畏。坚持用廉洁文化理念教育人，东兴铝业党委书记、纪委书记根据形势要求、表现特点有针对性地开展讲廉，加强思想道德教育，着力培养广大干部职工的廉洁意识，使其树立正确价值观，自觉抵制各种腐朽思想的侵蚀。

（3）固化于制，将廉洁文化转化为约束干部职工的行为准则。东兴铝业把廉洁文化建设纳入发展规划和党委工作重点，明确总体目标和阶段性工作，按照“党委领导、纪委统筹、部门协作”的要求，分解落实建设责任，扎实推进廉洁文化从“口头上”落实到“行动中”。廉洁制度和管理制度都是企业经营管理不可或缺的制度，廉洁制度既不能与管理制度相矛盾，又不能影响、限制经营管理，抓住党的领导与公司治理相结合这个关键，落实“三重一大”决策制度，把应由党组织前置研究的事项逐项细化，从运行机制上保障党组织意图在重大决策中得到充分体现。此外，结合上级廉政制度和廉洁文化，东兴铝业纪委先后制定了《员工从业限制管理办法》《谈心谈话细则》《个人事项报告管理办法》《关于加强新时代廉洁文化建设的实施方案》等规定，突出硬性约束，规范党员干部和普通职工行为。为确保廉洁文化建设“规定动作”落地落实，东兴铝业纪委将廉洁文化建设再纳入党建责任制考核评价范畴，进一步督促各直属党组织扛牢责任，同时加强监督提醒，把握运用监督执纪第一种形态，对党员干部和普通职工苗头性、倾向性问题进行提醒教育，抓早抓小，防微杜渐。

（三）做到“四结合”

（1）与党的理论和路线方针政策相结合。坚持以习近平新时代中国特色社会主义思想和党的二十大精神为指导，将廉洁文化建设作为公司党风廉政建设和反腐败工作的重点常抓不懈，着力提高党员干部的政治意识、思想认识，充分认清廉洁文化建设对东兴铝业改革发展的重要意义。坚持用党的先进理论和反腐倡廉优秀成果来丰富和发展东兴铝业廉洁文化，主动适应党中央关于加强国有企业改革的一系列政策主张，使廉洁文化更有内涵、更具时代气息。

（2）与企业发展需要相结合。紧紧围绕东兴铝业生产经营中心，服从和服务于公司生产经营工作，如果脱离了这些，任何孤立的、拿来的、空想的文化都是无意义的。东兴铝业纪委坚持廉洁文化创建与“安康杯”劳动竞赛、安全生产、技术创新等活动相结合，抓好平台建设，按照“有统筹、有互动、有激励”的原则，完善廉洁文化创建机制，统一规划部署，结合东兴铝业各个部室、各单位特点，深入开展各层级作风建设专项整治工作，以点带面，形成党政工团积极互动、职工群众广泛参与的良好局面。

（3）与生产经营管理相结合。结合东兴铝业不同时期的中心任务，及时调整廉洁文化建设的重点，做到与生产经营管理相互渗透、相互融合、相互促进，实现优势转化。建立健全现代企业治理结构和内控机构，实施文化引导与制度规范并举，将“诚信廉洁、守法经营”理念融入公司制度、文化、管理、经营之中。从规范人、财、物的权力运行入手，着重在招投标、项目建设、资金支付、采购销售等方面实施规范化、精细化管理，加强对东兴铝业风险合规性管理的监督，在审核流程内嵌入风险评估报告环节，要求各部门就重大事项提交风险评估报告，确保重大决策事前做到调研、讨论、论证“三充分”，培养全体干部职工特别是党员领导干部严格按规章制度办事、诚信守法经营的自觉性，努力把廉洁思想变为廉洁规范，把廉洁规范变为廉洁行为。

（4）与职工队伍建设相结合。廉洁文化创建需要广大干部、职工的积极支持、热心参与和自觉行动，没有群众的参与和支持，廉洁文化就是无源之水、无本之木。东兴铝业纪委开展多种文化活动，与干部职工多层面互动，动员广大干部、职工主动融入到公司廉洁文化创建活动中，将廉洁文化渗透到企业发展的各个角落。多年来，东兴铝业纪委一直注重发挥“大监督”格局作用，将纪律作风监督员的权利与义务固化为制度，将东兴铝业信访通道转化为二维码广而告之，不断做实做细群众监督，扩大监督覆盖面，发挥职工群众作用，防止身边“微腐败”现象和腐败行为的发生。

三、开展新时代廉洁文化建设取得的成效

东兴铝业党委领导与纪委统筹、基层实践上下联动，实现了廉洁文化建设与生产

经营深度融合，廉洁文化与职工队伍建设相得益彰，廉洁文化建设已经渗透到东兴铝业经营管理各环节，浸润干部职工心田，崇廉尚廉已成为东兴铝业新风尚。

（一）职工群众“主人翁”意识进一步增强

东兴铝业纪委将廉洁教育从会议室“搬”到基层班组，为基层纪律作风监督员赋予纪律民主监督权力，畅通信访举报问题通道，注重党员干部家庭、家教、家风，以社会主义核心价值观为引领，使廉洁意识内化为每一位职工的思想准则和道德准绳，外化为每一位职工的自觉实践、自发监督，让廉洁文化润物无声，深入人心，增强了全体职工的精神力量。

（二）工作流程规范化水平进一步提高

东兴铝业纪委建立完善了廉洁风险防控机制，抓好源头防控，实现了“监督的再监督”职能，让权力在阳光下运行，让流程在监督下受控，在东兴铝业加强新时代廉洁文化的进程中，坚持“有权必有责，用权受监督，违规要追责”的原则，切实形成了按制度办事、靠制度管人的科学、有效的良好机制，关键重点环节廉洁风险点及防范措施动态更新，确保了东兴铝业生产经营管理各环节合规。

（三）廉洁文化机制化创新进一步激发

东兴铝业党委持续培育与公司高质量发展、具有铝产业特点的廉洁理念，在东兴铝业改革总体规划中把新时代廉洁文化建设更好地纳入进去，下一步将拓宽思路，深入实践，通过“清风线上讲堂”颂家风家训、写清廉警句、诉老东铝人故事等形式，将东兴铝业廉洁文化建设打造成铝业属性的品牌和名片。

（四）生产经营促进性作用进一步释放

将新时代廉洁文化渗透到生产经营管理的每个环节，融入到每个工作岗位，充分发挥文化的道德约束力和润心育人作用，把虚心接受批评的他律和忠诚履职的自律转化为推动生产经营的动力，2024 年上半年电解槽开启率平均保持在 99% 以上，电解铝含税完全成本同比大幅降低、电力成本大幅降低，廉洁文化对生产经营的促进作用得到充分彰显。

新时代廉洁文化建设为推进东兴铝业全面从严治党向纵深发展提供了重要支撑。下一步，东兴铝业纪委将在实践的基础上，强化系统思维，不断健全贯通协同推进廉洁文化建设的工作机制，全方位、多层次、多维度推进新时代廉洁文化建设，探索形成具有特色的廉洁文化建设体系，使廉洁思想内化于心、外化于行，努力营造风清气正的干事创业氛围。

发扬彻底的自我革命精神
坚决打赢反腐败斗争攻坚战持久战

河南钢铁集团有限公司纪委
刘锡明

党的二十大报告指出："经过不懈努力，党找到了自我革命这一跳出治乱兴衰历史周期率的第二个答案自我净化、自我完善、自我革新、自我提高能力显著增强，管党治党宽松软状况得到根本扭转，风清气正的党内政治生态不断形成和发展，确保党永不变质、不变色、不变味。"同时立足党所处历史方位，作出了"全面从严治党永远在路上，党的自我革命永远在路上"的重大判断。当前，反腐败斗争形势依然严峻复杂，腐败存量尚未彻底清除，腐败增量仍在发生。面对依然严峻复杂的形势，反腐败是最彻底的自我革命，国有企业纪检监察机构作为党风廉政建设和反腐败工作的重要执行力量，应对新阶段国有企业改革发展新形势新挑战，必须以更高的标准、更严的纪律要求自己，积极适应新形势、找准职责定位，发扬彻底的自我革命精神，坚决打赢反腐败斗争攻坚战持久战，为企业的健康持续发展提供坚强保障。

一、提高政治站位，深刻领悟反腐败斗争总的要求，坚定自我革命的信心和决心，在思想上政治上行动上同党中央保持高度一致

反腐败是一项长期的、复杂的、艰巨的任务，零敲碎打、头痛医头脚痛医脚难以从根本上解决问题，必须更加突出运用治理的理念、系统的观念、辩证的思维管党治党建设党，以系统施治、标本兼治的理念正风肃纪反腐。经过新时代十年，党以发扬彻底的自我革命精神坚持不懈强力反腐，反腐败斗争取得了压倒性胜利并全面巩固，但形势依然严峻复杂，滋生腐败的土壤依然存在。

国有企业纪检监察机构和广大纪检监察干部作为推进党的自我革命的重要力量，一是要始终坚定拥护"两个确立"、坚决做到"两个维护"。巩固拓展学习贯彻习近平新时代中国特色社会主义思想主题教育成果，深刻体悟习近平总书记关于党的自我革命的重要思想，把"两个维护"作为工作的"纲"和"魂"，以实际行动带头做"两个维护"的坚定践行者，切实把理论武装的成果转化为正风肃纪反腐的实绩实效。二是要对反腐败斗争有清醒认识。对反腐败斗争新情况、新动向有清醒认识，对腐败问

题产生的土壤和条件有清醒认识，才能对症下药、精准施治、多措并举，把不敢腐的强大震慑效能、不能腐的刚性制度约束、不想腐的思想教育优势融于一体，使严厉惩治、规范权力、教育引导紧密结合、协调联动，推动各项措施在政策取向上相互配合、在实施过程中相互促进、在工作成效上相得益彰，让反复发作的老问题逐渐减少，让新出现的问题难以蔓延。三是要扎实推进政治监督具体化、精准化、常态化。学细学深中共中央纪律检查委员会、中华人民共和国国家监察委员会及上级纪律检查委员会和监察委员会制定的法规及规定，加强对企业党委贯彻落实习近平总书记重要指示要求和党中央决策部署的政治监督，具体化确定监督事项、精准化纠治突出问题、常态化推动贯彻落实，强化全过程全链条监督。严明党的政治纪律和政治规矩，持续盯住“七个有之”问题，加大查处力度，防微杜渐，自觉做政治上的“明白人”。

二、强化监督执纪，深刻领悟反腐败斗争形势任务的重大判断，保持打好自我革命攻坚战持久战的定力，紧扣职责定位走好全面从严治党新长征路

反腐败斗争是一场总体战、攻坚战、持久战，是一场输不起也决不能输的重大斗争，更是一场关系着民心的斗争。以习近平同志为核心的党中央始终保持清醒冷静，深刻认识到压倒性胜利还不是彻底胜利，腐败问题的考验依然存在，反腐败斗争形势依然严峻复杂，腐败存量尚未彻底清除，增量仍有发生。

从严峻性上来看，当前腐败现象仍然易发多发，腐败问题极易反弹回潮。从查处的案件上来看，高压之下仍有人蠢蠢欲动、铤而走险，不收敛不收手的问题依然突出。从复杂性来看，新型腐败、隐性腐败手段不断变异升级，腐败分子费尽心思伪装掩饰腐败行为，模糊权钱交易的本质。从艰巨性来看，监督、办案、纠风、治理任务十分繁重，企业权力集中、资金密集、资源富集的关键部门，问题屡查屡现、乱象禁而不绝，基层吃拿卡要、雁过拔毛等问题时有发生，损害企业利益、啃食群众获得感。从长期性来看，党面临的“四大考验”“四种危险”等长期存在，社会利益多元化、思想多样化深刻影响到党员、干部的观念和行为，思想防线构筑具有长期性。

腐败的本质是权力出轨、行为越轨，许多腐败问题都与权力配置不科学、使用不规范、监督不到位有关。国有企业纪检监察机构和广大纪检监察干部作为党内监督和国家监察的专责机构及人员，是党的“纪律部队”，既要围绕权力行使全过程管住人和事，压缩权力行使的任性空间，也要抓住外部环境因素因势利导，压缩腐败滋生蔓延的空间，把不敢腐的震慑力、不能腐的约束力、不想腐的感召力结合起来。一是强化不敢腐的震慑力。强化对反腐败工作全覆盖、全方位、全过程的领导，充分发挥政治优势、组织优势、制度优势，确保牢牢掌握正风肃纪反腐的领导权、主动权，形成常态长效的监督合力。发挥好监督保障执行、促进完善发展作用，持续发力、纵深推进反腐败斗争，紧盯企业权力集中、资金密集、资源富集关键部门、重点对象、新型腐败和隐性腐败，把严惩损害企业利益的腐败作为攻坚战重中之重，集中整治人财物、产供销等高风险经营管理中的腐败问题，不断提升正风肃纪反腐的实际成效。二是强化不能腐的约束力。继续扎细扎密扎牢制度的笼子，把反腐败防线前移，精准运用

"四种形态"，抓早抓小、防微杜渐、层层设防，让权力受到监督和制约，强化不能腐的约束力，铲除不良作风和腐败现象滋生蔓延的土壤。聚焦纪检监察机构案件查办中暴露出的重点问题，审计、财务、巡察等企业部门反馈的突出问题，企业经营管理中反复出现的风险问题，推动体制机制改革，完善权力配置和运行制约机制，进一步堵塞权力滥用的制度漏洞。三是强化不想腐的感召力。坚持不懈用习近平新时代中国特色社会主义思想凝心铸魂，在真学、真懂、真信、真用中筑牢信仰之基、补足精神之钙、把稳思想之舵，不断提高政治判断力、政治领悟力、政治执行力，以坚强的政治定力反对腐败、杜绝腐败，从思想上增强党员干部不想腐的"免疫力"和"抵抗力"。加强新时代廉洁文化建设与党性教育、家庭家风建设相融合，传播廉洁理念，宣传廉洁典型，通过以案说德、以案说纪、以案说法、以案说责，用身边事教育身边人，教育引导党员干部不越红线、守牢底线，推动形成廉荣贪耻的氛围，使广大党员干部在崇廉拒腐的良好风尚中形成不想腐的廉洁品德和行为自觉。

三、以自我革命精神强自身，坚决贯彻习近平总书记重要讲话精神和二十届中央纪委第三次全体会议部署要求，切实增强纪检监察工作的严肃性、权威性和公信力

纪检监察权是"治权之权"，纪检监察干部是"治吏之吏"，面对当前反腐败斗争新形势新挑战，我们应该清醒认识到，作为党的自我革命的组织推进者，更是自我革命的"关键少数"，就必须发扬彻底的自我革命精神，把自己摆进去、走在前、做表率，锤炼过硬的思想作风、能力素质，以党性立身做事，刚正不阿、秉公执纪、谨慎用权，主动接受党内和社会各方面监督，以铁一般的纪律作风锻造干部队伍，履行好新时代纪检监察工作的使命责任。

国有企业纪检监察机构和广大纪检监察干部作为党和人民的忠诚卫士，必须始终牢记打铁还需自身硬要求。一是要强化理论学习。深刻把握习近平总书记关于党的自我革命的重要思想和二十届中央纪委第三次全体会议精神，巩固拓展主题教育和教育整顿成果，深入开展党纪教育活动，学习新修订的《中国共产党纪律处分条例》，加强思想淬炼、政治历练、实践锻炼、专业训练，用党的创新理论武装头脑，以党性立身做事，以更高的标准、更严的纪律要求，加强自我改造，强化自身业务能力和水平，切实掌握彻底的自我革命思想武器，自觉贯彻到纪检监察工作的全过程各方面，练就敢于斗争善于斗争的硬脊梁、铁肩膀、真本事，更好担当推进党的自我革命的重大责任。二是加强"三化"建设。国有企业纪检监察机构要紧跟中共中央纪律检查委员会和中华人民共和国国家监察委员会、上级纪律检查委员会和监察委员会重要法规制度的制定和实施，全面推进纪检监察机构职能、权限、程序、责任法定化，持续深化制度建设"精装修"，做好配套制度"立、改、废"，补齐制度短板。牢固树立重质量、重效果、重效率理念，进一步规范审查调查和审理流程，强化案件质效管控措施，探索建立定期案件质量评查机制，以检查整改促案件质量提升。加强企业内部各级纪检监察机构人员的学习培训和实践锻炼，提高干部日常监督检查、处置问题线索、运用

纪法规定、思想政治工作能力，练就担当尽责的真本事，同时加强企业内部各级纪检监察机构在政治监督、监督检查、审查调查等工作上的沟通协调、协同联动，推动案件查办更加高质高效。三是严格队伍管理。坚持刀刃向内，自剜腐肉，充分运用教育整顿形成的经验做法，深入剖析纪检监察系统反面典型，常态化检视队伍存在的问题，不断健全严管体系。严格落实关于纪检监察干部网络言行十条禁令、严禁纪检监察干部违规饮酒的规定，坚决防止和纠治“灯下黑”，既管好自己“八小时以外”，又管好家人亲属。严厉惩治以案谋私、徇私包庇、内外勾连等问题，严查利用监督执纪执法权和职务影响力谋取私利行为，树立自身正自身硬自身廉的良好形象。

百年来，我们党外靠发展全过程人民民主、接受人民监督，内靠全面从严治党、推进自我革命，勇于坚持真理、修正错误，勇于刀刃向内、刮骨疗毒，保证了党长盛不衰、不断发展壮大。阔步新征程、担当新使命，纪检监察工作责任重大。持续深入学习贯彻习近平总书记关于党的自我革命的重要思想和习近平总书记在二十届中央纪委第三次全体会议上的重要讲话精神，严格按照中央纪委全会和上级纪委的工作部署要求，以永远在路上的坚忍执着，锚定目标、压实责任，精准发力、持续发力，把党的伟大自我革命进行到底，将反腐败斗争进行到底，坚决打赢这场攻坚战持久战。

浅谈国有企业纪检监察案件查办的困难及对策

陕钢集团汉中钢铁有限责任公司纪委
肖　晃

一、当前国有企业纪检监察案件查办的现状

（一）信访举报线索量少质差

信访举报线索量少、质差、查办难，是当前国有企业纪检监察案件查办中普遍存在的问题，是推进案件查办工作的关口。国有企业的问题线索主要来源于电子邮箱、举报信箱等信访举报渠道，上级转办（交办）问题线索，在日常工作中通过监督检查、审查调查、巡视巡察、审计工作等发现问题线索。但随着反腐败斗争的不断深入，违纪违法违规行为越来越隐蔽、手段越来越多样，常规的监督检查很难发现问题线索暴露问题。一方面，举报主体大多是匿名，对问题的反映往往没有具体内容，仅凭只言片语和臆断进行信访举报，反映表象猜测的多、提供事实根据的少，致使信访举报线索质量差；另一方面，举报线索内容空洞，不具有可查性的多，不仅问题难以核实，也浪费了案件查办的资源。

（二）自主发现问题线索的能力不足

国有企业在自主发现问题线索方面方式方法单一，对可能出现的苗头性问题不够深入细致地研判分析，对寻找问题的方向和定位不够精准。主要表现在：一是对自主发现问题线索的渠道思考不足，仍然靠着常规信访举报进行案件查办，未有效发挥企业纪检监察的特点和作用；二是在监督检查、审查调查等方式发现的问题线索，没有捕捉到关键点或更深层次的问题，致使案件查办质量不高或部分问题没有查透的情况；三是自主发现问题线索的手段单一，仅凭其他业务部门或日常工作中移交或暴露的问题进行办理，深入基层单位和创新方式不足。

（三）案件查办的“后半篇文章”连续性不强

案件查办“后半篇文章”是新形势的纪检监察工作需要，也是实现反腐败工作

"治防结合"效能最大化的直接体现，部分纪检监察干部仍未厘清"树木"与"森林"的关系，有的单位查办案件时动真碰硬，案件结束后的问题整改、警示教育、以案促改等工作匆匆而过，不实不细；还有的单位对部分案件查处后不敢曝光、不敢公示，斗争精神不强，未发挥案件查办的震慑作用；有的单位只学案例对案件本身分析和剖析不够深入全面，同时对后续的问题查找、举一反三、管理提升没有发挥应有的作用。

（四）纪检监察队伍建设不够

纪律检查是严肃的、政治的、纪律性的、监督性的，尤其是国有企业纪检监察干部根据企业性质特点的不同，还要具备一定的专业知识，这对纪检监察队伍整体素养提出了较高的要求。一方面，目前仍有许多单位的纪检监察组织配置不全，其人员也是身兼数职，比如兼职党群、工会等工作，直接影响了纪检监察工作的效率和质量；另一方面，国有企业纪检监察干部的工资、奖金以及职级均由国有企业决定，在查处一些问题或深入调查过程中，难免会受到影响，不利于进一步暴露问题深挖国有企业"蛀虫"，顾虑多、怕麻烦，还会导致斗争精神不足，出现"畏难"情况的发生；再一方面，纪检监察部门职务不对称，部分纪检监察人员职务职级较低，在调查、监督等过程中一定程度上影响企业内部监督力度。

二、当前国有企业纪检监察案件查办的困难和症结

（一）问题线索的处置难点

（1）目前，匿名举报的成本非常低，且因设置多渠道方式受理，举报人在反映问题时，往往将问题扩大化多样化，例如：反映某人内外勾结侵害企业利益且涉案金额巨大，自上而下蛇鼠一窝等问题，经查证后要么是一般人员收受不法供应商的礼金，要么是其他不法商人为了报复或进行不良竞争，以损害企业职工的名义，达到阻止竞争对手的目的，进行恶意举报。

（2）反映问题时间跨度太长，以当下企业纪检监察手段，调查和取证难度较大，主要表现在：一是机构人员变动，核查问题时责任人员存在说不清、厘不明的情况，对印证举报内容和历史存在的原因造成很大的困难；二是在取证时因为搬迁、变更等多种原因导致资料不全或者丢失，调查人员难以采集证据、归纳资料，不能有效地形成闭环。

（二）调查取证的难题

（1）相比之前，现在的腐败行为更加隐蔽和难以察觉，"送礼上门""信封红包"已经渐渐褪去，随着时代的发展多样化的"数字"腐败又开始蔓延滋生。为了生活便捷化所创建的某些平台，却被不法商人当作进行"围猎交易"的平台，不用再怕人看见、不用担心"天眼"所观，事后将相关转账记录予以删除，对于调查取证造成了很大的难题。

（2）调查人员经验不足、方式单一，在谈话了解以及收集资料时，对违纪违规人员的心理活动掌握不足，谈话生硬、没有技巧，对被调查人中的欺诈性语言和违纪事实判定不够，对隐藏的相关问题考虑不足、关注不够，不利于问题的暴露，同时在协调沟通相关工作、调取资料时，把握不住重点，往往需要多次取证，不仅使取证的时效性降低，对所在单位也是一种负担。

（三）未有效融入企业生产经营

案件查办不仅仅是查处违纪违规人员形成震慑力，国有企业纪检监察还有着查漏补缺、完善整改、协助管理等助力企业发展的重要职能。案件查办后，部分单位往往是将“人”处理了，把“事”拉下了，未有效发挥惩前毖后治病救人的治本功能，且在案件查办的“后半篇文章”中，走形式、走流程，只讲问题整改缓慢或不了了之，事后对违纪违规人员的教育回访也是应付差事，未深入剖析存在问题，有效推进“三不腐”机制。

三、当前国有企业纪检监察案件查办的主要对策

（一）多措并举收集案源线索

（1）畅通信访举报渠道。根据企业性质的不同，按照属地管理的原则，在各个关键点设置举报信箱，同时在企业网站或公示公告区域公布网络邮箱，并实行专人管理，定期对信箱和邮箱进行开启，寻找问题线索。

（2）用好“大监督”寻找问题线索。促进和推动党委全面监督、纪委专责监督、巡察监督、审计监督，财会监督、组织人事、法律风险和业务部门职能监督等贯通融合、互相配合、协同发力，打破壁垒界限，促进信息互通，推进合作共管，着力推动职能监督和专职监督深度融合、有效协同，形成多层次、全方位的监督体系，实现“大监督”纵向与横向相融合、有形与有效相融合、数量与质量相融合。

（3）分类归集处置案源线索。根据案源线索以及反映的问题，由信访室分类分级进行研判分析。按照关键、重要、一般的原则分为三类，一类问题主要为实名举报、审查调查中发现、审计中发现、巡察中发现、职工反映强烈的问题以及其他单位或部门移交的具有可查性、指向性、问题清晰明了的问题；二类问题主要为生产经营或日常管理中暴露出来的问题、日常监督检查发现的苗头性和倾向性问题、反映不够具体但具有可查性的问题等；三类问题主要为反映问题轻微可以协调解决的、指向性不强可能涉嫌违纪违规或管理漏洞的问题等。

（二）与时俱进促进办案质量

（1）探索“企地”联合模式。针对隐蔽的“数字”腐败和取证难的问题，积极沟通地方纪委监委和公安机关，形成“企地”联合的工作模式。例如，调取电子账单、个人银行流水以及涉外人员、供应商的相关证据资料，可以请求地方机关部门予以全

面支持；涉外人员谈话不予配合、涉外企业配合度不高的、不提供或不如实提供相关资料的等情况，由企业牵头地方机关部门协助协调，杜绝国有企业利益受损。同时“联合”办案也是对企业纪检监察人员业务素养的提升，真正达到了“以案代训”的良好工作机制。

（2）快查快办交叉办案。纪检监察案件查办工作中，一定要制定计划方案、明确分工，在调查取证过程中一定要凸显“准”和“快”把握好时间，积聚力量、整合资源，将案件中所需要的派驻纪检监察员、专业技术人员、职能部门人员、抽调人员等结合多方力量，为案件查办打开绿色通道，兼顾各单位、各部门之间的关系，做到及时沟通、衔接顺畅。另外，各单位、各部门之间针对案情复杂、内部关系复杂、单位结构复杂等问题线索，可以开展交叉办案、协同办案，杜绝本单位纪检监察取证难、询问难、人情难的“三难”问题。

（3）严查严办保持高压态势。坚持有案必查、有腐必惩，把严的主基调贯穿始终，紧盯重要领域、关键环节和重点岗位，如：工程项目建设、采购销售业务，涉及人财物等关键人员或廉洁风险较大的关键权力岗位，以零容忍态度，坚决查处违纪违规以及损害企业利益的行为。对主要涉及违反廉洁纪律的职工与供应商内外勾结侵害企业利益、利用职务之便收受供应商好处、利用职务便利承揽项目等情形，采取“一案一警示”“一案一治理”“一案一教育”的方式发挥案件查办的治本效能。

（三）紧密围绕生产经营做好案件查办“后半篇文章”

（1）深入融入生产经营工作。了解企业背景和运行情况，针对企业特点，从建立健全制度体系入手，探索实行纪检监察机构垂直管理模式，加强国有企业纪检监察工作方向强化外部监督专业性与实效性，通过列席会议、座谈调研、约谈督促、查看资料等方式，全程跟进监督项目建设、资金占用及管理费压减、会议指令等重点任务，建立出一套符合国有企业实际的廉政风险防控体系。

（2）数字化赋能“智慧纪检”。探索“数字纪检”“智慧纪检”平台建设，推进“大监督”体系落实落地，利用信息化数据分析对合规性、风险性、苗头性等问题及时预警提醒。一是一体化作业管理，从多个方面对部门关键职能进行整合，实现角色权限管理、流程可灵活配置，档案线上数字化归档；二是大数据分析与预警，运用“数字”工具，风险实时预警，建立监督数据库；三是智能工具与数据结合，将结构化与非结构化数据汇聚整合，达到精准有效地查找问题；四是合理构建大合规体系，与审计、法务等部门联动合力构建大合规体系。

（3）执纪审查“后半篇文章”是新形势下执纪审查工作的需要，实现反腐败工作“治防结合”效能最大化的直接体现，“严管厚爱”是纪检监察工作的重要原则，不仅要注重“严”，更要强调“爱”。国有企业要既抓案件查办，又注重把办案与堵塞制度漏洞、强化监督监管相结合，准确发现个案背后的深层次问题，开展专项整治，促进完善治理。常态化推进“以案促改”工作，按照“边整治”“边整改”的工作要求，针对发现问题，推动堵塞管理漏洞、完善制度短板、提升工作效能、强化人员履职、推动作风建设。制定教育回访工作方案，通过“四访”（访思想、访认识、访困难、访建议），让受处分人员放下思想包袱、改变心态、积极工作，从“有错”向“有为”转变，变信访为信任，变有错为有为。

（四）有效促进纪检监察队伍建设

（1）加强人才队伍建设。人才队伍是企业各项工作有序开展的基础条件，国有企业要多措并举，充分发挥人才的核心作用。一方面，在选人用人时，要严格审查与考核考评，选取政治素质高、专业知识强、作风建设硬的有志青年同志，建立组建一支高素质、高学识的纪检监察队伍。另一方面，提高纪检监察人员的职级待遇，让干事之人有正气、查处问题有底气，充分调动办案人员的积极性，为其履职尽责创造有利的工作条件。

（2）注重业务知识培训。在教育培训过程中，对各方面的资源进行整合，改善管理机制。一是针对业务骨干人员尤其是案件查办人员，派到上级或其他专业培训机构举办的业务知识培训班进行学习，系统接收层次高覆盖面广的专业培训；二是采用“请师傅”“师带徒”的传承式教育，请教地方机关或上级单位的专业老师，针对目前经验不足或者短板进行指导，将所学所悟在内部进行充分沟通，将好的经验和做法传承下去；三是以案代训，适时抽调各单位纪检监察干部参与案件查办工作，让其在学中干、干中学，协同办理，不断丰富经验，提高业务能力，顺应新形势，满足纪检监察工作新要求，将学习成果运用实践工作中。

（3）规范办案提升质量。确保案件质量过硬，是新时代纪检监察工作高质量发展的内在要求。一是按程序办案、按规矩办案，依规依纪依法办案有利于维护党的纪律和国家法律的严肃性，有利于提高纪检监察工作规范化法治化正规化水平，在程序上决不能少、规矩上不能破；二是要进一步掌握党纪法规，精准规范运用各项条款，有办铁案的明确目标；三是做好党纪法规宣传工作，讲得清、说得明，在说理释法、以案释纪时要充分考虑语言、态度和应告知的法律法规依据，内容上要有针对性，谈话过程中要将法律的规定、企业的制度解释清楚，形成“查办有深度”“谈话有温度”的良好工作氛围。

以纪检监察高质量护航企业发展高质量

湖南钢铁集团有限公司纪委
黄　倩

国有企业是中国特色社会主义的重要物质基础和政治基础，是我们党执政兴国的重要支柱和依靠力量，是国民经济的“稳定器”。二十届中央纪委第三次全体会议将国有企业列为反腐败重点领域强化部署，强调坚决清理风险隐患大的行业性、系统性、地域性腐败。湖南钢铁集团有限公司（简称湖南钢铁集团）纪检监察机关在深化重点领域专项整治、持续加大查办案件工作力度的同时，坚持一体推进不敢腐、不能腐、不想腐，把企业反腐败同防风险、纠偏差、挽损失、修生态、强免疫结合起来，推动企业高质量发展。

一、推动国企纪检监察工作高质量发展的重要意义

湖南钢铁集团年生产2200万吨钢，具有完整的产品系列，产品在汽车、铁路、桥梁、造船等领域被广泛应用。湖南钢铁集团纪检监察机构针对企业生产经营特点，坚持严的主基调不动摇，以零容忍态度惩治腐败，以党风廉政建设和反腐败工作的实际成效有力有效地推动企业高质量发展。

（一）提升国有企业的管理水平

国有企业纪检监察机构对国有企业的日常运营进行监督，及时发现其中存在的违法违纪行为，并通过有效的监督管理来避免国有企业出现严重的违法违纪行为。通过建立健全的纪检监察机制，可以及时发现并处理违纪行为，有效遏制和防范违纪行为的发生，提高企业的管理效率；通过加强对企业内部各个环节和岗位的监督和管理，帮助企业及时发现并解决各类风险，加强企业内部风险防控；通过推动完善企业管理制度，促进企业管理体系运转，确保企业目标得以实现。

（二）保证国有企业的健康发展

国有企业不仅管理生产经营，还涵盖国有企业资产增值保值业务，也同样有职工后勤民生方面等工作内容，具有涉及范围广、业务种类多、关键问题复杂等特点。国有企业纪检机构结合实际，对企业管人、管钱、管物等权力集中的重点领域进行管理

再管理、监督再监督，为国有企业可持续发展提供保障。

（三）树立良好的企业形象

习近平总书记曾强调，国有企业确实要担当社会责任，树立良好形象。树好国有企业形象，是一项根本性、紧迫性、战略性的建设任务。而国有企业纪检监察机构在学习领会习近平总书记有关国有经济的思想、把握国有企业改革的正确方向上、在改革浪潮中保持发展壮大国有企业的初心和定力上、在国有企业领导干部队伍上等方面起到良好的维护与促进作用，保证了企业在发展过程中具备良好的形象。

二、推动国有企业纪检监察工作高质量发展的做法和成效

湖南钢铁集团纪委统筹本级机关及各子企业开展工作，按照人事管理权限或产权关系，依据“统一要求，分级负责”的原则，形成在党委领导下，纪检监察机构组织协同，相关业务部门、职工积极参与的领导体制和工作机制。

（一）转观念、优作风、强保障

一是强化教育引导，扎实打牢作风建设基础。切实增强党员干部抵制歪风邪气的自律意识。以纪检干部队伍教育整顿为契机，点面结合，营造作风建设的良好氛围。重点加强领导干部的作风教育，以领导干部的表率作用带动党员干部作风和社会风气的好转。虚功实做，整合各种教育手段的优势。积极探索多种教育方式，通过组织集中学习和自学，采取观看教育片、听报告、专题辅导、召开研讨交流会、组织专题大讨论等多种形式开展学习教育，发挥好廉政培训、廉政谈话、诫勉谈话等纪检监察部门特有的教育方式的作用；充分发挥运用互联网、客户端、微信微博等载体的作用，增强教育的普遍性、直观性、有效性、生动性和形象性。正反结合，增强党员干部自警意识。既大力宣传勤政清廉的正面典型，又进行反面案例的警示教育，剖析因作风蜕变走上违纪违法道路的典型案例，分析原因，常敲警钟，增强纪检监察干部增强抵御各种不正之风、拒腐防变的意识和能力。

二是抓制度规范，不断完善作风建设机制。围绕规范党员干部行为加强制度建设，防止因行为失范引起作风蜕变。围绕党员干部思想作风、学风、工作作风、领导作风、生活作风的现状，建立健全规范干部行为的各种制度，包括实体性制度及相应的程序性制度，使党员干部自觉用制度约束自己的行为。深入贯彻落实中央八项规定精神，坚持常态化检查和经常性暗访相结合，严防“四风”问题反弹，严查“舌尖上的腐败”。紧盯“四风”新形式、新动向，坚持常态化检查和经常性暗访相结合，对厉行节约、公车使用、办公用房、公务接待等规定执行情况开展监督检查，要始终把作风建设牢牢抓在手上。围绕科学激励加强制度建设，防止因导向失误引起作风蜕变。建立科学实用的作风考核评价体系，把良好作风的要求作为考核党员干部的重要内容，作为衡量干部德才的重要方面，加强考核结果的运用，真正把政治上靠得住、工作上有本事、作风上过得硬的干部选拔上来。发挥干部选拔任用对干部作风建设良好的导向

作用，推动弘扬清正廉洁、求真务实的作风。

三是抓监督约束，切实强化作风建设保障。针对纪检监察机关干部作风建设的实际情况，进一步加强对党员干部思想作风、工作作风、生活作风等方面的监督检查，强化作风建设保障，筑牢防线。以纪检监察领导干部为重点，紧紧围绕权力运行，加强对执法执纪行为的监督，防止以权谋私、腐化变质，促进秉公用权；加强对生活作风的监督，防止生活情趣蜕变，促进保持高尚的道德情操。同时，在全公司上下延伸监督范围，做到不论职务高低、权力大小，都受监督；不论“八小时内”还是“八小时外”，都要受监督。

湖南钢铁集团党委发挥带头作用，积极学习习近平总书记系列讲话，并且学习最新修订的党纪文件，采取中心组学习和专题学习多种方法，引导各级管理人员不断提高政治站位，增强其政治觉悟，积极改变重视业务忽略党建思想认识，加强思想引导力度，使得党员干部认识纪检监察工作开展的重要性，为企业持续发展助力。

（二）强职能、精业务、促发展

1. 强化机构设置

推动纪检监察工作高质量发展，湖南钢铁集团纪委首先对企业的经营特点进行了客观分析，了解当前企业的工作重点，明确发展目标。其次加强对企业生产经营过程监督，确保在第一时间发现其中的贪污腐败问题，并严肃认真处理，提升企业生产经营管理能力。最后，对企业纪检监察部门监督协调职能进行优化，将监督协调机制与企业日常生产经营活动进行充分融合，从而加强企业对全体员工的管理，加强对国有资产的控制，以提升纪检监察部门管理职能的有效性，净化企业内部的工作氛围。

湖南钢铁集团于 2018 年 1 月召开第一次党代会，选举产生了第一届党委和纪委领导班子，纪委委员 7 人。2019 年 11 月，设立监察专员办公室，与集团纪委合署办公，配置人员 7 人。下设二级纪委 5 个，专职纪检人员 38 人。湖南钢铁集团机关党委及下属的 6 个职能部门党支部、在长沙 8 个集群产业子公司党支部，采购中心党总支均设纪检委员，共计 15 人。湖南省监委驻湖南钢铁集团监察专员办公室设立后，监察职能由湖南钢铁集团监察专员办统一归口、调度，子公司纪委配合，同时，撤销子公司纪委内设监察机构，统一调整为纪检部。自 2020 年 2 月起，成立由纪委书记、监察专员任组长的党风廉政建设和反腐败工作协调小组，每年召开专题会议，对相关工作进行研究和部署。协同财务、组织人事等部门构建大监督体系，提升职能监督实效。建立并完善交叉任职制度，破解同级监督难的问题。自 2022 年 5 月开始，子公司纪委书记由湖南钢铁集团党委统一选派，子公司纪委书记履职考核以集团公司纪委、监察专员办领导为主。严格对子公司纪委书记进行履职考核，考核结果与其任免、薪酬、奖惩等事项挂钩。查办腐败案件以湖南钢铁集团纪委、监察专员办领导为主。子公司纪委重要问题线索、案件查办、对其子公司党委管理干部给予的党纪处分，严格执行请示报告制度。

2. 提升业务能力

纪检监察工作人员的业务能力是提高纪检监察工作的重要因素，直接关系着纪检监察工作能否取得实质性进展。纪检监察工作面临的环境和对象为动态变化状态，纪检监察业务能力是工作开展的重中之重，需要纪检监察工作人员不断学习、更新纪检监察理论知识和技能。不断深化运用监督执纪“四种形态”，让监督执纪的意识深入纪检工作人员心中，推动监督执纪工作不断深入。

湖南钢铁集团纪委一是积极参与中国钢铁工业协会、湖南省纪委监委组织的培训活动，积极学习相关知识，高效贯彻《中华人民共和国监察法》以及《中国共产党纪律检查机关监督执纪工作规则》等。二是承担起湖南省纪委监委“室组企”执纪执法第四片区组长单位，采用“以老带新、以干带训”组织全体40岁以下的纪检监察工作人员按年度为期限在片区进行轮岗学习，并不定期选派人员至省纪委监委进行借调学习。通过培训与实践，纪检监察工作人员能精准把握线索处置、谈话函询以及立案审查调查等各项规定的具体运用，实现队伍整体素质水平提升，为企业持续发展提供有力保障。并利用多种方式提升纪检干部队伍素质。例如，在学习过程中，通过以赛促学的方式让工作人员在竞赛中学习，在“党建 + 纪检”知识抢答赛、纪检业务能手竞赛中检验自身的学习情况。不仅推动纪检工作的开展，对形成企业乐于学习、敢于竞争的企业文化也起着重要作用。

3. 加强监督执效

（1）立足“三个聚焦”，提升监督效能。

聚焦发展任务，加强政治监督。践行湖南省委“三高四新”战略定位和使命任务、“四化”升级改造、当好产业链“链长”、站稳世界500强等发展目标。督促严肃认真开展党内政治生活，严格执行民主集中制、“三重一大”集体决策、“一把手”末位表态、请示报告等制度。

聚焦“关键少数”，加强日常监督。督促领导干部严于律己、严负其责、严管所辖，严把选人用人关；紧盯下属单位“一把手”和领导班子的履职情况，推动监督下沉、形成常态。综合运用检查抽查、指导民主生活会、线索排查、督促问题整改等方式，切实把监督触角延伸到基层。2023 年，对各级一把手予以党纪处分或组织处理15 人。

聚焦重点领域，加强专项监督。在结合融合上下功夫。结合湖南省纪委监委关于领导干部利用职权或影响力为亲友牟利、靠企吃企问题等专项整治活动20余项，组织3.27 万余人开展自查自纠、开展谈心谈话 2.2 万余人次，主动说明问题 144 人、受理相关问题线索67件。在关键环节上下功夫。开展招投标管理、废钢领域等专项监督。发现招标投不规范问题10余个、查办问题3起、废标30次、取消投标单位资格18次、扣除投标保证金10万元；发现废钢采购等环节问题30余项，挽回经济损失1000多万元。在巡察整改上下功夫。自2018年启动湖南钢铁集团党委巡察工作以来，对9家单位进行了全面政治“体检”，共发现整改销号问题278项，移交办结问题线索21件，提出巡察和纪检监察建议100余项，督促完善制度210余项，24人被给予党纪处分或组织处理，挽回经济损失 5000 多万元。

（2）立足常态长效，推动建章立制。

锲而不舍纠治“四风”。深入“两带头五整治”纠风防腐专项行动，起底问题线索 16 个，发现问题 25 个，查处问题 7 个，处理处分 11 人；组织开展重要节庆纠治“四风”监督检查，督促整改不规范问题 40 余项；出台领导班子成员作风建设“九严九不”规定，全面规范经营管理人员履职待遇，重新修订办公用房、业务接待、公务用车和差旅管理等制度和流程 10 余项。

深化以案促改促治。2023 年，受理信访举报 141 件，立案审查 57 件，给予党纪处分 57 人，组织处理 94 人，挽回经济损失及考核扣款 4300 万余元。案件办结后及时召开专题会议，对查处的典型违纪案件进行复盘，通过个案查找普遍存在的问题和风险隐患，以纪律检查建议书、纪检监察建议、工作提示函等方式向案发单位提出整改意见。2023 年，向二级子公司、部门发出纪律检查建议书、工作提示函 6 份；开展线索初核启动会议、警示教育主题活动、党纪处分宣布会议等形式 6 次。同时推动健全完善制度机制，针对性制定防控措施 17 项。

推进纪检监察工作的高质量发展是国有企业深化改革的必然趋势，在纪检监察工作中，湖南钢铁集团纪委时刻保证纪律和制度走在前列，持续加强纪检监察干部队伍建设，充分发挥好“探头”和“哨兵”作用，推进企业纪检监察工作高质量发展，从而通过实实在在的硬气和魄力助推国有企业改革高质量发展。

加强国有企业新时代廉洁文化建设的探索

柳钢集团十一冶建设集团第三建筑安装工程分公司纪委
余思雨　廖英言　何月花

一、国有企业加强廉洁文化建设的重要意义

习近平总书记关于廉洁文化建设的重要论述充分体现了我们党在勇于自我革命的实践中所形成的坚定文化自信和高度文化自觉，当下最重要的是要紧随时代的脚步深化国有企业领导干部的教育、管理和监督，畅通和扩大监督渠道，持续改进廉洁文化改革与创新，以适应国有企业的迅速成长与发展，将廉洁文化延伸到基层、岗位、家庭，织密全方位、全领域、全过程监督网，以严明的党纪国法净化政治生态环境，有效堵塞管理上的漏洞，健全监督机制，防范经营风险和违规违纪行为发生，充分发挥监督保障执行、促进完善发展作用，切实保障重点领域和关键环节管理规范、关键岗位人员廉洁从业，形成对权力行使有效监督的良好氛围，发挥全程廉洁性监督职能，进一步提升企业的品牌和形象，实现国有资产保值增值，将市场的竞争压力变为企业文化建设的动力，最终形成企业的竞争力，进而营造出风清气正的良好国有企业发展氛围。

二、国有企业廉洁文化建设存在的主要问题

（一）职责不清晰、深度协同待强化

企业党委对党风廉政建设负主体责任，总体推进反腐倡廉各项工作，但个别企业把具体工作交由纪委牵头负责，主要依靠纪委书记及纪检干事开展各项纪检监察工作，基层发挥作用还不够显著，而且有的纪委书记还兼任着其他职务，难以独立有效积极开展工作，监督检查未能在短期内全面落实到位，弱化了纪委内部执纪监督的地位和力度，造成职能分散影响主业发挥，由此产生党委和纪委在廉洁文化建设具体推进层面协作配合度低，不能形成合力，影响了党风廉政建设的成效向纵深推进。

（二）制度不健全、统筹运行有阻力

在实际的经营管理中，由于企业制度不够健全，一些制度在实际执行中存在执行

不到位的情况，不能有效规范公司纪检监察工作的正常进行，对各部门操作过程中缺少行之有效的资源整合，专业性与协同性不够，导致在各个环节中或多或少出现遗漏，对公司在经营过程中出现的问题既不能及时发现和处理，也不能有效处理内部违规违纪等问题，无法为内部监督机制的完善提供合理依据，从而导致纪检监察工作成效大打折扣。

（三）方式不新颖、宣传效果被削弱

随着网络科技普及，互联网线上通信、自媒体社交平台的普遍运用，利用网络平台进行廉政文化建设有着难以忽视的优势，由于党风党纪教育或沿袭传统的廉政教育方式，导致在创新性和针对性等方面都会有所减弱，而在廉政文化建设目标群体层面，由于没有创新的有效方法，也不能让廉政知识真正入耳入脑入心，廉政文化建设的实效性也有所降低，在引导干部职工共同参与党风廉政建设的渠道还不够、手段载体不多，发挥大宣教格局的舆论导向作用不明显，廉洁文化的影响力和约束力未得到全域覆盖，没有经过职工群众的广泛实践，在发挥舆论监督和群众监督的作用方面尚未达到深远的程度。

三、关于国有企业新时代廉洁文化建设的思考

（一）协同整合资源，以上率下聚合力

在企业廉洁文化建设推进过程中，要明确党风廉政建设中党委、纪委和班子成员的各自责任，加强三者的深度协同、同频共振、凝心聚力，结合工作实际发挥示范辐射作用，动员各种力量、统筹各种资源，层层落实责任、层层传导压力，党委要切实履行主体责任，发挥党委在推动廉洁文化建设中的主体作用，班子成员要结合自身的分管工作，强化统筹协调，构建协同共进的工作态势，全面规划和部署，同步推进实施，确保主要领导高度重视、分管领导具体执行、全体党员干部积极参与，形成上下级紧密衔接、逐级落实的责任体系，引领企业廉洁文化建设的不断发展，从而深入推进廉洁文化建设，确保取得实质成效，共同构建综合横通立体监督网络。

（二）完善监督机制，夯实廉洁文化根基

制度建设是廉洁文化建设的重要基石。根据公司经营工作中出现的具体情况，协调各种监督力量，构建全方位的监督体系，对运行过程中出现的问题与缺陷实施持续改善，在设备采购、租赁、大额资金、项目资金使用等领域补充完善一系列管理制度规范并实施全方位监督，把廉洁从业的要求融入企业规章制度建设之中，全方位发力、多维度推进，多渠道、多形式地推进民主监督，开展企务公开等，积极推进阳光工程，不定期对廉洁文化建设工作的监督和检查，不断增强企业管理制度的执行力，发挥全程廉洁性监督职能，形成严密的制度网，深化监督成果，持续推进廉洁文化建设制度化、常态化、长效化的鲜明导向，使廉洁文化建设在制度层面得到有力支撑。

（三）借助科技应用，加速激发创新活力

随着科技的飞速发展，人工智能、大数据、云计算等先进技术为廉洁文化建设提供了新的手段和工具，我们可以抓住网络传播快的特点，利用先进技术增强教育内容形式的多样化和实效性，提升工作效率和精准度，例如：通过大数据分析，实现对廉洁风险点的精准识别和预警；通过人工智能，实现对廉洁文化内容的智能化推送和传播；通过当代流行的传播媒体，如短视频和公益广告等形式以可视、可听、可感、可触的方式呈现出来。全方位发力、多维度推进，推动“硬”教育和“软”文化有机融合，打出“组合拳”，真正做到将廉洁文化教育悄无声息融入党员干部工作、生活的方方面面，将廉洁文化建设的“施工图”逐步变成“实景图”。

（四）挖掘特色优势，厚培廉洁文化土壤

廉洁文化建设要覆盖企业发展的全过程各领域，深入挖掘、提炼、培育具有企业自身特色的廉洁从业理念，并整合利用企业文化以及本土特色文化中的廉洁元素，推动不同文化相互融合，把新时代廉洁文化建设融入日常、抓在经常，通过强化警示教育、示范引领，推动廉洁文化建设与理论学习、家风建设等工作一体推进，摆脱说教化、灌输化的倾向。同时，针对党员干部职务、文化层次分级分类开展学习套餐，做到对症下药、靶向治疗，紧盯“关键少数”，对处在成长关键期的年轻干部严把教育监督关，以亲情助廉引导广大党员干部将“修身”与“齐家”融合起来，做廉洁家风的传承者和守护者，注重寓教于理、寓教于乐，内化于心、外化于行，以生动鲜活的方式“化虚为实”持续深化党纪学习教育成果，推动党员干部系统掌握、贯通思考、学深悟透，促进党员干部在“润物细无声”之中养成行动自觉，最终达到引领价值、约束行为、净化环境的综合效果。

四、结语

在新时代背景下，廉洁文化建设需要不断创新发展，结合时代特点和社会需求，积极探索廉洁文化建设的新路径、新方法，通过强化制度建设、加强教育引导、加强舆论监督等措施，以及深化科技应用、创新内容和形式等手段，综合施策，打造具有新时代特色的廉洁文化品牌。廉洁文化建设工作任重道远，需要持之以恒、久久为功，在未来的工作中，我们要继续总结经验、探索创新、不断完善，为构建风清气正的政治生态和推动社会进步作出积极贡献，推动廉洁文化建设不断取得新的更大成就。

编后记

《钢铁卫士（2024)》于第二十次钢铁企业纪检监察年度工作会议前夕正式出版发行了，该论文集，凝结着钢铁行业广大纪检监察工作者理论创新、实践创新、制度创新、文化创新的最新最优成果，是钢铁企业各级纪检监察组织向新中国成立75周年献上的一份厚礼。

自2024年3月全国钢铁企业纪检监察工作研究会（以下简称研究会）印发《关于组织征集全国钢铁企业纪检监察工作研究会第二十次年度工作会议论文的通知》(钢协纪〔2024〕1号）始，历经近半年时间，于7月底共收到来自19家钢铁企业（集团口径）申报的论文192篇，论文内容涉及钢铁企业全面深入践行“两个永远在路上”战略思想全过程、各环节、多领域，无论数量还是质量，均创研究会成立20多年来的新高。

为了更好地发挥优秀论文的宣传、教育和引领功能，研究会、钢协纪委按照公平公正、优中选优的原则，从一、二、三等奖优秀论文100篇中精选出70篇，编辑收入《钢铁卫士（2024)》论文集，所收录的论文内容丰富、思想深刻，理论性高、实践性强，是继2022年以来，研究会、钢协纪委第三次编辑出版钢铁企业纪检监察系统优秀论文集。这些论文不仅有较高的学术和理论价值，也将为钢铁企业纪检监察工作者深化正风肃纪反腐、创新监督执纪问责提供借鉴和参考。

《钢铁卫士（2024)》论文集的出版发行，得到了中国矿产资源集团有限公司纪检监察组的大力支持，得到了会员单位的积极协助，得到了冶金工业出版社的优质服务，对所有撰稿、编辑、审校、出版等工作付出辛勤劳动和智慧汗水的同志们表示衷心感谢。同时，酒泉钢铁（集团）有限责任公司纪委于2024年年初向研究会秘书处派驻优秀纪检干部，积极协助会长单位和钢协纪委开展工作，在此一并致以谢意。

由于时间和能力所限，论文集难免有疏漏和不足之处，敬请广大读者批评指正。

编委会

2024 年 9 月